纪念万里长江第一桥

——武汉长江大桥建成60周年

彭敏的路桥情缘

彭倍勤 于平生◎著

中共党史出版社

图书在版编目(CIP)数据

　　彭敏的路桥情缘/彭倍勤,于平生著 . —北京:中共党史出版社,
2017.8
　　ISBN 978-7-5098-4296-6

　　Ⅰ.①彭… Ⅱ.①彭… ②于… Ⅲ.①彭敏—传记
　　Ⅳ.①K826.16
中国版本图书馆 CIP 数据核字(2017)第 191238 号

出版发行 **中共党史出版社**
责任编辑:韩冬梅
复　　审:潘　　鹏
终　　审:汪晓军
责任校对:龚秀华
责任印制:谷智宇
责任监制:贺冬英
社　　址:北京市海淀区芙蓉里南街6号院1号楼
邮　　编:100080
网　　址:www.dscbs.com
经　　销:新华书店
印　　刷:北京盛通印刷股份有限公司
开　　本:170mm×240mm　1/16
字　　数:422 千字
印　　张:29.5　 4 面前插
印　　数:1—2050 册
版　　次:2017 年 8 月第 1 版
印　　次:2017 年 8 月第 1 次印刷

　　ISBN 978-7-5098-4296-6
定　　价:56.00 元

此书如有印制质量问题,请与中共党史出版社出版业务部联系
电话:010—82517197

20 世纪 60 年代的彭敏

彭敏晚年照

彭敏同志我的好战友人民的好儿子数十年如一日为社会

主义事业奉献了一生你淳樸敦厚不捧上不压下不浮誇

不自誉踏实干事情你有一棵忠诚老实的心為一双囷料

笔技術武装了的手脚一对稳如泰山的脚根而风吹不迷航淘派

扬保潔白清河自如平实佛大素跌镌红霜门大邑共年你是春

彭殤的战士壽而不亡安息吧我的好同志

李尔童
宗晓非
庆立晴

河北省原省委书记、省长李尔重给彭敏亲笔手书的祭文

彭敏半身铜像

◢ 前 言

　　每个人都有自己的人生，每个人生都是不一样的。彭敏的一生和铁路桥梁结了缘，数不清有多少桥、有多少铁路上曾留下过他的汗水和智慧，还有泪水和鲜血，在他的人生道路上开出了朵朵绚丽之花。

　　彭敏从小受进步思想影响，不满帝国主义列强对中国的欺辱，立志为民族解放、国家富强而奋斗。学生时期他走出家庭，参加革命，在扬州中学组织学潮，声援北平的一二·九运动，从而走入革命队伍，在北平学联组织中学的学生参加抗日救国活动。七七事变后，他来到山西抗日，又到延安军政大学、中央党校学习，得到全面提高。

　　抗日战争胜利后，彭敏从延安被派到东北战场，从此和铁路桥梁打上了交道。解放战争开始了，他作为新组建的东北人民解放军铁道纵队第三支队支队长率领部队历尽艰辛修复陶赖昭松花江大桥，接着进关，抢修津浦线及淮河铁桥、抢修陇海线及洛河便桥、粤汉线湘江大桥及湘桂铁路。全国解放时，他已经成为中国人民解放军铁道兵团党委成员、工程部部长兼总工程师。抗美援朝战争中，他率领铁道兵团一师等铁道抢修部队第一批进入朝鲜；在美军飞机的狂轰滥炸中，作为中朝联合运输局前方抢修指挥所司令员，他亲临前线指挥部队抢修铁路桥梁；不畏强敌，运用坚强的毅力、发挥聪明才智，在与美军"血与火""生与死"的较量中，被提拔为铁道兵团第三副司令员兼工程参谋部部长。

　　新中国成立之初，彭敏被任命为铁道部大桥工程局第一任局长和总工程师，筹建大桥工程局，成功领导了万里长江第一桥——武汉长江大桥的建设，以及有突出技术进步的南京长江大桥等大型铁路桥梁的建设。在西南铁路大会战中，他作为西南铁路建设指挥部副总指挥兼总工程师，在祖国大西南的崇山峻岭、深沟险滩中修筑了堪称人类征服大自然的壮举的成昆铁路；在援建坦赞铁路中，他克服种种困难，解决了工程受阻的难题；在改革初期，在国家现代化建设中为实现三年改变港口面貌建设，他又在港口和铁路、桥梁配合等工程建设中屡建新功。

　　自古以来筑路架桥都是积功德的善举，中国的铁路桥梁事业是彭敏一生为之奋斗的一部分。为祖国的富强和社会的进步，彭敏一辈子轰轰烈烈，活出了精彩，活出了价值。一幅幅珍贵的历史照片，记载了火红的年代中彭敏和创业者、建设者的足迹。

目 录

contents ▶

第1篇

少年立志（1918～1936）

一、少年时代

彭敏原名周镇宇，祖籍徐州，1918年10月10日出生在福州。清末民初，在周氏家族中，祖父周庆瑞，字蔼堂，兄弟5人，排行老二。他是老封建，民国多年了，还一直穿长马褂，戴瓜皮帽。他不许孩子上洋学堂，专程从山东曲阜请来私塾先生在家中授课。家中厅堂的柱子上就写有"忠厚传家远，诗书继世长"的家训对联。祖父膝下二子一女，全家务农为生，有些薄产。彭敏的父亲名为周永桂，字枫柏，又字子丹，是祖父的长子。祖父念过旧书，重视读书，让兄弟两人读了几年

◇学生时代的彭敏

私塾。清朝末年，政府在全国招募去日本的留学生。徐州府管辖八县，每县招一人，周永桂考试后被录取。去日本后，他在培养军队士官的"振武学堂"读书。回国后，到军队当初级军官。

周永桂早年追随孙中山。民国期间，他在军队中任团长，先后在福建、广

东、广西等地作战，屡建战功，升任福建第一混成协旅长。当时的福建省，没有多少军队，混成协旅长是少将衔高级军官。1919年李厚基任福建省督军兼省长，周永桂跟随李厚基改任少将参议。他收入颇丰，可以不断接济家里，祖父把钱用来在徐州北郊的李窝村陆续置办地产，并在徐州城里的西关和北关也盖了房子。

1922年10月，北洋军阀进攻福州。为避战乱，周永桂带着全家乘船到了上海，在那里把夫人王芷秋和三个子女送上回徐州的火车，自己则返回福州。福州不久失守，周永桂被仇家设"鸿门宴"杀害，年仅40多岁。

那年，周永桂的三个孩子：长子闽立，学名周镇寰，参加革命后改名周南；次子彭立，学名周镇宇；小女周殿华才1岁，参加革命后改名周文。

周永桂去世后，家中失去了重要收入来源，只得靠出租土地和房屋来维持一大家人的生计，家道日渐中落。姑姑出嫁是去冲喜，这是旧社会的一种封建习俗，嫁过去丈夫即病逝，又回到娘家住。不久叔叔也因病早逝，婶子也守了寡。周永桂前夫人所生的周梦华已嫁给了史家，她与母亲王芷秋年龄同岁，也常带着儿子史超来家居住，史超只比周镇宇（彭敏）小两岁。

1928年秋末冬初，祖父周庆瑞病逝。家中只剩下母亲、姑姑和婶子三个寡妇和几个年纪尚幼的孩子，周家成了一群名副其实的孤儿寡母。

母亲王芷秋出身于书香门第，她的哥哥王开孚，字雪桥，是清朝秀才，铜山县知名的文人。王芷秋是大家闺秀，知书达理、自幼裹足，无能力当家。一切由年轻的婶子去管，也只能靠土地和房产维持生活。

1.私塾教育的根基

祖父去世后，几个孩子才走进洋学堂。周镇宇上了4、5年私塾后，进入徐州小学和徐州中学。

在家塾里，哥哥周镇寰学习好，字也写得好，老实厚道，常常得到先生表扬。而周镇宇虽然天赋聪慧，记忆力好，字也写得不错，却是个顽皮不安分的孩子，爱耍小聪明，喜欢刨根问底，往往惹得先生不高兴。念书时，私塾先生要求很严，每天让孩子们背着手站在堂上，摇头摆脑背书。老先生打盹睡着，周镇宇便给先生脸上画个眼镜或把辫子捆在椅子上，为此他挨了先生不少板子，还不让兄弟姐妹告诉大人。

少年的周镇宇喜欢唐诗、宋词，爱读《古文观止》、《史记》、《资治通鉴》等。他非常聪明，书中的典故在几十年后，仍能原文复述；特别是《唐诗三百首》几十年后只要念头一句的前几个字，他就能整篇背诵，一字不差。闲暇时他还背着大人偷看明清小说，像《说唐》《隋唐演义》《岳飞传》《水浒传》《封神榜》《红楼梦》《老残游记》以及《聊斋志异》等，然后再把书中的故事绘声绘色地讲给小伙伴们听。小时候的私塾教育给周镇宇打下坚实的国学基础。

2.敢走独木桥的孩子

小时候周镇宇还是个孩子王，一群孩子爱跟他一起玩。他们在一起踢毽子，放风筝，抖空竹等。他抖空竹不仅抖得响，而且能将空竹抛入空中再轻轻的接住；他踢毽子也能踢出一番花样来。他先把毽子抛起来，用脚尖接住、挑起来，用头接住，再用头顶起来，用膝盖顶一下，稳稳地落在脚面上，这样再反复很多次，更难的花样还有很多。

最让小伙伴们佩服的是他画画的本事，素描，在白纸上画；他会写美术字，就是艺术字，立体的，变形的，花样繁多，新颖好看。他采集花草植物，压平、干燥并用硬纸托起，做成植物标本十分在行；他还会自己制作风筝，总是把风筝做得又大又漂亮，飞得也最高。他不仅自己做，还把这些技艺教给其他人，因而赢得小伙伴们的信服和拥戴。

在徐州西北城边有许多古城墙，他经常领着孩子们爬城墙，钻山洞。有时搞点带刺激性的恶作剧，如在徐州城边九里山有个山洞，从山洞里向上爬，爬进去，看到有人进来了，放个鞭炮，把人吓得吱哇乱叫跑了；在中学因看不惯英语老师"摩登"的打扮，捉了几只蝴蝶，放在粉笔盒里。上课了，老师打开粉笔盒，蝴蝶飞出来，他在下面说："好香啊！"同学们哄堂大笑。

少年的周镇宇是够淘气的，时时显露出一种勇敢的英武之气。他的外甥史超，比他小两岁。史超后来成为八一电影制片厂的著名编剧。他回忆说：二舅胆大、机敏、爱冒险，争强好胜。小时候，徐州北面城边有条小河，河上没有桥，只有一个大树干架在河的两岸上，树干光溜且圆滚不平，两边又没有可以扶手的地方。周镇宇带头过独木桥。只见他一跃而上，两手平伸，三步两步很轻松地跑了过去。他回过头来，挥手大声招呼其他孩子说："来呀，来呀，快过来呀！"在他的鼓励带领下，孩子们一个个都走过去了，连我的弟弟史进也过去了。史超至今还记得，周镇宇站在那里说了一句话，"我的一生就要走这样的独木桥！"谁也没想到，这句话竟应验了，他就是这样"惊险并富有刺激"地度过了传奇的一生。

二、离家出走

1.新思想的启蒙

民国初年，中国的社会生活面貌发生了很大的变化，出现了不少新事物、新气象，不论是人与人之间的称呼，还是人们日常的穿戴，都在除旧布新。"五四"新文化、新文学的先驱蔡元培、王国维、章太炎、胡适、陈寅恪、鲁迅、郭沫若、康白情等，都发表了大量的文学作品，对于爱看书的周镇宇的思想有很大影响。他特别崇尚鲁迅，熟读《狂人日记》《阿Q正传》等作品，钦佩鲁迅彻底革命的硬骨头精神，尤其是鲁迅"横眉冷对千夫指，俯首甘为孺子牛"的名句，在他身上烙有深深的印记。

周镇宇的思想很活跃，在传统的国学教育中加入了西学科技发展的因素。他看到了国家的愚昧落后，西方国家科技的发展，但是也强烈反对帝国主义国家对中国的欺辱，他富有强烈的爱国之心。

九一八事变之后，在爱国进步思想的影响下，他积极参加了反帝反封建抗日救国学生运动，曾在进步刊物《生活读书》上发表一些小文章，宣传反帝反封建、反对军阀混战、抗日救国的思想。

2.冲破羁绊

彭敏很少对人提起他的家，他觉得他的家死气沉沉的，一点生气也没有，和巴金小说《家》里的社会背景几乎一样。他的哥哥周镇寰和《家》中的男主角觉新一样，长子长孙，家里为了把他拴住，早早地给他娶了亲，才17岁，就已经有了一个孩子。

由于婶娘没有男孩子，周镇宇的母亲做主把他过继给婶娘。婶娘有自己的女儿五姐，并没把镇宇视为己出而疼他。周镇宇便成了两不管的孩子。在家里，放学回家，他总要想尽办法讨好五姐，给她讲故事，为她做事，才能得到他想要吃的或零钱。但是有的事情他感觉屈辱不能容忍。有一年冬天，他到了学校，发现棉裤是婶娘用裹脚布缝制的，立即脱下来，扔到茅厕里，穿着单裤回家，这在家里引起轩然大波。

周镇宇写进步文章和他的倔强脾气，引起家里人的担忧，怕他惹事，商议着给他娶亲。后来物色到本村一家姑娘给他做媳妇。妹妹周殿华偷偷告诉了他，彭敏一听便逃离了这个家。从此，就再也没回家，那年他还不到15岁。直到1949年4月他带领着铁道兵抢修津浦线和淮河大桥时路过徐州，才回家看望了老娘。

反映新思想的书籍使他向往着外面的世界，要去抗击帝国主义列强对中国的侵略和"蚕食"，要去寻找一条道路，让中国富强，并为之奋斗。他的人生才刚刚开始，不能就此被束缚住，必须冲破沉闷腐朽的家庭牢笼，走出去。

三、茫茫大海寻找革命道路

1.为了生计吃尽苦头

周镇宇用口袋里仅有的钱，买了张去上海的火车票。他的思想很简单，因为从报纸上经常看到上海有反对日本侵略、抵制日货等游行的报道，想到那里找到革命党。

可是到了上海，最先面对的却是生存问题。他没有钱，为了生计吃尽了苦头。他擦过皮鞋，卖过报纸，代人写信、写对联，打打小零工。他用挣到的铜板买最便宜的米团子吃，四个铜板一个。因为经常吃冰凉的米团子，使他的胃得了病，后来一吃米饭就犯胃病。好在他年轻，怎么都能经受得住。

每遇到街上有游行活动，他就去参加，主动帮着撒传单，贴标语，为的是寻找革命组织。但那时候革命组织都是地下活动，他犹如一只初生的牛犊，根本不知道黑暗社会中的革命活动都是地下的，而且要冒着生命危险。

2.意外遇到学习机会

有一天，他在街上听到有个人说徐州话，家乡口音十分亲切。他寻着声音看去，原来是他的同乡，而且是在老家常和他一起玩的同学。

同学看到他很惊讶，说："你怎么在这里，你们家到处找你，还追问我好几次。"周镇宇说："那个家我不会回去的。"他同学说："也好，现在扬州中学正在招生，很快就要开考，正好你和我一起参加考试。"周镇宇踌躇地说："上学当然好，但是我没有钱啊！"那同学说："这你不用担心，那个学校是官办的，不要钱，我就是冲这个去的。"

周镇宇听了转忧为喜："那太好了！"立即请同学帮忙回家找他哥哥周镇寰，给他弄几件换洗衣服和钱。同学回徐州找到周镇寰，跟他说报考上学的事。周镇寰刚好初中毕业，决定三人一起报名参加考试。

扬州中学前身是创办于1902年的仪董学堂，1927年改称为扬州中学，历史悠久。因办学立意高俊，名师荟萃，人才辈出而著称。

扬州中学是当时著名的中学，考试极其隆重严格，根本没法打小抄。只录取100名学生，张榜贴在显眼的墙上。他们三人从最后的姓名往前看。先看到他的同乡的名字，在前30名时，又看到他哥哥周镇寰的名字。沉住气往前看，在前10名时才看到周镇宇的名字，他们三人都考取了。三个人激动地抱在一起，相互庆贺成了扬州中学的同学。

扬州中学高中部设有普通高中和师范科，后来增设土木工程科、机电工程科。还与上海同济大学合办德文班，学生毕业后可直升同济大学。周镇宇因考试成绩优异，分在土木工程科。他大哥和同乡都在普通高中班就学。

在校期间，彭敏以优秀的学习成绩成为全科系同学中的翘楚。他学习优秀，而且非常喜欢土木工程专业，在学习过程中看到外国的先进技术，感到中国在科学技术方面确实落后。他还爱运动，他的个子已经长得很高了，参加了班里的篮球队。一年夏天，他的小腿上长了个小疮，那时候没有青霉素，化脓溃烂成一个小洞，久不痊愈，走路一瘸一拐的。打球的时候，同学们传球，干脆喊他"瘸子，接球！"于是他就有了"瘸子"的外号。后来他在抗美援朝中右脚负伤，治好后，平常看不出来，走快了，他的腿真的有点瘸。

他非常珍惜这段难得的学习机遇，也为他参加革命工作后屡破铁路交通工程的难题，打下了坚实的基础。

3.组织闹学潮遭开除

在校期间他非常关心政治时局的变化。像他这样一些思想活跃的学生，都是给进步刊物如《生活读书》投稿的群体。1935年底，他积极组织扬州中学学生声援北京学生的一二·九运动，引起学校的注意，派人监视他的行动。

一二·九运动时，扬州中学以李庚为首，组织参加了著名的扬州"一二·二二"千人大游行，但其中没有一个是共产党员，以至于国民党政府将这些学潮领袖抓起来后，没办法又都放了。扬州中学校长是从美国麻省理工学院回来的硕士周厚枢（字星北）。这个有美国民主经验的周校长，却想出来了提前放假的主意，使扬州中学的一二·九运动不了了之。

快到毕业的时候，周镇宇不知从哪里得到一个信息：他们这个毕业班的学生，统统要被派往中缅边境修滇缅铁路，实现日本向东南亚扩张的目的。他们这个专业是日本人在这个学校办的，目的就是为修这条铁路，急切地需要迅速培养一批土木工程技术人员。起初这个班要在清华大学里开办，但日本人着急用人，嫌清华六年的学制太长，才找到扬州中学的。周镇宇得知这一情况非常激动，义愤填膺。他决不能干支持日本人侵略中华民族的事，必须要揭露这个黑幕，不能让日本人的野心得逞。于是，他就自发地组织学生闹学潮，反对把毕业生派往中缅边界，反对为日本人修铁路。

真相被揭露，校方很尴尬。校长周厚枢迫于国民党政府和日本人的压力，把学潮镇压下去，又把带头闹事的周镇宇开除，并下令要逮捕他。学校当局永远不会想到这个曾被他们开除的学生后来对中国的铁路建设事业起到了多么大的作用。

周镇宇跑到上海后，为避免国民党的抓捕，才改名叫彭敏。他哥哥周镇寰也离开学校，回到徐州老家，国民党特务追到徐州。那一天，家里突然来了三四个警察。五姐周季华拦住他们问："你们找谁？"警察说："找周镇宇、周镇寰。"五姐答道："他们不在家。"警察又问："他们住在哪间屋？"五姐指给他们。警察进屋搜查，把周镇寰和周镇宇的书收在一起拉走。

这些进步书籍，像老舍的《二马》，巴金的《家》，张天翼的《大林和小林》等等；还有西方的《大西洋史》，赫胥黎的《进化论》《娜拉走了以后》《怎么办》等，站在一旁的妹妹周殿华从不知道哥哥们还有这么多书。

站在一旁的大嫂赵丽慧，见来者不善，从后院偷偷溜出去报信。周镇寰正与房客赵福恒看京戏。得知情况后，周镇寰同大嫂就到大姐周梦华家暂避。不久周镇寰乔装打扮一下，带着嫂子和两个女儿乘火车去开封找舅舅王开孚。

周家院外有间柴房，平时没人住。房客赵福恒租住在那里，说是教书，平时从来不进院子，那天他进来，就说戏院的戏如何好，硬拉着周镇寰去看戏。后来想他可能也是搞革命活动的，他先得知国民党特务要来抓人。家里平时只有周镇宇（彭敏）和房客赵福恒有来往。周镇宇看的进步书籍、发表文章都和他有关系。警察搜查之后，房客赵福恒再也没来过。

4.周镇宇改名为"彭敏"

为了躲避抓捕，他将自己的名字"周镇宇"改成了"彭敏"，从此这个名字伴随了他的一生。参加革命后，有人问他为什么改名叫彭敏？他曾解释说，"取自北冥而已。"他小时候读过《庄子》，崇仰庄子在乱世中保持独立人格，追求自由的精神。尤其喜欢《逍遥游》里那个北冥有鱼，由鱼变鲲，进而由鲲变鹏的故事。他之所以取名为"彭敏"，是因为那"彭"字既与"鹏"同音，又是家乡徐州的古称；"敏"字则来自于"冥"字的谐音，是迅速、灵活、敏捷而通达的意思。《庄子》中的"北冥"，是北方深幽漆黑的大海。他改名"彭敏"，就是要勉励自己要像北冥中的鱼那样拼搏奋斗，挣脱深幽的大海，变成一只大鹏腾飞上天，遨游苍穹。他崇尚鲲鹏之志即立大志、做大事，并渴望找到能载负鲲鹏的浩瀚无垠的大海和广阔无边的天空，从小立下了要像鲲鹏一样不做平庸之人的志向，寻找能改变落后中国的道路。

庄子追求崇高的思想境界、不求功名利禄的哲学思想对彭敏的品德是个积淀。

第2篇

在战斗中成长（1936～1945）

一、找到党组织参加革命

1.在北京搞学生运动

　　彭敏在扬州中学闹学潮的行动引起共产党组织的注意，组织上便派人与他联系。这个人就是共产党员马寅，后来成为他的入党介绍人。认识了马寅，彭敏也就找到了党组织，这是在1936年9月。当时彭敏进入上海正风中学，学习美术。在地下党组织的领导下，他参加了上海中学学联的革命活动，组织学生纪念九一八国耻日，遭到反动当局的镇压。

　　他和马寅一道北上到了北平，加入中华民族解放先锋队。这是共产党的外围组织，他任九区区队长。1936年12月彭敏光荣地加入中国共产党，并在中共北平学委的中学组事处任委员。在此期间，他积极发展了许多进步爱国的青年学生，把他们团结在地下党的周围，进行抗日救亡活动，并向解放区输送许多进步青年。

　　后来，彭敏在北京没有生活来源，便与哥哥取得联系。哥哥周镇寰离开扬州中学，从徐州去了河南开封，在高中继续上学。周镇寰接到彭敏的信，决定上北平，准备考大学。在北京经彭敏介绍，也参加了中华民族解放先锋队，投身到抗日救国的洪流中。周镇寰因为有家眷，和家里始终有联系，多少能得到一些生活费。五姐周季华也准备考大学，妹妹周殿华也跟着来北平，他们同住在三座门的一处公寓里。

彭敏考上了清华大学美术系，是旁听生，来去自由，为搞革命活动打掩护。为了生计，他在马路边给人画过像，挣点钱。当有新同志入党宣誓时，他把画好的马克思、恩格斯画像，贴在党旗上方。

有一次，去西郊的樱桃沟开会，他骑了一辆破自行车，从西直门出发沿着护城河走，一路上补了五次车带，都是自己拆开自己补，一会又爆了，气得他几次都想把车子扔到河里，费了牛劲才赶到那里开会。这是学生运动负责同志经常开会碰头的地方。每天过得清贫，常在前门、大栅栏随便买点吃的，买张报纸，骑着车边吃，边看报纸，路过天安门，街上人很少，有时连车把也不扶。那时挑担的、摆摊的北京小吃是社会底层劳苦大众吃的，便宜、方便。

彭敏的外甥史超也到北平，在志成中学上学。那时史超并不知道他参加了革命。有段时间，彭敏忽然搬到离志成中学不远的一个公寓里，公寓的房子每间一天一元，按说很贵的。公寓离史超的学生宿舍有一二百米，史超常能见到他。他每天来去匆忙，相互间见面只是简单说两句。史超知道他考上清华的美术系，常去那里上课。彭敏穿着一条工装裤。那时候工装裤容易被认为是共产党，但青年学生们反而都爱穿这种裤子，比较新潮。史超和周殿华也都穿上这样的裤子，就像有一阵学生都爱穿军装一样。

有一件事让史超很生气。史超向家里要钱买了一辆新自行车，在那时是很贵的。他还没怎么骑，二舅彭敏借走一直没还给他，可能是搞丢了。更可气的是二舅在北京期间搞革命活动，没给他们挑明，不然他们都早就参加革命了。彭敏让妹妹周殿华和史超帮他递信、传话、送东西，他们都一直被蒙在鼓里。也许是彭敏几次遭当局的追捕，受地下工作纪律的约束，也怕牵连他们，行动谨慎吧。

彭敏到志成中学旁边住是有用意的。志成中学的校长吴宝山是蓝衣社的，政治上坚决拥护蒋介石。校长在学生中宣传蒋介石对日本的退让是对的，说"我们准备不够，打不过日本等等"。彭敏来学校为了做校长的工作，在学生中宣传抗日救国的道理。

史超的二叔史公著在北平市府做抄抄写写的书记官。当他知道彭敏来北平很高兴，三人一起吃饭。吃饭的时候说起为什么蒋介石不抗日，史超说："校长说我们没准备好……"彭敏说："不对，日本的国力很强，会越来越强，我们比日本差很远，而且越拖越差，因此要越早打越好，越往后拖对咱们越不利。"史超说："最近听说'双十二'（即西安事变）张（学良）、杨（虎城）把蒋介石抓了，同学都关心他的生命安全呢！"彭敏说："抓了么？那好，那好啊！抓住了是好事啊。"史超不明白为什么，彭敏说："对抗日有利嘛！"史超知道这种时候谈论蒋介石可是要杀头的事，没有再往下问。彭敏虽然没有公开谈到共产党，但反对蒋介石的态度是很明显的。

终于有一天，彭敏向史超介绍了中华民族解放先锋队组织，并想介绍他加入，但是史超没等到下文，局势就发生了突变。学校的国文教员被开除了，学校忽然来了警察，抓走了两个高三班的学生，国文教员也不知去向。史超还给国文教员送过信儿，并意识到二舅彭敏肯定有危险，便立刻跑到公寓通知他，但没找到，打听到他早已离开了，从那以后，直到1942年在延安军政学院他们才又见面。

2.青年人的选择

七七卢沟桥事变之前，彭敏受党组织派遣到山西太原参加山西总工会的筹建工作；全国抗战爆发后在中共北方局和山西省委组织下，太原市工人建立了山西工人武装自卫队，简称工卫队，彭敏就任宣传队长、民运科长。

七七卢沟桥事变发生后，整个北京都沸腾了，特别是学生，纷纷参加各种抗日救国组织。彭敏家的这几个青年学生都在北平，分别走上了不同的人生道路。

哥哥周镇寰先跟彭敏一起去了山西，参加晋军的抗日武装，1938年加入中国共产党，参加革命后改名周南。受党的派遣去了鲁南（山东南部）参加抗日游击战争。

彭敏的外甥史超跟着天津北平的逃亡学生通过西安八路军办事处去了延安，参加革命。后来，在延安他和二舅彭敏见了面。

妹妹周殿华因为他两个哥哥借过老乡一些钱，托她先回徐州老家还钱。还完钱后，她从徐州出发，抱着抗日救国的志向，历尽艰辛，辗转找到西安八路军办事处，去了延安，走上了革命道路，后改名周文。

五姐周季华跟着五战区的队伍，为躲避日军的轰炸，一路向南方走，宣传抗日，到了重庆、武汉、上海，在三联书店工作，最后回了老家徐州。

二、抗日战争中在山西打鬼子

1. 山西复杂的抗日革命形势

七七卢沟桥事变爆发后，日本帝国主义发动了几乎全部力量，采取速战速决的战略，公开地向华北、华东、华中地区发起进攻，迅速占领了北平、天津、太原、上海、南京、武汉、广州等一大批城市。全民族抗日烽火立刻被点燃，形成燎原之势。在中华民族生死存亡的危机时候，中国共产党以民族利益为重，倡导和推动第二次国共合作，共同抗日。

1937年10月末，日军兵临太原城下，阎锡山失魂落魄，率部仓皇逃走，太原失陷势不可免。

日军侵入山西后，山西的土皇帝、大军阀阎锡山的军队节节败退。他感觉蒋介石依靠不住了，想利用共产党在广大民众中的影响力，巩固自己的地盘；共产党也想借助阎锡山的实力，建立抗日武装，决定同国民党山西实力派阎锡山集团建立特殊形式的抗日民族统一战线。通过山西牺牲救国同盟会的活动，山西新军应运而生。

山西新军是隶属第二战区国民党晋绥军建制、由中国共产党倡议创建并实际领导的一支特殊形式的人民抗日武装。山西新军把青年抗敌决死队（简称决死队）、工卫队、暂编一师、政卫旅、二一二旅、二一三旅，以及在牺盟会领导下建立起来的各地游击团、队、自卫队等革命武装都囊括在内，使新军实际兵员很快超过了山西国民党旧军队。

在此形势下，彭敏所在的山西工人武装自卫队接到党的指示，撤离太原，到文水、交城一带去打游击。

山西工人武装自卫队在1938年春编入山西新军，在新军里普遍建立了共产党的组织，实行政治委员制度。阎锡山为进一步控制共产党的影响，要山西工人自卫队改编为二战区独立二〇七旅，任郭挺一为旅长。郭挺一是阎锡山的得力干将，但是山西工人自卫队主要是工人组成，共产党不同意丢掉工人成分的特点，和阎锡山进行争取，决定改叫工人武装自卫旅，简称工卫旅。

1938年夏，工人武装自卫旅派在山西总工会工作的顾永田和彭敏在文水、交城一带开展游击活动，组建山西文水县抗日政府。

顾永田任山西文水县县长，彭敏任文水县政府秘书、特殊党支部书记（简称特支书记）、县游击队队长。他们都是徐州人，顾永田比彭敏大两岁。两人配合很好，在短短几个月内，组建了山西文水县抗日政府和群众组织。各区、村成立了农救会、青救会、妇救会抗日团体，发动群众，减租减息，受到当地群众拥护。他们还动员群众踊跃参军，组织游击队和动员军粮、布匹、棉花、军鞋等，支持抗日斗争。

彭敏的警卫员王强是文水县人，1923年生，是土生土长的穷苦人。全国抗日战争爆发那年他14岁，个子小，脚还够不到马鞍子，但他敢骑马，县里有个教员看他勇敢、机灵，拉他参加了牺盟会，到了太原总工会。因他年岁小，顾永田让他跟着彭敏当警卫员，保护首长安全。他原名王殿魁，顾永田说他的名字有封建味，故彭敏给他改名叫王强并告诉他，"强大就不受欺负"。王强从此跟着彭敏。

工人武装自卫旅在九里湾首战告捷，100多人抗击了数千敌人的进攻，打死打伤了100多日军，并配合八路军120师围困奇岚县和追击残敌，胜利地完成了阻击和袭扰任务。很快工人武装自卫旅扩大成为三个团，21团、22团、23团，最多时人数达到5000余人。彭敏领导的游击队就成为22团主力，彭敏任团长。

2. 破坏铁路阻止日军"扫荡"

日军进军占领临汾等地后，战争的形势更加严峻，先后对晋西北、晋东南、晋西南进行大规模"扫荡"。在八路军的带领下，新军各部积极参加了反"扫荡"战斗。

一次，彭敏得知日军乘火车要到平川一带征粮，为了阻击日军进村"扫荡"，他带领游击队，去破坏铁路。别人都不会撬，彭敏亲自动手示范一下就撬起来。王强觉得纳闷，怎么自己就搞不动。彭敏就过来帮助他。原来彭敏懂技术，懂门道。因为没有工具，他连枕木一起，把铁轨撬起来翻下去。他们破袭了平遥到汾阳的一段约一公里长的铁路。载有日军的火车过来后，躲避不及，造成整列火车脱轨翻车。

日军受到袭击，非常恼怒，为了报复，从内蒙古德王府派骑兵来追击他们。

王强跟着彭敏，立即转移，上了一座山。王强个子小，背着干粮和公文包，跑得都吐了血。

彭敏在前面，有时要拉王强一把，有时王强在下顶他屁股一下。那里是吕梁山区，大块的梯田，一层接一层，直上直下很陡，一层都有近五六米高。要向下跳，王强说这个他熟悉，连滑带溜先下去了，彭敏也跟着王强一样滑下去。听追兵声音近了，他们看见地里有几个坟包。当地的坟包下方都留有一人宽的扁形口，里面是棺材。王强是当地人，指指这个口说："坟包里可以藏人。"王强个子小先钻进去。彭敏个子大，弯下腰，不知怎样钻进去。王强叫他立刻趴下，腿先进去，随后王强拽他的脚，把他和枪都拽进去。追兵骑着马来了，在山上转了几圈，见不到人就走了。过了很久没声音了，他俩才出来，天很黑了。这一次战斗没有多少人牺牲，回来清点人数，大都脱险了。

彭敏率领游击队异常骁勇、不怕死，机动灵活，破坏铁路，纷扰敌人，屡打胜仗。他在文水、汾阳、清徐、交城、太原、平遥一带影响很大，名声很响，大家都知道游击队长彭"特支"很能打仗，是顶呱呱的，老百姓拥护他。日军怕他、恨他，特别是彭敏率游击队撬翻铁路，引起翻车的事件，更是气炸了肺，贴出布告，悬赏捉拿他："捉拿'彭特支'，打死的拿人头来给500大洋，报信的给200大洋，活捉的给100大洋。"

一天，大家围着彭敏，让他打枪，看他的枪法。他拿着枪，走上前去，大声说："看大佛的鼻子。"砰的一枪，果然打中了，大家都欢呼起来。彭敏自己说哪里是枪法好，就是有勇气。

彭敏机敏勇敢，常打胜仗，王强很崇拜他。彭敏的眼睛近视，看不清楚，很多时候让王强帮他。他有时拿着望远镜让王强看："那黑点点是不是人？"王强拿过来一看："是的，有好几个人在挖工事呢！"于是他得到证实，就准确做出决定，怎么打。

3.机智灵活打不赢就走

有一次，团部驻扎在米家庄。晚上日军进村了，彭敏正好起来出门，听到有人喊："有鬼子！"他抬头看见有个人影，就问那人："你是几连的？"日军士兵没听懂，愣了一下，王强正好冲出门，一眼看到那人手里的枪上挂着日本旗，抓住彭敏的衣服，小声说："快走！是鬼子！"他立即转身就跑，等那个日军反应过来，他们已跑出去了。

一次，彭敏骑着马带着队伍准备到附近村庄筹集点粮食，走到村子南口，他让两个侦察员先进村侦察一下情况。侦察员进去好一会儿，没有回来。王强说："可能没事儿吧。"彭敏说："不一定，也许有事了。"彭敏带着队伍慢慢往里进，走了没多远，果然看到一股日军和伪军从西面已经进村，可能是看到前面那二人了，正尾随着向北走。彭敏见了立刻小声说："不好，赶紧走！"他立刻掉转马头带部队往回走，到了村口，他就向天打了一枪。日军听到枪响，立刻转头向南追出来。他们对打一会儿，打死几个日军，但日军人多，不能恋战。彭敏带部队钻进村边的玉米地里，日军对着玉米地打了一会儿枪，没敢进去。

那两个侦察员不一会儿也都回来了。他们说："一进村，就被日军盯上了。我们左躲右藏，钻到老乡家里，躲到房檐下，看到日本鬼子进了门，我们已做好准备，只要他们进来，就和他们拼了。日军也胆小，听到村外打枪，他们跑了。你们把我们救了。"

　　那时候彭敏的新军队伍，除了刚成立时发过一些枪，从来没给部队发过饷，吃的、穿的、弹药全都自己解决。彭敏的军衣太破旧了，就在一个印染厂找了一块草绿色的布新做了一身军装，和大家的灰布军装不一样，加上他个子高，戴眼镜，很显眼。日军的狙击手常把他当特殊人物，认为是大官或是翻译，对他进行瞄准射击。细心的王强发现了，提醒他换掉，他才脱掉这身军衣，又弄了一身灰布军装穿上。

4."我是来打日本鬼子的"

　　新军里的共产党和阎锡山的反共势力一直有斗争。山西土皇帝阎锡山怎么能容忍共产党在他的地盘上搞抗日民主政府，取代地主、土豪把持的旧政权，还搞什么"减租减息"等，对共产党的那一套早已恨之入骨。1939年3月，阎锡山在陕西省宜川召开"秋林会议"，把抗日的新军、牺盟会的主要领导干部和敌后专员、县长都召集了去。

　　由于彭敏能打仗，晋军内的国民党反动势力也想方设法拉拢他。国民党的郭挺一就多次请他去阎锡山那里。这次在"秋林会议"之前，郭挺一又专程骑马来请他去参加"秋林会议"，而彭敏硬是坚决不去。郭挺一急了，对彭敏说："让你去，是上头看重你，保你当大官！"彭敏说："当什么官，我是来打日本鬼子的！"那时候阎锡山反共降日的面孔还没完全暴露，而且阎锡山在山西的势力很大，投靠阎锡山能升官发财是明摆着的事，很多人不明白彭敏为什么不去。

　　在"秋林会议"上，阎锡山公开发表反共投降日本的言论，对新军干部使用了威逼利诱、高官厚禄、收买分化的办法。阎锡山把斗争坚决的顾永田县长软禁起来，一边改编新军，一边解散抗日团体，并给文水县派去一个伪县长，撤换顾永田。这样激起文水县广大抗日军民的强烈反对，他被迫撤销任命，放了顾县长，赶走了伪县长。但阎锡山并未停止反共行动，组织特务对共产党进行了暗杀、破坏活动。

　　"秋林会议"之后在文水县发生的一系列事情，工卫旅的同志才看清了

17

阎锡山反共投降日本的真面目。

1939年8月，新军与八路军第120师、第129师合编，仍称22团，彭敏任新整编山西新军工人自卫旅22团三营营长，很快升任22团团长。

1939年12月初，国民党顽固派掀起第一次反共高潮，阎锡山首先在山西发起十二月事变，也叫晋西事变。阎锡山在晋西和晋南东集中九个军的兵力，突然向抗日新军决死队进攻，摧毁抗日政权，破坏抗日团体，屠杀抗日干部，是一次通敌叛国的反革命事变。新军被迫奋起还击。有一次，青年决死队四纵队司令员兼政委雷任民率部正与阎锡山的军队作战，情况紧急。得到信息，要彭敏出兵增援。彭敏原计划打埋伏袭击，但路上却发现在东坡底有阎锡山部的一个营约100人，在打麦场上把枪架起来正在休息。彭敏当机立断，带一个连上去来个突然袭击，打他个措手不及，干脆利落把敌人全部消灭，大大打击了阎锡山部的嚣张气焰。

5.田家沟的战斗

王强说："顾永田县长牺牲的那次战斗我记得很清楚。1940年2月11日，当时得到情报鬼子要来文水、交城两县'扫荡'，彭敏做好了作战准备。21团设埋伏于田家沟，彭敏带22团在对面山旮旯中间的小庙旁设埋伏，准备锁谷灭寇、夹击敌人。"

那一次，因顾永田县长没打过仗，为了他的安全，彭敏不让他参加，但他执意要去。彭敏拗不过，说："这样吧，顾县长你带领团部，在山腰设埋伏观察指挥。我带一个连的部队（实际上只有两个排），埋伏在山下小庙旁山坡上，我们先在下面打，如果抵不过，你们再下来支援。"那时候说是一个团，实际上也只有一个营的兵力。

日、伪军来了1000余人，分交城和文水两路进军。交城敌人先进入包围圈，我方的哨兵错以为敌人全进入包围圈，就鸣枪报信，田家沟之战打响了。实际上因为奸细告密，文水的日伪军并没有进包围圈，在中途改了路线，转到山背后上山，企图占据高地。顾县长听到田家沟战斗打响，率领人马从小柏沟往田家沟方向移动，想从那里包抄截击敌人。他的队伍正好遭遇从山顶下来的文水日、伪军。等他们发现时，已腹背受敌，于是同敌人展开殊死搏斗，因寡不敌众，壮烈牺牲。

这时彭敏的一连人在田家沟打得正激烈，进入包围圈的交城日伪军已死伤大半。但我方的弹药已没有了，只能短兵相接，拼刺刀。彭敏听后面山上响起枪声，感到情况不妙，命令剩余的人转头往山上冲。顾县长的警卫员跑来报信，彭敏看见他大声喊："你怎么下来了？"警卫员上气不接下气地说："顾县长已牺牲，还抓走了秘书和司号员、卫生员等其他人！"彭敏明白了，立刻对他说："你，注意隐蔽，快去把县长的遗体拖下来，设法藏好！"随即命令大家赶紧分散撤退。

这时，大批的日、伪军有好几百人居高临下压下来，子弹乱飞，情况十分紧急。王强跟着彭敏，跑得很快，头上中了一枪，还不知道。是一颗流弹，从空中落下来，砸在头顶。那时的棉帽子实际上只有两层布，把头顶砸出一个坑，流了不少血。脚上的鞋子被打穿一个洞，没伤着脚。王强个子小，鞋子大，鞋后跟是用针缝上的，子弹正打在那里。山上都是泥和着雪，湿滑。在山下的那部分战士，也大部分牺牲。彭敏带着王强和少数战士跑上另一个山头，得以脱险。

整个战斗损失很大。不仅顾永田壮烈牺牲，他带领的团部大部分也当场牺牲，卫生员、司号员、秘书等被抓走。顾永田是个能力很强的干部，从山西太原总工会出来后，当过工卫旅一总队的连政治指导员、营教导员。他和彭敏一起到文水县成立抗日政府，任县长，积极发动群众开展抗日游击战争。由于工作出色，正准备提拔为晋绥第八专署专员，命令已下来，还没去赴任。他很想在临走前打个漂亮仗，不料在这次战斗中英勇牺牲。此后，彭敏接任代理县长。

1940年春，新军各部重新整编为27个团，仍保留晋绥军番号，实际上已经编入八路军的序列。彭敏带领的22团广泛活动于晋东南、晋西南和晋西北地区。在八路军的帮助和带动下，新军各部在同蒲线霍县、赵城及临汾地区进行破袭战，粉碎日军对晋东南的"九路围攻"的作战，并在正太铁路沿线作战中给予日伪军一定打击。除此之外，部队还参加了白晋战役及百团大战等一系列战斗,为山西及华北的抗日游击战争的最后胜利作出了贡献。

1940年山西省第八公署为顾永田立墓碑纪念,解放后墓碑移到石家庄市的华北烈士陵园。1981年彭敏特为顾永田烈士书写证明。

6.在工卫旅找到终身伴侣

彭敏这个在城市长大的青年学生,在山西复杂的抗日战争环境里迅速锻炼成长。因为他刚满20岁,还没考虑过成家的事儿。脑子里整天考虑的是在战争环境里如何打开新局面,如何多消灭日军,怎样打下一仗,部队怎样转移,等等。

他从不注意修饰自己,他当游击队长每天集合部队站在队伍前讲话,队员们有时会窃窃私笑,后来才知道是笑他不会打绑腿。那时候条件虽然艰苦,大家还是很注意自己的仪表。衣服普遍很大,都是一个尺寸,二尺半长,女同志们特别是岁数小的,衣服长,人没有枪高。但她们总是用绳子把衣服拦腰束紧,很显精神;打绑腿时,总是在腿脖部位打得慢一些,这就粗一些,缠到了腿肚子时绑带就打得稀一些,薄一些,这样腿部就显得笔挺。而彭敏不讲究,打绑腿下面缠得很快,到了上面绑带还剩很长,匆匆都缠在上面,鼓起大包。还有他带领大家唱歌,歌词他倒是记得很清楚,但五音不全,爱跑调,唱得不好听,也会引起女战士们咪咪发笑。

在工卫旅里有不少人,特别是有许多女孩子注意他,仰慕他。彭敏很有特点:高高的个子,很消瘦,眉清目秀,英武帅气;他近视眼,有副眼镜不常戴。他很有文化,他能讲出很多有趣的故事和典故,打起仗来勇敢机智,头脑灵活,讲究兵法,常打胜仗。

1939年的一天,宣传队女战士温恩梅最先向他提出了要和他结成终身伴侣的要求,才使他认真地考虑婚姻这件事。

温恩梅在这一群女孩子里是佼佼者。一是她有文化,上到县高中。七七事变爆发后,她坚决离家参加抗日队伍。她有一双明亮的大眼睛,个子不高,虽说不是很漂亮,但在宣传队里,她最活跃,唱歌、跳舞、演剧样样行,落落大方,积极主动。她身上特有的清新气质感动了彭敏。她不同于旧中国封建家庭出来的女孩子，尤其是工卫旅的女战士在国家危难之时，能和男人们一样，毅然决然地离开家庭，投身革命。她们敢担当，敢于呐喊着去奋斗。

温恩梅的家里是中医世家，家里有几亩薄田，虽不富裕，但也能过得去。父亲早年去世，母亲一家人跟着大伯家过。家族里女孩子是不让上学的，说是白费钱。而大伯开明，不顾一家人反对，让她上学。温恩梅珍惜难得的学习机会，凭优异成绩考上县里高中。这是个教会办的洋学堂。在工卫旅中，她的文化水平算很高的。她大伯是个有骨气的中国人，儿子温恩生参加了八路军，日军把老爷子抓去，吊起来打，逼他交出儿子温恩生和侄女温恩梅，他始终没有屈服，在汾阳一带很有名气。

相比之下，彭敏想起自己家里女性的悲哀，他的母亲、婶娘都是年纪轻轻守寡；姑姑去给人家冲喜，而终身不再嫁；旧社会封建家庭里的女人是男人的附属品，接受的是封建的礼教，教育出来大多像他五姐那样的淑女，说话轻声细语、举止斯文，他并不喜欢。

异常艰苦的战争环境，考验了这批女战士。因为敌强我弱，为了保存有生力量，部队不断转移。先到交城，后到中阳、再到晋西北山区，开展游击战争。敌人频繁地"扫荡"、封锁，又遭旱灾，根据地越来越艰苦。部队每天长途跋涉，一行军就是几十里，不分昼夜。战士们吃的是莜麦面、野菜、山药蛋、炒面、黑豆，穿的是灰布衣，睡的是老百姓土炕。很多同志由于营养不良，得了夜盲眼，甚至失明。还有的同志得了伤寒病，因缺医少药，久病不愈，最终失去生命。温恩梅也得了严重的伤寒病，发烧昏迷不醒，最后挺过来了。

彭敏对她充满尊敬，他说过："温恩梅身上没有一点三从四德的庸俗气，她是具有独立人格的新型女性，谁也不能阻挡她去争取自由，谁也不要想欺负她。"在那个时代，一个女孩子能主动地向她喜欢的人表白，够大胆了。彭敏表示同意，决定和温恩梅订婚，因为年岁小，三年以后再考虑结婚。

当他们俩并排站到队伍前宣布他们的特殊关系时，同志们都意想不到，大家都表示欣喜和祝福。但是有个男同志哭了，他已经暗恋温恩梅很久了。他常常主动帮助温恩梅打背包，行军时帮着扛枪，但温恩梅竟然没感觉到。

彭敏和温恩梅这对伉俪在风风雨雨里过了50年。彭敏是有理想有抱负、披荆斩棘不断向前开拓的人，他们的生活始终处在无休止的动荡之中，很少有安逸和享乐。

◇ 1988年山西工卫旅老同志在太原聚会。第一排右二起：温恩梅、柳莹、文月樵、曲俊、郭志坚、武英、戴保禄，第二排右起：康永和、彭敏，第四排右二高守善。

在他们步入老年的时候，1985年6月，在太原组织了一次山西新军工卫旅史料征集座谈会。彭敏和温恩梅参加了老同志的座谈会，共同回忆他们在山西这段艰苦的斗争岁月，唱起当年的抗日歌曲，虽然都是六七十岁的老人，温恩梅的心依然年轻，她仍是其中最活泼的人。温恩梅离休后经常回忆过去的战斗岁月，联系过去在工卫旅的女战士分别写了24篇回忆文章，编成一本《山西工卫旅女战士纪实》在《山西工运史研究杂志》专刊第三期1988年10月出版。

三、延安学习时期

1.中国抗日军政大学学习

百团大战后，1940年11月，组织上决定派彭敏去延安学习。工卫旅的领导干部有康永和、王庆生、马子豪、曲俊和彭敏。在延安，山西新军属于"小字辈"，这里有红军时期久经考验的各方面军老干部，有八路军、新四军的团以上的干部。工卫旅的干部只有少数资格老的领导被选为七大代表，如马真等。像彭敏这样年轻就能派到延安学习是凤毛麟角。同志们为他高兴，赞扬他立场坚定，经受住了复杂斗争的考验。

在延安，彭敏连续参加了几个学校的学习。1940年10月开始是在延安抗日军政大学。毛泽东任教育委员会主席，林彪任校长，滕代远任副校长兼政治委员。学员主要是从部队抽调的干部，并招收一些知识青年，学习政治、军事、历史、民运等革命理论。

有一天，彭敏在小砭沟山顶上溜达，看前面有个人好熟悉，走近一看竟是外甥史超，两人见面惊喜万分。他对史超说："我才从前方过来。"史超说："小时候你教会我写艺术字，对我帮助很大。我参加革命后，进入安吴堡青训班，写大标语，连部的牌子，都是我来写，我有时写成立体的，还受到表扬。指导员、教导员都重视我，使我进步很快。"安吴堡青训班很有名，彭敏听说过，是西北青年救国联合会，培养了许多爱国青年，并把他们输送到抗日战场前线。

彭敏领着他来到住地，这是一排在窑洞前搭建的平房，当招待所用。他们拉了会儿家常，知道彼此都在军政学院学习。学校新成立了四个队，彭敏是四队的，级别高，是师旅以上干部的班；史超是三队，是团营级干部的班，听报告是都在一起听。不过彭敏好像很忙，缺课很多，就让史超帮他抄写学习笔记进行学习。一年以后史超毕业了，被分配到留守兵团秘书处，后又调中央调查室、军事情报室等等，两人分手都没来得及打招呼。

2.跟着彭敏打仗还没打够

后来，彭敏又进入延安军事学院学习。军事学院分为军事队和政工队，彭敏在军事队。学员里有师长、旅长、老红军，彭敏的资历最浅，级别也最低。他的队里杨勇是支部书记，尹宪斌是副书记。支部成员有耿飚、孙泱、闫红彦、丁盛、李新、续范亭（暂编一师）。像旅长陈赓、韩先楚、陈锡联、陈再道、曲俊（工卫旅）等都在军事队学习过，军事队80多人很整齐，新中国成立后90%的开国上将是从军事队里走出来的；政工队里出来都是政委、书记等党的领导干部，他认识的有薄一波、崔田民、史进贤等。王强在党校青年大队的生活队，负责学员们的生活，在枣园搞生产，当过三中队队长、警卫队指导员。

李寿轩是支部的生活委员，和王强在一起的时间多。每个季度他们擦一次枪，枪都是军事队参加学习的首长们带来的。王强真开眼界，枪都是世界各国制造的，几乎没有重样。李寿轩笑着说："要不然怎么说是第二次世界大战呢！"

王强的工作认真负责，领导都看在眼里。中央警卫团的领导黄火青多次找王强谈话，要调他去中央警卫团，去中央领导身边。王强不愿意去，愿意在下面部队里打仗。最主要是他从内心里舍不得离开彭敏，觉得跟彭敏一起打仗很痛快，还没打够。

中央党校1939年初，由延安桥儿沟迁至北关小沟坪。学校管理由邓发、彭真、陆定一、王鹤寿、胡耀邦五人组成。

1941年军事学院高级班并入延安中央党校。中央党校是党的高级学校，主要是为培养地委以上及团级以上具有相当独立工作能力的党的工作干部及军队政治干部。彭敏接着到中央党校学习。

延安有个"八一"杂志，彭敏写过一篇文章，交到图书馆支部，后来在"八一"杂志刊登了，在学员中有很大影响，他也很高兴，这是他的精神财富。

3.敬仰老一辈的革命家

彭敏在党校学习时，既没有津贴，也没有生活补助。他身体状况极差，严重透支，营养不良。在山西游击战打鬼子的时候，严酷的生活，使他落下肺病，也从未治疗过。一次学习时，他在台上发言，突然休克，昏倒在地上，后被送进延安的医院里。

在军事学院他和孙泱住在一个房间里，隔壁是耿飚。孙泱和他年龄相仿，个子高，长得文静，英俊潇洒，是朱德的秘书。他和孙泱谈话很投机。孙泱谈了他父亲孙炳文和朱德总司令的革命经历和友谊，特别是孙炳文的身世，使彭敏深受震撼。

彭敏原来只从书报上片断地了解到中国民主革命的先驱者不屈不挠奋斗的业绩。远在天边近在眼前，孙泱就是老一代革命烈士的后代。他们俩出生的年代差不多，正是辛亥革命后的十几年，中国处在军阀割据的局面。虽然辛亥革命推翻了封建帝制，有了中华民国的招牌，但封建的经济、政治和思想仍根深蒂固，占统治地位。从这时起，彭敏对自己的家庭、对中国的社会贫穷和落后有了更深刻地了解，认识到他参加的革命事业是必须的，要想取得推翻封建主义和帝国主义胜利也是非常艰巨的。他倍加尊重像孙炳文、朱德这样的老前辈，下定决心一定要像老前辈一样，勇往直前，准备做出更大的牺牲。

彭敏和孙泱经常一起去朱德总司令那里。朱老总很喜欢彭敏，让彭敏经常到他那里坐坐聊聊天。解放后，朱德委员长只要去武汉都设法找到彭敏，让彭敏陪他一起住几天。

4.革命圣地艰苦快乐的生活

全民族抗战开始以后，中共中央所在地延安成了革命者向往的"圣地"。大批青年学生、知识分子、作家、学者，冲破封锁线络绎不绝地奔赴延安和各抗日根据地，带着革命理想，来参加人民的抗日斗争，但革命圣地的延安生活异常艰苦也是他们不曾想到的。

敌后抗日根据地都建立在落后的偏远农村；日军对共产党领导下的抗日根据地实行灭绝人性的烧光、杀光、抢光的"三光"政策；国民党虽然与共产党建立统一战线，但依然想方设法在敌后根据地削弱共产党的力量，并进行全面封锁。1940年后，停发八路军、新四军经费；加之华北地区连年遭受自然灾荒，军队供给濒于断绝，陷入没粮吃、没衣穿、没被盖、没经费的困难境地，又处在艰苦的战争环境之中。

那时候延安军民的生活，每月发两斗半小米，其他什么油、盐、肉、蔬菜都没有，更没有商店卖日用品。年轻人谈对象，送一支钢笔，一块香肥皂，一个小笔记本或几颗糖果，这些都是从敌占区搞来的，那就是很珍贵的小礼品了。

温恩梅比彭敏早到延安。1940年初，由于日军频繁的"扫荡"，战斗十分激烈，环境更加残酷，组织上有计划地把女战士陆续分批送到延安学习。4月，工卫旅决定让温恩梅、武英、郑唐、张葆湘四位女同志一起去延安抗日女子大学学习。她们步行，路上没吃的、没有地方住，爬山涉水，历经16天的艰难跋涉，终于到达向往已久的革命圣地。

她们被分在抗日女子大学中级八班。温恩梅很喜欢集体生活，她们吃的是小米干饭、土豆、白萝卜干；住的是窑洞、点麻油灯。每天一起学习，开设了文化、时事政治、中国历史、经济学等；一起做饭、一起在延河边说说笑笑洗衣服，还很愉快。一年后毕业，温恩梅被分配到延安解放日报社任文印科员、延安联防处秘书。因为工作积极，她1941年4月入党。女大和党校隔条河，她到延安一年后才和彭敏见了面，每礼拜天相聚，买点枣子、猪爪炖着吃，很愉快。

1942年初，彭敏和温恩梅结婚后，在那生活处于极度困境的日子里，彭敏顾不得照顾温恩梅。温恩梅学生出身，她除了积极学习和工作以外，不会照顾孩子，甚至从怀孕到生孩子，都不曾想着给未来的宝宝做件小衣服，缝床小被子。12月的大冬天里，他们的第一个孩子彭勃降生，抱着光屁股蛋的孩子，她只知道落泪。幸亏有同志们帮忙，送了一些布和衣服才解决。王强更是帮了大忙，他用发给的小米，换点边区货币，买点需用的东西送给她们母子。

彭敏的妹妹周文也到了延安，先读完抗日女子大学，后分配在情报班，搞机要工作，住在枣园。在休息的日子里，有时她来看哥哥，每次带些猪爪和枣子，做一大锅汤，炒些土豆片，和王强一起，几个人高高兴兴吃一顿，快乐得像过节一样。

在延安，有时候开庆功会或过年，后勤部门为了改善伙食，给大家供应白面馒头随便吃。由于大家长时间处于严重饥饿状态，就拼命吃，有的同志竟吃到撑得走不动路，躺倒路边哼哼要水喝。有经验的人说千万别给他喝水，喝水就会死掉的，说实在也真有被撑死的人。

1942年底，党中央提出了"发展经济、保障供给"的方针，号召解放区军民自力更生，克服困难，开展生产自救。主要开展农业生产，兼办手工业、运输业、畜牧业和商业。党政机关、部队、学校普遍参加了生产运动，逐步达到粮食、经费自给、半自给或部分自给。

中央党校学员除了学习都参加了大生产运动。他们自己动手把羊毛纺成毛线，彭敏纺得又快又好。有些人缠出的线团是圆球状，而他缠出的线团是方形的，和机器缠的一样，线可以从中芯抽出来。用自己纺的羊毛线，织毛背心、毛裤等解决了冬天的御寒问题。他们自己开垦种植了蔬菜，有了各种菜吃，剩余的还腌成咸菜，生活好多了。温恩梅爱干净，衣服洗得光洁透亮，她喜欢把衬衣的白领子翻在外边，很快延安的女同志都把领子翻出来；她在头顶上卡个小发卡，没过多久几乎年轻的女同志人人都卡个同样的发卡，无意之中，她在穿衣打扮上常常带领着时尚新潮流。

5.初展土建专长

彭敏刚到延安学习时是1940年10月，中央党校正在兴建礼堂。他有时爱到工地上帮帮忙，给党校礼堂前设计花园。一天他正在拉皮尺子测量，校长彭真从门前走过。他们在山西抗日时就认识。看见他说了句："咦，你学过土木建筑？"彭敏回答说："是的，以前学过一点。"彭真说："那好啊，能派上大用场。"

后来杨家岭中央大礼堂、修飞机场真的就派他去参加修建。那时候延安开展大生产运动，百业待兴，需要有各方面专业才能的人，都能派上用场。

彭敏自己说，大礼堂设计倒并不难，难的是建筑材料一样都没有。真是要你尽一切可能去想，大胆去做。为了要结实，彭敏选择的木材尽可能粗，石料也要选好的。因而建成的延安中央大礼堂确实坚固，后来胡宗南率国民党军队那么轰炸，愣没炸毁它。延安时期开办了很多学校，建了很多大礼堂，像中央党校大礼堂、军委礼堂、八路军大礼堂、边区礼堂等，至少有十座以上，唯独它没被完全炸毁。

第3篇

解放战争抢修铁路桥梁（1945～1950）

一、与铁路桥梁结缘

1.从延安出发奔赴东北

1945年8月15日，日本宣布无条件投降。中国人民的抗日战争是近代以来中华民族反抗外敌入侵第一次取得完全胜利的民族解放战争，是中华民族由衰败走向复兴的转折点。

抗战胜利，延安沉浸在一片欢庆之中。庆祝会上大秧歌表演了好几天。这一年的8月9日，彭敏的第二个孩子刚出世，女孩5斤半，眉眼清秀。彭敏看到孩子平安出生很高兴。温恩梅说："给孩子起个名字吧！"彭敏没加思索就说："第一个孩子是男孩叫彭勃，音'蓬勃'，象征革命事业蓬勃发展的意思，这个孩子正好在抗战胜利这天出生，就叫'胜利'吧。一转念，不行，已经有好多战友的孩子叫'胜利'了，叫'倍勤'吧，'加倍勤劳'的意思，这几年延安搞大生产，生活好转了，都是勤奋努力的结果。"

抗战的胜利和女儿的降生，使他们夫妻二人沉浸在幸福之中。不久彭敏就接到命令，离开延安向山东出发。孩子还没满月，彭敏没来得及多看两眼刚出生的孩子，就依依不舍地告别他们出发了。

　　8月24日这天，彭敏和王强一起离开延安，先到组织部部长胡耀邦处办手续，然后命令他们到林彪那里报到。他们过了黄河，到了山西第八分区，见到工卫旅的老领导康永和。康永和很想把王强留下，但王强不肯。他俩又见到山西抗日的老领导薄一波，他们也很熟，见面都很亲。彭敏有一把小手枪，向薄一波又要了一把驳壳枪给王强，还配备了一匹马。路过王强家，王强的妈妈连夜缝制了马鞍的套子送给他们。于是他们带着两把枪，牵着一匹马，向山东进发。他们每天行走70里左右，到兵站换介绍信，再往下一站走。到左权县又换信，前往徐州。到徐州接到了新命令，目的地改变了，"不去山东，改道东北"。彭敏的妹妹周文也被派往山东，后来也改道经朝鲜奔东北。这是因为9月9日，中共中央制定了《关于向北发展向南防御的战略方针》。"向北发展"是指从华北、华中调集重兵北上，全部控制热河及察哈尔两省，力争东北，建立东北根据地，使东北成为推动全国解放事业的战略基地。

　　一路行军，对彭敏的肺病倒也有利。他的病在延安没条件治疗，人很消瘦，全凭一股精神支撑。行军赶路，风险也时时出现。虽然累，但可能是空气好，对身体康复倒很有帮助。王强在延安搞生产，身上还有些陕甘宁边区的纸币，在有的地方这种边区纸币还行得通，可以兑换成山西的纸币、河北的老绵羊票用，一路上经常在老乡家买只鸡炖炖吃。等他们走到东北，两个多月工夫，彭敏的肺病竟不治而愈了，为此彭敏常常很愉快地讲起王强跟老乡买鸡的故事，把一路上的辛劳、险情全忘了。

　　他们从北平北面的古北口途经承德去奉天（沈阳）。沈阳是东北局所在地，在那里他们见到了彭真（新任东北局书记）、林彪等领导。彭真在走廊上碰见王强，还和王强开玩笑说："小鬼头，不是让你去中央警卫团的嘛，你还是跑掉了。"王强憨厚地笑了笑。

　　那天林彪和彭敏谈了话，说："依苏联的战争经验来说，铁路对今后的局势和战争很重要"等等，看样子领导要把他放在铁路上发挥作用。彭敏到了东北，就和铁路结了缘，铁路竟成了他一生的事业。

　　彭敏和王强在沈阳坐上火车去哈尔滨。王强没坐过火车，途中下车后上错车厢竟找不到彭敏了，急出一身汗。到了哈尔滨，在那里又见到彭真、林彪，还有张闻天、黄克诚和高岗等东北局的首长们。他们也有刚从延安乘飞机到这里的，且都是中央的高级领导。只有彭敏年轻资历浅，于是到各处联系事情，如弄吃的、买生活用品、与各方联系都是他去办。有天彭敏很晚还没回来，首长们都很担心，对王强说："小鬼，你出去找找他。"王强刚到大城市，摸不到北，到哪里去找，很打怵，生怕走到街上迷路找不回来！只好蹲在大门口等。而彭敏不一样，四处跑，很快就把首长们的工作生活都安顿好了。

之后彭敏和王强被派去接管铁路，从齐齐哈尔绕道去了北满的北安，接管并组建了新的北安铁路局，这时已到了年底。

2.大刀阔斧成立自己的护路军

1945年8月日本投降后，苏联红军进驻哈尔滨，对铁路实行军管。同年9月根据当时国民党政府同苏联的协定，在哈尔滨成立了中国中长铁路管理局。为抢占先机，中国共产党领导东北民主联军组织得力干部接收日伪铁路机构，接管东北地区铁路，组织和发动广大铁路职工群众恢复和建立铁路系统的正常秩序。

日本投降后的东北铁路陷于瘫痪状态。在东北军区的领导下，从9月起，相继建立起自己的武装护路部队。10月开始，中国共产党领导的人民军队进驻黑龙江省各地，人民政权相继建立，各地铁路也随之被接管。黑龙江省最早建立的是齐齐哈尔铁路局，此后北安、西满、宁图、北满、合江、牡丹江铁路局，绥化、拉滨铁路局分局相继成立。

1945年12月，成立北安铁路局由黑龙江省主席陈大凡兼局长，彭敏任副局长，郭洪涛任政治委员。

◇1946年北安铁路局及护路军时的彭敏在火车上。(李祝捷提供)

◇北安铁路护路军参谋长李荫芝（李祝捷提供）

那时候土匪很多，反动势力很嚣张，而各铁路局领导机构虽然建立了，但还没有群众基础，很不稳固。为了维护铁路局的正常运营，彭敏与李荫芝接收北安铁路警护团。该团原是国民党掌控的，接管后变为共产党领导下的护路军，改称东北民主联军北安铁路公安护路军。彭敏副局长兼北安铁路公安护路军副司令员，李荫芝为参谋长。李荫芝也是从延安过来的，9月到东北，11月到北安。李荫芝是1915年生人，比彭敏大几岁，办事有魄力、稳健，他和彭敏在一起的时候，工作很有成效，也很有感情。

铁路是国民党势力较强的地方，铁路员工尤其是铁路职员几乎全被国民党特务管理，正统观念很严重，共产党搞铁路一点经验也没有。当时北安护路军有九个

◇1946年北安铁路局彭敏（右）和王强在一起。

连队，分散在孙吴、黑河、北安、海伦、绥化等地，名义上是共产党管的，而实际上还是国民党特务在操纵领导。经过了解情况，彭敏和李荫芝决定把我们党建军、发动群众的方式拿到铁路上来，在铁路上建立起由共产党自己的军队来掌握铁路。经黑龙江省委批准就坚决采取了大刀阔斧的集训整编，集中整理。通过这样整顿，龙镇、孙吴、黑河等地跑掉了五个连队。护路军的队伍开始以工人成分为主建立了四个连，绝大多数是从北安、黑河撤回的铁路工人及学生，是当时护路军的骨干。当时北安护路军以彭敏、李荫芝和王强三人为领导骨干，抓主要工作，彭敏主要抓铁路，李荫芝抓军事，王强负责组织等。

3.有胆有识闯关过卡

1946年一二月间，东北的天气很冷。那天天刚刚擦黑，也就是下午五六点钟，彭敏接到中共东北局从哈尔滨打来的电话，是铁一般的命令："你们必须立即搞到燃料，否则哈尔滨全城就要停电了"。彭敏冷静地问："现在的煤还够烧几天？"答说："不到三天。"彭敏弄清楚了，必须在三天之内，给哈尔滨市弄到煤或者其他燃料。

当时的哈尔滨市，共产党领导的东北民主联军刚控制不久，一切都混乱不稳定。那时哈尔滨那样的大站，几个月一列火车都开不出去。铁路秩序很乱，陷于瘫痪状态，因此城市电力用煤发生短缺，如果哈尔滨市发生停电，将可能会引起混乱，什么状况都可能发生。任务很紧急，刻不容缓。

彭敏接到这个命令，深感责任重大。但是他也清楚，自己虽然是北安铁路局副局长、北安公安护路队副司令员，但是刚接手，护路军正在整顿，都是新兵；铁路职工还未组织发动起来，铁路运输并未恢复正常秩序；况且铁路敌情十分复杂，他的护路军每天都在解决铁路沿线不时发生的危害，不断遭到土匪骚扰，特务、国民党地下军的袭击和破坏铁路设施。

局长陈大凡、副局长彭敏、参谋长李荫芝等几人商议后，由彭敏、李荫芝和中队长王强带领一部分战士，沿铁路线到牡丹江铁路局商议解决一些煤或木头。彭敏随即召集部队，说是部队也就是几百来号人，大多分散在他们管辖的铁路线上。当时在机关内的能出动的就是几十个。他抽点了十多个人，拿上枪，上了装甲列车。这个装甲列车是护路军前不久从北安路局国民党手中缴获来的，是日本制造的，有四节车厢，上面有机枪。他们就向牡丹江方向出发了。

◇北安铁路护路军有四节缴获的日本装甲列车。

那正是北满最冷的季节。装甲车里没有取暖设备，几乎和外面的温度一样，都在零下二三十度。开始上车时还不觉那么冷，时间一长越来越冷，人都要冻僵了。天也已全黑了，铁路线两边是白茫茫的荒野，零星有些村户的灯光。车开得不是很快，已近半夜，有人已开始打盹。忽然装甲车停下来。战士们向外张望，这里是一个车站，有灯光，看到路上设有路障，有红灯不让通行。道卡边有十几个士兵拿着枪，打手势，让彭敏一行人下车出来。车上的战士们立刻精神了，把枪都端起来，装甲车的机枪也架起来，知道要有情况了。他们都是一二十岁的年轻人，彭敏那时也就28岁。北满一带土匪很多，带队伍出去打土匪是常事，但这么晚出来还是很少有的。

彭敏看清楚了，是苏联士兵在把守铁路。他下了车，中队长王强跟着下了车。彭敏让那个会俄语的翻译也下来，但不知是天太冷还是被吓破了胆，这个翻译尿了裤子，怎么也站不起来，不肯下车。护路军每次执行任务彭敏都要带上会俄语的、会日语的翻译。因为那时北满的情况很复杂，有残余日军，有被苏维埃政府赶出来的白俄，也有苏联红军，有国民党军，还有很多土匪，他们随时准备应付各种情况。

这时候苏联士兵都端着枪向他们俩瞄准，因为是战争时期，苏军是很机警的。只要稍有不对，就会立即开枪。当时我军的装束很不整齐，没有发过正规的军装，有的穿着铁路的黑色制服，有的是东北民主联军的军服，彭敏他们三人还是穿着到东北后买布做的灰布棉军衣。因为天冷，带着各种式样的帽子，有棉帽子，有日本军的皮帽，翻毛大头鞋等，看起来就像一帮土匪。

苏军有个军官模样的人站到那里摆手，彭敏就向他走过去，王强端着枪一步不离地跟着走。那个苏联军官挥挥手不让他跟着，只让彭敏一个人过来。军官叽里咕噜说了半天俄语，彭敏听不懂，但彭敏明白肯定是在问他是什么人，干什么的。彭敏本想对他说哈尔滨市没煤了，要拉煤去，但这话太复杂了。重要的是要表明，我们不是敌人，是朋友。彭敏就用中文反复说："我们是中国共产党的部队，和你们苏维埃红军是一样的，都是工人阶级，为劳苦大众打仗的。"那人听不懂。彭敏又说："你们的领袖是大胡子马克思、恩格斯，还有列宁、斯大林。马克思、列宁也是我们的领袖。列宁，你知道吗？"那人忽然听懂了这个字眼："列宁？弗拉基米尔·伊里奇·列宁？"他用俄语反问。彭敏接着用中文说了一遍："对，弗拉基米尔·伊里奇·列宁。"他点点头，打着手势用俄语说："噢！我知道！你说我们和你们是一样的？！"王强一看那个军官态度缓和了，想走过来，但那个军官把手一摆，意思是你别动。双方仍警惕地对峙着。军官很警惕地往装甲车上看看，又用手势比画着，叽里咕噜说一通俄语，彭敏很聪明，看他的表情和手势就明白，他应该是在问："你说你是共产党，是红军，拿什么作证明呢？我怎么能相信你们呢！""嘿！"彭敏拍了一下自己的脑门，"这一点怎么没想到，是啊，他们怎么能相信我嘴上说的呢！"彭敏心里想着，他不慌不忙在自己身上衣服口袋里上下摸了一遍，仔仔细细搜索，有没有可以作证明的东西。"这时候若有点闪失，全队都完了，更别说完成任务了。"他想。

突然在衣服口袋的夹角里手指尖触摸到一小团东西，拿出来展开是一个红布的五角星。那是在延安的事，部队里的同志，无论是八路军、新四军，还有红军，因为没有那么多正规的红五角星帽徽，大多数的战士用红布剪成的五角星缝在帽子上。他有多的，没舍得扔掉，装在兜里，时间长了也忘记了。他把这个红五角星拿给那位军官看，这个苏联军官歪着头看了一会儿，说"达，赫拉少，乌拉！！"意思是"好，就算自己人，是朋友！"他张开双手把瘦瘦的彭敏抱在怀中，这下彭敏倒是很不自在了。

后面的事就顺利了。这位苏联军官热情地把彭敏拉到他的楼上，和他一起喝"伏特加"。彭敏不会喝酒，苏联军官一定要他喝，直到把他灌醉，自己也喝醉了。车上的人也都进到暖和屋子里，轮流休息。中队长王强不放心他的首长，一直站在院子中间，看着楼上的灯光，直到熄了灯，他才进屋。第二天一早，护路军的俄语翻译已经缓过来了，把情况和苏军说明白。他们吃了饭开着装甲列车出发了，路上还有几个车站都设有路卡，估计那个军官打了招呼，都顺利通过了。

4.打开铁路运输瘫痪局面

他们先到了牡丹江，共产党领导军队刚在这里立足，牡丹江铁路局刚刚成立。这里是林区，木头有的是，由于铁路半瘫痪很久，铁路职工不敢上班，当地老百姓没有粮食。老百姓说，给你木头可以，你得给我们解决吃的就行。彭敏几个人跟老百姓和铁路职工说没问题，让他们放心，我们北安铁路局长陈大凡是黑龙江省主席。

彭敏决定先拉了几车皮木头回去，解决哈尔滨的燃眉之急，回来给百姓带回粮食。他把善于做群众工作、头脑清醒、有思路的参谋长李荫芝和两三个战士留下，自己去莲江口、鹤岗煤矿联系，组织解决进一步的煤炭供应问题。他和王强带领装甲车武装押送挂着两节车皮木头的火车回哈尔滨。到哈尔滨后由东北军区设法从哈尔滨方向调集一些粮食，运回牡丹江、佳木斯。这些粮食可救了老百姓的急，拉煤的事都好办了。真是俗话说："火车一开黄金万两！"

由王强带领护路军押车不断地往哈尔滨拉煤。险情不断发生，在佳木斯附近的汤原站，有个苏军司令部，把彭敏扣住不放，王强要带兵硬闯进去，有个翻译制止住了，和苏联人解释半天才解决。在南岔一带，和白俄、土匪50多人遭遇过一次，王强带着一个连的人打了一仗，由于我们有装甲车和机枪，他们只是想抢点东西，打不过就逃窜走了。

彭敏连续几次执行任务，不仅解决了哈尔滨的电力危机，而且把北满一带的火车运输线理顺连通了，各铁路局的护路军也联系起来，北安、绥滨、绥佳、牡丹江、佳木斯等地新建铁路局的工作逐渐开展起来。

这一段的工作主要是以大刀阔斧的方式打开了工作局面，分清了敌我，树立骨干，建立党的组织，掌握了铁路交通运营，巩固了哈尔滨至北安铁路局。当时中长铁路是苏军掌握，我们准备接管。1946年2月护路军的指挥部迁到绥化，组织向鹤岗通车，打击绥佳线上的匪特，建立了我们的组织。

◇东北绥化铁路护路军部分战士坐在从日本缴获的火车头上。前排正中彭敏，右一王强，右一上为李荫芝。（刘智提供）

有一天，东北局有记者要给护路军的战士在火车头前照相，一连连长王强为了拍照赶紧穿上新缴获的皮靴，留下珍贵的照片。

5.想法子让这孩子读点书

1946年6月，北安铁路局撤销，成立绥化铁路分局，彭敏为局长，副局长王恒德，陈遣任政治部主任。

绥佳铁路公安护路队彭敏为司令员，何庸为副司令员，李荫芝为参谋长。彭敏立即组织向乌马河区通车，打击绥佳线的匪特，建立我们的组织。7月间，李荫芝被派往莲江口接管鹤岗至莲江口一带的铁路设施，成立莲江口办事处，开展该地区工作。当时因我军前方无煤，鹤岗成了我军唯一的供应线和准备退出哈尔滨的大后方。

绥化铁路分局有个警卫员叫孙信，当时才14岁，后来也还记得护路军的事。孙信是给唐恒（管材料）部长当警卫员。司令部的首长还有何计君部长、绥化铁路分局办公室主任于龙江等。他在警卫班里，没事的时候，到厨房帮忙给首长准备个饭等。当时首长很忙，每天回来很晚，给他们弄点饭。那时候也没什么好吃的，也就是一点粗粮、窝头、高粱米饭，还有点菜什么的，等首长吃完饭，剩下点儿几个警卫员就抢着分吃了。他还记得护路军有一辆缴获日军的四节的装甲车，时常开出去执行任务。护路军还养了马，首长们都会骑马。他记得有一次彭司令骑着一匹白马，马惊了，跑起来，一下子跳到一辆马车上，把孙信吓得不轻。

那时候的条件很艰苦，也许是因为潮湿，孙信生病了，长了一身疥疮，很痒，不停地抓挠，没办法医治，没医疗条件，只好让他回家。孙信记得彭司令员对他父亲说，"你带他回去想想法子吧，兴许老乡有什么土法治一治能好，在这里就耽误了。"彭司令员还说："等他病好了以后，想回来就回来，不回来也行，他岁数还小，想法子让这孩子上学读点书。"

司令部发给了孙信3000元东北流通券。回了家，用农村土方法，涂抹点炕灰，用硫磺熏，有半年竟然好了。孙信父亲真就让他在铁路学校读了两年书。后来到铁路上工作，因为认字，就让他当文书。当时东北革命形势发展很快，人员增加很多，又让他当秘书，成长很快。

6. 发现自己很适合做铁路工作

彭敏到东北后，由于组织的安排，就和铁路打上了交道，感到自己和铁路有一种自来熟的亲切感。因为他从北安铁路局到绥化铁路局就做铁路管理、恢复电力、修复路基线路桥涵、整顿铁路护路军、保障铁路恢复正常运输秩序等一系列工作，他比别人多一点长处，即懂铁路专业，俗话说懂门道。

共产党和军队刚刚接管铁路，主要工作是发动广大铁路职工建立和恢复铁路的正常秩序。铁路的情况复杂有专业特点，但我方许多干部和战士不懂得铁路规章制度，只想完成军运任务，拒不执行车站调度的安排；强占机车和车皮据为己有；扣押机车司机不准回家；不听车站调度强令开车；为抢占机车、车皮，兄弟部队之间打架斗殴；沿途鸣枪拦截列车；野蛮装卸等等，惹出不少麻烦事。而敌人方面公开的土匪、暗藏的国民党特务破坏铁路线路和通信设备倒很专业，故意制造车祸致使撞车、翻车、脱轨伤人事故。彭敏在处理这些事情时，很有办法，一点就通，一说就明白。

1946年5月，国民党军队在南满各地向北满、西满、东满解放区大举进攻，占领四平，并沿中长铁路北犯。我军战争形式从阵地战转向运动战，用铁路更多地运输军用物质，要求对铁路实行军事管制，全面控制铁路线。6月，以已成立的国有铁路护路军的三个团为中心，正式成立了东北民主联军铁道司令部，任命苏进为司令员。

这三个团，一团是以彭敏为司令员的绥佳铁路公安护路队，驻绥化；二团是以闫久祥为司令员的长铁路公安护路队，驻牡丹江；三团是以刘世忠为司令员的绥滨铁路公安护路队，驻哈尔滨。还加上回民支队、装甲大队，直属铁道司令部建制。

各团以连营为单位分布于铁路沿线车站、桥梁、隧道、水塔等重要地区，任务是防范土匪特务破坏活动，保障铁路、桥梁、车站、线路以及铁路沿线通信设施完好无损、安全畅通，并配合铁路员工参加突击完成抢修铁路、

◇1947年秋，东北铁路总局及哈尔滨铁路局的部分领导。左起：哈铁局局长刘居英、哈局党委副书记陈遭、东北铁路总局副局长黄逸峰、东北铁路总局工会主席李明哲、哈局副局长彭敏。（刘智提供）

桥梁任务。

7月25日，中共中央在哈尔滨成立东北铁路管理总局，陈云任总局长，吕正操任副总局长。12月，哈尔滨铁路分局与绥化分局合并，改组为哈尔滨铁路管理局，管辖哈尔滨、齐齐哈尔、牡丹江三个铁路管理局。刘居英为局长，主要管运输；彭敏为副局长兼电力部部长，接管铁路线路并以护路军武装保护铁路交通安全。

◇1947年哈铁分局与绥化分局合并，新成立哈铁局的领导合影。左起：局长刘居英、副局长张铁铮、唐楠屏、彭敏。（刘智提供）

秋天，护路部队发展壮大，东北民主联军总部又相继将东满、西满各铁路线护路保安队也归属铁道司令部领导。12月铁道司令部改称东北民主联军护路军司令部，总兵力达8500人，分布在东北5000公里漫长的铁路线上，不仅维护了铁路治安，还打了许多漂亮仗。

7.“困难是客观存在”

1946年初，由于国共两党内战的形势已有苗头，延安党组织决定将派到东北的干部家属组成一个大队，向东北转移，先去山东老革命根据地，再从山东奔东北。1946年底，彭敏的爱人温恩梅带着两个孩子，历尽千辛万苦从陕西延安出发，经过10个月辗转到了黑龙江的绥化，来到彭敏身边。

温恩梅带着两个孩子，大的三岁，小的才六个月，还在吃奶。队伍中大部分是女同志，而且都带孩子，像温恩梅带两个孩子的只有两人。从陕北延安出发时，带队的领导给她配了两头驴，一头驴上挂着两个筐，孩子一边放一个；另一头让她骑着。但她

◇1947年彭敏一家人在绥化团聚。

不会骑。毛驴这种动物，也是会欺负人的。你若会骑，它就老老实实任你摆布；你不会骑，它就欺负你。骑了几次，温恩梅索性不骑了，干脆自己走，这样她就更辛苦了。他们大队人马，先渡过黄河，到了国民党控制区，一路上要随时准备打仗，特别是过铁路封锁线。队长宣布了纪律："管好自己的孩子，谁也不能弄出动响。"温恩梅担惊受怕，小心翼翼。她把手放在小孩的脸上，心想：万一小孩哭闹，就是把孩子捂死也不能影响全队安全。

走到四五月份，有一天闷热，小女儿倍勤中了暑，上吐下泻，几天过去，一直不好，真是急死人。这时队伍已经走到河北某地，有个好心的老乡特地跑来告诉温恩梅："大姐，离这不远有个你们部队的卫生队，你带孩子看看吧！"说是不远，至少七八里，对温恩梅却是很远很远。她要拉着大孩子，又要抱着小孩子，走了大半天，终于走到那个村子。果然有自己部队的卫生队，也是临时路过，马上就要开拔。医生给孩子开了几片药，很灵，吃了药，孩子的病就好了。

后来，走到了山东根据地，困难又出现了。孩子因病后体质太弱，严重营养不良，再加上一路蚊虫叮咬，全身溃烂。后来孩子哭的力气都没有，奄奄一息，软软的，只有鼻翼在扇呼。有老乡说："这孩子怕是不中用了，又是个女孩，扔了吧！"温恩梅可不舍得，"我不能扔，我要替彭敏负责，把这两个孩子完好地交给他才行。"给这孩子每天就是喂点的小米糊糊、玉米糊糊维持着，也许是命大不该死，还是新生儿的生命力强，竟活过来了。

为了要避开国民党占领的地区，部队就决定绕道走海路去东北。出发时组织上给温恩梅从当地找了一个大女孩帮助她，但上船时这女孩怕离开家跑了。从烟台乘船到了海上，船上的人都晕船呕吐，个个东倒西歪。在海上漂泊到朝鲜，历经一天一夜。当时已是冬季，寒冷加饥饿，折磨得人死去活来，最后终于到达丹东。还好东北大部分是我军控制，1947年初终于在绥化见到彭敏。

见面之后，温恩梅把这一路上的艰辛说给彭敏和同志们听。

她把这故事说了一遍又一遍，有点像鲁迅书中的祥林嫂。但彭敏没有安慰她，彭敏开始只是听，不说话。她的絮叨，加上两个孩子又哭又闹，后来干脆用棉花把耳朵塞上。"恩梅，你说的都是事实，那是革命的大环境造成的困难是客观存在,大家都是一样的。"

这一席话,让温恩梅终于明白了,在彭敏的字典里没有"困难"两字,他受的苦比别人都大得多,但他从来没叫过苦,而是以苦为乐,在他身边就必须真正了解他。

后来彭敏到了哈尔滨,任铁路局副局长。大城市的生活好多了,两个大孩子放在哈铁局的幼儿园。时间长了,彭敏也注意关心温恩梅,只要有空也帮助她干一点家务活,帮助做些缝缝补补针线活,针脚还很细。彭敏学会编织毛衣,可以织出一些花样,很别致。他学会一种花样像蜂窝,六角形里面有只小蜜蜂的图案,他给自己织了一件墨绿色的厚毛衣,从东北穿到六七十年代。他就是这样人,干什么事情都爱动脑筋,总会做到最好。1948年初他们的第三个孩子出生了,是个女孩,很漂亮,长得像彭敏,彭敏说孩子出生前几天梦见了一只长腿的小鹿,大眼睛很可爱,他和温恩梅两人越看越喜欢,没起名,就叫"小三"。

二、彭敏奉命修建的第一座大桥

1.河边思乡巧遇同学

1948年初,当时东北战局准备四面合围解放长春市。打通双城至陶赖昭的铁路,就可以从北面陶赖昭方向攻打长春;打通九台的铁路就可从东面吉林向西攻打长春,从而形成两个方向夹击长春的态势。

护路军总部抽调彭敏的步兵1团、闫久祥的步兵2团的部分兵力,合编组成临时抢修大队,配合哈尔滨铁路管理局职工,由彭敏领导进行哈长铁路双城至陶赖昭间铁路的抢修。按要求4月16日开始施工,6月3日修复通车。这条路不仅可以沟通新老解放区的经济联系,促进解放区的生产发展,而且对围攻长春、沈阳和解放锦州的作战提供运输保障。

这段抢修让彭敏有个意外收获,见到了扬州中学的同学陈兆舟。

在5月前后,线路修到陶赖昭,东北军区副司令员兼东北军区后勤司令部司令员黄克诚和其他领导乘摩托车亲自到陶赖昭松花江边的被炸毁的桥头视察。彭敏和陈兆舟同车队一起前往介绍情况。

双城至陶赖昭间铁路抢修工程中拉林河桥是重点工程。在修复正桥之前，一次彭敏和陈兆舟在河边休息时聊天，彭敏无意说到"扬州的瘦西湖之美"，两人得以相认。

原来他们都在扬州中学读过书，而且都是土木工程专业。他们相见非常高兴，聊了很多学校的事。陈兆舟比彭敏高一年，先毕业。七七事变后，陈兆舟为参加抗日，也到了山西，在决死队二纵队修械所，积极参加抗战，后到了延安，在延安自然科学院军工局认识了武可久（在铁道纵队初期任总工程师）。1945年抗战胜利后转入东北，因为陈兆舟善长土木、机械等多种专业技术等，因此一直从事技术工作，曾在牡丹江铁路局工电处任段长，1946年4月加入中国共产党。这次派陈兆舟作为修路指挥部副主任配合彭敏主任进行这段铁路抢修工作。但是彭敏有个疏忽，他忘记告诉陈兆舟，他在学校时不叫彭敏，而是叫周镇宇。彭敏忘了说，而陈兆舟也没想起问。这个不善言谈的书生陈兆舟始终没回想起学校有个叫彭敏的同学。在后来的几十年，经历了战争中紧张抢修时期与新中国成立后繁忙的建设时期，他们俩再也没有坐在一起倾谈的机会，这竟成为一个终生遗憾。

2.铁道纵队刚成立就委以重任

双城至陶赖昭间铁路的抢修完成不久，根据迅猛发展的战争形势和战区铁路修复的需要，东北军区决定组建铁道纵队（又称东北铁路修复工程局）。

1948年7月5日，东北军区决定以护路军为基础，另外补入二线兵团8500人，并由东北的铁路管理局动员约1200名铁路职工和技术干部为技术骨干，整编为东北人民解放军铁道纵队。

彭敏被任命为铁道纵队第三支队支队长（仍兼职哈尔滨铁路局副局长），他的同学陈兆舟于8月从铁路局并入铁道纵队二支队，任总工程师。当时铁道纵队组建中最感缺乏的是干部，支队级干部缺4名，大队级干部缺21名，中队级干部缺125名，分队级干部缺323名，技术干部所缺更多。

而三支队配备的干部最为齐全，可见上级领导对三支队相当重视。彭敏为支队长，徐斌为政治委员。汪祖美为第一副支队长兼桥梁大队大队长，张云山为第二副支队长，何海如为副参谋长。第三支队的人员由护路军步兵三团5个连和辽吉军区独立三团2个营、牡丹江军区独立三团1个营组成。而其他支队的干部都没配备齐全。

这时候的彭敏29岁，英姿勃发。他在延安军事学院、中央党校的几年学的是军事政治，无论是指挥战斗还是铁路管理运营，均显出机智、果敢的特点，特别是他还具有一定的土木工程技术专长，可以说是解放战争急需的人才。铁道纵队这支铁道工程技术部队在战火的硝烟中催生并迅速成长壮大，彭敏的才华得以充分发挥，从此他与修建铁路桥梁结了缘。

解放战争已进入转折时期，辽沈战役即将开始，为保障大规模作战兵员、物质、装备运送的需要，新组建的铁道纵队即刻被派往锦州、长春和沈阳三个方向，前进抢修战区铁路。彭敏率第三支队奉命沿哈长线向长春方向前进抢修，重点抢修陶赖昭松花江铁路大桥。

3.第一次修桥就碰上硬骨头

抢修陶赖昭第二松花江铁路大桥是铁道纵队创建伊始的第一项重大任务。这座桥位于哈长线长春以北，抢通了这座大桥，就可以把中长铁路哈长段双轨铁路接起来，从而支援部队解放长春和全东北；保证军运，支援战争，繁荣经济，军事政治上和经济上的意义都很大。

7月，东北军区铁道司令苏进带着第三支队支队长彭敏及工程技术人员一起进行现场勘察，选定架桥方案，制订施工计划，组织施工。他们站在江边上，看着松花江上那座被炸毁的大桥，有的钢梁坠落，有的桥墩被崩落、炸坏。苏进司令员幽默地说："历史就是这样富有戏剧性。这座铁路大桥在两年前，为阻止国民党军队向松花江以北地区进犯，是我亲自指挥炸毁了它，而两年后，为支援我军向南满国民党区域进军，又由我来指挥架设这座铁路大桥，这是多么耐人寻味而有意义啊！"

彭敏陪苏进司令员看完大桥，明白这是一项浩大的抢修工程，时间紧迫,任务又十分艰巨。

彭敏所学的土木工程专业知识在这里有了用武之地,但是他早年参加革命,并没有多少施工的实践经验,这是他第一次参加修大桥,只能硬着头皮边干边学。大桥于1948年8月1日正式开工。由支队长彭敏、政治委员徐斌、总工程师王传记负责指挥。看着这个被破坏的大桥彭敏惋惜地说:"破坏时唯恐敌人能轻易修起来,现在是敌人并没有来得及修它,我们自己却在修它了,破坏得越严重,修起来越困难。"

第一个难度是桥大而且损毁严重。该桥全长987米,共28孔,桥式布置为一头14孔30米上承钢钣梁,中间有4孔60米下承钢桁梁,另一头10孔30米上承钢钣梁。

中间4孔60米长的钣梁被炸落3孔,两边24孔30米长的钣梁被炸落6孔,炸倒桥墩3座,崩裂4座。因为我军短时间解决不了60米长的钢钣梁,为了修复它,将其中1孔60米全部落水的桁梁增筑一桥墩,改架为两孔30米的钣梁,其余按原样复旧,复旧的工程甚为巨大。

第二个难度是人员。铁道纵队是以原来的护路军和二线兵团组成的,这些人来修这样的大江桥,可以想象当时的困难程度。新兵多,懂技术的更少;从铁路调来一批工程技术人员和技术工人,不熟悉部队生活,不习惯战争中抢修。

所幸的是该抢修工作得到由罗金年率领的苏联第五工程列车队约150名技工的帮助,有不少苏联修桥专家来参加抢修指导,我方总工程师王传记懂得俄语,也方便不少。

4.和西林的友谊从这里开始

苏联专家中有一位职位不高的年轻工程师叫康士坦丁·谢尔盖维奇·西林。彭敏说:"第一次见面,正值他从桥上察看回来。他给我的第一印象是:相貌平常,衣着朴素,诚恳谦和,与其说是来帮助和指导我们工作的专家,不如说是个亲切的、一见如故的朋友。见面后,没有什么虚言套语,我们就开始讨论工作。"

　　西林有条理地告诉彭敏如何组织这个复杂庞大的工程，需要哪些精湛的技术，怎样周密的计划；要让每个参加工程的人都知道自己的责任，自觉地遵守劳动纪律等等。西林以他出色的才能，丰富的经验，耐心而又严格的态度帮助彭敏熟悉掌握这一切，并指导彭敏灵活地驾驶起那些庞大的工程机械。

　　彭敏对这位比他大五岁的苏联兄长极为敬佩，经常虚心向他请教，西林在工作中也察觉彭敏是个沉着、果断、直爽、诚恳又非常好学的人。西林说："我和彭敏的友谊从此开始。"谁也没能料到他们之间的跨国友谊在几年之后结出了更为丰硕的果实——举世瞩目的"万里长江第一桥"。

　　施工部队的战士也都是新手，他们积极学习掌握机械、潜水等技术。如学习潜水，这些人根本没见过：一套潜水衣，一个大钢帽子，一双厚铅底鞋，穿起来简直像童话里的人物。彭敏从部队里抽出一批身强力壮小伙子，有养路工，有农民，在松花江的激流里开始训练。开始他们练放气下沉都掌握不好，头和脚沉在水里，而屁股鼓鼓的露出水面，沉不下去，训练人员只有骑在他们身上硬往下压……顽强地学习，一直到克服了一切困难，10米、20米，逐渐都能潜水了，而且学会了在水下作业。

　　在学习掌握机械上，张景文分队学习技术的热潮使彭敏很感动，通过积极宣传，为全支队竖起了一面旗帜。以前打桩普遍采用穿心锤。几十个人拉起一根绳子，喊一声号子打一下，半天打不进一根；而用柴油机打桩，一开油门就能自动打起来，有劲得很。但没有掌握技术前，机器并不是那样听话的，费了很大劲才把架子和桩定好，油门一开，"通通！"两下就不响了，再吊起来，又是"通通！"两下，像泄了气的皮球似的，什么缘故呢，真急死人！张景文和战士们都满头大汗，浑身是油，满脸乌黑，一次次失败一次次地研究、讨论，鼓足勇气再打。他们凭着这样顽强的意志，终于摸透了机器的脾气，掌握了要领。

　　抢修中经常遇到材料供应不足的困难，"就地取材、废物利用"是解决问题的好办法。当桩木不够时，就搜集炸断的电线杆和断钢轨，这些都打进去做了桥墩的基础。没有电焊条就在附近被炸的老桥和碉堡寻找代用的东西。

　　抢修中首次使用的柴油打桩机提高了打桩效率；使用200吨水压千斤顶去起复钢梁；由钢钣梁拼组的双臂式80吨架桥机架设钢梁更是发挥了巨大作用。彭敏初次体会到了大型机械对加快抢修进度的作用和好处。这台80吨架桥机由苏联工程师设计，由三十六棚铁路工厂（后来的哈尔滨机车车辆厂）首次组装，工人们热情很高，日夜奋战专为抢修陶赖昭松花江大桥赶制而成。

◇1948年10月23日，架通了陶赖昭松花江大桥，被炸毁的残梁还在江里。（铁道兵纪念馆提供）

　　陶赖昭松花江大桥从1948年8月1日开始修复，只用84天，于10月23日就修通了。大桥修成后试通车那天，因为桥的坡度有点大，开火车的老司机不敢开，年轻气盛的支队长彭敏二话不说爬上车头，憋住一口气，全神贯注开着首列火车通过了大桥。事后这位老司机对着彭敏伸出大拇指说："首长还是你了不起，有胆量！"而此时彭敏并没在意他说什么，他的心情还沉浸在刚才开火车的兴奋中，看着这座新修好的大桥，他想起了小时候过独木桥的感觉："坚定不移、勇往直前。"

　　10月24日举行通车典礼，中共东北局副书记陈云亲临讲话，称这座桥的修复是"为东北人民修通了一条胜利之路。"

◇1948年10月24日，举行陶赖昭松花江大桥通车典礼，前排中为东北军区副书记陈云讲话，后排右一彭敏。（铁道兵纪念馆提供）

施工采用的技术方案被实践证明是正确的，该大桥自抢修通车后，一直运营到2006年才停止使用，约为58年。

彭敏回忆说："最使人难忘的是通车典礼的那天，西林和我肩并肩紧靠着，并排站在车头前的排障器上，拿着绿旗把列车送过桥去。这天正是十月革命节，北满的寒风透入肌骨，而我们的心是多么激动，多么欢欣！"

这段动人的历史被东北电影制片厂（后改为长春电影制片厂）拍摄成故事片《桥》。1948年10月开机，并于1949年5月完成，成为新中国第一部故事片。影片在东北首映，受到全国观众的热烈赞扬。

5.哈长线还没修完就吹响了进军号

为赢得时间，早日打通向长春间115公里铁路线，在抢修陶赖昭松花江大桥的同时，彭敏还派出三支队的23线路大队，先抢修陶赖昭至德惠间的线路。修好后再由两个大队分别从长春、德惠两地南北相向抢修。在大桥附近铺设便线，修筑码头，组织搬运，将抢修所需的工具、材料运过松花江。东北野战军从吉林、辽北、热河等军区为铁道纵队调入大批新兵，分到各支队，加强抢修力量。

补充到三支队里的23线路大队是由朝鲜战士组成的。彭敏命他们负责把由江南通向长春的铁路及洼门河大桥修通，这样哈长铁路伸展到长春市郊，很快长春的国民党守敌坚持不住了，10月19日就向我军投降了。几天之后，陶赖昭松花江大桥修通，火车就直奔长春。彭敏率部队乘胜前进，参加了围歼长春国民党守敌的作战。三支队和围困长春的四野部队一起进入这个曾经是"满洲国首都"的城市。

那时已近11月，东北北部已经下起了大雪，天寒地冻，经常是零下30多度，冷风彻骨，部队的许多战士衣衫单薄，特别是新补充来的新兵很多还没穿上棉衣，彭敏心里一直十分着急。他的部队最先进入长春城，打开了一处国民党军的军需仓库，取出了还是日伪时期日军留下的棉服和军用皮鞋、皮背心等御寒服装，立刻发给部队的干部、战士们，真是解决了大问题。

他的同学陈兆舟所在的铁道纵队二支队，正在抢修吉林到长春线上的吉林松花江桥，当时支队长是刘震寰，陈兆舟任总工程师。苏联工程师哥勒多夫参加了设计及技术指导。该桥全长443.78米、10孔，也是被我军在当年5月8日撤退时炸毁，破坏严重。吉长线于11月15日通车，虽然完成时没赶上长春解放，但仍是最早通入市区的铁路，大批粮秣通过该桥运入长春，这个长时间被我军围困的饥馑而且百货俱缺的城市迅速恢复了生机和市内秩序。作为当时东北仅有的两条铁路之一，由拉滨线运来的物质，通过该桥到吉林，转道梅河口、四平、郑家屯、新立屯、义县而至锦州、山海关，有效地保障了辽沈战役后期及大军入关等战役行动。

随着淮海、平津战役胜利展开，铁道纵队的抢修任务开始向关内转移。彭敏的三支队乘胜前进，奉命由长春向四平、沈阳方向南下抢修。该段铁路全长也是115公里，破坏严重，有40%钢轨被烧弯，枕木全无，29座桥被破坏24座，车站、股道以及通信给水等设施均遭彻底破坏。

12月17日刚开始抢修，彭敏接到上级命令："在完成长春至四平铁路抢修任务后，立即进关抢修津浦线东光至安陵段铁路。"革命形势的迅猛发展，就是这样催人奋进。

关内抢修津浦线北段铁路战役打响了，关外彭敏的部队还在抢修长春至四平段的铁路，战士们纷纷请战表决心，要求参加抢修津浦线的战斗，热情高涨。但眼前的任务仍很艰巨，他们克服了材料供应不足、天寒地冻的困难，日夜奋

◇铁道纵队三支队表决心，誓师加速完成抢修长春至四平铁路，迅速南下抢修津浦线。（铁道兵纪念馆提供）

战，历经2个月，于1949年2月18日将长春至四平段的铁路抢修通车。铁路修通正好是农历春节，铁路两边到处是放鞭炮、贴对联过年的景象。而三支队马不停蹄，随即转移战场，向关内挺进。

◇铁道纵队指战员开着装甲列车和抢修材料，在"前方打到哪里，我们修到哪里"的口号指引下奋勇前进。（铁道兵纪念馆提供）

三、津浦线及淮河铁桥的抢修

1.成百上千的老百姓来支援

1949年初,人民解放军在取得辽沈、平津、淮海三大战役胜利后,为彻底推翻国民党的反动统治,解放全中国,须迅速抢修津浦线及长江以北铁路成为野战军渡江南下作战的当务之急。

铁道纵队领导决定将二、三、四支队集中起来,抢修津浦线北段陈官屯到桑梓店一段铁路。这是铁道纵队自组建以来兵力最集中的一次大抢修,因为这段铁路被破坏得最严重,设备器材最为缺乏,延长线也最长。

◇津浦线上当地老百姓用马车牛车运送钢轨和枕木支援解放军修路,长长的队伍绵延好几里路。(铁道兵纪念馆提供)

　　彭敏带领着三支队乘火车到了天津，然后徒步行军，快速奔到抢修会战前线的中段即东光至安陵段，从3月9日开始参战。

　　这段线路虽然只有25公里，但钢轨大部分散失，线路器材几乎全无，破坏相当严重。指挥所设在东光车站的客车上，为及时解决各种问题，彭敏队长和徐斌政委成天待在施工现场。最困难是运输抢修的材料，必须从沧县运到东光，虽只有58公里的路程，由于没有汽油，汽车用不上，全靠马车、牛车拉运钢轨、枕木，往返一次至少三天，四五百辆马车一次运来的材料只够铺一公里铁路。任务紧迫，不能等待，每根钢轨下面只能暂时铺设半数枕木。在这急迫的时候，修路沿线出现了一幅幅感人的场面。解放区成百上千的老百姓，赶着牛车、马车拉铁轨和枕木的队伍浩浩荡荡的支援解放军，支援前线。经过土地改革后翻身的农民群众，以实际行动表达着他们拥护共产党、热切盼望全中国解放的心情。

　　直到3月17日，抢修北端铁路的四支队将铁轨从沧县铺到东光，三支队的抢修部队从18日开始用火车运料。三天后即21日，全段接轨修通，赶在了24日全线通车之前完成任务。

　　彭敏见到了老战友王强，他已经是四支队的教导员。彭敏高兴地说："你们是雪中送炭，解决了燃眉之急使我们提前三天完成任务。"

　　彭敏到绥化分局后，他们两人因工作关系分开了。王强高兴地跟彭敏说起他的经历。他带领一部分护路军在呼兰一带发挥了他的专长，开展生产自救，养了猪，养了狗，种了高粱，买布做衣服，解决了部队的生活供应，得到护路军司令部的表扬，被树为先进典型。彭敏听了很开心："几日不见，当刮目相看！"听到首长表扬，王强摸摸脑袋，只是憨厚地笑。

　　铁道纵队这支年轻的工程技术部队出色地完成了任务。从2月4日起到3月24日，铺设正线268公里、站线34公里，抢修桥涵224座，给水7处，架设通信线路1871条公里，只用了49天时间，比预定时间提前7天。

　　为此，中央军委铁道部滕代远部长给铁道纵队发来贺电称："这一任务的完成，对我解放全中国，接通津浦线，有着重大的政治意义和军事意义。"

2.离家15年第一次回家

1949年3月底4月初，彭敏率领三支队抢修津浦铁路北段期间，离下一个任务修淮河大桥之间有段空隙，正好部队驻扎徐州待命，使他有机会回家看看老母亲。彭敏离家已经15年，走的时候才15岁，现在已成长为一名解放军干部。但令人纳闷的是他开始时没有让母亲认出他，对母亲说他是周镇宇的战友，在母亲身边坐了三天。

彭敏在沉思，当年他不满意母亲把他过继给婶子和给他包办婚姻，愤懑之下离家出走。想想也不应当怨恨母亲，是那个社会造成的。母亲一辈子孤苦度日很不容易，作为旧时代的妇女她应算开明豁达的，她的三个孩子都离开家参加抗日队伍是有原因的。因为她有文化，知书达理，她的孩子容易接受革命道理。对孩子们走上革命道路，她都没有反对。这样想来彭敏越发理解母亲。

直到要离开时彭敏才说："娘，你还认得我吗？我就是镇宇。"在她认出儿子后，大哭了一场："儿啊，你怎么不早说，我给你做顿饭吃多好啊！"她三个孩子在抗日战争期间全都离家参加了革命，特别是镇宇，音信全无，长时间的思念和苦苦等待，一时间爆发出来，悲喜之情令人动容。

解放大军抢修津浦铁路及要修淮河大桥的事在当地的影响很大，特别是家里还来了解放军的消息不知怎地就传到彭敏的大侄女周恒的耳朵里。在她两岁的时候，叔叔就离开家，现在她已是17岁的大姑娘，很想见到这个当解放军的叔叔。她飞跑回家，正好碰见要离开的叔叔，高兴极了。彭敏一眼认出了她，虽然离家时她还很小，但基本模样还记得。苏北地区解放得早，她已参加工作。

彭敏对她说："仗很快就打完了，全国就要解放，要搞建设，很需要知识，你最好再上学，多学点本领会有用的。"这次谈话虽然简短，但对周恒的人生道路影响很大。后来她进入山东实验中学，相当于高中。她班里有许多和她一样年龄不大就参加工作的同学，像护士、文工团员、文秘、通讯员等，都是组织上安排上学的公费生。解放后她考入北京地质学院学习水文地质，成为一个有知识的党政干部、工程师。周恒还告诉叔叔，她妹妹周平在青年干部学校，集体报名参军，分配在华东军区卫生学校当学员，3月份随三野南下离开徐州了。彭敏问周平多大了，周恒说已15岁了。鼓敏说和我当年一样。

3.建桥方案迟迟定不下来让人心焦

辽沈、平津、淮海三大战役胜利后，野战军不断向长江北岸集结，准备继续南下渡江作战。为运输军用物质和重型装备，迫切需要修复淮河铁桥和蚌埠以南的铁路。

蚌埠的淮河大桥在抗战初期炸毁，后来日军修复了便桥，1949年1月16日又被国民党军破坏。

4月16日，军委铁道部滕代远部长在天津召开的党代表会上对参会的三支队政委徐斌说："修复淮河大桥要8个月或1年，那怎么行呢！我要你们修座便桥3个月完成。你们有修松花江大桥的经验，就把这个任务交给你们三支队！"他当即亲自签发了命令。

接到命令的第二天，支队长彭敏即带领总工程师王传记和几名工作人员坐汽车赶到蚌埠，了解淮河大桥的破坏及水文地质情况。接着令第三支队大队人马开赴蚌埠，做抢修淮河大桥和蚌埠以南铁路的准备。

淮河桥为9孔62.8米下承桁梁桥，全长586.28米。已毁桥墩3座，炸落桁梁5孔。若修复正桥，恐短时期内不能完工，若修便桥又因河床地质复杂打基础困难，于是铁道部、铁道纵队、苏联专家拿出五种抢修方案，即：修建正桥、修建便桥、正桥临时修复、轮渡、浮桥五个方案，迟迟不决。国内的工程界各方人士善意地建议："苏联提出修临时便桥是一个很大的冒险，因为淮河土质北岸是无底的细泥，南岸又是岩石不能打桩，对苏联的木沉箱法持怀疑态度。"

彭敏心中万分着急："这洪水可不等人！"因为他知道，1931年7月31日有个记录，洪水量达到每秒8750立方米，高低水位差2.6米。他回忆说："这个拖延，险些铸成大错。因为桥落成后的三天洪水就下来了。"

最后铁道部滕部长在北京敲定方案，于4月26日由吕正操副部长亲自到工

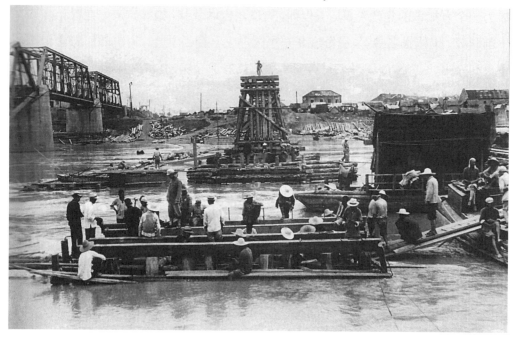

◇经过激烈争论，通过了以大型木笼沉箱填石为基础，组立木排架墩，架设工字梁和钣梁的半永久性渡洪便桥方案。（彭敏拍摄）

地传达："采用第二方案，由平绥线沙城站调来25米上承钢板梁16孔，抢建半永久性渡洪便桥，以维持3～5年，再恢复正桥，并限三个月内完成。"

定下来的方案是吸取苏联在第涅伯河的经验，修建一座半永久性的渡洪便桥，苏联专家沙克洛夫及西林曾参加便桥设计。这是以大型木笼沉箱填石为基础，组立木排架墩，架设工字梁和钣梁的方案。对彭敏来说，和上次修复陶赖昭松花江大桥大不一样，前一个桥是修复，而这是要新建一座大桥，难度还是很大的。

4.抢在洪水前面修好淮河大桥

5月1日正式开始修桥，工期三个月，参加修桥的除了三支队战士还有济南局铁路职工。建桥的局面打开后，很快得到各方面的支援。华东支前司令员傅秋涛和政委曹荻秋为修桥组织了大量民工、船工，还从胶州湾、威海卫、连云港调来了有十几年潜水经验的优秀潜水员和水手。

　　当时，淮河两岸春雨绵绵，整个抢修几乎都在阴雨中进行。为了赶在洪水到来之前修好，三支队党委提出：和洪水赛跑，抢在洪水前面，争取70天完成建桥任务。各项工作部署就绪后，现场指挥所建立起10日计划会议和每日汇报制度，及时布置、检查和总结。部队全体人员争分夺秒抢修，经历了生与死的搏斗，成功与失败的搏斗。

　　在工程技术方面，有苏联专家沙克洛夫、克洛多夫、瓦西科夫三人作设计和技术指导，吸收了一些我国的工科毕业生，分到各个岗位上。像淮河这样一条大河的测量工作是很复杂的，却找不出一个专业测量人员，曾在松花江担任翻译的大学生夏子敬主动领导了测量队，并出色完成工作。

　　淮河大桥跨河宽300～400米，河水最深处约14米，而且河床坡度大，水流湍急，水不断上涨、浪大，加上阴雨天，施工中遇到了意想不到的困难。开工半个月后，正当机动艇拖着载运木笼沉箱的趸船向7号桥墩位置运行时，一阵巨浪打来，上百吨重的木笼沉箱被冲进12米深的河底。在这紧要关头，优秀共产党员潜水英雄王吉珍不顾个人安危，连续三次潜入激流中，为木笼沉箱吊装定位拴钢绳。他在水下连续作业超过10小时，已拴好两个钩，当拴第三个钩时，他不幸被暗流冲入木笼沉箱的空格里，扭破了潜水衣，献出了年轻的生命。在困难与挫折面前，这是生与死的考验，但同志们无所畏惧，潜水员王廷和、姜长贵、孟兆礼、金基

◇优秀共产党员、潜水英雄王吉珍。（彭敏拍摄）

容纷纷要求继续潜水作业。彭敏被深深感动了，亲自掌握水下通话机，进行指挥。他终于听到："支队长，不要紧，再过一会……""支队长，叫松一松绳子……"岸上的人也顿时松了一口气。潜水员们终于拴好钢绳，移正沉箱，建好了水下基础。

淮河的水位一天天上涨，桥墩也一个个建起来并开始架梁。6月19日，当架桥机开到8号桥墩时，桥墩发生严重倾斜。在这千钧一发之际，架桥机的司机急速退回，幸未造成事故。这一惊险场面可谓"人尽失色"，"不能修了，全完了"，"本来这个计划就冒险"的复杂心情都出现了。抢修部队及时用卷扬机把桥墩拉正，用加投片石，加固上斜拉木的方法复正了桥墩。架桥机继续向前架梁。架桥工地就像战场一样，60个日日夜夜过去了，终于提前一个月在淮河上奇迹般地建好了一座半永久性的渡洪便桥。

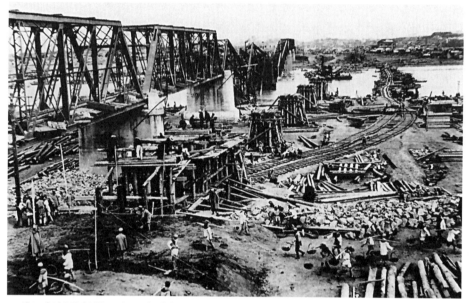

◇淮河便桥的桥墩一个一个被架设起来，旁边是被炸毁的淮河正桥。（彭敏拍摄）

彭敏在总结中说，这是"最难忘的日子"，"那不像修桥而是作战、拼命，英雄的共产党员潜水工牺牲在水里，而第二天更多的同志，争先恐后的下水，前赴后继，再没有人提疲劳、提困难。只有胜利，不要失败！看到整个情形，就能体会到有政治觉悟的革命的军队，它所能完成的任务，不是一个普通工程师所能想象到的。工程科学和政治结合，和群众力量结合，使人的能动性，在这里占了很重要的地位。"

铁道兵史料办的王则石在当年就是三支队的广播宣传员。他说："彭敏同志当时是三支队支队长，铁道纵队成立的时间不久，他名字就很响亮，很

◇工地排架现场。（彭敏拍摄）

有影响，在中层干部中是很突出的。他的特点是他带着工程技术人员、参谋人员在施工现场，随时决策，干脆果断。普通的战士、干部、工人都怕他，生怕做得不好让他看见。他对于重大桥梁的抢修很有能力，兵力如何布置，如何指挥施工等。"彭敏的专业知识扎实，理论联系实际，判断和决策能力强，政委徐斌回忆说："当时连苏联专家都敬佩彭敏。"

◇1949年7月1日，在通车典礼上三支队队长彭敏讲话。

◇三支队政治委员徐斌讲话。

1949年7月1日举行了淮河便桥通车典礼，军委铁道部滕代远部长向第三支队表示祝贺。彭敏队长主持典礼，徐斌政委讲话。通车这天，修桥部队的干部、战士像过节一样穿上新军装，坐上平板车，由彭敏支队长驾驶机车，在大桥上来回行驶，共享胜利的喜悦。无数的群众，从四面八方来到桥头，敲锣打鼓，燃放鞭炮，赠送礼品，祝贺大桥建成通车。

通车后第二天，淮河流域就下暴雨，第三天洪峰就来了，水位上涨五米。原来施工的现场，已是一片汪洋，大桥经受住了洪水的冲击。看着滔滔的洪水，彭敏笑着说："嘿！洪水倒不小，可惜来晚了！"徐斌自豪地说："我们终于跑在洪水前面。"

在硬质河床上，于深水中建木笼排架墩渡洪，蚌埠淮河便桥是一个成功的实例。这说明了采用抢建渡洪便桥方案是正确的，便桥仅历时两个月时间就抢通了，有力地支援了江南的解放战争。

抢修淮河桥这段英雄创造历史的镜头被收录在《呼唤的军魂》纪录片中。1950年，铁道部嘉奖了铁道纵队第三支队支队长彭敏。

5.登上火车向上海驶去

抢修淮河桥同时，彭敏派一部分三支队人员跨过淮河向南开进，抢修津浦南段蚌埠至浦口铁路。这段铁路被国民党军队溃逃时破坏了部分车站、道岔，炸毁了17座桥梁，许多桥墩倒塌，钢梁落水，抢修相当困难。抢修部队和铁路职工迅速投入紧张的抢修工作。当时已是4月，修复所有桥梁必须考虑防洪问题。为此，彭敏确定了采用临时通车方案："一些桥梁先以枕木垛顶起钢梁或扣轨，再加工字梁，先通车，随后再按可能遭受洪水威胁的程度，分轻重缓急作正式复旧。"明光大桥破坏最严重，即决定架便桥，争取早日通车。破坏严重的清阳江大桥只用三天三夜就抢通了。紧张的抢修就是一场场分秒必争的战斗。

7月1日淮河桥通车后，前线抢修的同志们兴奋地换上军装，登上火车向上海驶去。彭敏和徐斌赶到上海向第三野战军首长汇报，陈毅司令员接见了他们，肯定地说："你们提前架起了淮河大桥，沟通津浦线，我这个上海市长就好当了。"从此，中断九年的津浦铁路得以全部恢复。

四、洛河便桥及陇海线的抢修

1.冒险抢修洛河便桥和抢运物资

1949年1月，经过战略大决战，我军已取得决定胜利。4月21日，毛主席和朱德总司令发出了"向全国进军的命令"，我军一举渡过长江，直捣国民党反动统治中心，解放了南京，国民党统治宣告灭亡。

1949年5月，铁道纵队扩编为中国人民解放军铁道兵团，彭敏任中国人民解放军铁道兵团工程部部长兼第三支队支队长。

为配合各野战军追歼残敌，解放全国大陆，铁道兵团向陇海（西段）、粤汉、湘桂、平汉（北段）、北同蒲等铁路干线展开全面抢修。

5月，第一野战军向西北进军，沿线尚未全部解放。大量物质急待西运，铁道部和铁道兵团对陇海线西段洛阳到大营铁路线做出超越抢修的部署。铁道兵团侦察营沿陇海线先从洛阳向西侦察。

洛阳至大营间的地势山高谷深，路基高，弯道急，坡度大，铁路距公路远。该段线路被破坏的延长有147公里，残存的钢轨散落在路基两侧。桥梁破坏22座，桥高10米以上的有13座。通讯设备全部破坏。被破坏的高桥有八号桥，807桥、809桥、810桥，是该段的关键工程。洛阳以东46公里的伊洛河桥正桥，尚未架梁，原有一个便桥每年雨季即被洪水冲毁，该桥是向西运送抢修材料的控制点。

兵团决定：第一支队抢修洛阳至交口段；交口至大营段由第三支队抢修，并担任修复洛阳正桥和便桥的任务；大营至潼关间的铁路由西安铁路分局组织抢修。口号是"打通陇海路，解放大西北"，全线定于10月底通车。

第一支队在6月初已赶到洛阳，开始抢修，关键工程八号桥是一支队抢修的重点。当时碰到的最大困难是抢修用的材料、机具奇缺，远远不能适应需要。7月初，阴雨连绵，爆发了第一次洪水，把通车运料的便桥冲毁。

　　此时的第三支队还在抢修蚌埠的淮河大桥,7月1日淮河大桥才通车。第三支队接到任务命令,立即转战陇海线,任务是抢修洛河便桥、正桥,维持通车,保证把抢修器材、材料运到工地,供给正在陇海路以西的第一支队和铁路职工抢修用。

　　这座便桥位于河南巩县黑石关的洛河。洛河下游与伊水汇合,每逢汛期,山洪暴发,奔腾而下,泻入黄河,便桥即被冲毁。这是座木排架扣轨梁的便桥,全长约289米,75孔。鉴于该河木桩便桥难于渡洪的历史教训,这个季节本应避免在水中搭建任何临时结构,但是又不易解决大跨度梁之难题,因此不能架一座正桥。要通铁路只能利用洪期水位涨落规律,冒险抢修便桥,不失为应急之策。形势所迫,铁道兵团决定,急命第三支队在积极筹备抢修洛河正桥同时,紧急抢修便桥,维持通车以运送材料。

　　7月中旬,支队长彭敏和总工程师王传记风风火火地从淮河边赶到洛河现场察看,亲自带领三支队第三桥梁大队抢修。这时正是赤日如火的三伏天,暴晒、骤雨、水流急,都给施工带来困难。

◇于1949年7月27日开工,第三支队仅用11天修通洛河便桥,战士们在洪水中维持通车33天。(彭敏拍摄)

60

彭敏把指挥部设在河边小庙里，此工程比修淮河桥还是容易多了。部队趁第二次洪峰刚过，水势稍落，于7月27日开工，以三台柴油打桩机，按原便桥的桥式抢修，经11天就修好便桥可以通车，但只能是顶推车辆过桥（机车不过桥），车辆可通到观音堂。指挥部的领导们刚喘口气，又集中心思研究如何修复正桥。

通车33天，完成了大量军运任务。这种顶推车辆过江的办法后来被广泛运用在朝鲜战场抢修的便桥上，战士们称为"顶牛过江"。就在这通车的33天宝贵时光里，三支队派出专门的护桥队伍，全力保护这座便桥。他们驻守在洛河边，用竹竿子和长杆镰刀，在桥上砍那些飘浮来的树枝、花生秧子、草房架子，以及牛、羊等杂物，这些杂物凶猛地冲击着便桥。战士们日日夜夜随冲随修，和洪水展开了顽强搏斗。当便桥的木排架终于受不了这些东西的拥塞被水冲歪，载运抢修材料的车辆不能通过桥梁时，战士们立刻把车厢上的钢轨，装到小平车上，冒着危险在逐渐倾斜移动的便桥上抢运过河；当便桥终于被洪水冲开缺口时，战士们又设法把材料装上木船，他们像黄河的船夫一样，奋力征服汹涌的洪流，把一船一船材料运过河，再运到抢修工地。

◇9月9日，洛河便桥再次被洪水冲毁。洪水过后，战士们下水打捞钢材。（彭敏拍摄）

又连下了几天暴雨，洪水以排山倒海之势冲下来，桥开始吱吱作响，变形、开裂。战士们不得不从桥上撤下来，一声巨响，桥被冲开口子。9月9日，便桥被洪水夹着大量漂浮物彻底冲毁。

彭敏回忆道："1949年的夏天，我们在陇海路上正修复洛河桥。已经修成的一个便桥，通车不久就被水冲断了。那时，我正在雨中坐在河边，看着狂怒的洛河水带走支离破碎的桥梁，心里难过极了，历史上曹子建的洛神赋所给予关于洛河的美感都破灭了。眼前的洛河哪里像那个美丽而宁静的女人呢！"

他不明白曹子建怎么会把洛河看成女神一样，而洛河在他看来如恶魔一般。洪水的冲击给彭敏和整个部队的战士带来了一个严酷的心理考验，已经经历了淮河大桥锤炼的三支队干部和战士们没有被吓倒，再次组织抢修。

2.与西林的第二次合作

为了继续运输材料，9月19日彭敏又组织人马进行第二次抢修。在这个时候，军委铁道部首长派苏联专家们来，还带来了抢修列车、架桥机。"你在想什么？"西林问他，先蹲在他身边，然后坐下来。彭敏笑了，没有作答。看到西林来，便知道上级也在想办法对付洪水。一星期过去了，工作还顺利，至25日已打桩162根，正准备立排架。

彭敏陪西林去陇海西段去看看其他的工程，回来时大雨倾盆，洪水暴涨。在归途上他们对于在河中进行的工作都非常焦灼，一到驻地，就冒雨走到河边。洪水水位达101.8米，当时便桥轨顶高程才102.5米。一种惊心的景象出现在他们眼前，已经打下的许多桩，在狂怒的河水中像醉汉一样在摇晃，一会漂起一根，一会又漂起一根，他们一声不响地足足看了有一小时，浑身几乎全湿透了。回到屋里边烘烤衣服，边研究怎样办。西林说："我现在相信你们上次的记录了，这个河的水流对河床冲刷的很厉害，不过，我们还是有办法的。你注意到没有，在水没涨前凡是没有联系起来的桩都冲走了，已经连起来的却没有动。……"

彭敏听他这样说，心情反而愉快，因为这一次大水所造成的损失虽然严重，可是化解了西林心中对彭敏工作的一个误会，而且提出一个想法，把桩一个个儿连起来。他们的友谊加深了，互相间更加了解和信任了。

洪水将第二次所修工程及残存便桥几乎全部冲毁。这时抢修正桥用的钢梁构件已基本运齐，并在桥头进行试拼，可恨的是拼梁的膺架也被洪水冲走了。为防止洪水再次危害，正桥的架设工作暂停。天亮了，两岸只剩下一段残破的构架，下游是散落的桩木。洪峰过去，雨仍下个不停，铁道部和兵团领导仍命令三支队："15天之内必须修起来！"

彭敏立即组织人到下游捞桩，并且按西林提出的办法，在每一排桩打下后，立即在水下按序列把桩连起来。

他们白天工作，晚上就由西林系统地讲授桥梁基础工程，虽然只有两个学生——彭敏和总工程师王传记，而他讲得仍非常认真，非常实际；这还不是主要的，西林是那样热诚地与知己朋友倾谈他的理想：他说桩基础不仅是应用在一般的桥梁和临时便桥，它有大的发展前途。应该应用在大桥上，进一步代替气压沉箱，它是最经济的基础结构，我们要试图在深水大桥的工程上应用，这是基础工学的发展方向。

西林参加了新便桥设计，做了新的改进。吸取了上两次的经验，将桥址线向上游平移4米，避开原残桥的堆积物；从结构上做了改善，采用在水下加拉杆的办法等等。9月29日开始，前后动用6台柴油打桩机，组成5艘打桩船抢修，突击18个昼夜，10月15日便桥终于如期修起来了，顺利通车，保证了正桥材料的运输。

彭敏领导的三支队坚持三次利用洪峰间隙抢修便桥，在85天洪期中，维持断续通车达33天之久，打破了历史上汛期桥断不通路的纪录，为第一支队的抢修运输了材料，从而为八号桥的修复赢得了时间。

五、湘江便桥及湘桂线抢修

1.冬季抢修衡阳湘江便桥

1949年11月初，在驯服了洛河之后不久，三支队接到兵团司令部的命令：

"立即南下,随军抢修湘桂路,配合解放大西南的战斗。"这一次的抢修遇到新的难题:"不仅仅是抢修道路桥梁,还要和当地的土匪、地主武装作战。"

湘桂线和粤汉线隔着一条湘江,首先需要在湘江上修起一座桥才能将铁路连起来。位于衡阳处的湘江在1938年曾修建过便桥,桥长351.4米;在1943年还修建了正桥,桥长427米7孔。1944年日本侵略军进攻衡阳,正桥、便桥均遭破坏,后修便桥维持通车,国民党军队逃窜时将桥彻底破坏。1949年10月衡阳解放,为配合解放军进军广西,衡阳铁路局组织人员准备先抢修原有的便桥。

彭敏接到命令后率三支队于11月下旬由陇西段赶到衡阳,第四野战军的追击部队正在紫溪、井子口的湘桂交界处和白崇禧的后卫部队作战。彭敏分析了情况,了解到湘桂线抢修更为危险和困难,决定分兵两路,由他带部队抢修湘桂线路。

他安排三支队第三桥梁大队和衡阳铁路局共同抢修湘江便桥,由三支队桥梁大队队长汪祖美统一指挥,衡阳铁路局桥梁队队长沈庆源配合。该桥全长396.5米,为半永久性便桥。在工具材料供应极端困难的情况下,赶时间、赶进度,于12月29日修通,只用了56天,他们出色完成任务,大桥的迅速通车保证了军事运输。该便桥建成后共运营达八年之久。

2.一面剿匪一面抢修湘桂线

这是三支队离前线最近的一次随军抢修。彭敏随先遣人员侦察了沿线铁路破坏情况后,三支队进驻紫溪,敌人已退到桂林市外。沿铁路线33座较大的桥梁全被敌人破坏了,有的桥头还埋有地雷,沿途的国民党散匪和地主武装还很猖獗。

三支队的战士不时还要与这些垂死挣扎的残渣余孽交火作战,但兵力确实不足,于是四野调来两个铁道工程团配属三支队指挥。这样,彭敏这边除了一个桥梁团修湘江桥外,沿途有4个团的兵力,边抢修、边剿匪。由三支队的23、27两个线路大队抢修湘桂线衡阳至桂林紫溪以西、大榕江车站以东的19座桥梁和铁路;由四野铁道工程1、3团抢修大榕江车站以西的14座桥。该

◇1949年11月，三支队的线路大队抢修湘桂铁路，边剿匪边采伐木料，运往工地。
（铁道兵纪念馆提供）

地段是湖南与广西交界交通不便的山区，抢修材料必需全部就地解决。历史上这一带深山老林、洞穴沟壑就是土匪聚集出没的地方，有国民党溃散潜伏在该地区的小股残匪特务，还有反动地主武装，经常出没于铁路沿线捣乱破坏，给抢修和筹措材料造成很大困难。

彭敏和铁道兵团副司令员吕正操一起谒见四野首长林彪，汇报了抢修铁路的计划，请示抢修用的木材如何就地取材，地主的山林可否采伐；当地货币使用白洋，我们的部队只有人民币买不到食品蔬菜等，这两个问题怎样解决。四野首长林彪当即指示："地主山林可以无代价的采伐，中农贫农的给与现洋购买，部队生活统一由铁路局供给现洋。"

有了指示，部队就好行动了。但这段铁路的抢修正逢雨季，湘桂线一带正是我国雨量最多的地区。天无三日晴，一个月内很少看见几次太阳，有时太阳出来一照面就缩回去了，每天阴雨不停，没有一片干燥的地方。北方的战士不适应南方冬季阴冷潮湿的气候，生病开始增多。道路泥泞不堪，搬运极其艰难，树木湿重大，放到山溪中就沉底，漂浮不起来，采伐还常受到地主的冷枪。少数战士去采伐时，被冷枪打死打伤，后来不得不武装采伐。

夜晚车站铁路员工常受到土匪的扰乱，没有武装保卫，不敢工作，造成运输困难。部队需要一面打土匪，一面赶进度抢修铁路、桥梁，还要代替铁路职工亲自管理运输，替班、代班。因为彭敏懂铁路，他还要教战士们如何去做，扳道岔、打旗子、挂钩、脱钩等。彭敏跟同志们打趣说："我也是班门弄斧啊！"

12月30日，彭敏领导的三支队一边打土匪，一边赶时间把铁路修到了桂林，只用了28天；接着铁道工程1团、3团也于次年1月6日完成了大榕江以西路段的抢修任务，至此湘桂线全线通车。桂林解放刚十几天，这个新解放的城市和衡阳联系上就和全国联系起来了。

粤汉、湘桂铁路这两条路破坏同样严重，几乎所有桥梁被破坏。这些桥梁大多跨越江南地区主要江河，桥长、水深、跨度大；加上抢修器材缺乏，兵力不足；水土不服，雨季洪水危害，疾病流行，给抢修带来巨大困难。国民党军队溃退时，白崇禧曾断言"粤汉、湘桂两线三年内无法修复"，而事实上我军仅用了不到半年就实现两线全部修通。

当第一列火车开到广州时，广东省人民政府主席叶剑英主持了粤汉、湘桂铁路同时举办通车典礼。

六、难忘的1950年

1.要亲手建设自己的国家

"野战军打到哪里，就把铁路修到哪里。"彭敏和他的战士们高喊着这个口号，从1948年8月开始修建陶赖昭松花江大桥，跟着解放战争的号角，从北打到南。他在文章中说："我们这支年轻的铁道部队从万里雪飘的北方，转战到四季如春的江南，17个月，走过了一段紧张艰苦的战斗道路。"彭敏参加革命的想法就是先把日本侵略者赶出去，解放全中国，下一步就要实现亲手建设自己国家的伟大理想。

1949年11月1日《人民铁道》杂志创刊，滕代远致发刊词，提出"铁道已经归人民所有，就将成为新中国建设中最活跃的角色，国家将逐渐以大量的资材和现代技术来建设和装备铁路，同时也将逐渐提出来超过旧中国时代若干倍的客货运输，和四通八达的联系全国的任务，付托铁路等。"发刊词后面第一篇文章就是彭敏给淮河大桥新建工程总结的序言，杂志中还刊登了包括彭敏及随军记者拍摄的大量抢修铁路桥梁的珍贵照片。

1950年起，铁道兵团的任务逐渐由战时铁路抢修转入战后铁路复旧。战时应急抢修的铁路已不能适应繁重运输任务的需要，必须进行全面的永久性复旧。铁道兵团对复旧进行了任务部署。

彭敏也深有体会，在前17个月的抢修铁路桥梁过程中，因为战争的苛刻条件，技术力量薄弱，物质器材困难，一直本着利用破损结构、就地取材，因地制宜、快速抢通的原则和措施，结合抢修队伍自身的专长，来适当选定桥梁抢修方案。有许多技术要钻研，有很多施工方案值得推敲。

铁道兵团司令部在北京驻扎下来，彭敏的家也临时安在一个公寓里。彭敏很熟悉北京，因为这是当年他搞学生运动，追求理想、积极向上的地方。为了地下工作、学习和生存，他每天不知疲倦地在大街小巷里奔波。现在到处走走看看，回忆一下过去。他一有空爱钻书店，有很多从苏联翻译过来的新书籍；还发现因为战乱有很多珍贵难得的书籍在旧书摊里。他如饥似渴地看书，弥补前几年无法看书的缺憾。

1950年彭敏不忘先前对老母亲的许诺：解放后一定带着她看看新的京城。彭敏把老母亲、嫂子和四岁的小侄女周玲一同接到北京，带她们到天安门、中山公园、前门玩一玩，在大栅栏吃北京小吃，享受一段难得的亲情时光。

2. 彭敏和徐斌这对搭档

铁道兵团因形势变了，组织形式也发生了变化。铁道兵这一兵种因解放战争的需要而产生，现在不打仗了，铁道兵不但没有被削弱反而加强了。

◇1950年10月，出席铁道兵团党代表会议全体代表合影。席地而坐第一排右一彭敏、第二排左三徐诚之、第四排左二徐斌。（铁道兵纪念馆提供）

◇铁道兵团司令员、政治委员、党委书记滕代远在会上讲话。后排左一彭敏。（铁道兵纪念馆提供）

1950年7月中旬，铁道兵团下发了整编命令。彭敏任兵团总部工程部部长兼总工程师。支队都编为师，徐斌还留在三师任政治委员。

铁道兵团1950年10月11日至22日在北京召开了党代表会议，各师、团和直属机关、部队共选出62名代表出席会议。滕代远讲话。10月24日军委总政批复兵团党委新的领导成员：滕代远、陈正湘、崔田民、李寿轩、陈力、彭敏、李崇喜、郭延林、刘震寰、徐斌10人为兵团党委委员，并以滕代远、陈正湘、崔田民、李寿轩、陈力、彭敏、李崇喜7人为常委，滕代远为书记、崔田民为副书记。

彭敏和徐斌都被提升到兵团总部的领导班子里。彭敏虽然领导职务提高了，但他更喜欢直接在基层、在施工现场。他不情愿的是要和徐斌这个老搭档分开工作了。

1946年12月，徐斌最初为东北民主联军护路军中部司令部代参谋长、党委成员，驻哈尔滨。而彭敏是绥化一带的护路军司令，直属司令部领导。1947年1月，彭敏调哈尔滨铁路局任副局长。从那时起，彭敏和徐斌两家住在一起。彭敏胆子大、爱冒险、爱钻研技术的性格，徐斌是了解的。有一次，护路军司令部搞来一部汽车，彭敏自己学开车，翻到沟里。彭敏弄到一个照相机，可能是战利品，自己摆弄照相、洗相片。彭敏的孩子成天到徐斌家玩，甚至不回自己家。

从1948年7月创立铁道纵队起，彭敏为三支队支队长，徐斌为三支队政治委员，他们成为形影不离的搭档，共同经历了解放战争过程，从东北抢修陶赖昭松花江大桥，到平汉线的复旧工程。在近两年艰苦的战斗岁月里，彭敏和徐斌一路拼杀，冲在前面。兵团的领导也总是把难啃的骨头、紧迫的任务：最大的桥、最难修的路都先放到三支队，而他们都胜利完成了任务。彭敏的特点是越是艰险越向前，敢打敢拼敢闯；懂得专业技术，勤于动脑钻研技术；善于攻克难关、果断决策不失时机。像彭敏这种向前冲杀，以出色完成任务为宗旨，不讲条件，不讲待遇的干部，对徐斌来说，他的政治工作难度更大更复杂。如果没有徐斌的政治思想工作配合，任务是很难获得成功的。而且铁道兵的特殊战斗环境和工作条件，使做好思想工作和政治宣传工作更为突出。

铁道纵队成立初期，在艰苦、繁重的抢修任务面前，出现了部分战士产成了畏难情绪、轻视工程技术，而要求离开铁道纵队到野战部队的思想；在1948年底，淮海、平津战役胜利展开，为加强抢修力量，不断补充大量新兵，接收大批解放战士，有大量的教育引导工作要做；在抢修淮河大桥时，在生与死、困难与挫折面前要鼓舞士气；在强修洛河便桥施工期间，在连续遭到洪水袭击，几经努力做的工程毁于一旦时，怎样正确鼓舞斗志；当你做好全部准备工作，却令你把任务交给别的部队，再接受新任务时，怎样说服稳定大家情绪；在部队千难万险出色完成任务后没有得到应有的奖励和荣誉时，怎样疏导干部战士的情绪；在水土不服，疾病疫情不断袭扰时怎样关心爱护，政治委员徐斌无疑做了大量工作。

徐斌的资历比彭敏老，徐斌政委常说："彭敏比我大一岁，我比彭敏参加革命早。但彭敏确实有能力，连苏联专家都敬佩他。"徐斌13岁参加中国工农红军，随红四方面军长征。他在和彭敏合作之前，是一个出色的军事业务干部。他的经历使他具有宽大的政治胸怀，他理解彭敏，爱护彭敏。他和彭敏配合默契，相互支持。在彭敏的一生中凡是取得大的成就时，身边总是有这样的人帮助他，使他的能力充分发挥。彭敏和徐斌这对搭档真是历史的安排，使他们在解放战争抢修铁路桥梁的过程中发挥了巨大作用。

3.当上全国首届劳动模范

1950年9月25日到10月2日，首届全国工农兵劳动模范代表会议在北京举行。参会代表是新中国建立伊始，中央人民政府首次授予全国劳动模范称号的人，一共464人。

大会在中南海怀仁堂开幕。中央人民政府主席毛泽东，副主席朱德、李济深、张澜出席，朱德主持开幕式，政务院副总理陈云致开幕词，毛泽东致祝词。9月26日，中央人民政府副主席刘少奇在大会上讲话。10月2日大会闭幕，中华全国总工会副主席李立三做会议总结。大会通过了《向毛主席的致敬信》。

◇出席全国第一届劳模大会的铁路代表有19名，前排右二彭敏，左二全国第一位女火车司机田桂英；第二排右四汪菊潜。（汪菊潜提供）

　　铁道兵团工程部部长彭敏是中国铁路工会全国委员会直接评选的二名代表之一，参加了代表大会，被授予全国劳动模范称号。另一名代表就是铁道部工程总局副局长汪菊潜，1954年在武汉长江大桥任总工程师，和彭敏并肩战斗修建武汉长江大桥。全国铁路系统的劳动模范代表一共19名。

　　得到这个称号可是重大的奖励，彭敏心里很明白，国家把打下江山有突出贡献的工农兵模范代表都请到了前台颁奖，可见这个奖牌的分量有多重。

　　中国共产党的革命队伍里确实有一大批这样的革命者，他们自打入党宣誓那一天起，就抱定为解放全中国劳苦大众、为祖国富强而奋斗的志向，不惜献出自己的一切，乃至生命。彭敏在北京搞学生运动时，第一次看到马克思的《共产党宣言》里"无产阶级要解放全人类，最后才解放自己。"这句话说得多好啊，多么深刻啊！凡是不能履行最后解放自己的人就不是真的革命者，只要还有民众没得到自由解放，就不能停止革命。"真的勇士敢于直面惨淡的人生，敢于正视淋漓的鲜血"，鲁迅的一句名言使他走上寻找革命的道路，马克思的《共产党宣言》，坚定了他的彻底革命的决心。

从绥化到哈尔滨铁路局，从铁路护路军到了铁道纵队，几乎是这条路没修完，下一个十万火急的任务又来了，没有喘息的机会，抢修任务总是急迫到以天计算。从陶赖昭松花江大桥起，到淮河大桥、洛河便桥、湘江大桥等等，他领导的三支队成功地打了这几个大硬仗，惊涛骇浪、种种险情的一幕幕过程；他再往前想，自从离家出走，穷困潦倒谋生到走上革命道路，从第一次修路架桥到几乎把全国的铁路桥梁都梳理一遍，仅仅是十七个月时间，是革命战争的炉火锤炼了他。

铁道兵是一个特殊的部队，是一个铁道技术兵种。它不是一般的战斗部队，必须具有修复铁路的技术，懂得管理铁路的各种业务知识；它不是一个普通的"工人队"，它是人民解放军的一部分，必须有严密的军事组织和优良的战斗作风。在战争环境中，为配合军事行动，在各线桥梁抢修的年月里，抢修队伍风餐露宿，夜以继日地顽强战斗，不畏敌机袭扰，严寒酷暑、洪水施虐、疫病流行和水土不服。他就是这支优秀队伍中的一员。

◇彭敏在1950年。

4.不能很好兼顾孩子和家庭

徐斌政委有个遗憾，没有孩子。他的爱人在恶劣的革命战争环境下，怀孩子时小产，身体受凉落下了病，不能再生育。因此夫妇俩很喜欢孩子。彭敏已经有了三个孩子，再有一个月温恩梅又要生第四个孩子。彭敏许诺，要把即将出世的孩子送给徐斌。

彭敏对孩子并不在意，他几乎没有分出一点心思在孩子身上。他常说："孩子是国家的，我是为国家尽义务。"那时候，革命队伍中很有一些人都是这种想法，虽然不正确，但是普遍都是这样认识的：既然加入了共产党，就把自己交给党组织了，随时都准备为革命而牺牲。孩子不是自己私有的，而是国家的。如果为了孩子、家庭和家务事影响了工作，那是大大的不对。彭敏的事业心重，总觉得孩子是累赘。

1949年在彭敏的抢修任务最繁忙时，温恩梅带着三个孩子，跟着彭敏的抢修部队颠簸动荡，没过上一天安稳日子。温恩梅回忆说："我带着孩子跟着抢修部队走。部队为修路炸山取石头，往往是山那边打炮，山这边驮孩子的驴子被震得直跳；有时候炸山的石头还飞过来落在身边；住的都是临时的，多半借农村老乡的房子，也有例外，在修蚌埠的淮河桥时住进了中央银行的大房子里。"温恩梅也有工作，顾不上更多地照顾孩子。幸亏解放军四野成立了子弟学校，把两个大点孩子送进去。

彭敏自己有许多兴趣爱好，有自己的学业，为了革命工作也统统放弃了，一心扑在革命事业上。革命队伍里像彭敏这样的人不少，不仅牺牲了个人的一切，也牺牲了自己的家人、孩子的一切。像徐斌这样没孩子的干部也不少；失去父母的烈士子女也很多。为了新中国的解放大业，为了这革命的远大理想，多少人做出各种牺牲。现在温恩梅身边还有一个近二岁的孩子，年底还要再生一个。从这里考虑，送给徐斌一个孩子，也是彭敏很符合情理的想法。

5.火车开动了温恩梅还没来得及下车

1950年6月，朝鲜内战爆发，由于美国介入，战火很快烧到中国境内。

8月侵朝美军疯狂北犯，中央军委对铁道兵团入朝已有所部署。10月9日，中央军委命令铁道兵团1师停止陇海铁路西段的复旧和改建工程，赴辽宁省境内休整待命；10月中旬，令直属桥梁团停建陇海铁路东段新沂河桥和津浦线藤县大桥，原地待命。中国人民志愿军赴朝后，10月29日，又令在江西南昌执行任务的兵团直属独立团（原上海铁路局的铁道工程第二团），移驻京山线芦台整训待命。

10月底彭敏也已做好赴朝的准备，只一件事，温恩梅还有一个月就要生孩子了,温恩梅多少有些不安。彭敏对她说:"我已和徐斌政委说好了,把这个孩子送给他吧!"徐斌家也做了准备,给孩子做了小衣服、小被子等等。彭敏说完就完全放心了,却忽略了温恩梅的感受。

彭敏先动身去沈阳,准备带队赴朝。他11月初从北京出发,徐斌政委和兵团领导都去火车站送行,温恩梅跟着彭敏上到火车车厢里。此时的温恩梅心情复杂,在车上欲言又止,竟忘了注意开车时间。火车开动了,她还没下火车。因为她怀有孩子,身子不方便,这可把站台上领导们急坏了,大家慌乱成一团,叫停了火车,七手八脚才把温恩梅抬下了车。11月6日,彭敏和铁道兵团1师从沈阳奉命进入朝鲜。

12月5日孩子出生,是个男孩,满月后温恩梅把孩子送给徐斌家。但孩子是母亲的心头肉,母子之情难以割舍,温恩梅一直哭,一个月后,还是不忍心,她又把孩子抱回来了。彭敏从朝鲜前线回国,他没想到温恩梅没把孩子给徐斌,不太高兴,觉得说话不算数,失信于人。后来,彭敏给孩子起名"援助",抗美援朝的意思,小名叫"小助",当时的警卫员李春轩还都记得此事。

第4篇

抗美援朝抢修铁路桥梁（1950～1952）

一、紧急出征抢修朝鲜铁路桥梁

1.粮弹供应成了燃眉之急

1950年6月，朝鲜内战爆发，美帝国主义武装干涉，并把第七舰队派往中国台湾，还疯狂地向朝中边境进犯，多次侵犯我国领空，轰炸扫射我国东北边境城镇和村庄，把战火烧到了我国边境。1950年10月，党中央毅然做出了抗美援朝、保家卫国的战略决策，决心克服一切困难，组织中国人民志愿军开赴朝鲜战场，同朝鲜人民一起反击美国侵略者。

中国人民志愿军于10月25日开赴朝鲜和朝鲜军民一道反击侵略者，以迅雷不及掩耳之势，发动了第一次战役，把以美国为首的"联合国军"和南朝鲜军队赶到了清川江以南。

中国人民志愿军入朝引起美国内部紧张，但仍批准侵朝联合国军总司令麦克阿瑟的主张，首先以其地面部队进行试探性进攻，查明志愿军实力和行动企图，同时以航空兵摧毁与封锁鸭绿江上所有桥梁和渡口，以阻止志愿军继续向朝鲜战场上投入兵力。

很快志愿军进行第二次战役，我军迅速向南疾进，敌军溃退。西线我军于12月5日收复平壤，敌退至三八线；12月上旬，志愿军前线部队在汉江南岸进行艰苦的阻击战。东线之敌于12月24日从海上逃跑。中朝军队乘胜南下、东进、西伸，战场迅速扩大，前线部队逐渐增多，前后方距离延长，粮弹供应不上，陷于极度困难境地。

为切断中朝后方补给线，以美国为首的联合国军对京（汉城）元（元山）线铁路以南昼夜轮番轰炸，对靠海的元山、安边一带铁路用舰炮轰击封锁。铁路运输供给阻断，前方志愿军形势十分严峻。不少部队在一把炒面一把雪的条件下坚持作战，迫切要求铁路运输迅速南伸。而这时朝鲜北方铁路已遭到严重破坏，能勉强维持通车的铁路只有107公里，远远不能适应大量军用物资的需要，粮弹供应成了燃眉之急。

2.紧急出征遭遇美军"空中战役"

东北军区命铁道兵团1师火速做好一切入朝准备，铁道兵团工程部长兼总工程师彭敏从北京到达沈阳待命。11月6日，中央军委命令铁道兵团入朝遂行铁路保障任务，彭敏率1师从辑安（今集安）入朝。从进入抢修战斗起，他就感觉到朝鲜战争中的抢修和国内大不一样。抢修铁路桥梁本来就不仅仅是力气活儿，而是土建方面技术活，现在还要加上一条："冒着敌机轰炸的危险"。

彭敏率抢修部队11月6日进入朝鲜那天，正是联合国军司令麦克阿瑟为阻止志愿军继续增兵朝鲜，实施发动以轰炸鸭绿江上所有桥梁为主要目标为时两星期的"空中战役"开始。麦令其空军"全部出动"、"多次出动"，"以最大力量"摧毁边界上的"所有交通工具、军事设施、工厂、城市和村庄"。敌军每日出动飞机达1000余架次。

联合国军兵力充足，连番轰炸，既准又狠，不让人有任何喘息的机会。我们的抢修部队只能边炸边修，抢修材料全都要从国内运输，入朝的铁道兵团不断调整兵力，把铁路一段一段向前推进。直属桥梁团和直属独立团于12月

22日和23日相继入朝。

在志愿军第三次战役发起之前夕，即12月23日，彭德怀司令员致电东北局并报党中央，提出："若无火车运输，汽车白天又不能行驶，要想支持数十万军队继续南进作战是困难的，甚至是不可能的。"当时铁路虽在积极的抢修、恢复中，但仍未能充分发挥作用。彭德怀司令员又进一步指出，对运输问题"若无速效解决办法，势必延长战争。"人人都知道"兵马未动，粮草先行"，这是兵家常识。事实证实，志愿军第三次战役在突破汉江后，因缺粮缺弹药，必要物资得不到保障，不得不停止前进，变进攻为防御而备守汉江。

3.异国他乡抢修遇见老战友

彭敏随1师21线路团由辑安过江。当时中朝边境以南所有桥梁被炸毁。他们最先遇到是秃鲁江桥。沿着满浦线向南，彭敏先安排三个连抢修秃鲁江桥，另有三个连抢修辑安鸭绿江便桥。之后，他随侦察组沿铁路线路行进至价古以南，侦察线路破坏的情况；他于11月23日又赶回鸭绿江视察，派修好鸭绿江便桥的连队于25日过江入朝，沿满浦线向南前进抢修。

12月19日，抢修队伍到达顺川，彭敏将队伍分东西两路。西路抢修通往平壤铁路，先修复金川江桥，1951年1月2日修通，由此顺川至平壤开通。彭敏又转到平德线，以便快速将火车通往元山。遭受破坏最严重的是南沸流江桥，钢梁3孔被炸坏，3孔落水，3孔移位，桥墩3个被毁，是抢修平德线（顺川至阳德）段的关键。为了加快速度，彭敏又从东路抽调部分兵力，并制订了详尽的抢修方案。

当时正值严冬，天寒地冻，抢修部队初到朝鲜，地理生疏，资料不全，材料奇缺。在技术不熟练的情况下，边学边抢修，材料供应不上，就设法就地取材，根据现有材料设计，破冰下水作业，连夜突击抢修。

彭敏正在布置指挥抢修，听到通讯员来报说有朝鲜铁路修复指挥局的部队来了。他远远地望去，只见带队的人主动跟他招手，叫了声："彭支队长！"彭敏向前看去，来的人竟然认识，是原三支队的23线路大队大队长权泽，是他的老部下。

23线路大队的战士都是朝鲜人，在东北参加了我国的解放战争。1948年11月为了迫使长春的国民党守军投降，三支队派23线路大队负责修通由江南通向长春的铁路和洼门河大桥，加快了长春解放的步伐。在辽沈战役胜利后入关，权泽的23线路大队一直跟着彭敏南下抢修铁路，直到修通湘桂线。1950年朝鲜战争爆发后，解放军第四野战军中的朝鲜人，如铁道兵团三支队的23线路团和四支队一个营的战士都一起回到朝鲜，参加抗击美国侵略者的战斗。从铁道兵团回去的人员组成朝鲜铁路修复指挥局，权泽升任局长。

两人见面分外亲热，两人的手握在一起，权泽很激动地说："你们来了太好了！太好了！全都炸没了，家也没了！"权泽用手擦了一下眼泪，接着说："彭支队长，每次修桥就想起你，真的，太想你了！"彭敏连忙说："你们来了就方便多了。"接着向他了解一些河流名、地理位置，还问了有些材料到哪里去弄等等情况，也不用翻译。由于朝鲜铁路修复指挥局的两个连队配合，于1951年1月28日将南沸流江桥修复，提前了三天，至此由满浦经顺川至三登间的铁路全部开通，得到东北军区的通令嘉奖。

但仅修复几天之后，南沸流江桥又遭敌机炸坏。因为该桥目标大，常遭轰炸，影响通车，彭敏决定在抢修正桥的同时，另修一便桥。第一桥梁团加紧抢修准备，并于2月14日开始动工，便桥工程已完成大半时，从21日起上游连降大雨，山洪暴发，冲垮了排架和木笼。紧急关头，广大指战员不顾严寒，跳入冰冷的江中打捞材料，保住了部分抢修用料。修桥部队白天做好充分准备，夜间突击施工，大大加快了速度，曾以九小时扣轨12孔220根，四小时铺桥面线路（包括护轮轨）125米的优异成绩，创造了当时夜间抢修的最高纪录，担任便桥土方任务的该团1连从人均日挖土1方提高到2.5立方米，全连仅用七天完成了十天的任务。3月5日便桥修通，新成川至三登间的铁路又告开通，再次受到东北军区通令嘉奖。

二、临危受命

1. 志愿军铁道兵团"彭司令员"

1950年12月26日，东北军区通过电报下达了命令，以原铁道兵团1师为基础组建志愿军铁道兵团，任命彭敏为司令员，原1师师长刘克为副司令员。此时入朝抢修有铁道兵团1师、直属桥梁团和直属独立团及东北铁路抢修工程总队，都是战时应急仓促入朝的队伍，各路之间并无统一的组织。

彭敏是铁道兵团工程部部长，主管工程技术，主动担当了许多抢修领导组织工作，但和志愿军总部领导没有组织关系，难以互通情况，上通下达，此任命对志愿军作战的集中统一领导很有利。"彭司令员"这个称呼从此就这么产生了。

2. 请求高炮掩护及加强通讯力量

作为志愿军抢修铁路的司令员，彭敏1951年1月初回沈阳给东北军区司令部打了两个报告，及时汇报反映了抢修现场的问题。

第一个报告是在1951年1月4日，彭敏提出配备高射炮掩护和增强通讯力量的请求。

报告说："一、顺川大同江桥为东线运输的咽喉，我部于（1950年12月）21日开始抢修，原预计23日完成，22日此桥又遭空袭，B29式机投弹50余枚，炸毁4孔，现正另修便桥，此桥修通即刻通三登。至为重要。现在工作及修通后均需要有防空部队掩护，以减少空袭命中的可能，因此请求急派高射炮团，至少两个营前去掩护。二、原铁道兵团编制，师通讯部队仅一个连，独立团一个连，屡次减员，现仅有每连80余人，前方修路，路通，通讯不通，因通讯部队不足。为改变这种情况，请求补充两个新兵连，给一师及独立团加强原有通讯连，加强通讯的修复能力，使通讯能跟上线路恢复的速度。以上请求请首长解决。"

此报告首先是东北军区参谋长萧劲光批示："为着赶修铁路，使顺川桥有相当的防空设备及铁道兵团通讯部队，因此彭敏的要求是需要的，高射炮至少一营，通讯营新兵至少拨贰百人，如何请考虑解决。"东北军区副司令员贺晋年7日给予批复："同意。高射炮部队，新装备的尚未成熟，原来的抽不出，曾给联司1高射炮14团，八日即去前方彭总处，请电告彭、洪、解，可否暂留一个营，在顺川掩护铁桥。新兵连我们通知军务处，可调给。"东北军区司令员高岗批复："同意"。

1月5日，彭敏打的第二个报告是关于完善志愿军铁道兵团组织建制方面的报告。根据抢修需要对所缺干部如参谋长、副总工程师、后勤供给科科长等提出要求。另外包括对加强通信联络工作及与各方面关系的确定，如与朝鲜交通省、运输司、军管局等及与军区后勤、前勤、各处等等关系的请示及暂行组织编制表等内容。他提出1师副师长汪祖美担任志愿军铁道司令部参谋长，还提出让东北工程总队总队长刘汉东担任副总工程师，他是抢修中不能缺少的专业人才。

报告得到军区领导批示。先是萧劲光副司令员批示："一、志愿铁道兵团需成立，以便统一集中力量。二、铁道兵团即以一师司令部为基础。三、刘汉东可调为副总工程师。四、电台、电话机等需要解决，为数不大"。副司令员贺晋年7日批示"所需电台一部，电话军机六、十门总机，已告三处准备。"司令员高岗签字"同意"。

彭敏的两个报告引起中央军委的重视。为了掩护我后方交通运输线，迅速扭转铁路运输线被动挨打的局面，经同苏联政府商定，自1951年1月10日起，由苏联空军出动两个师，掩护辑安至江界、丹东至安州两条铁路运输线，以保证运输供应。

1951年1月22日至30日在沈阳召开了志愿军第一届后勤会议。会议有东北军区副政治委员李富春主持，军委副主席周恩来、代总参谋长聂荣臻及总后勤部长杨立三等出席了会议。周恩来总理讲了话。会议强调："千条万条，运输第一条"。

为增强后方已修复铁路的维护运输的力量，中央军委令铁道部组成志愿军铁道工程总队，并命令总队各大队于1951年一二月间相继入朝，在志愿军铁道兵团的领导下，负责满浦至价川、新义州至西浦间的铁路保障任务。

2月9日，总参复电铁道兵团并志愿军、东北军区：同意组成铁道兵团前方指挥所。由兵团副司令李寿轩和政治部主任陈力率领部分机关干部组成的铁道兵前方指挥所从安东入朝，进驻成川郡支石里，从而加强对入朝抢修部队的统一领导和指挥。同时铁道兵团总部再次增调兵力，2月15日命令正在陇海铁路宝天段执行任务的兵团三师部队分批陆续从辑安过江，担负平元线阳德一带的抢修。

我高炮部队从1月起也陆续增加，一个师（61师）又两个团（第505团、第513团）的六个营专门用于掩护交通运输线。

3.一个劲向前赶速度多修快修

朝鲜北部是山区，河流遍布，短且流急。从北向南数先是大宁江；清川江比较长，西面靠近新安洲有清川江西桥，东面有百岭川大桥；向南是大同江，有两条支流，一个是南沸流江，一个是北沸流江。

敌机开始时的战略是重点轰炸大宁江、大同江、清川江、沸流江等铁路大桥。朝鲜北部主要铁路：一条是满浦线，从中国的辑安过境，以朝鲜满浦为起点，至平壤北面的西浦（中部）；另一条是京义线，从中国的丹东过境，以朝鲜的新义州为起点，经新安洲至平壤北的西浦（沿西海岸）。还有一条是平元线，是横向的铁路，即从平壤经顺川、阳德到元山（东海岸）。

刚入朝时，朝鲜几乎所有的线路和桥梁都被炸毁，每个线路桥梁损毁的情况不同，彭敏奔波于各个抢修现场，和部队干部、工程师及技术人员确定修复方案。由于通讯经常中断，联系非常困难，他只能带着警卫员李春轩和司机赵锡福冒着被敌机轰炸扫射的危险，开着一辆吉普车，不管白天夜晚，奔波在各个工地。

刚到朝鲜不久就出过一次险情。一天夜里，车都快开到新义州的驻地，司机赵锡福有点大意，放松警惕，开了一下灯，立即遭到敌机一顿机枪的激烈扫射。彭敏和警卫员李春轩即刻跳下车，李春轩为保护首长彭敏，趴在彭敏身上掩护。为此彭敏打了个报告，给李春轩立功授奖一次。

就像在国内抢修铁路一样，彭敏憋足劲向前赶速度，多修快修。他头脑里还是"部队打到哪里，铁路就修到哪里"，尽快把铁路抢修到志愿军的前方阵地。

铁道兵团1师部队从辑安入朝后，先沿着满浦线向南行进，迅速抢修鸭绿江正桥、便桥，抢修第五秃鲁江桥。第二次战役展开后，志愿军疾进，敌军溃退，1950年12月5日西线志愿军收复平壤。铁道兵抢修部队为配合志愿军作战，从京义线、满浦线同时越过清川江，抵达顺川，分两路抢修。西路沿平元线西段南下抢通线路，于12月30日，到达平壤，三天修复金川江桥、25天修复东大同江第一便桥。东路沿着平元线东段向新成川、阳德、高原前进。在平德线抢修南沸流江正桥和85公里处隧道时，第二东沸流江正桥、第三沸流江

1. 繞橋迂迴綫（即便綫便桥）

一、折返式橋梁迂迴綫

例如××正桥 全长189.6公尺，桥高14.09公尺（軌面至水面），桥上为半徑500公尺曲綫，系敌人轰炸重点。该处地势险阻，选綫甚为困难。第一次将桥址选在正桥下游80公尺处，但因距正桥太近，未及修成，即遭破坏。乃根据地形，将綫路依山傍河引至夹谷內，在河弯处过河，經过折返道岔，再延河流走出谷口，归入正綫。便綫全长2550.56公尺，停车綫长210.52公尺，最多能容车20辆，計曲綫15处，最小半徑150公尺，最大坡度为15‰。便桥位于正桥上游1,300公尺处，全长189.2公尺，高9公尺，与水流方向成39°角。配合运輸方面之片面續行行车法，并在前方站多备机车一台，施行机车逐列輪換牵引法，通车量得不低于正桥。綫形如图技1-1所示。修成之后，基本改变了敌机常来轰炸的情势。

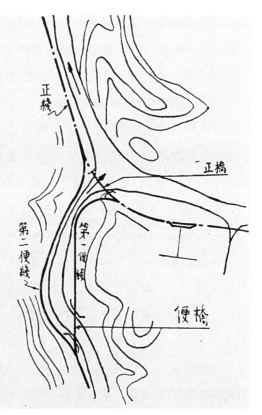

◇修建迂回便线便桥的平面图。（图取自《抗美援朝战争中的铁路抢修技术经验总结》）

桥、第四平原桥又被炸坏，抢修部队又要抢修其他各桥。在敌机空袭不断的情况下，终于在1951年2月5日修复了这四座桥梁，使平元线可通至元山，目标指向汉城。

铁道兵团直属桥梁团和直属独立团1950年12月底从安东过江，沿西线新义线修复清川江便桥和大宁江正桥。这两支队伍经常接受抢修大桥的硬任务。这两座桥距朝鲜西海岸很近，日夜有两次海潮，水位相差最高达1.5米，江水随其涨落，给施工带来很大困难。他们很快于1951年1月14日和17日提前修通，新安州至西浦铁路由铁路工程总队修复，使京义线迅速向南延伸。12月初，志愿军在汉江南岸进行艰苦的阻击战。1月中旬，又将直属桥梁团东调至京（汉城）元线，由三防峡向南抢修线路。于2月下旬修通至涟川以南的72公里处桥，从而更靠近前线。

在鸭绿江上，部队在辽宁省灌上（灌水至上河口）又修了一座铁路正桥与朝鲜境内的平北线相接，增加了一条中朝国境联络线，于1950年12月24日抢通。

在头四个月，彭敏和部队的干部、战士和技术人员因为有国内解放战争的锤炼，加之刚出国不久，体力还充沛，充分发挥出战胜困难的勇气和智慧，因此施工速度很快。

从1950年11月6日到1951年2月底近四个月，他们配合志愿军作战的需要修复了朝鲜北部铁路，从原来只剩107公里残破的铁路线，加上抢修923公里，使通车里程大大增加：西路由京义线的新义州延伸到平壤以南；中路由满浦线的满浦经顺川、新成川延伸到三登；东路由顺川经阳德、元山延伸到涟川以南72公里，修复铁路大型正桥、新建便桥共十座以上，初步扭转铁路运输极为被动的局面，对改善前线作战部队的物资供应起到了一定作用。

彭敏还有许多组织工作要做，战争突然爆发，各部队仓促进入战场，很多后续工作没能及时跟上，如与国内的联系，像修桥修路的材料沙石、木材、水泥、钢轨、钢梁；修桥的机具，大多不能就地取材，都需要由国内供应；物资运输和存放；上下通讯经常中断，还有技术上的困难。

彭敏从进入朝鲜第一天起，就一头扎进去，分秒必争地一直把铁路抢修到志愿军所在地平壤以南,东面到达三登、元山等地。但随着铁路通车里程增加,敌人飞机对铁路、特别是重要桥梁的破坏也越来越严重。1950年12月,敌机破坏桥梁为2座次,次年1月增至16座次,2月间为36座次。由于朝鲜的地方不大,敌机从海上起飞,根本没有前后方,无论抢修到哪里,敌机就能轰炸到哪里,而且对已通车的后方大桥、大站反复进行轰炸,致使抢修部队首尾难顾。

4.第一次工程会议上的重要决策

1951年2月初,彭敏回国向军委铁道部铁道兵团党委进行了汇报。在近四个月的铁路桥梁抢修中,彭敏经历了大量的实战抢修,其经验和体会需要总结推广,还有不少技术问题需要研究。

2月15日,铁道兵团在沈阳召开了朝鲜境内铁路抢修第一次工程会议,工程部长彭敏总结了初期抢修经验教训,会上提出四条意见,经讨论通过并做出决定。

第一条,制定《战时铁路抢修技术规定》,使部队有章可循。简化呈批手续,发挥部队的主动性与积极性。第二条,根据前线作战情况和春季昼长夜短的特点,给抢修和运输带来的困难,要以现有兵力尽快抢修到铁原、开城一线,然后转为维护已通车铁路;对71座桥梁迅速加固,以防春汛冲毁;对被炸地段的线路加强维护,以减少和缩短中断通车时间,提高行车速度等。第三条,按照分段保障的原则,调整抢修兵力的部署,并请求中央军委在清川江、大同江、沸流江、大宁江、秃鲁江、龙池院河等大桥配置防空力量。第四条,改善材料供给和部队供应以及部队的军需供给。

根据会议第三条的精神,2月下旬开始朝鲜战场上的兵团各师(团)、工程总队与朝铁指划分各自分管区片,局部调整部署。这是一个有效的措施。这样分区划片责任分明,便于管理。在具体实施中划分得更细,分到连队,各自只管某段。这样敌机轰炸一停,各部人员针对自己的管片,加紧抢修,提高了抢修效率。铁路的线路按里程都标上号,以便大家记忆。在朝鲜战场上,如72公里桥,85公里隧道,三角地区的317公里、29公里,都是指具体的铁路地点，不是长度。

1952年2月28日，铁道兵团副司令员李寿轩、政治部副主任由安东入朝，组成铁道兵团前方指挥所移到朝鲜安州，密切了跟志愿军部队领导的上下联系，加强了抢修指挥，而且使工程材料和军需品供应得到了改善和落实。

5.不放松任何机会学习充实自己

会议决议中第一条提到的《战时铁路抢修技术规定》，是彭敏回北京向苏联专家西林请教制定的，反映了彭敏一向严肃认真的科学态度和实干的工作作风。难以想到，在朝鲜战争那么紧张艰难的日子里，彭敏还不忘记学习技术，充实提高自己。

彭敏在回忆文章里写道："1950年，美帝国主义侵略朝鲜的战争爆发了，战争的烽火燃烧到鸭绿江边，我不得不抛下和平建设工作，参加了中国人民志愿军的行列，又回到战争抢修的生活中去了。可是我们（彭敏和西林）并没有分开，我一回到北京总把工作的一些技术问题提出和他商量，请他出些主意。我提出《快速修复的定型便桥设计和工厂预制的办法》，他非常赞成，而且在设计和预制方面提供了不少意见。我还请他编了一本《简明的抢修规程》，这本小册子在以后的工作中起了很大的作用。有时他为了东北铁路工程上的一些事到东北来，我即从前线赶回来在沈阳会面，这些会面是非常有益而欢快的。"

在前三个多月抢修实践中，彭敏深感这本《抢修规程》的重要性和其指导作用，他在战场各个抢修工地上来回奔忙都是不断解决和处理这些技术问题。在这次会上制定的《战时铁路抢修技术规定》，是彭敏根据西林提供的苏联《铁路破损桥涵临时修复及短期修复设计技术规程》改编的小册子。在彭敏的请求下，有关方面把西林提供的这本书翻译成中文于1951年6月正式出版。后来，《战时铁路抢修技术规定》在抗美援朝抢修铁路中确实起到不小的作用。这次会议还接受彭敏的建议做出决定，各部队只要按这个技术规定办，可不必呈批。由此可简化在纷乱的战场上来回奔波的签批手续，从而大大加快抢修速度。

三、不畏强敌与美军斗智斗勇

1.不畏强敌随炸随修

彭敏从一进入朝鲜抢修,就体验到了美军的作战实力。

1950年美国的钢产量达8770多万吨,而我国当时的钢产量仅61万吨,连零头的零头都不够。美国投入到朝鲜战场的作战飞机最多时达到2400多架,舰艇300余艘,掌握着制空权和制海权。刚刚解放的新中国,国内正在土地改革、镇压反革命、重建家园、恢复经济。志愿军在朝鲜是异国作战,人地生疏,语言不通,地理不熟,给我军行军作战带来诸多不便。我军所需作战物资很少能就地取得或取之于敌,基本上靠国内供应,加之运输工具落后,数量不足,敌空军又疯狂封锁破坏交通运输线,更加重了我军粮弹补给困难。

美国在二战中取得很多实战经验,他们的军人训练有素,可以根据情况随时改变战术。他们有强大的空军和海军配合,随时从海上的舰艇起飞,他们的弹药、军用物资可以随时得到补充。美军使用的B29轰炸机,是二战时期发展起来的世界最大、最重的轰炸机,被称为是"超级空中堡垒",最多时可携带十吨炸弹,美军的机群恣意肆虐朝鲜战场。

敌机开始时的战略是重点轰炸大同江、清川江、沸流江等大桥、车站。夜间对我抢修部队投子母弹、杀伤弹,阻碍抢修;白天,敌机沿铁路公路附近的村庄扫射,迫使部队远离抢修现场,延迟抢修时间。对大车站投掷大量定时炸弹,对小车站则趁黄昏和列车开动之前,低空俯冲投弹,对覆盖层厚的隧道,常炸洞口和低空飞行炮击洞内的待避列车和人员,并于拂晓、傍晚之际,拦击进出隧道列车。低空飞行疯狂扫射,给抢修和运输造成极大威胁。

铁道兵团前方指挥部在1951年3月25日召开了抢修会议,根据第一次工程会议的精神,研究提出铁路抢修以西线为主,兼顾东线,集中力量巩固后方运输的方案。这个意见报请志愿军司令部得到批准。

当铁道兵团抢修重点西移后,敌机的轰炸也随之采取了"东线后缩,西线延伸，两头截击"的做法，相继轰炸了鸭绿江上的安东、辑安、上河口三座大桥，企图切断朝鲜与中国的运输线，从源头扼杀我们的物资来路。

　　于是铁道兵团又增加兵力。兵团前方指挥部于3月30日急调二师停止国内湘桂铁路来睦段的续建施工，兼程北上，4月19日到达安东，先接受鸭绿江便桥的抢修任务。完成后于5月20日由安东入朝，进驻京义线，担负西浦至孟中里段、价川至新成川防区的铁路桥梁抢修。

　　彭敏作为工程部长兼总工程师，面对实力强大的敌人，明白硬拼是不行的，必须开动脑筋，发动群众的智慧。他与各师的领导及总工程师们像潘田、朱世源、王传记、陈兆舟、刘汉东、汪祖美等密切配合，针对敌机活动的特点，大家群策群力，采取了有效对策：1.在主要桥梁附近，加强对空炮火，以打击敌人的猖狂气焰。2.多修便桥，加强伪装现场，以分散和迷惑敌机的轰

◇志愿军铁道兵团部队在京义线上修筑的折返便线。（铁道兵纪念馆提供）

炸目标。3.对车站、通信、给水、隧道加强预修和防护，大站改为通过站，小站改为会让站及卸车站；在离常遭轰炸目标300米以外架设通信线路；利用水泵、天然水头、机车本身蒸汽等办法给水，用沙袋围水鹤以防炸防冻；在距离隧道口30～50米处埋设10米以上木杆或钢轨，或用草袋子装土垒在平板车上白天堵洞口，以对付敌机低飞炮击隧道。4.集中兵力保重点。

抢修部队按照第一次会议精神调整了兵力部署，抢修力量相对集中；分段保障，不仅做到了随炸随修；而且还能抽出兵力在各重要大桥附近增修便桥；对敌机重点破坏的桥梁、隧道和铁路枢纽加强对空炮火配备，迫使敌机不敢低空飞行轰炸，减少了对重点目标破坏的准确率。

为了节省架桥时间，根据彭敏的建议对便桥设计实行统一标准，在国内工厂预先做好排架和木笼，一旦便桥被炸，即可利用预制件现场组合进行抢修，减少了夜间作业的困难，缩短了修复时间，在朝鲜战场上普遍使用。对较大的便线、便桥施工现场则建议尽量采用推土机、打桩机等机械施工，以减少人力，提高效率。

这些方法有效地改进了施工进度。彭敏和汪祖美带领直属桥梁团抢建东大同江第二便桥，位于正桥上游460米处，桥长3158米（包括便线）。施工中他们接受修清川江第一便桥的经验，分工明确，人力使用合理。立排架由每天8排提高到32排，并创造了扒杆式简便架桥机，45分钟即可架设1孔9.8米工字架。结果仅用两个月时间，即于5月6日建成了这座便桥和便线。

三师的工程师潘田提出了"预设计、预测量、与施工、预计划"的工作法，彭敏积极支持并指出这是从被动中争取主动，成倍地缩短抢修时间的好方法。在重点大桥预先修好几座便桥，在咽喉车站预先修出几条迂回线，通车线路一旦被炸，预先修好的线路、桥梁即可很快开通。在路基填方地段，根据实战经验，彭敏组织国内工厂预先制作几种高度的排架，敌机轰炸后，弹坑内组立排架很快开通线路。

二师工程师陈兆舟在国内抢修时苏联专家曾提出过水下桥的建议，他受此启发提出了在距正桥二公里远处，铺架水面桥的方案。彭敏积极支持并组织抢修部队成功地建造了水下桥。

陈兆舟观察清川江桥一日两次的潮位，采取以高潮水位为标准，修一座水面桥。桥梁用55号工字钢，轨面刚露出水面，因为桥桩上横梁木在高水位下，枕木在水面上。这样的桥在空中照相有痕迹，但不十分清楚。在白天为防止轰炸，把鱼尾板和鱼尾板上的螺栓都卸下来，到晚上开车通过前再用40分钟安装好，这样即使炸中也容易修复。而在清川江两岸，有很多道铁路线到江边，有时也靠人工在江上两边转运。同时两座便桥也经常保持畅通。因而在朝鲜战争中，美国人始终未发现这座水面桥，每天美国空军侦察带回去的照片显示桥还是处于炸毁状态，可是美军总部知道大批作战物资通过清川江运到了前线。

经常有火车司机把火车开到江边，看见水面上的桥时隐时现，不敢向前开，负责引导火车前进的战士跑上去，对着他的耳朵大声说："这是彭司令员的水下桥，大胆过吧！"

2.站在前方抢修指挥的最前沿

由于加强了抢修、防空、运输部门之间的密切协作，1951年4月底接运车辆大大增加，共运重车5155辆，比1月份提高近1倍，其中长途前运量比1月份增加1.5倍。前线的物资供应得到较大改善。后方供应已形成四条固定供应线和连点成线的部署，实行"分段包运"的制度后，提高了运输效率，改善了物质供应状况。战争进入相持阶段后，1951年4月22日志愿军决定发起第五次战役。

铁道兵团于1951年6月6日在沈阳召开了朝鲜境内铁路抢修第二次工程会议。各部分抢修部队的干部都参加了会议。会议再次确定了管区划分。兵团管区总延长653公里，其中确保通车区段564公里，平均每公里32人。

中央军委铁道部为再次充实铁路抢修力量，6月20日遵照中央军委的命令，以直属桥梁团为基础，补入中南军区新兵，组建了铁道兵团第四师。铁道兵部队增至四个师和一个团（第一、二、三、四师和铁道兵直属桥梁团），另加一个铁路局组织的援朝铁路工程总队。至此进入朝鲜的铁路抢修总人数已达七万之多。

　　铁路线迅速修复后，运输问题就凸显出来。前方急需大量的武器弹药、给养；朝鲜国民经济的需要也亟待解决，一时铁路运输组织管理尚未跟上，调度指挥不灵，运输步调不一，工作效率极低。有朝鲜方面的问题，也有军运、民运在运力分配等问题发生矛盾和争论。1951年春夏之交，发生了"草袋子"事件，即运送朝鲜老百姓装大米的草袋子与给前线运送弹药、给养等矛盾，甚至引起中朝两国之间的矛盾。

　　为加强对抢修、抢运的协调和领导，6月27日中央军委电令，由铁道兵团领导机关和东北军区运输司令部以及朝鲜政府分别抽调干部组成中朝联合铁道运输司令部（联运司）；与此同时，铁道兵团前方指挥所和驻京留守机关干部于7月下旬陆续移往沈阳。联运司下设办公室、政治部、运输局、抢修指挥局、军管总局及财务科等机构。

　　9月3日，在朝鲜安州成立"朝鲜铁道军事管理总局"（军管局）。11月中央军委决定成立"中朝前方铁道运输司令部"（前运司），由刘居英出任局长兼政治委员，直接指挥铁路运输、抢修和防空部队。

　　抢修指挥局，局长由联运司副司令员李寿轩兼任，副局长由铁道兵团总工程师、工程部部长彭敏担任。他们和朝鲜人民军铁道复旧指挥局局长权泽一道，负责统一指挥铁道兵团所属各师（团）、工程总队和临时所属兵团的高射炮团、装甲团及朝鲜人民军所属铁道联队。

　　9月8日，抢修指挥局在朝鲜安州成立前方指挥所，12月13日改称为抢修指挥所（抢指），彭敏为前方抢修指挥所司令员，这是铁路抢修指挥的最前沿，也是最能发挥彭敏组织抢修能力的地方。

　　彭敏和刘居英两个老战友见了面。刘居英对彭敏说："还挺想你的，你不是说好了，修好陶赖昭大桥还回哈铁局嘛！"彭敏说："我现在不是又归你管了嘛！""唉，哪里！我还是管运输，拉拉杂杂的协调关系，你管抢修是打硬仗嘛！"当年1947年1月在哈尔滨铁路管理局，刘居英任局长，彭敏任副局长。他们俩共同度过解放战争初期恢复铁路运输最艰难的日子。在1948年7月，东北军区调彭敏到东北人民解放军铁道纵队，参加抢修陶赖昭松花江铁路大桥。原说好修复大桥后，还回哈铁局，但战争形势的发展，难以预料。彭敏随着解放战争前进的步伐从东北抢修到广西，成为铁道兵团中的一员干将，没曾想到在抗美援朝的战场上，两人又走到一起。

3.反轰炸斗争的焦点是争取通车时间

运输线虽然修通，但我军的供应情况尚未得到根本好转，只能保障最低限度的供应。这个最低的程度连美军都很清楚，即粮弹最多保证一星期，还远不能满足作战的需要。战役向纵深发展，运输线延长，我军的供应和伤员的转运更加困难，影响部队的机动。

铁路桥梁的抢修形势依然严峻，通常是炸了修，修了炸。由于这种反复，便没有了运输的时间。但人人都知道破坏容易，建设难，况且是面对实力强大的以美国为首的联合国军。第五次战役期间，我军转入宽正面、大纵深的机动防御战。敌军占有绝对的制空权，欺负我军没有空军力量，重点破坏前沿地区的江桥，轰炸重要铁路设施。因为我军都是在夜间抢修，到了晚上，美军向抢修部队投掷子母弹、杀伤弹，阻碍抢修；白天则少架多批，低空飞行，搜山沟，炸村庄，迫使抢修部队远离抢修现场，延迟修复时间。

为了使前方志愿军得到后勤保障，必须突破这种"炸了修，修了炸"没有通车时间的恶性循环，实现"炸—修—通"的循环。在这种敌强我弱的、极其不对等的情况下作战，铁道兵团的战士们采取了超常态的、类似蚂蚁啃骨头的抢修技术，只能使用少量大型机械，大部分是凭手工操作，即原始操作，进行异常艰难的抢修。

彭敏在技术总结中谈到反轰炸技术措施时说：在朝鲜铁道战线上，轰炸与反轰炸是敌我斗争的基本形式。敌人的企图是想在"炸—修—通"的连续循环中取消"通"的时间，我们的反轰炸斗争就是争取通车时间。

我们采取的具体技术措施为：修建迂回线以迂回重点；变集中为分散，简化建筑物的结构、设置防护及伪装以减少破坏量；先通车后加固以缩短修复时间；将料具沿途储备、重点散布、机动运用、随用随补以保证"随炸随修"。

抢修工作是被动的，如能不断研究分析敌情，掌握敌机轰炸规律，做好各项准备工作,加强抢修工作的计划性与预见性,则可以从被动中争取主动,赢得时间。

在五次战役以后,长期处于在战线相对稳定,敌我相持的形势下面,因而铁道战线上的斗争表现为"炸—修—通"的长期反复的特殊形式;铁路抢修是以巩固后方的铁路线为其主要方针,以固定管区、沿线备料、随炸随修为其主要组织形式。

4.防空洞里的笑声

彭敏在朝鲜时多半住在朝鲜老乡家里,因为抢修工作多是在晚上,白天睡觉起来后,为抢修做些准备工作。

兵团司令部的掩体在清川江附近,可以看到清川江桥。敌军来轰炸时,他们就钻进防空洞。在司令部掩体内,经常是副司令员李寿轩、政委崔田民和他,还有协理员陈余轩等。白天敌机分批多次轰炸骚扰。有一次飞机过来了,崔田民的警卫员向外伸头看了一眼,即刻遭到敌机的机枪一顿子弹射击,他的棉裤侧面从上到下垂直地被子弹划破一道口子,棉花飞了满天,所幸人没受伤,可见大白天敌机对地面的情况看得是一清二楚。

彭敏在指挥部掩体内,观察敌机的数量、轰炸的情况。开始时每当听到成群的B29轰炸机低沉地嗡嗡声,向施工工地飞来,他心里就一阵紧缩,心想"我的清川江桥呀,又要倒霉了"。时间长了他发现了规律,有时飞机来了并不轰炸,转一圈飞到别处去炸。一连几次,他琢磨出原因:敌机是"你没修好我不炸,你修好立刻就炸"。于是利用美军敌机对没修好的桥梁不轰炸的特点,他们对经常遭受破坏的桥梁,采取竣工后不拆除脚手架,留一二节钢梁不架上,或留下一台吊机,看似桥还没架好,或在桥面上散放草袋、破木板,进行伪装以迷惑敌机,减少轰炸次数。在需要通车的时候,迅速架梁,运送列车。西清川江桥上使用这个方法很长一段时间,才被美军飞行员拍照识破。这个方法也常使彭敏引以为自豪。

在司令部的防空洞里,彭敏常和机关干部们挤坐在一起交流和讨论技术问题,像如何拆除定时炸弹;如何架小排架、架枕木梁通车来减少填土石方量。听到反映有战士用步枪、轻机枪打飞机，可减少敌机轰炸的命中率，于是总结出"投偏一个弹，少做100工"口号，在部队迅速推广。有时，他也给大家讲故事，猜谜语，说点有趣的典故，给枯燥的生活增加些情趣。每次进了防空洞，大家总围在彭敏身边，让他讲故事。彭敏多半讲一些中国古代经典断案推理的故事，如包公案、狄公案等，还出一些古代智力测验题，像"小猪过河"、"鸡兔同笼"让大家开动脑筋。

一天，他本来很忙，但大家不放他走说："你就出个题目考考我们"。他笑笑："那我出题你们回答，我要打分的"。他随口说："第一题：俄国的大文豪列夫·托尔斯泰最主要的作品是什么？"答："不知道！"彭敏说："0分"。接着说："第二题：小说《牛虻》的作者是谁，哪国人？"答："不知道！"彭敏说："0分"。彭敏又问："第三题，列宁逝世前最后读的短篇小说《热爱生命》的作者是谁？"答："不知道！"彭敏说："还是0分"。有人说："太难了，都没听说过！"彭敏接着问："那你一定知道《钢铁是怎样炼成的》吧，第四题，这书是谁写的？"有个同志答："这个我好像知道，是保尔，是保尔·柯察金，对吗？"彭敏："错误，0分"。"彭司令员，你的问题净是外国的，来个容易的吧。"彭敏的眼睛一转，透过镜片露出一点狡黠，嘴角有点笑意："那我问你，你见过小毛驴吗？""见过啊！"彭敏："那么毛驴拉的屎是什么样子的，总该知道吧？"答："知道，知道，太知道了，圆圆的，光光的！"彭敏不动声色地说："第五题答对了，'驴屎蛋儿外面光'，正确，给一分"，然后转身走了。

没过一秒钟，有个同志学着彭敏的口气说："你答对了，驴屎蛋儿外面光，正确，给一分！"答题的同志不干了："你一分也没有，我还得了一分！"俩人抱在一起，扭打起来，大家全都笑得东倒西歪，"哈哈，哈哈哈……"防空洞里充满了笑声。政治部宣传部长徐诚之过来问笑什么，有个同志一一告诉他，但说到第三题，记不清了。徐听了也觉得很有趣说："那答案呢……赶明儿我自己问老彭吧！"

但这个问题徐诚之始终没问成。洪水下来了，彭敏忙于防洪护桥，再后来又是忙于抗击美国军队的"绞杀战"，接着负伤回国，再没回来，到最后调他去修建武汉长江大桥转业离开了铁道兵。几十年后，徐诚之依然记得这个小插曲。

彭敏并不是在显摆自己。他提问的这几本书都是他以前看过并且非常喜欢的书，在抢修最艰苦的日子里，特别是在朝鲜的特殊环境，他常常想起这些书，无论是美国作家杰克·伦敦的《热爱生命》，讲述人与狼最无情垂死的搏斗，其情节感人至深；还是爱尔兰女作家艾杰尔·莉莲·伏尼契的《牛虻》，书里的主人公亚瑟在心灵炼狱里成长；更不要说苏联作家奥斯特洛夫斯基的《钢铁是怎样炼成的》，保尔·柯察金等人物和情节不断地给他力量和勇气，使他具有克服困难的韧性，百折不挠。

四、战胜洪水和敌机轰炸双重困境

1.完成了防洪工程任务

第五次战役后战线稳定在三八线附近。当时已接近雨季，洪水对铁路交通威胁很大。朝鲜境内江河纵横，平时水小，甚至无水，一进雨季，则山洪暴发就泛滥成灾，特别是对临时抢修的铁路便线、便桥威胁更大。

彭敏经过1949年7月洛河便桥的抢修，深知洪水对桥梁的破坏力。因为在朝鲜抢修前期，即1950年11月到1951年夏季，对付敌人的严重轰炸采取的最有效方法是修筑低而短的便桥和便线，但便桥是不能渡过洪水期的，因此彭敏多次强调防洪的重要性。朝鲜境内的108座铁路桥梁都是在遭受敌机破坏后临时修复的。其中已做防洪工程的只有34座，其余的必须改修或加固才能渡洪。

为了保障洪期运输，在距洪水到来还有不到2个月，兵团6月6日在沈阳召开朝鲜境内抢修第二次工程会议。东北军区运输司令部、兵团所属师、团、工程总队和朝鲜铁路军管总局及朝鲜铁路复旧指挥局（简称朝铁指）均派主管干部参加，会上彭敏做了具体安排。会议决定放弃一些线路段，集中兵力，巩固后方；并调整了管区划分。

会后朝铁指的权泽局长很着急，他对朝鲜的河流很清楚，那发起洪水是

◇这是一张珍贵难得的照片。1951年6月，在洪水汛期到来之前，中朝两国铁道抢修部队的领导共同研究抗洪抢修方案。左一为我军铁道兵团工程部长彭敏，右一为朝铁指局长权泽。（铁道兵纪念馆提供）

不得了的。在他们的管片区有很多大河像大同江、大宁江等年年发洪水，桥很多，因为洪水中抢修没经验，特地找彭敏请教。

"来，怎么修，我说给你听！"彭敏找块空地蹲在地上，拿张纸，在上面画。权泽也蹲下来，一起研究修桥的方案，当时正好部队有记者拍下了这张珍贵的照片。

敌机每天还要对铁路轰炸，平均有五六处被炸毁。这样抢修部队的任务是既要抢修新炸毁线路、桥梁，又要担负防洪工程。我部兵团任务异常繁重，共计应修复加固正桥56座、抢修便桥22座。

我们部队人员已经极度疲劳，加之材料供应不及时，给施工带来很多困难。而战争的形势不允许他们有任何松懈，彭敏带领着抢修部队仍然顽强战斗两个月，较好地完成了防洪工程任务。

2.洪水肆虐和敌机轰炸的双重困境

但1951年夏天，朝鲜遭遇到了40年未见的特大洪水，刚刚做完的防洪工程、便桥全部被冲毁，运输大部分中断，使我们遭受了严重的损失。

从7月22日起，最先到来的洪水冲毁了满浦线桥梁四座，中断通车四天；平原县197公里处的桥遭受水害。27日洪峰接踵而来，南大同江桥最高水位超过正桥钢梁底面十厘米；南沸流江昼夜水位相差十米，最高洪水位几乎与桥帽齐平，河床被冲刷五米；清川江和大宁江每秒流速大于七米。咆哮的洪峰如脱缰的野马，迅猛地向铁路、桥梁袭来，锋芒所向，无不桥断路毁。

防洪工程无论在基础、跨度、上下流落差都是按"能渡一般洪水"的标准修建的，经受不了特大洪水的袭击，多数惨遭破坏。再加上对上游难以渡洪的桥梁未全部拆除，现场材料未向高处转移，洪水一到，两岸材料和被冲毁的桥梁构件顺流而下，冲毁了下游的桥梁，加剧了破坏性。整个洪期，先后被冲毁桥梁达94座次，总延长5200米，其中中断通车60座次，累计中断通车时间10天以上者21座，西清川江和东清川江分别中断31天和35天。

七八月份洪水冲毁桥梁为同期敌机破坏量的358%。不仅冲毁了大量铁路建筑物，而且冲毁人行便桥、道路、通信线路，冲走了抢修材料，还给部队生活带来严重困难。特大洪水对铁路的破坏使运输中断，部队冒雨抢修、打捞材料，加之得不到蔬菜、肉、食油供应，体力消耗严重，抢修部队疾病增加，痢疾、伤寒、夜盲症大量增加，一般连队达30%，个别达55%，严重削弱了部队的战斗力。

洪水对铁路的破坏面广、时间集中、毁坏严重。敌人幸灾乐祸，断言洪水对我军"将意味着巨劫"，声称我军"不可能再过一个冬天了"，他们要为停战谈判争取更大的条件，因而更加剧了对铁路的轰炸。敌机"趁水打劫"，一面轰炸我施工现场，阻扰抢修，一面轰炸未遭水害的桥梁，对尚在通车的铁路逐站逐区地轰炸。8月份我军的管区车站被炸68处次，线路被炸143处次，破坏线路12公里，为7月份以前每月平均破坏量的三倍多。

此时洪水、敌机、物质材料、人员力量、上级领导的压力，更重要的是前方志愿军战士还急需弹药和给养，所有这些都压在彭敏等人身上。洪水、敌机的轰炸这两个恶魔比在洛河上只有洪水施虐要大多少倍，而且洪水不是一条河，而是数条江河，敌机的轰炸更是歇斯底里，现在哪里还能坐在河边想象洛神是什么样的呢！

3.战胜恶魔须有大智大勇

彭敏在战胜自然灾害、对待强大美军的办法一贯的，只有唯物主义的、现实的，按科学态度办事。他直接深入前线，和战士们一起，和工程技术人员一起，集中集体的智慧，想尽一切可行的办法，速战速决，解决不断产生的各种难题。正因为这样，干部、战士、工程技术人员信服他。尽管困难大，也没压倒他们，反而越战越勇，在抗洪保桥中又出色地打了几个漂亮仗。

彭敏根据以往经验提出抗洪保桥保运输的几点原则，让各部队施工抢险时注意。一是由于便桥跨度小、桥面低，大多数不能渡洪，故须改善原正桥的临时结构或修复原正桥，以便通车。二是加设防撞设备，如：在桥墩设混凝土防撞尖、设木桩防撞、设拦江绳等。在洪期桥梁被炸或被冲，若墩台完好，就用架桥机同跨度搭设军用梁或构架工字钢即可；若材料不足，因运输任务紧急而不能等洪峰退下再修时，即用"顶牛过江"、"人力推车"、"倒装倒运"等办法来保证运输。

"顶牛过江"的办法是：机车不上桥，而由空车厢顶重载车辆过桥，河对岸另一台机车也用空车厢上桥接挂，牵引过桥。这一方法是彭敏在三支队修洛河便桥时使用过，在朝鲜战场上普遍使用。倒运任务多由东北铁路各局的铁路职工组成的机车组完成。由于机身暴露时间长，活动范围小，被敌机轰炸的危险性很大，对开车司机的技术和胆量都是不小的锻炼。

人力推车的办法是：若由于材料限制，如在全长19.75米的桥孔内只允许一个重车上桥，就采取用人力将车辆一节一节推过去的办法。

倒装倒运的办法是：在铁路运输方面，采取了密集的"列车片面续行法"（即在一个或几个区段上，两个以上列车取一定间隔，连续向同一方向运行，不对开），以工兵和汽车运输部队在桥梁、线路被破坏地点组织漕渡或实施分段倒运，使各段线路有机地连接起来，以保持运输不断。

以上是他总结的对策，在抗洪中有几个成功的实例是他常难以忘怀的，因为在实战中往往还要机动灵活。

一个是东清川江桥。1～4孔被炸毁，一号墩被炸去半截，三号墩全毁，第5、6孔钢梁又被炸落，还未修复又被洪水冲毁，人行便桥基础也毁于洪水。当时江北有92个车皮物质急待前运。一师最后采用汽油浮筒和钢轨架人行便桥，修复了三号墩，又创造了架设工字梁的双臂架桥机修复正桥通车。用顶牛通车的办法把待运物质运出。

另一个是平元线东大同江桥。第一、第二便桥被冲垮，正桥的排架墩受到上游漂浮物的威胁，情势危急。四师（原来的直属桥梁团）于8月2日抢通正桥，同时利用水落之际，在第11、12号排架墩的迎水面突击灌注混凝土分水尖，保证了东大同江安全渡过几次洪峰。

再一个是三师抢修沸流江二桥，尚未修复又被冲毁。于是第三桥梁团首先集中兵力抢修长林以西和东元以东受害较轻的、易于修复的四座桥梁，于8

◇与美军斗智斗勇，看似未架通的桥，每天傍晚快速架梁，以便夜晚通车。（铁道兵纪念馆提供）

月11日抢通，为长林至东元的倒运倒装创造了条件。接着，再组织力量昼夜轮流抢修东沸流江第二、第三正桥，使平元线抢通。但仅通车两夜，又被第四次洪峰冲垮。虽然在45天汛期中仅通车两天，但争取倒运物质327车。

第四个是南沸流江桥。由直属桥梁团（原直属独立团）先修复正桥。该桥有5孔19.75米钢板梁被炸毁或落水，以现场仅存的2.5孔日式军用梁分架5孔（每孔4片），暂时维持顶牛通车。顶牛通车7夜，前运重车18列，28日又被洪水冲毁，9月10日再次修复正式通车。

第五是西清川江桥。7月27日被第一次洪峰冲毁。工程总队30日突击抢通了第一便桥，恢复全线通车。西清川江便桥被三冲三修。最后采取彭敏的建议抢通正桥，用顶牛通车的办法保证运输。

在中朝前方铁道运输司令部统一领导组织下，50多天的抗洪抢修中，抢修部队、运输部队、高炮互相配和，每天抢修12小时以上，只要一修通就千方百计多运输。在空军、高炮部队的掩护下，用倒运、顶牛过江的办法，修通一桥就过一桥，修通一段就过一段，把车厢向前方推进。

到9月13日，洪水也逐渐退去，被冲坏的铁路建筑物全部修复。在洪水期间，共计修复正桥59座次，便桥16座次，线路土石方2.3万多立方，给水设施11处次，通信线路42条公里，仍前运物资3600多车厢。

五、彻底粉碎美军停战前的疯狂

I."三角地区"成为美军的重点目标

朝鲜北部北宽南窄，山多江多，铁路穿山越水，铁路布局南北贯通线多，东西联络线少。铁路线路大部分位于西海岸。铁路线集中通过朝鲜半岛的蜂腰部，新安洲、西浦、价川形成"三角地区"。新安州至价川不到30公里，是东西连接的重要通道。新安州向南至西浦将近60公里、价川向南至西浦比西线较长，有近70公里，两线从北面向南到西浦合二而一，形成狭长三角形。铁路经西浦在向南不到10公里即是平壤，是平壤到汉城主线，因而"三角地区"是

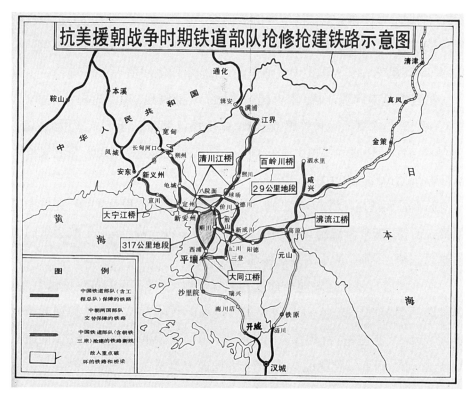

◇抗美援朝战争时期铁道部队抢修抢建铁路示意图。

咽喉部位，一旦被卡住，铁路运输便陷于瘫痪。"三角地区"虽然是不大块儿地，却是军事重点目标。西线新安州至西浦，距离西海岸仅25公里，敌机易于骚扰破坏，且线路两侧多为水田，取土难，给抢修带来不利。中线价川至西浦线，处丘陵地带，路基较高，与公路并行，又多交叉，也不利于抢修。

敌军为全面实施"绞杀战"，从1951年7月起进行了试验和准备（主要是轰炸铁路路基）。8月中旬以后，敌对我交通线的轰炸破坏即全面展开，表现更集中、更有计划，每个战斗轰炸机大队一般每天均以32机到64机的大编队出动两次，重点破坏我铁路枢纽新安州、西浦、价川"三角地区"。

8月中旬，美军为了配合停战谈判，对我军施加军事压力，在其地面部队发动夏季攻势的同时，又趁洪水灾害，以其空军为主，发动了分割我军前线与后方、切断我军运输线为目的的大规模"绞杀战"，也称"空中封锁战役"。为了实施"绞杀战"，美军动用了空军力量的80%，其战斗轰炸机几乎全部投入使用，并计划以三个月的时间全部摧毁朝鲜北部的铁路系统，使我"铁路运输陷于完全停顿的地步"，以此扼杀志愿军全部军事力量。

8月底以前，由于洪水危害，铁路运输量骤降，大量物质积压在清川江以北，前线粮弹极度缺乏。9月开始，敌机集中对"三角地区"进行毁灭性的轰炸。9月共破坏线路690多处次，相当于前10个月总破坏量的1.3倍；10月份炸坏的线路1240多处次，为9月份的1.8倍。"三角地区"线路长度仅占全管区的7%，而破坏处次却占全管区线路的40%。同时，通信线路被炸2640多处次，造成上下联系中断和抢修指挥上的困难。9月份虽然令24线路团在"三角地区"之外打通了平德线北段，秘密组织物质倒运，但运量极少，远不能满足前线的需要。

9月25日，前运司铁道抢修指挥所召开了抢修部队负责干部紧急会议。彭敏在会上调兵遣将进行部署，确保打通敌机对"三角地区"及东、西清川江，大同江桥的封锁，尽一切可能增加通车时间。各抢修部队积极响应，提出"多运一车粮弹，就多一分胜利"的口号。尽管10月份敌机对铁路的破坏加剧，至10月中旬我铁路运输情况一度好转，争取到连续半个多月的时间通车，仅10月16日至22日的7天中，通过东、西清川江桥挤压的物质即达1947车厢，其中21日一个夜晚即通过西清川江桥490车厢，创造了入朝以来的最高纪录。为此，我铁路员工、铁道部队、航空兵部队、高射炮兵部队受到了中央军委的通令嘉奖。

2."317公里处"的生死较量

二师的管区主要在"三角地区"的重要地段上，抢修部队正集中精力同洪水灾害作斗争，对敌人的"绞杀战"尚无充分精神准备。

二师师长为刘震寰，袁光任政治委员，肖春先任副师长，总工程师是陈兆舟。铁道兵团二师的前身是东北民主联军里有着铁道游击队之称的回民支队，纪律严明、屡建战功。谁也没料到这次反"绞杀战"最艰险的战斗就落到二师的指战员身上，他们与敌人展开了殊死的搏斗。

1951年10月24日凌晨，最惊险的序幕拉开了。朝鲜运输军事管理总局（军管局）决定派回6列空车，当第三列车行至西浦至新安州317公里处，因新修的路基软而脱轨，尾随的三个列车的最后一列欲开车退回时，也脱了轨。结果，导致315公里至317公里间停留机车4台，车皮149辆，前进不得，后退不能，像一段黑色的城墙排在两公里内的线路上，目标十分明显。

◇在"317"公里处我抢修部队积极抢修，与美军的轰炸展开激烈的搏斗。（铁道兵纪念馆提供）

24日上午8点多钟，8架敌机飞临317公里上空，盘旋一圈后，一反常态，没有扫射和投弹即返航飞走。有战士反应快："美国佬是调人去啦！"这是美国飞行员看到了机会，高兴得发了狂。

不出所料，上午10点左右，大批敌机接踵而来，对停在317公里地段上的列车进行疯狂轰炸。317公里地区立刻硝烟弥漫，炸弹声、扫射声，敌机俯冲后拔高的尖叫声震耳欲聋。打这以后，每天都有3～7批敌机来袭。每批最少七八架，一般20架，最多达120架次，每批投弹至少200余枚。仅24日至30日的7天内，共炸毁机车1台，车厢32辆，线路炸毁70处次，最多一天被炸24处次。为了阻碍部队抢修，还投掷了重磅炸弹。317至319公里段，已看不见路基原型，炸坏的机车、车皮横七竖八地倾斜在路基两侧。铁路两侧均系水稻田，被敌机炸得坑连坑，坑套坑，坑坑有水，无处取土。在这泥地上起复和运走被炸得横卧竖躺的车皮很困难，车辆刚起复又被炸翻。三角地区的另一条线满浦线的价川至顺川间29公里处前后，于10月25日开始也遭严重破坏，直到月底未能抢通，此时"三角地区"被敌机彻底封锁。

当时我军的防空力量薄弱，而西线离海岸线仅25公里，西线和中线相距不过30公里。敌机从海上军舰起飞，可以同时炸这两条线。他们在京义线死啃住317公里，在满浦线死啃住29公里处不放，成为美军在三角地区"绞杀战"的两个重点目标。尽管干部战士在黑夜里仍然是紧张有序地防空、抢修，一次又一次炸了修，修了炸，仍无法通车，中断通车长达23天。

担任这段抢修的第22团2营的战士，以大无畏的英雄气概投入抢修。战士们一天12个小时拼搏，干部不离现场，但沿线储备材料不多，汽车运力不足，从30公里以外用人力抬钢轨。修复力量抵不住敌机的昼夜轰炸，始终打不开317公里段难以通车的局面。二师总工程师陈兆舟回忆说："三十八军的一个团就驻在附近，也来主动支援。这回他们充分体会到了铁道部队的难处，并且讲出了'宁肯去前线牺牲，也不愿在后方修铁路挨炸'的话来。"

23天不通车，志愿军前方部队弹药和粮食补给已经到了火烧眉毛、十万火急的状况。志愿军上级领导、兵团领导和抢修战士都心急如焚，甚至急红了眼。有传说彭德怀司令员都发了火，命令铁道兵团领导："再不修通就提着你们的脑壳来见我！"兵团领导催促抢修的电话像暴风骤雨一样。陈兆舟说："为此我都不愿待在指挥所，只躲在工地现场上。"

二师师部距317前线有60公里，肖春先副师长与总工陈兆舟在距317前线只有4公里的桂林组成一个前线抢修指挥所，以肖春先为前线抢修总指挥，陈为副总指挥。

11月1日，前运司铁道抢修指挥所司令员彭敏再次召开抢修部队负责干部会议，研究制定了尽快打通"三角地区"的措施。1.调整部署，进一步集中兵力。2.在京义线317公里处和满浦线29公里处两个被炸重点地段修建小迂回线，同时抓紧抢建重点桥梁的第二便桥。3.加强线路维护，改变经常发生行车事故的状况。4.各营、连普遍建立烘炉，整治弯轨，利用断轨，并尽可能就地收集材料，减轻了全局运输对铁路的压力。

会后我方加强了抢修力量，补充了两个营，调换疲惫不堪部队战士，增派救援队，并从工程总队抽调120名老工人增援起复车辆。在满浦线价川至顺川，每公里增加到190人，京义线肃川至万城间增强到每公里244人。增拨38台汽车支援抢修运输。而在我军调整部署的同时，敌机对三角区铁路的轰炸破坏有增无减，更变本加厉。11月份线路被炸1800多次，为9月份的7倍，三角地区的破坏量占全管区的56%。特别是敌机常于白天投掷的大量定时炸弹多在夜间爆炸，严重阻碍抢修和通车。时势造英雄，立刻涌现出许多破除定时炸弹的能手英雄虎胆式人物，如郑德臣等人。

我军抢修部队和敌机进行着殊死搏斗，终于在11月8日抢通了线路，神速地起复运走了没被炸坏完好的3台机车和车皮117节，清除炸毁的机车1台和车皮32辆。敌人发现后深感意外，并立即进行报复。仅通车一天，第二天线路又被炸断。因路基地处水田之中，天气又多阴雨，弹坑填土下沉，道渣不能及时补充，枕木陷入稀泥里，线路虽修通，但没有足够的力量改善线路质量，因而又不能保证通车。如再不尽快通车，美军"以三个月的时间全部摧毁朝鲜北部的铁路系统，使我铁路运输陷于完全停顿的地步"目的就达到了，以此扼杀志愿军全部军事力量的目的就真的会达到了。

3.提出绝处逢生的办法

11月19日，线路再次中断又十天了，整个战场上如热油煎一般难受。二师政委袁光把前运司铁路抢修指挥所司令员彭敏从修建迁回线的现场请到317公里处来解决难题。

彭敏在抢修战场上犹如一位战神，哪里有问题，都找他解决。这次他来到317公里抢修现场，召开了师团干部会议研究解决317公里地段的办法。彭敏提出两条意见：1.大量开采片石，挖排水沟，排除路基两侧积水，以改善线路质量；2.线路两侧设防空哨，修防空洞与疏散跑道，利用敌机轰炸空隙，组织白天抢修。

彭敏的办法乍一听没感觉有什么特别，只是他竟大胆地提出白天抢修的做法，因此没有立即被师部领导干部接受。这样，在僵持中又过了四天。就在万分难耐之时，即"绞杀战"生死较量最危险的时刻，中央军委11月23日发出指示，为加强抢修工作，将兵团工程部与参谋处合并为工程参谋部，以工程为中心指挥部队，彭敏为兵团第三副司令员兼工程参谋部部长。

但是师部接到对彭敏的任命之后，仍僵持一星期。终于在中央军委强硬命令下，12月1日2师召开了党委扩大会议，认真总结前段反"绞杀战"的经验教训，明确了实施彭敏的方案：线路两侧开挖排水沟，推广弹坑排架抢修方法；坚决贯彻白天出工的措施，保证随炸随修。

这是一个绝处逢生的实实在在的办法。通过地基两侧挖排水沟排除积水，从根本上解决线路地基质量，成为"有效的"抢修；利用白天施工，可大大提高施工进度，争取抢修时间。在白天实施暴露目标下的抢修，也不是第一次。在刚入朝

◇彭敏决定采用"立小排架，筑明沟，用以改善路基质量"。（铁道兵纪念馆提供）

时，1师的战斗英雄杨连第就和敌机玩过捉迷藏的游戏，将原限定七天修复沸流江大桥，争分夺秒提前三天完成任务。彭敏善于总结，发现规律。敌机白天不可能连续轰炸，要去加油、装炸弹，总有间隙，我们可以利用；路基旁修防空洞，可及时躲避，缩短了来回跑路的时间。这段铁路只有两公里，我军的最大特长是高效抢修，白天干绝对胜于夜间摸黑干，况且我军许多战士患有夜盲症。彭敏要抓的就是"时间"，分分秒秒关系到志愿军前线战士的生命和战机，关系到战争的成败。这确实是一步险棋，但是中央军委领导看到了，在这千钧一发的时刻，将彭敏提到兵团第三副司令兼工程参谋部部长的位置，让他有职有权直接指挥部队抢修。

4.打破了敌对我三角地区的封锁

317公里处的拼杀，其核心就是和美军的轰炸争取"时间"。彭敏提出用挖沟排水改变地基质量，并做出不惜冒生命代价，利用"白天施工"的决定，争取高速度将抢修速度撵过敌机破坏的速度。若战争失败了，你修的铁路桥梁的意义何在呢！美军要掐断交通，扼杀你，你就要千方百计修通它，恢复我军的战斗力。

在彭敏司令员的指挥下，日夜突击挖路基两侧排水沟，排除积水；利用

拆卸定时炸弹掏出的炸药开采石料，备石渣，以改善线路质量。整个工作紧张而又有序地进行，敌机来时就进洞防空待避，敌机一走就抓紧突击抢修。

◇彭敏决定采用"在施工现场附近修起座座屯兵坑道，用以及时躲避轰炸，加快抢修进度"。（铁道兵纪念馆提供）

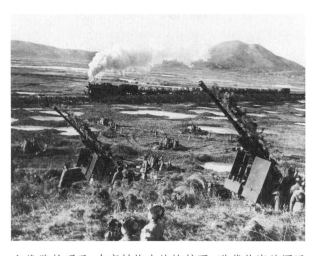

◇线路抢通了，在高射炮火的掩护下，满载物资的军用列车通过"317"公里地段。铁路两边处处可见积水的弹坑。（铁道兵纪念馆提供）

调换了日夜奋战疲惫不堪的战士，又从济南铁路局调来27名援朝铁路职工组成的工人队加强技术力量。由于白天作业效率高，加之高炮第62师2个团进入317公里处掩护抢修，有效地打击了敌人的嚣张气焰，敌机的命中率大大降低。尽管在此期间敌机在肃川至万城间的线路轰炸318处次，达到平均每1.4米即有一枚炸弹的危险处境，但由于措施得当，各方面密切配合，仅用了8天，于12月9日终于通车，打破敌人封锁。因挖沟排水，填埋石渣，线路情况逐渐好转，12月下旬，行车速度由每小时5公里，提高到15公里。线路通车后的15天里开过去196列车，把大批军用物质运到了前线。至此，中断46天的317公里地段恢复了活力，取得了三角地区粉碎"绞杀战"第一阶段的胜利。

《中国人民志愿军抗美援朝战史》一书中记载："10月下旬，敌机轰炸封锁更为加剧，我三角地区铁路运输再度中断。经过重新部署力量，到12月底，终于彻底打破了敌对我三角地区的封锁。据不完全统计，在此阶段，我铁路运输抢运过封锁线的作战物质共达15400多车厢。同时我公路运输也得到很大改善，汽车运输能力较4月至8月提高75%以上。从而逐步改善了我军供应状况，保证了我军作战的基本需要，并使前线各军开始有了粮食储备。"

陈兆舟回忆说："经过46天的抢修，牺牲了近百名烈士，涌现出大量的功臣，终于通车了。这一期间，一些急需的物资也从另外的道线运到前线。我们师领导也给集体记了大功一次。"他提到的另外线路即是彭敏在11月1日部署修建的在京义线317公里处和满浦线29公里处两个被炸重点地段修建的小迂回线，打破了敌对我三角地区的封锁。

5.彻底战胜美军在停战前的疯狂

美军对"317公里处"的封锁被打破之后，又改变了战术，采取炸两头的办法来拦截我方物质的来路和去路。"绞杀战"的第二阶段又开始了。

从1952年1月18日起，敌机开始了停战前最疯狂的轰炸。3月25日、26日敌机出动了344架次，10公里的线路只有400米是完好的。对西清川江桥、百岭川桥、獐岛川桥和大同江桥、南沸流江桥，一般三五夜炸一次。3月27日，敌机一次出动B29型轰炸机48架，投弹2000多枚。因为抢修部队和材料大部分集中在三角地区，敌机重点突然转移，给抢修造成被动。定州到新安洲7夜未通车，元罗线高原以南也被封锁多日。

彭敏在"抢指"再次部署采取措施：1.调整兵力；2.抢修迂回线，分散敌机轰炸目标；3.加强现场防护，组织白天抢修；4.组织力量排除定时炸弹；5.加强线路维修，提高行车速度。

由于我方抢建了大量的通信迂回线及重点桥梁大迂回便线便桥，使抢修部队能腾出兵力和时间，对付敌机对重点目标的轰炸。重点桥梁如京义线西清川江第三便桥、獐岛川大迂回线便桥、满浦线清川江第二便桥、百岭川便线便桥也先后完成，从而打通了敌机对重点桥梁的封锁。抢修、运输、防空各方面共同努力，大批物质源源不断运往前线，朝鲜民用物质的运输也逐步增加，使敌人断我物质来路的企图又告失败，从而彻底粉碎了美军的"绞杀战"。美军在朝鲜战场中，共投放320万吨炸弹，也没形成"空中封锁"。

5月底，美国第八军军长范弗里特发出哀叹："虽然联军的空军和海军尽了一切努力……然而共产党仍然以令人难以置信的顽强毅力把物质运到前线，创造了人间奇迹。"

在《合众社》的电文中美国也不得不承认："在差不多一年来，美国和其他盟国飞机一直在轰炸共产党的运输系统，在北朝鲜仍有火车在行驶……坦白地说，他们是世界上最坚决的建设铁路的人"他们也永远记住了中国共产党领导下的铁道卫士们构筑了这条"打不烂炸不断的钢铁运输线"。

6.珍惜鲜血换来的技术经验

1955年3月，彭敏组织人员把在朝鲜一年多抢修铁路经验汇集成册，编辑出版了名为《抗美援朝战争中铁路抢修技术经验总结》。

也许有些人会这样想，战争都结束了，这些经验总结还有什么用，以后我国的经济发展了，技术也进步了，还有人看这些吗？但彭敏不这样看。他说书中所收集的技术、施工方法是十分珍贵的，是饱浸着抢修人员鲜血和智慧的，是我们战胜强大敌人的法宝，我们之所以能以弱胜强，除了我们部队的正确指挥、政治工作和后勤物质供应之外，还应包括铁路抢修的技术经验。

彭敏为这本书写了前言，首先写明为什么要重温战争经验，是"因为帝国主义分子还没有从他们在朝鲜战争的失败教训中清醒过来，还在挥舞着原子武器威胁着世界和平的时候，我们温习这些战争经验，就有着更加重大的意义"。

他也写明朝鲜战场上的抢修经验是有

◇《抗美援朝战争中的铁路抢修技术经验总结》一书。

很大局限性的，不是一切战争都是这种形式的，这里的经验都是以志愿军铁道兵团当时的技术水平与装备情况为基础来总结的。而且当时，在十分严重而残酷的轰炸情况下，机械的使用是极少的，大多数场合发挥了强度的体力劳动与手工工作方法。

他特别指出，总结里有些施工方法的实用价值。他说"当我们在缺乏机械工具的条件下曾是一些优秀的创造性的方法，而在可能采用机械化施工的条件下就会被讥笑为'愚笨的'甚至是'可笑的'东西了。但即使是这样，我们仍然认为这些经验必须保留，因为战争当中，常常可以遇到许多在学院里、在和平环境里意想不到的情况，而这些情况就完全可能打破正规的施工方法与施工程序，完全迫使人们只能利用手边找得到的一切现成的简单的工具去进行工作，这是很不奇怪的。"

在抢修技术经验总结中，第一篇就是反轰炸技术措施。其第一章及时修建迂回线，这是彭敏在朝鲜战场上积极推行的打破敌机集中轰炸破坏重点桥梁、车站、重点线路的方法。分别叙述了迂回线的作用、选线原则、类型、迂回线设计考虑事项。第二章是技术及料具机械准备，重点强调了"四预"，为战争的特殊性而采取的"预设计、预计划、预测量、预施工"。第三章是减少破坏数量。他提出的方法如：变集中为分散，缩小被炸范围、简化建筑物结构、加设防护装置、伪装等。第四章是严重情况下，包括桥梁、线路、隧道、通信、给水的应急抢修办法。

第二篇是技术经验，为全书的重点。第一章"桥梁"是全书重中之重。在阐述抢修桥梁之前，特别加了"破坏情况"一节，包括墩台及基础破坏情况，梁及桥面破坏情况。接着从基础、墩台、混凝土、梁、钢梁修铆、架桥机、桥梁架桥机、桥梁防洪分别详细讲述。每部分写得很具体，无论是专业技术干部还是连队工程科长看后都会对施工有指导意义。如："墩台"讲解了排架墩台的制作；立排架：组排架墩、排架及排架墩的抢修加固；破损混凝土墩台抢修及加固：包括原墩加固、部分利用残墩的抢修方法；枕木垛墩台的适用范围、枕木垛的搭法、枕木垛的抢修及加固等。在"梁"的部分写了抢修常用梁、架梁，梁的移正、起复及加固，梁的打捞、翻身、转头及装卸车，桥面等内容。在第二章"线路"方面，包括破坏情况、弹坑抢修、轨道抢修、御土墙及迂回抢修、土石方施工方法及维修经验，每一节的技术要求都尽可能透彻明了。比如在轨道抢修一节里，罗列了轨道整理及钉道、临时接轨方法。夜间钉道，一般用小型灯光，如手电筒、油灯或手提电石灯，但与敌机骚扰频繁时，不能用灯光，将钉头涂白色，利用白雪，可借反光看清道钉。夜间起道及拨道，常用手电筒，敌机活动频繁时，利用香烟头起道、拨道。还介绍了临时切断钢轨的方法，伤轨临时处理方法，修整炸弯的钢轨及鱼尾钣等。在技术经验篇中还有隧道、通信架线、给水的章节。

第三篇是"材料工作"，包括材料供应和材料保管都有各方面的技术要求。

全书共计70多万字，是彭敏组织在朝鲜参加抢修的工程技术人员编写而成。书中尽可能地做到系统和全面，图表规整，数据可靠准确，从每篇内容中都可以看到编写者的严谨和认真。

还有一点是彭敏没有写在书里但时时埋在心底的想法，那就是在朝鲜战场上亲眼目睹了美国的强大和傲慢，深深刺痛了他，暗自下决心，更坚定他实现从小立下的志向，一定要使中国强大起来，用自己的努力改变中国挨打受欺的地位。

第5篇

武汉长江大桥建设（1952～1957）

一、负伤回国接受新的使命

1.从太平间回到病房

1952年初夏，彭敏负伤，从朝鲜回国，先到沈阳再转到北京，住进了协和医院。温恩梅住在铁道兵部的一个平房公寓里。温恩梅得到消息后立刻赶到医院。医生说暂时不能看，他已经高热昏迷三天三夜。因为美军正在朝鲜搞细菌战，怕他受到病菌感染，而引起病菌扩散，把他放到太平间里隔离，醒过来算他命大，再做治疗。言外之意醒不过来，就到马克思那里报到，就地处理。

应温恩梅再三请求，医生才同意让她穿上防护服，从太平间的门缝向里看了彭敏一眼。她说其实什么也没看清，只知道他还活着。又过了很长时间，彭敏终于醒了。到底昏迷了几天几夜，也记不清了。

彭敏在朝鲜是因夜间山里行车翻车受的伤，受伤的部位是右脚。在朝鲜战场上夜里开车时是不能开灯的，漆黑的山路只能凭月光和经验，非常危险。那时虽然已是春末夏初，但山背面的路边仍有没融化的冰坨。美军有绝对的制空权，他们的飞机低空飞行，对于公路铁路严密封锁，有点动静或亮

111

光，就是一顿机枪扫射，不然就是投炸弹。汽车开到冰辙上打滑，翻了车。彭敏右脚面的皮肉全部失去，流了很多血，脚趾骨断裂，也有骨头掉了。当时抢救出来时，因为只是脚伤，他的头脑还清醒。他问司机赵锡福怎样？大家告诉他："他没事，你放心。"后来他才知道，同志们因为看到彭司令员受伤，怪责于赵锡福，把他关了禁闭。彭敏知道了说："是他救了我，没有他我早就被炸死了，赶紧放他出来。"

当时在朝鲜火车运力很有限，为了尽量多装前线的重伤员，受伤的彭敏坚持乘汽车回国治疗。由于警卫员李春轩正请假回老家办事，不在他身边，于是派个护士陪护，用汽车辗转送到沈阳，再乘火车回北京。这样用了三天时间才到医院，因此伤口感染严重，高热昏迷。据原来铁道兵团指挥部协理员兼秘书陈余轩同志回忆说，"开始医生说必须截肢，彭敏坚决不同意，就没截肢。后来同志们都庆幸说没有截肢是对了，要是截肢了，那就要终身残废了。但是因没有截肢，伤口感染引起高热昏迷，对生命是很危险的呀！"

昏迷醒来后彭敏从太平间回到病房，当时协和医院有苏联的战伤专家，给他做了会诊，拿出了治疗方案，据说在当时是最先进的，并决定由医术最好的医生给他做手术。

而对于彭敏来说，开始接受了残酷的治疗阶段。医生跟他讲了治疗方案，他立刻就听明白了。在朝鲜他是前线抢修指挥局副局长兼总工程师，统一指挥铁道兵团所属师（团）、工程总队及朝鲜人民军所属铁道联队的抢修技术工作。敌机每次轰炸之后，根据敌机炸毁的桥梁和线路情况、自己抢修部队的力量和材料来具体部署抢修施工技术方案，指导部队如何突击抢修、抢运。医生在他身上动手术与修铁路和架桥的过程大同小异，修修补补，拆了东墙补西墙。不同的那是在陆地和江河上，把炸弯的钢轨整直、炸断的接上，缺的补上；路基、桥梁被炸坏，确定怎样用土方、石方、木桩来架设等等。这是在人体上，动用刀子、剪子、锤子、锯子来修理整治。人是有生命的，有神经的，需要病人有坚强的毅力来配合。

手术的具体顺序，也说不清了。伤的右脚，缺的脚趾被安上几块人造骨头，断的需要固定。直到后来有个脚趾头并无知觉，明显地向上支棱着。因为受伤脚面上没有了皮肤、血管和神经，便从好的左腿小腿肚上削下一层皮肉，植在伤脚面上，把神经血管接上。为了使这块皮肉在脚面上成活，先不割断，把右脚捆在左腿小腿肚下方，吊起来，直到这块皮肉在脚面上活过来再切开；同时再在好的左大腿上片半层皮，植在左腿小腿肚上。手术当然不是一次做完，有时候需要反复几次，这些伤疤都留在腿部和脚面上。彭敏爱游泳，游泳时，能看到他的腿上、脚面上布满大面积难看的伤疤。经历了多次手术痛苦，治疗确实是很成功的，因为在以后的日子里，他的生活和行走没有受到多大影响，出院时定为三等甲级残废，发给他残废证书，每年35元，但彭敏从没去领过，直到"文化大革命"之后才一次性领出来，不到400元。

手术后的恢复也同样是很痛苦的经历。很长时间里，彭敏身上的温度左右不一样，身子一半红，一半白，洗澡水的感觉都不一样，左边很热了，右边还觉得很凉。恢复走路，他也用了常人难以忍受的最大毅力，用最快的速度恢复了。

他强制自己坚持练习走路，所受的痛苦谁也不知道，但从未听到他喊过一声"疼"。当时的警卫员李春轩记得，"他是提前出院的，出院后还回去补做了几次手术。脚伤还没长好，他拄着根拐棍，每天自己换药。换药时，又是脓又是血，很臭，都是他自己来整。"

彭敏在回忆文章中说："到了年底，我又经过了几次手术，总算好了。最高兴的是知道部里确定了我去修长江大桥。伤好了要是不能走路怎么能跑来跑去修桥呢？于是，我就决定提前出院到广州天气暖和的地方，好在室外活动锻炼一下。"

2.一个更重要的任务等着你

彭敏在北京住医院期间，有几个重要的人来看他，对他战胜伤病迅速恢复健康起了很大作用。

首先是苏联朋友西林。在朝鲜抢修铁路时，西林就开始和彭敏谈到修武汉长江大桥的事了。彭敏后来回忆，那时他（西林）就正以极大的精力在研究武汉长江大桥的方案，有一次我（从朝鲜）回来，他把他所考虑的梁式方案同我谈了很久。我说:"现在我所想的是如何能在几天以内在清川江或沸流江上修个便桥,还没有想长江大桥的事。"他说:"要开始想了,这样大的桥梁要想很久很久……还有很多有意思的问题。"那时候西林和彭敏谈长江大桥,彭敏确实连想也没想过。他觉得,修建武汉长江大桥确实很重要,那不是自己能想的事。而西林就不同了,他是桥梁方面的专家,苏联没有像长江这样的大河,能够亲自在长江上修建一座大桥是多么令人神往的事。

彭敏还回忆道:"1952年春末,我因为右足负了重伤,被送回国到北京协和医院(当时的解放军总医院)治疗,离开了烽火连天而又是春花遍野的朝鲜,回到祖国亲爱的首都,从担架上看到依傍着车站的古城垣,看到不少亲切同志的面孔,是很感动的;而在这些带着无限关怀到车站来接我的同志中还有一个外国朋友,就是西林。他说:'北京也有苏联的战伤专家,在战争中医治过比这还重的伤,都医好了还能跳舞。'我知道他对跳舞从来没有兴趣,而他却说的这样有意思。这种宽慰,这种情谊,是感人的。""在医院里时他(西林)几次来看我,谈生活、谈长江大桥,在他来说很难分别什么是生活,什么是修桥;而他也把修建长江大桥这样一个伟大的建筑物,看成对我的一剂有效的良药,振奋我早日伤愈。谈起来总是没有个完。"

在医院里,彭敏清醒过来之后,中央军委铁道部部长兼铁道兵团司令员、政委滕代远和副部长兼铁道兵团副司令员吕正操也来看望他。他们安慰彭敏一定好好养伤,除表达了领导的关心和爱护之外,还告诉他:"有一个更重要的任务等着你,组织上已决定让你去领导修建武汉长江大桥。"

听到这个决定,彭敏心里是多高兴没法说,恨不得立刻领命出发。他刚要起身,想到了他的脚伤还没开始治疗,身不由己,就对领导说:"领导决定我去修建武汉长江大桥,我非常高兴,坚决服从组织的安排。只是我的脚不知还能否站起来?"滕部长和吕副部长立刻对他说:"不用担心,我们问过医生了,你放心!"

伯乐识好马,组织上看重他、信任他对他是莫大的鼓舞。彭敏是幸运的,经过解放战争和朝鲜战争中抢修铁路桥梁的历练已经成熟,但建设武汉长江大桥仍然是巨大的挑战。

彭敏心潮澎湃，虽脚伤不能动，但思绪已飞到了长江。长江古称天堑，五千年来从未修过桥。在他的《武汉长江大桥》一书上写道："只要翻开旧的地图看一看，就会发现：在我国中部蜿蜒曲折，流经九省，全长5590余公里的长江上，没有一座桥梁。过去的人们，在这样宽阔的大江面前，只是在赞叹自然的伟大，认为是不可逾越的。过去的人们，在许多诗文上把长江形容为'天堑'，意思就是说这是天然的堑沟，人们对它是没有办法的。长江是我国第一大江，在长度上是世界第四，它的灌溉面积却是世界第一，虽然它的水力资源现在还没有充分利用，但是它对于人民的经济文化生活有极大的价值。只是它却严重地横断我国南北交通。"

至于修建武汉长江大桥的意义他也明白，在解放战争抢修桥梁时，他看见百万雄师过大江的壮观景象，部队大批人马乘着帆船，重型武器、大批物资都要上船才能过江，多么不容易啊。彭敏对此很有感触："现代铁路交通发展以来，江南江北都有了铁路，可是在长江上连不起来，沿海的津浦线和沪宁线在浦口和南京之间隔着长江；我国中部南北交通的大动脉京汉路和粤汉铁路也在武汉市隔江相望。全国解放以后，铁道部首先在武汉恢复了轮渡，部分货物依靠轮渡运输，运量低，运费高，不能满足经济发展的需要。大部分货物和旅客只能依靠轮船和木划子过江，费的时间很长。特别是一遇大风和浓雾，就要封江停航，运输中断。"每当想到横断长江两岸的交通就要在他的手上接通，心情无比激动。

3.孩子不认识爸爸了

彭敏手术后在北京疗养期间，为了恢复得更快些，他决定去广州疗养。南方气候温暖，可以在室外活动锻炼，有利于伤病康复。

在去广州之后，已是1952年冬，接到孩子学校的通知，因学校要迁址，希望学生家长把孩子接回家。彭敏到学校见到学校领导、老师和阿姨，还是引起不小的轰动。一则他是在朝鲜战场上战功赫赫的铁道兵团副司令员，二则他是多年都没来接过孩子的家长。

1949年夏天，彭敏因带领部队抢修铁路桥梁，无暇顾及家庭孩子，把六岁的大儿子彭勃和四岁的大女儿彭倍勤，都送进学校。孩子们自从进了学校有三年半了，而彭敏的抢修任务一个接着一个，再没有时间去看过他们。

这是一个特殊的学校，创建于1948年5月，原名东北民主联军南岗干部子弟学校，后改名为第四野战军干部子弟小学，下面还有幼儿园，随着大军南下，从东北迁到汉口，经历了炮火与硝烟的洗礼，在战争的摇篮里成长。革命队伍里许多有远见卓识的人像罗荣桓元帅的妻子林月琴、肖向荣中将的妻子余慎、谭政大将的妻子王长德分别担任过该校校长，他们深深懂得培养下一代的重要性，为解决野战军指战员的后顾之忧，创办了这所小学。

学校是因解放战争而诞生的，学校里的孩子大都是四野军人的子弟。每逢寒暑假，孩子们的家长纷纷把他们接走，但总会有一些像彭倍勤、彭勃这样没有被接走的孩子，不论年龄大小就集合在一起并成一个班，便于管理。假期结束，小朋友都回来了，带来糖果，有的还带来一些子弹头、弹壳等战利品，说着很多新鲜的事，每年都如此。

在幼儿园里有一次老师让孩子们给父母写贺年卡，写上"爸爸妈妈好！"倍勤竟然问，什么叫爸爸？离开父母时间久了，对父母的概念也没有。当时孩子们照葫芦画瓢写好，学校给寄出去了。

武汉市解放前夕，美蒋空袭很频繁，学校为躲避战火，保护革命的后代，全学校迁到庐山顶上，住在原来蒋介石的军训兵营里。1952年冬天，学校想利用寒假把学校迁回武汉，学校改名为"中南军区第一干部子弟小学"。这时候彭倍勤上一年级，彭勃上四年级。

学校是部队供给制，学校给每个孩子做了套新棉衣，老师和阿姨说要等到家长来接时再穿。全班的孩子都穿上新棉衣回家去了，倍勤因为没有家长来接还没穿上。最后阿姨终于说，今天给你穿上吧，心想肯定不会有家长来接这孩子了。说来也怪，那天倍勤一个人在日本式的小楼里趴在窗台上玩，有个阿姨喊她说："彭倍勤快过来，你爸爸来接你了！"倍勤心想阿姨一定喊错人了，没动窝还在那玩。不一会儿，另一阿姨急急忙忙跑来："你怎么还在这里，到处找你，快吃饭去，你爸爸来接你了！"她把倍勤拽到食堂，刚吃了一会儿，就听得人乱哄哄的，那个阿姨说："你看，是你爸爸来了！"倍勤回头看，门口站着一些人，也不知哪个是爸爸，就愣着。阿姨说："快去，门口那个高个子的就是。"她再次回头看，人不多了，门口有两个军人，个子都很高。一个手上拿着军大衣，挎着盒子枪是警卫员。旁边的那个人，瘦瘦的，戴着黑边眼镜，一只手还拄着根拐棍。

倍勤走到他跟前，抬头看着他，怯生生地问："你是我爸爸吗？"他弯下腰，张开手，看着她说："是啊！"按说这时候倍勤应当抱住他的腿，叫他爸爸了。但是没有，她突然大喊一声："好滑稽呀！"转过身就跑开了，彭敏也愣住了。后来他们怎样把倍勤抓住已记不清了。

彭敏带着两孩子到庐山顶上蒋介石住过的小楼及周围转转，玩玩儿，之后从好汉坡就下山了。下山到了九江，坐火车到广州。

想想接孩子的情景彭敏感到有趣，见着温恩梅讲了一遍又一遍，比画着做着动作。他说："这个小倍勤，真有意思，她见到我竟然说'好滑稽呀！'我就不明白，这是为什么呢？我的样子很怪吗？不，她是不认识我这个爸爸了。"说到这里，彭敏忽然有点心酸："倍勤小时候身体不好，常生病，可我很少关心她，怪不得她把我都忘了。突然冒出了个爸爸，会感觉很奇怪。"但这个想法在彭敏心里就是瞬间一过，摇摇头又想他的工作了，拆开一封封发自朝鲜的战友们的来信。

住在广州铁路局招待所，是个有历史纪念意义的地方。院子里的树长得很高大，枝繁叶茂，

◇1952年底彭敏出医院后，右脚的伤还未痊愈，上庐山接女儿倍勤和儿子彭勃回家，他们在庐山好汉坡合影留念。

◇1953年初，在北京彭敏照的第一张全家照。

开满了花，空气新鲜，景色很美。每天早上，彭敏和四岁的小女儿小三赛跑，练习走路。开始他一瘸一拐跑不过她，后来他赢了，他就往后退一大格，再赛一遍。水泥铺的路面，一大块连一大块的。后来彭敏又赢了，追上她，他再往后退一格。刚退到第三格的那天，想练习走得再快些，却突然决定带着全家匆匆回北京。

后来才知道，彭敏回北京是来接受任命的。他急切地要尽快恢复健康，也正是因为这个重要任务在等待他。从受伤到恢复只给他不到六个月的时间，这期间做了多次手术。他对自己要求很高，不仅要能站得笔直，而且要能正常走路。他走起来和常人是一样的速度，不知道的人感觉不到，只是走快了，多少有点跛行。

二、肩负起领导建设武汉长江大桥的重任

1.历史的选择

在长江上建设大桥是近代以来中国人民的梦想。新中国成立后，人民政府就把这项工作提上了日程。1949年9月20日，桥梁专家梅旸春向中央提出了"武汉大桥计划草案"。1950年初，中央人民政府指示铁道部，着手筹备武汉长江大桥的建设。

铁道部即组织力量收集资料，以过去曾搞过长江大桥筹备工作的桥梁专家梅旸春为首重新在长江上勘测。1950年2月成立"武汉大桥测量钻探队"，由梅旸春任队长，胡世悌任副队长，分头在北京、武汉开始工作。

6月，铁道部与航运部门就净空桥址问题进行研究。8月，铁道部设计局成立武汉长江大桥设计组，由设计局副局长梅旸春兼组长，成员十余人，有梅旸春、胡世悌、李文骥、王序森、胡仁、王庆璋、艾青海、潘际炎、方秦汉、蔡学彬等，进行初步设计准备。

9月，铁道部在北京召开了"第一次武汉大桥会议"。1951年6月，铁道部召开第二次技术会议，邀请国内专家、教授和有关单位讨论大桥设计方面的问题。

部领导清楚，上述一切努力还都是前期工作，下一步是选择一个能带领修桥的领军人物和成立组织施工的工程局，才能把图纸变成大桥。现在是共产党领导的新中国，和旧社会那种由外国洋行投资并控制建桥技术的时代截然不同，而是要以

◇左起：铁道部部长滕代远、武汉大桥工程局首任局长彭敏、铁道部翻译处处长刘麟祥。

崭新的形式搞建设，即要靠自己的力量建设大桥。铁道部党组织要选择一名有领导又具有修桥本领的干部。他们选择了彭敏。

武汉长江大桥是新中国的开国工程，第一个五年计划的重点项目之一。刚刚摆脱帝国主义欺压，处于百废待兴、一穷二白的新中国，就决定修建这样大的工程，彭敏在他的著述中由衷赞叹新中国的魄力说："1953年敢于修长江大桥，也正是一件敢想敢做、破除迷信的壮举。"

1953年1月17日铁道部报请政务院批准，委派彭敏为武汉大桥工程局代理局长兼总工程师，负责筹建武汉大桥工程局。3月铁道部在北京召开"第三次武汉大桥会议"。彭敏第一次参加会议，铁道部顾问奥尼斯阔夫、沙伯里等七人作为苏联专家代表参加了会议并都发了言。

4月1日，铁道部武汉大桥工程局正式成立，彭敏就任第一任局长，开始了他的新征程——为新中国建设铁路桥梁。

5月，设计方案即将完成。经政务院批准，以彭敏为组长的9人小组7月2日带着武汉长江大桥设计方案赴莫斯科请苏联专家作技术鉴定。

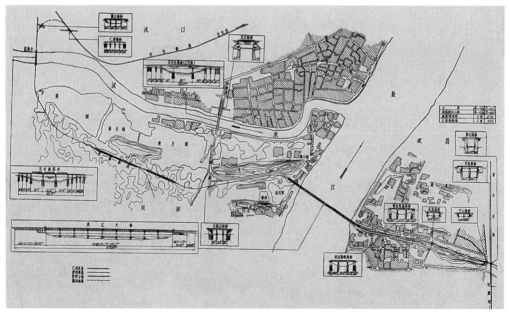

◇武汉三镇及武汉长江大桥位置平面图。（取自彭敏著《武汉长江大桥》）

彭敏把武汉长江大桥的工程仔细捋了一遍，他不禁感叹道：武汉长江大桥是个诺大的工程，不仅贯通祖国大江南北交通，同时把武汉三镇连为一体。它实际上不仅是一个长江大桥，而是包括了从汉口玉带门车站经过新建的汉阳车站过长江到武昌南站间14公里范围内的一系列工程。在大桥工程完成后，武汉市——包括汉口、武昌、汉阳就形成了一个完整的铁路枢纽。全部工程包括：从汉口玉带门车站起修筑一条逐渐提高的铁路，以跨线桥跨过仁寿路，再以跨线桥经过解放大道和张公提；在阮家台处有双线的汉水铁路桥跨越汉水；过汉水后线路系填汤湖而过；过此到新建的汉阳车站，过车站后有双线跨线桥跨过汉阳的月湖正街；爬上了龟山，到了长江边；从汉阳岸的引桥跨过沿江大道，从长江大桥正桥凌空跨过长江，再从武昌的上空以跨线桥跨过解放路、武昌路、中山路、粤汉铁路、武珞路，逐渐下降接至武昌南站附近的武昌新站。从公路系统说，从汉口武圣路和中山大道交点起也开始上升，有跨线桥跨过汉正街，有江汉桥（汉水公路桥）跨过汉水，上龟山，在长江大桥上层和铁路一起过长江，到解放路和铁路并行，有跨线桥跨过解放路，在蛇山的另一侧下接到武昌的熊廷弼路。总体工程是长江大桥一座，汉水铁桥一座，汉水公路桥一座，跨越各街道的跨线桥10座，铁路线路12.9公里，新建汉阳车站一处。

2. 最先考虑的几件事

1953年1月，彭敏只身一人拿着负责组建武汉大桥工程局的任命书，从北京到武汉，向市政府要了一处三层楼房，位置在四官殿，准备给陆续调来的人员一个临时办公地方，在离汉口火车站不远的胜利街有一个不大的铁路招待所，他决定以此作为临时指挥部，和新调来的其他几位局领导、工程师一起驻扎在这里，连住兼办公。

在这间招待所里几天之后，彭敏经过冷静思考给铁道部拟了两个报告。2月11日写了《武汉大桥工程几个首先需解决的问题》，2月20日又写了《武汉大桥工程局1953年度工作布置和几个需要解决的问题》。两个报告中写出了他最先想到、最急要办的几件事。这几件事具有重大意义，实际上也这样做到了,对大桥的成功建设十分关键,特别是第一份文件中提出的头两件事尤为重要。

彭敏建议的第一个问题包含两个内容,政务院都基本采纳了。报告中写道:"为取得中央和地方的配合和支持,建议政府在大桥局之上成立一个领导机构:即武汉大桥修建委员会。一是由中南财委、武汉市委等领导组成,建议有武汉市委书记兼任工程局政治委员。二是为解决工程中重大技术问题,在修建委下成立一个技术研究委员会(专家委员会),吸收中国桥梁工程专家教授、地质专家、水文专家等参加,作为一个不固定办公机构,有问题时由修建委员会召集研讨技术问题,以备咨询。"

◇1953年铁道部大桥局成立。左起:副总工程师朱世源、局党委副书记杜景云、局长彭敏、铁道部部长滕代远、苏联专家奥尼斯阔夫。

他想到了在当地修建那么大的工程,必须取得中央财委、当地党和政府的支持,否则会形成孤立无援的局面。这一建议立即得到中央的批准同意。

1953年7月6日,经中共中南局批准了由王任重、彭敏、杜景云、杨在田、崔文炳、戴树芬、冯泰镇七人组成中共武汉大桥工程局委员会,由中共武汉市委书记王任重兼任武汉大桥局党委书记,彭敏任第一副书记,杜景云任第二副书记。

由于湖北省和武汉市人民的殷切期待,又有湖北省委、武汉市委的领导和全力支持,在武汉长江大桥的建设中发挥了重要作用。彭敏著的《武汉长江大桥》一书中写道:"由于长江大桥是跨越汉口、汉阳、武昌市区的大工程,地亩收购约2179亩,房屋拆迁545户。在地方党和政府的动员号召下,老百姓热烈支持,所有地亩收购、拆迁房屋的居民均得到合理的补偿和妥善的安置。汉阳龟山地区是过去坟墓麇集的地方,共迁移了4200余座坟墓;这些坟墓均按各民族风俗、烈士和一般坟墓、有主和无主分别男女集体迁葬，并刻制集体碑文。由于人民对大桥工程期望甚殷，热情支持，政府大力组织安排，根据政策办理，工作进行极为顺利。"书中还赞道："湖北省和武汉市的人民的热情更高，关系更密切。因为地点更接近，湖北省和武汉市地方政府及时地给予我们工程所要求的一切支援，把支援大桥建设作为一项中心任务。""在竣工前夕，在党和政府的号召下，动员了省、市党政军民、文教系统的干部和群众，进行大规模的义务劳动，协助收尾工程，清理场地，绿化大桥的周围环境，省委书记、省长、市委书记、市长，和驻武汉部队的将军同志们，也都以普通劳动者的身份，为大桥工程的完满结束，把汗水洒在长江大桥上。"

　　大桥局的老干部回忆说，湖北省委、武汉市委不仅全力支持，宣传也很到位，还专门派了副市长王克文担任迁坟、购置土地等领导工作。大桥局的职工穿着有武汉大桥工程局标志的衣服，走到大街上都会受到尊重。

◇1955年2月6日，武汉长江大桥顾问委员会在武汉召开成立大会。会后顾问委员会的部分人员在大桥局领导陪同下到武昌岸蛇山头黄鹤楼原址合影。前排：左二梅旸春、左三李芬、左五茅以升，后排：左二杨在田、左三汪菊潜、左八李国豪、右一彭敏。

彭敏为解决工程中重大技术问题，建议在修建委之下成立一个技术研究委员会（专家委员会）。以大桥局的名义附了一份建议名单，即聘请参加技术顾问委员会的专家和教授名单给中央，共有22人（包括铁道部内的8人）。经过中央的慎重考虑，两年后在1955年2月铁道部武汉长江大桥技术顾问委员会正式成立，这件事实施成功了。技术委员会由老一代的桥梁专家茅以升任主任委员，成员有罗英、嵇铨、周凤九、金涛、王竹亭、王度、陶述曾、蔡方荫、杨宽麟、顾宜孙、余炽昌、钱令希、李国豪、李学海、张维、刘恢先、黄文熙、俞调梅、谷德振、陈士骅、梁思成、鲍鼎、汪季琪、赵祖康、李温平、华南圭26人，若加上铁道部内的专家，人数还要多些。最后选定的人员比原提出的名单增加了，如水利专家陶述曾、水泥专家黄文熙、地质专家谷德振、公路交通专家赵祖康、铁路隧道专家余炽昌等12人。

彭敏一贯尊重知识分子，特别是学有专长的专家教授。从建桥开始他提出建立这个组织机构是很有远见的。在武汉长江大桥的建设过程中，这个顾问委员会起到了技术保障作用。

在彭敏报告中提出的第二个问题，是他对培养一支优秀建桥队伍的设想。他说："大桥工程为中国最大桥的工程，为此，通过这一大桥的修建工作，其附带的收获应是培养一批桥梁工程师和工程组织者。"他建议，"应多设副职及见习职务，选政治上优秀的青年、有培养前途的工程师和大学毕业生担任"。

这一建议也得到部领导的支持和鼓励，滕代远部长把此项建议凝聚成"建成学会"的口号。彭敏在建设长江大桥期间亲自践行这一决定。

彭敏从全国各铁路局广泛调集专业技术人才，而且从新毕业年轻的大学生中吸收新鲜血液。1953年成立大桥局，彭敏面向全国集中了很多桥梁技术人员，其中有些还是桥梁界的权威人士，很多人是点名要来的。有资料记载，工程师以上的高级技术人员共111名。大桥局还汇集了大量立志为发展我国桥梁建设事业奋斗终生的有志青年。因为彭敏的理想不是只建一个桥，而是"建无数个桥，在需要建桥的地方都建上桥"。培养一支优秀的建桥队伍，正是实现他的理想和愿望的后备力量。

3.推举大桥局的总工程师

　　彭敏在2月20日的报告中还提出："没有适当的干部配备是个大问题：1.没有总工程师，这个工作又不好滥竽充数。解决办法：①调铁道兵团四师总工程师王传记同志担任，他有现场施工经验，会俄文，且能通过这次工程培养一下。……②从现有的头等工程师（如汪菊潜、林诗伯等）选一个担任。……2.副总工程师三人，现仅有一个（他指的是梅旸春）。……解决办法：要求调基建总局总工程师李芬担任其一，在今年开始工作时暂时维持，再物色适当人选补充其二。3.为培养我们自己的工程师、专家，需在各段及局内配备一批政治上进步、年轻的工程师，做工作骨干培养对象。解决办法：铁道兵团在抢修中吸收了一批青年工程人员，经过三年实际工作和部队生活锻炼，政治条件也好，可抽调10名党团员，有培养前途。……"

　　彭敏深知自己专业水平有限，虽然在过去几年抢修铁路桥梁中有了很大提高，但修建武汉长江大桥的总工程师仍需要专业水平更高的人来担任。

　　彭敏因为这些年长期在铁道兵团工作，对铁道兵团的工程技术人员很了解，无论是战争的恶劣条件、技术的复杂性和修复的困难程度都是平常环境下不可比拟的，他对这些人深有感情并充分信任。实际上也许是因朝鲜战争还没结束，铁道兵团还在朝鲜新建铁路，所以从铁道兵团调专业技术人员的想法并未实现。

　　1953年，筹备组建武汉大桥工程局初期，铁道部任命彭敏为局长兼总工程师，委派汪菊潜前往武汉大桥局

◇武汉长江大桥的工程师。左起：总工程师汪菊潜、副总工程师李芬和朱世源。

任副总工程师，那时汪已是铁道部工程总局副总工程师。1954年汪菊潜转为武汉大桥局代总工程师，梅旸春、李芬、朱世源为副总工程师。1956年12月，铁道部正式任命汪菊潜为武汉大桥局总工程师。

彭敏和汪菊潜相识是在新中国成立之初，后来在工作中接触合作，彭敏十分信任汪菊潜。1950年9月25日至10月2日，在北京召开了第一届全国工农兵劳动模范大会上，彭敏和汪菊潜同是由中国铁路工会全国委员会唯一直接评选出的两名模范代表，他们一起参加会议。铁路系统一共19名劳动模范，汪菊潜保留着这张珍贵的合影照片。

彭敏因抢修东北、华北等铁路有成绩而入选为劳动模范；汪菊潜在上海解放后，主持迅速恢复了沪杭铁路沿线桥梁，还充分运用张华浜厂的设备制作了抢修津浦、淮南、陇海各线桥梁所需的钢梁构件，有力支持了解放军向南方和西北方的进军。1949年，汪菊潜还主持修复浙赣线漳萍段的铁路工程。由于他的重大贡献被铁路工会评选为1950年全国劳动模范。1951年彭敏和汪菊潜又再次被评选为全国铁路模范代表。

4.草拟武汉长江大桥整体任务的报告和决议

1954年1月，彭敏代铁道部部长滕代远向中央人民政府政务院总理草拟了一份关于修建武汉长江大桥的报告提纲，经滕部长审阅后上报给周总理。

报告中写明了在武汉修建横跨长江的大桥首要意义在于将全长1222公里的京汉铁路和全长1102公里的粤汉铁路衔接起来。突破长江天堑对于我国南北物资交流、国家经济建设和国防建设将起巨大作用。修建武汉长江大桥的政治意义是我国在社会主义工业建设中的伟大工程之一。

◇受铁道部部长滕代远之命，彭敏代拟关于《修建武汉长江大桥的报告》草稿原件。

报告介绍了武汉长江大桥的规模。正桥全长1153.2米；两端引桥：武昌岸105米；汉阳岸175米。跨线桥七处；汉水铁桥全长300米；桥梁净空在最高航行水位以上18米。桥式为八墩九孔，等跨的三孔一联的连续梁。桥位固定桥，双层，公路在上层，路面宽18米，人行道两边均为2.5米；铁路在下层双轨，中间距离4.1米。……并与我国有名的钱塘江大桥做了比较。钱塘江大桥从规模上小得多，而且也不完全是我国自己修建的，而是由丹麦康益洋行、英国道门朗、德国西门子洋行分别承包修建。

报告介绍了从1953年以来武汉长江大桥准备工作进行和完成情况。计划1958年底铁路通车，1959年第三季度公路通车，第四季度完成工地清理及装饰工作，1959年底彻底完工。

报告对中央政府及中央各部提出了需要解决的各项要求。如请求中央地质部派地质专家协助勘探及资料鉴定；中央重工业部及时供应大桥所需的压延钢材和水泥；请交通部解决施工所需用的船舶和航运方面的联系、配合；请燃料部和水利部给予的支援；请第一机械部协助解决在国内可以制造的施工机具；高教部与人事部配备新毕业的有关大学生；等等。

周恩来总理于1月21日（星期四）下午在政务院会议厅举行第203次政务会议，通知彭敏列席参加。会议议程之一是研究通过中央人民政府政务院关于修建武汉长江大桥的决议。会议就此报告进行了讨论，依据讨论结果，由彭敏代政务院草拟了一份《关于修建武汉长江大桥的决议》。2月6日，《人民日报》发表《努力修好武汉长江大桥》社论。由中央政府将此决议下达给铁道部，铁道部于4月21日传达给大桥局。

5.要求重新勘探地质水文情况

1952年成立了大桥设计事务所，1953年做出了初步设计方案，彭敏带队到苏联。苏联专家组成的长江大桥初步设计鉴定委员会对勘测和水文资料提出了修正建议。该鉴定委员会认为过去所取得的地质资料不全，不能作为设计之依据，必须在收集技术设计所需地质资料同时补做一些地质勘查工作。

政务院1953年1月21日政务会议通过的《关于修建武汉长江大桥的决议》中有一条：由中央地质部以优秀的工程地质专家，协助中央铁道部进行技术设计及施工中的地质勘探、资料鉴定工作，并对该桥地质方面问题的结论负责。这也是彭敏局长请求中央各部提供的帮助之一。

4月6日，地质部的苏联专家马叔可夫和工程师谷德振来到大桥局，和大桥局的设计钻探人员一起召开会议。马叔可夫专家亲自到现场视察，分析现有的钻探工作后指出："过去的钻探工作因无地质人员指导及机具条件太差，数量上和质量均不能做到技术设计所要求的结果，如此下去估计两年也难完成任务。因此必须彻底改组现有的钻探组织，加强钻机及附属设备，改变工作方法。"

4月9日，彭敏为避免过去勘测成效很少的教训，再次给滕部长打报告提出政府出面重新组织勘测和配备钻机等设备要求。他根据苏联专家的意见提出了保证完成勘测钻探任务所需的设备：桥中线江心须有10部钻机KM-500型2部、KM-300型8部，配有大口径钻头；两岸可用较弱的KM-150型钻机4部；手摇钻机8寸2部，4.5寸~6寸3部；铁驳船4只、附属机具水泵10部、发电机2台、15千瓦电动机2台，10千瓦电动机8台，抽水机4寸2台，活塞式抽水机2台，汽船1只等其他附属机具等等；并要求成立一个统一的工程地质工作队，队长由地质部谷德振工程师担任，副队长由设计局工程地质室熊锦文担任，另由大桥政治部配备政治干部领导该队的党政工作等。彭敏还细心地提到因为勘测任务增加，所增加的费用大约25亿（旧币），可从大桥局本年度总数调剂，年度计划不变。

1954年5月，中央铁道部、中央地质部经过协商联合发文《对武汉长江大桥地质勘探工作采取紧急措施》：将大桥技术设计中的地质勘探工作交由中央地质部负责，并对此项工作做了全面安排，包括：由地质部扩大增调地质钻探人员；相应的财务、行政、政治人员由武汉市委调配；江中桥墩钻探所需的10台500米钻机（附属工具、器材在内）及钻探人员由地质部调配。两岸引桥钻探所需的3台钻机及工人由水利部调配，4月底前到位；大桥局负责供应安装钻机的趸船、机具钻架、安全防护设备及发电机、充电机、抽水机、修理设备，以及修配工人、管理船只、水上工人等，并提供地质队勘测期间的所有费用。

1954年5月起，中央地质部派以谷德振为首的地质工作队和钻探队，加上中央水利部支援的钻探队和铁道部钻探队组成一支力量强大的钻探力量，在武汉江面上展开了大规模的补充钻探工作。中央地质部的苏联顾问马叔可夫亲自指导了这一勘测工作和地质资料的分析鉴定工作。当时正值长江历史上最高洪水期，他们与洪水展开了英勇的搏斗，仍坚持工作。花了8个月时间，在5、6、7、8号四条桥址比较线上，用12部钻机在江心又补钻了140孔，钻岩的总延长为4720米，加上以前1953年的214个孔、4326延米，共354个孔、9046延米。桥址线的第5、第8方案比较线的每个墩位上均钻了5孔，边孔是20米，中心孔是40米。从

◇彭敏坚持由地质部负责重新钻探勘测桥址。1954年5月开始重新钻探勘测。从武昌岸蛇山头黄鹤楼原址旁的白塔向江心望，可看见正在江中桥墩位置钻探的钻机和趸船、机具钻架等。

此彻底揭开了江心岩层的秘密，绘出了详细的地质剥皮图。补做的地质勘探工作对确定桥址方案起了最后决定作用，将原设计方案的第四方案改为第五方案。

三、筹建大桥局的艰难

1.从零起步建设大桥局

1953年初，彭敏伤病还未痊愈只身来到汉口。铁道部副部长赵建民来视察，看到他一个人在四官殿地基上转悠，就把自己乘坐的一部美国吉普车留

下了。这部车就算大桥局的第一件装备了。后来，因缺汽车司机把赵锡福调到自己身边。赵锡福奉命回国后任彭敏专职司机兼警卫员，后任大桥局专家车队队长，大桥局公安处科长。

1953年4月，武汉大桥工程局正式成立。汉口胜利街的武汉铁路局招待所小楼，是离老的汉口车站不远的一座英国式二层小楼。杨在田、崔文炳副局长，梅旸春、朱世源副总工程师（后转为副局长）等其余几位局领导也陆续到了，人员陆续增多了。杨在田原来是铁道部材料局副局长，朱世源原来是铁道兵团一师总工程师，最早入朝和彭敏一起抢修铁路桥梁，是彭敏很熟的战友。在楼下经常有很多人开会。还有司机赵锡福；警卫员侯忠才，是个河南兰考人；还有一个管保卫的小刘；炊事员翟师傅，过去曾给英国人做饭，厨艺很好；一个管打扫卫生的勤杂工，他们都住在楼下的大通铺上。

副总工程师梅旸春等一些专家和铁道部翻译处处长刘麟祥被安排在德明饭店。刘麟祥原来在铁道部滕部长身边，滕部长为支持大桥局的工作，把他也派到武汉来。一些老的技术人员安排到元昌、良友饭店住下。级别高的两人一间，一般的四人住。

陆续来了很多人，没地方住，更没地方办公，团委副书记张虹村就把他们先安排到衡阳分局，让他们在那里上课办培训班，借房子临时住下，待局里有房子后才安排具体工作。

开始温恩梅每天在汉口沿江大道的铁路局上班，还很近，后来汉阳有了办公楼，到汉阳上班，那就辛苦了。汉水桥还没修通，每天要坐船跑来回，晚上很晚才能回家。彭敏的四个孩子住在楼上，还有崔文炳副局长一家，他有三个孩子。这些孩子在木地板的楼上楼下跑来跑去，很热闹，被彭敏呵斥多次，因为局领导在那里办公和开会。平时孩子们无人管，那年彭敏的五岁小女儿和三岁小儿子同时得了百日咳，每天要打针。彭敏不管，温恩梅也没法管，就让他们俩自己结伴走到铁路局去打针，打了很长时间。彭敏的小儿子彭小助很淘气，有一次，自己从胜利街穿过几条马路去铁路局找妈妈，还一人站在长江大堤上，叫同事看到了，告诉温恩梅，把温恩梅吓坏了，这才引起彭敏的重视。后来为了安全，把他们送进武汉市的幼儿园。

武汉夏天很热，天热得像着了火一样，摸哪都烫手。可能是因为是北方人，彭敏很怕热，每天从外面回来，疲惫不堪，又热又累。他有严重的胃病，吃了饭，要吃点凉的西瓜或荸荠，不然就立刻呕吐。他每天吃不好、休息不好，赵锡福看了很着急，总是设法买点冰镇西瓜，给他解暑。招待所只有一只摇头电扇，每人手上都有一把扇子。武汉蚊子很多，腿上常被咬得红斑点点。晚上有卖莲子汤和酒酿的人挑着担子，叫卖声不断。

武汉的老百姓都把床支到在大街上，乘凉到半夜。有一天，二桥处处长刘麟祥在大街外面的床上睡着了，遭到小偷光顾。刘麟祥叫醒保卫的刘干事："出事了！"，小刘一惊，从枕头下拔出枪来："坏人在哪里？"刘麟祥赶忙说："别把枪对着我！"那时候解放不久，全国进行肃反，警惕性都很强。刘麟祥的皮鞋被小偷给偷走了，给他留下一双旧布鞋。为这事人们还笑着说：这个小偷心还没全坏。

2.扛起枕木就走

从1954年起，市委派副市长王克文亲自当拆迁组副组长，在汉阳的龟山、凤凰山和莲花湖之间组织迁坟、拆房、平整土地，在武昌、汉阳、汉口共设了六个工地，以汉阳为中心盖了很多房子，种了树。由于武汉市老百姓的支持，大桥局整个筹备工作搞得热火朝天。

无论是收入、住房，武汉大桥工程局的待遇较邻近单位都要优越，此外，能当上大桥局职工也是一种崇高的荣誉。人心都向往着武汉大桥，临时工的人数控制不住。6月份起，开始从当地召募临时工，局内无专人负责，也没有一套完整的管理办法，一度形成混乱。

搞人事的干部也反映，开始担心需要时供应不上，后来却出现窝工浪费现象，有的工种计划多少人，人来了又有变化，人事工作手忙脚乱。彭敏知道了，对搞青年团工作的张虹村说，你多去人事帮帮忙。因为崔局长被派去学习，张虹村常代理崔局长办行政工作，对彭局长说："现在人人都想来大桥局干活，要谁不要谁很难办！"彭敏笑了笑说："我有办法。"

6月份的武汉，太阳正毒。在汉阳工地上，中午外面炽热得烤人，太阳晒在地上白花花的,晃得睁不开眼。彭敏带着一群人,来到一块空场地上,他在场中央放了一个藤椅坐在那里。人们站在他对面,场子一头放了一根铺铁轨用的黑色枕木,浸过沥青的黑木头在阳光下泛着星星点点的油光。他让办公室的人把那些报名来大桥局做工的人都排成一队。当时办公楼还没建好,空场上修汉水铁桥和大桥筹备处的工人都在阴凉处休息。不知道彭局长要干什么,都挤拢过来,围成一个大圈。彭敏站起来对要来工作的人们说:"你们要来大桥局干活我表示欢迎,但修大桥的人不是来享受的,要能吃苦,要准备克服种种困难。像扛木头、走跳板、抬水泥都是基本功。我不凭口说,要通过测验。我给你们做一个测试,通过了站这边,没通过就下去。"

说着他把上衣一脱,打赤膊,把一条部队发的白毛巾往右肩上一搭,走到枕木旁,把枕木竖起来,他往下一蹲,扛起枕木就走,走到场子另一头调转身,再扛回原地,把枕木放下。大家都惊呆了,尤其是一些从旧社会过来的老工程师。二等工程师王弢也在场,他说没想到共产党的干部还真行,这一幕叫他终生难忘,怎么说这也是一二百斤重的东西啊! 彭敏的警卫员熊兆康至今还记得这情节。接着那些要进大桥局干活的人一个个去扛那根枕木,有的能扛,有的不行,也有一些人自觉扛不了,自动离开了。

扛枕木这活彭敏并不打怵,当年他在东北绥化铁路护路步兵团当司令时,还进行过扛枕木比赛;在抢修洛河便桥时,在河沟中打捞被洪水冲走的无数枕木和材料;在朝鲜的特大洪水过后,铁道兵的指战员们不吝辛苦,顶着烈日、暴雨,冒着敌机轰炸的危险抢捞枕木。然而这次对于彭敏来说,能不能扛起这枕木仍有点冒险,因为他负伤之后就再没扛过这么重的东西了,只有他心里明白。

3.给大桥局的干部职工不能滥竽充数

1953年,彭敏给铁道部打报告,要求先调一个管政工的人事干部给大桥局。于是把南昌局的张忠仁、郭正等调来掌管政工和人事工作,广州局的池涌波、张虹村管青年团。进大桥局的所有人员都要登记、审查,办理正常手续,这样再进人就有了保证,人来了后安排他们工作、住宿。

　　政工人事干部从1月份起工作就忙得团团转。他们给彭敏打个报告反映：在第一季度，主要审查各局调来的人员，由于部分输送单位对"贯彻中央基本建设第一的总方针及铁道部对调入新线的人员条件的要求"做得不够，特别是从广州铁路局调来第一批228人，第二批65名，湘江桥工队36名，总计329人，虽人数上比其他各局多，但从政治水平和业务条件不如其他各局，有不能胜任工作的、有犯错误、思想意识有问题的人等等，有材料不全的、有政治问题的，还有老弱病残的，这是严重的本位主义。彭敏看到人事干部的汇报，对此很着急，5月29日直接将此报告转给部里，向上反映。在部领导和局领导的有力支持下，人事部门始终慎重细致地进行审查，对于不合乎要求的人员予以退回。尽管审查严格，在年底的统计中，由于历史原因，干部中的共产党员还是只占少数。中共党员137人，占5.85%；青年团员182人，占7.7%；而原来的国民党员320人，占13.6%；三青团员33人，占1.4%，还未包括国民党区分部委员及三青团分队长以上及反动道会门的人员。

　　生产工人大部分是整批接收过来的，如：第一桥梁工程队的278人，长沙修配厂的288人，汉阳制材厂的42人都是整批接收的，整段整批接收的中纺公司木工193名，天津建筑段瓦工44名，建筑公司的瓦工186名，上海代铁道部招收的工人124名。

　　除了生产工人外，职工都是由各局陆续输送，到11月底共接受了519名，连同工人1825人，一共2344人。其中主要问题是工资标准不一致，像中纺公司工资偏高，而制材加工厂就相当低，也需人事部门协调解决，解决不好就会影响工作。

　　有些专业技术人才，是为了大桥建设调配来的，在原单位工资很高，来大桥局工资降了很多。像一等工程师李洙从宝成铁路调配来的，是测量方面的专家，可能是地区的原因原来工资很高，400多元，到大桥局，政工人员郭正说你比大桥局局长工资还高，现在只能给你224元，你说多还是少？他倒是很好说话，说："随你们，怎样都行。"李家咸工程师，解放前夕上海交大毕业参加工作，年轻人有抱负，从梅旸春工程师那里得知要建设武汉长江大桥，成立大桥设计事务所，于是放弃原来工作。在上海时工资是80多元，到了武汉大桥设计组，改为50多元，降了不少，但他不后悔。后来他成为武汉长江大桥、南京长江大桥技术上的骨干，退休时为大桥局副总工程师。

到了1953年底，大桥局正式职工2532人，除了正式职工还吸收许多临时工，1955年施工力量已增到8000人，加上线路上的土石方的民工达12000多人。无论是高级专业技术人员、管理干部、职工，还是民工，所有的人员都需要管理。人事工作还包括工作人员配备情况，培训教育问题，奖惩方面的工作等等都忙不过来。

4.筹备建桥同时迅速建设住房

大桥局初期因为进的人员又多又集中，职工宿舍、工棚一直不断地在建设。从长江边开始，沿着龟山向北向西建到了钟家村，继续延伸到现在汉阳车站一带，大约有40多栋。大桥局给苏联专家、局一级的领导干部和一等的

◇大桥局的职工宿舍在一直不断地建设中，从龟山上向前看，三排崭新的三层干部职工宿舍楼都已建好，还有办公楼、运动场、幼儿园和小学校，以及对面凤凰山上的几栋苏联专家、干部和高级技术人员的小楼。(中铁大桥局提供)

工程技术人员在凤凰山上盖了九栋小楼，条件比较好；在山下盖了三排红砖的三层宿舍楼，给处级以上干部和二类技术人员居住，无论是层高、设施和面积都不差，特别是还装置了大澡盆和抽水马桶。在那个年代，能这样真是太幸福了。一般职工的宿舍也不差。当时大桥局的住房条件与大桥局周边单位职工及居民的住房形成鲜明对比，有了较大反差。

彭敏也有家了，在汉阳凤凰山上。因为多年参加战争，居无定所，大孩子很小就被送进学校住校，全家还没有在一起生活过，感觉很幸福。有很多从全国各地调配来的老桥梁专家、高级知识分子过去都有一定的社会地位，生活水平也很高，为了参加长江大桥的建设，抛家舍业来到武汉，像梅旸春、李芬、胡世悌、曹桢、瞿懋宁、顾懋勋等在上海等大城市生活条件很好，有洋房、有的还有私家车，但这些人所想都是如何用自己专业技术报效国家，不图享受，这里给什么待遇也无所谓。尽管彭敏把他们当宝贝看，但从待遇上说比过去差很远。

那时候社会上开始刮"共产风"，搞"绝对平均主义"，于是1956年8月25日《人民日报》出现一篇文章，配以一幅漫画，标题是"不要求平均，而要求合理！"意思是批评大桥局干部、高级技术人员的住房特殊化，与工人老百姓不一样。干部和工程技术人员按级别分配住房，这也是学习苏联的做法，特别是大桥局还有许多苏联专家，在质量和设施上都要好一些。彭敏的想法是在短时间解决职工的住房问题，已是很艰难了，还挨了这样的批评。他还是给《人民日报》写了自我批评信，但口气不够平和。大桥局办公室的秘书邱长庚特别提醒他"你写的口气太生硬，最好改缓和一点儿。《人民日报》是党的机关报，否则过不去的。"这时的彭敏正在床上躺着，在工地上他的脚被钉子扎伤了。彭敏沉闷了一会儿，虽然不同意，无奈还是改写了，缓和了语气。

那时候给中层以上干部和技术人员的职工宿舍安上澡盆和抽水马桶这件事，住在那里的职工及其后代一直心怀感激。那时大桥局建宿舍的地基都是通过试验才建的，因此很牢固。后来在三层上面又增加了两层变成五层楼，都能承受。只是红砖外墙糊上了水泥，外观没有以前美观了。到60多年

◇采石工地、汉阳建桥新村、运动场及局办公大楼。
（中铁大桥局提供）

后，里面的结构和面积都还不落后。可见彭敏经手的建筑无论是大桥、办公楼，还是职工宿舍都是坚固的，都是让人放心的。

职工住宅区一直不停地扩建，办公大楼，俱乐部，中、小铁路子弟学校，幼儿园，实验室，供应商店，还有食堂、澡堂、汉阳铁路医院等都建起来了，定名为建桥新村。长江边、汉水边上都是工地，汽锤打桩机沉重而有节奏的声音，日夜响个不停；长江上船来船往一片繁忙景象，晚上江中桥墩上灯火辉煌；在文化生活区，有职工俱乐部，时时放电影，有时还有各种演出；旁边的运动场，常常举办运动会，平时职工健身。篮球队队长周铁山说大桥局篮球队是彭局长支持下组建的，经常组织各单位和全国性篮球比赛。

最让人难忘的是办公大楼，建筑物的设计显得高大雄伟，门厅前是一排哥特式的大圆柱，门廊顶上有赵州桥的浮雕，房间内高大宽敞明亮。它很像人民大会堂，这是在1955年建成的，而人民大会堂是1958年向国庆献礼的十大建筑之一。这个办公大楼已被列为武汉市文物保护的建筑之一。

马上就要到新大楼上班了，机关干部、技术人员都很高兴。因为他们自从调到大桥局快三年了，分别在各处临时办公凑合而已，很多工程师是两个人一个办公桌，条件差是可想而知。新建的办公大楼，办公家具一概没有，全要从头置办。办公室总务副科长王德云，外号王老虎，是个部队转业干部。一天，他拿着一张申报单给彭敏，上面是申请给科长以上干部，包括局长、局长办公室、处长、科长各配备一个转椅。彭敏没说什么，在上面批了四个字"一律不转！"

　　这个"一律不转"四个字，在大桥局上下一时被传为佳话。一件小事反映了彭敏不追求享受、不讲排场的领导的作风，任何想要趁机铺张的想法就此被打住。

　　桥梁专家和技术人员在这所大楼里指导完成了武汉长江大桥、南京长江大桥、芜湖长江大桥、宜都长江大桥的设计。在武汉长江大桥建设同时，还组织修建了郑州黄河大铁桥、重庆白沙沱大桥、湘潭湘江大桥、广州珠江大桥等大桥，这里成了全国的建桥指挥中心。

5.摄影师、照相机和《工地生活》报

　　彭敏早年就有摄影情结，喜欢工程摄影。1948年在东北哈尔滨时，他是哈尔滨铁路局副局长，不知从哪里弄到一台照相机，他不时也拍些照片，自己冲洗，自己放大，用的是135毫米胶卷。在抢修淮河大桥时，他还亲自拍了许多施工的照片，1949年在《人民铁道》报发刊号上，有他的一篇关于《淮河大桥新建工程抢修总结序言》，上面刊登的三支队抢修桥梁的照片都是他自己在现场拍摄的。在洛河桥抢修的照片，也有他拍的照片。这些照片都保留在铁道兵画册中。1955年后他有了自己的宿舍，在他少有的家当中还能翻到他珍藏未使用过的相纸。

　　大桥局一成立，他就琢磨要成立一个摄影部门，把修建武汉长江大桥的历史和珍贵的技术资料拍下来，以利于保存和技术推广。一次彭敏和杨在田副局长在北京

◇年轻时的摄影师任发德。(任发德提供)

开会，碰见在齐齐哈尔铁路局的老战友周力，都是1948年在东北铁路局初建时，共产党派去的优秀干部。他们聚在一起聊得很开心，约好一起去天安门、中山公园转转。那天周力局长带来一个年轻人，想请他帮助给大家照相。小伙子才刚满20岁，年轻有活力，机灵又朴实，彭敏见了心生喜欢，就说："小鬼不错啊，你愿意和我一起去修桥吗？"这样把他介绍到大桥局来了。政治部几个搞人事的同志私下说，大桥局成立一年了，进了2000多职工，都是通过组织调配的，只有一个人是彭敏推荐来的，没有第二个。

这个人就是任发德。任发德没有辜负彭敏的信任，自从到了大桥局，从事摄影工作，几十年如一日，兢兢业业，一丝不苟，不辞辛苦。1954年彭敏指示大桥局设立了摄影组，创办了《工地生活》报（后改为《桥梁建设报》），留下了极其珍贵的历史资料；配备了当时世界一流的德国林哈夫照相机，很昂贵。摄影师任发德从一开始就跟踪大桥的建设，拍下了全程建设的珍贵历史照片和电影科教纪录片。

◇第一期《工地生活》报局部版面。

大桥局党委要求"边建设、边试验、边总结、边培养人才"，彭敏没有像一般单位把摄影组放在宣传文化部门，而把摄影组设在施工处里，让摄影师跟随施工现场，随时拍摄，详细记载施工过程中的各环节技术关键。那时候对大桥的拍摄是严格保密的，彭敏给摄影师任发德开了特别采访摄影证，可以到处拍摄，畅通无阻。他在大桥的各个角落，拍下了许多经典珍贵的历史瞬间。

此外，记者宫强、作家徐辛雷、徐迟等人撰写了很多文章报道、著作、诗篇，记载了大桥建设。但也有不走运的，像珠江电影制片厂的编剧刘任涛老先生，想编写一部描写彭敏和苏联专家以及建设者们建设武汉长江大桥的影片。他在大桥局体验生活，与彭敏相处过一段时光，由于电影剧本的完成晚了一步，还没投拍就因政治原因而搁浅了。

◇1987年任发德与彭敏(右)在桂林合影。(任发德提供)

50多年中，任发德走遍了祖国的大江大河，在施工现场爬上爬下，钻进钻出，冒着生命危险用手中的摄像设备拍摄了武汉长江大桥、南京长江大桥、郑州黄河大桥、长东黄河大桥和金沙江大桥等210座著名特大桥的拍摄。任发德用他毕生的精力，用相机记录了建桥史，成为新中国桥梁摄影第一人。

四、汉水铁桥的风风雨雨

1.汉水铁桥的大练兵

武汉大桥工程局筹备工作在彭敏的积极推进下有了显著进展。工程地区的地亩购置、房屋拆迁、坟墓迁葬同时进行。施工场地以汉阳为中心，在汉口、汉阳、武昌共设六个工地，进行了平整地基、修建工棚、宿舍的工作。在国内调查、购置、调拨了工程中必备的机具、船舶，并成立了机械修配经租站。继续调查、整理和研究施工上的各项技术资料,如地质、水文、气象、材料化验分析等。

1953年7月2日,经政务院批准以彭敏为组长的九人小组赴莫斯科,请苏联鉴定武汉长江大桥的设计方案,看看技术上有没有什么问题。彭敏等人于9月9日回国。

◇1953年铁道部部长滕代远带着铁道部的技术顾问苏联专家奥尼斯阔夫、铁道部翻译处处长刘麟祥来到汉水铁桥工地视察。从左到右:刘麟祥、奥尼斯阔夫、萧传仁、朱世源、滕代远、彭敏、保卫员小刘、杜景云。(中铁大桥局提供)

回国后,作为主要负责人的彭敏重任在身,马不停蹄地进行汉水铁桥工程的筹备工作。11月,汉水铁桥施工准备已初具规模,首先开工。汉水铁桥可使京汉铁路先过汉水,直通长江大桥的汉阳工地,对长江大桥的准备工作很有利。汉水铁桥不论在规模上或技术上都不能和长江大桥相比。但彭敏很重视修建这座汉水铁桥,因为让他揪心的是施工队伍技术力量的薄弱。为了锻炼施工力量,彭敏将江岸桥梁厂组成的第一桥工队调往湘潭湘江大桥进行架桥工程和信阳狮河桥的换梁工程,又从上海铁路局调来部分桥工队。

在大桥局提出了"这是修好长江大桥的第一炮，修好汉水铁桥，迎修长江大桥"的口号。彭敏说在修汉水铁桥时可以练练兵。

大桥工程局开始成立时，人员的组成是名副其实来自四面八方，这些人员的共同特点是缺乏经验：管理干部没有工程管理经验；技术干部缺乏施工经验，尤其是缺乏解决长江大桥这样复杂问题的经验；技术工人也没有在长江大桥施工中所必需的机械操纵实践经验。不仅如此，就在数量上也远远不能满足施工的需要。为了训练这批管理干部和技术干部，彭敏也拿出了他的绝招。他让大家不要互不服气，"是骡子是马，拉出来遛遛"。他让济南局、广州局、衡阳局、南昌局等分别单独负责管理一段时间，锻炼了他们的能力。他们很快适应并掌握了管理的要点，从混乱到有序，迅速成长起来。比如一桥队的杨海峰，到修黄河桥时他已经是很成熟的管理干部，可以独立指挥一个桥处进行施工了。

彭敏在总结中说，"在汉水铁桥施工时有工程师88名，技术人员71名，实习生36名，技术工人1737名，这些人员面对这样的工程是极其缺乏经验的。当时为了解决技术问题，采用先进的施工方法，差不多集中了全局的技术力量，水中施工时每个工班都配有一个工程师，一个桥墩有两三个工程师工作还不能顺利解决问题。开始时工程进度缓慢，如岸上打桩每班八小时仅打10米，水中打桩两天还打不下一根。四号墩（水中）水下混凝土封底时，局长、总工程师亲自指挥，每4部拌和机就要一两个工程师亲自领导，结果工作了20余个小时才结束。五号墩浮运下沉木沉井，局内总工程师亲自指挥，有10余名工程师参加工作，结果浮运至中途歪到水里了。"

"如年轻的工程师殷万寿、邹义章、萧传仁等，在修汉水铁桥时他们几个人搞一个桥墩还狼狈不堪，缓慢、混乱、出事故，甚至在桥墩上成月不上岸，不理发、不洗澡，结果还干不好。后来他们已能从容地有条理地指挥长江大桥几个桥墩工作。"

"老的高级工程师以王同熙、赵遂章为例，他们均参加了汉水铁桥的工作。王同熙在汉水铁桥四号墩水下混凝土封底使用方法时动员了800余人，用24个导管干了20余个小时，结果还有16个导管不下混凝土，而现在仅用一个四等工程师指挥，不到100人就能做到了。"

"在这困难的日子里，党的领导起了决定作用。省委书记、市委书记经常和我们一起在工地上。不论白天、黑夜、刮风下雨、下雪，工程中的问题不解决，决不甘休。中国人民解放军铁道兵在工程中调来了一个桥梁营进行支援。真正是上下一心，如临大敌。苦战半年，桥墩全部出水，一年中修成了汉水铁桥。"

2.中苏技术人员发生分歧

彭敏在汉水铁桥上选择的工程技术负责人是陈昌言，来自上海铁路局基建处的总工程师。他1909年生，从小家境贫寒，勤奋好学，靠优异成绩获取奖学金维持学业。他精通英语、法语，为了和苏联技术人员交流，自修俄语，以后还自学了日语，人称会四门外语。他技术扎实，实践经验丰富，有人见过他厚厚的笔记本，密密麻麻的小字，记满了他累累的经验。在杭州临近解放时，他硬是不跟着国民党去台湾，设法躲避留下来，直到解放大军到来。陈昌言心悦诚服地拥护共产党，是因为他亲眼看到共产党军队纪律严明，官兵平等，进城不扰民，露宿街头，深受感动。浙赣铁路总军事代表刘白涛对他们宣布所有没有跟国民党走的工程技术人员一律保留原职务，按原薪支付工资。陈昌言确认共产党"乃仁义之师也！"。

施工时行政党政领导是杨海峰、苏令闻，老的工程师还有王同熙、赵遂章、王团宇、胡仁等，年轻的技术人员有殷万寿、肖传仁、邹义章等。局总工程师汪菊潜，副总工程师朱世源、梅旸春几乎天天都在施工现场盯着。

苏联专家奥尼斯阔夫出身泥瓦匠，工作认真负责，是铁道部聘请的顾问，地位很高。汉水铁桥工地开工后，他常在现场。

在讨论长江大桥基础的施工方法时，气压沉箱法在水深浪急的长江上施工有很多难题，迟迟拿不出施工设计方案，奥尼斯阔夫顾问很着急。据一位曾管理政工的干部回忆说，"在汉口胜利街组织专家们开了多次会，讨论气压沉箱法的实施，气压沉箱法的弊病连我都听明白了。当时汪菊潜代总工程师、梅旸春副总工程师在讨论时起了很大作用。梅旸春副总头脑很灵活，他说在美国有用钢管桩的,我们没有钢,可以不用钢管桩,是不是用混凝土的管桩试一试。"因此决定汉水铁桥尝试用旋制混凝土管桩基础,为的是寻找一套不用气压沉箱的深水新基础施工方法。

汉水河床是密实细沙冲积层,由塑性沙质黏土和砾石构成。桥墩基础采用旋制混凝土管桩基础法,将直径40～55厘米的空心混凝土基桩下到20～40米深的水里,在桩外再做钢围堰,在水下灌注混凝土做桥墩。

但是在汉水河床中打桩十分费力。中国的新老技术人员因为能参加新中国建设,亲身参加大桥的实践,热情很高,工作努力,积极献计献策。施工中除了用传统的汽锤打桩,还采用了年轻技术人员肖传仁建议的射水沉桩法。

苏联有几十年的建设经验。铁道部派来的专家都是以顾问身份来大桥局指导工作,当时有奥尼斯阔夫、沙伯里等人。他们普遍认为中国是很落后和愚昧的,对中国的技术人员也没看在眼里,认为经验不足。

中苏技术人员之间各有一定偏见也在相互观察。中国的技术人员绝大部分学的是欧美的技术,许多人是欧美留学回来的。做钢围堰需要钢,因为我国缺少钢材,工程师王团宇在5号桥墩提出使用木沉井代替钢围堰的新创意,连顾问奥尼斯阔夫都称赞他脑瓜聪明,彭敏也笑称王团宇为王博士。

因为打桩的事,中苏技术人员发生了分歧。在4号桥墩,桩实在打不下去了,出现僵持局面。下沉管桩要计算承载力,根据苏联的打桩公式,桩的承载力还不够,桩没有下到设计的深度。顾问奥尼斯阔夫认为基桩还需逐根复打(冲击试验);而陈昌言总工程师认为根据静重试验的承载力已经超过数倍,因地质情况不同,复打不能证明有没问题,不同意复打。苏联的打桩公式和英美的计算公式不同,设计有差异。陈昌言还指出苏联的公式不合理。因为复打,往往导致钢筋混凝土桩头破裂,管桩折损后,加固、拔桩、补桩、修理桩头等种种麻烦都来了,使工程进度大受妨碍。"工班的工人的情绪受打击,有时竟使工程暂时中断"。

彭敏局长根据当时打桩的情况结合自己多年的实际经验和工期进度,赞成陈昌言的意见并做了决定:"可以不再打了"。本来这只是个一般的技术问题,如果好好商量就可以解决,但彭敏没想到把苏联顾问奥尼斯阔夫惹恼了。

3.奥尼斯阔夫顾问告状

奥尼斯阔夫一气之下告到铁道部,又向苏联运输工程部技术总局作了汇报,说彭敏不听指挥,"没有立即坚决执行顾问的建议""没有认真做打桩记录"等。苏联运输工程部技术总局给我国政府写了封信,大意是你们没有按我们的意见办,如果技术上出事我们不负责任等。信中还举例说波兰有个工程没有按苏联的方法做就出了问题。据说口气还是商量的、比较温和的。当时的政治形势,苏联是中国的"老大哥",中国对苏联要"一面倒",不能有任何反对意见。政务院委派负责原中南局的副书记李先念出面解决。

1954年1月31日,中央铁道部下令彭敏坚决执行顾问关于基桩复打建议,彭敏遂按部令执行了,并对每天的打桩记录进行检查。通过检查彭敏很感动,打桩记录非常认真严谨。在工班上有个叫冯志涟的青年转业军人,严格要求自己,努力学习文化,提高技术水平,每天写日记,记下了这段故事。因为都是新参加工作的,无论是工程师还是技术员、工人,都是以新中国主人翁的态度工作,生怕出错。

2月16日,铁道部派工程局局长刘建章偕顾问奥尼斯阔夫一同到工地检查。复打结果令奥顾问不满意,认为是彭敏执行不坚决,在思想上有抵触。刘建章局长偕同奥尼斯阔夫顾问找到武汉市委,在武汉市委的直接领导下,从组织角度对彭敏进行了一个月的具体教育和帮助……但彭敏这种技术型的干部总是"一是一,二是二",也不太会讲方式,灵活应变。他总是反复陈述自己的理由,善意地想让人们听明白,目的是为了工作少些损失,加快工程速度等。令彭敏很难接受的是,不论正确与否,"苏联专家的建议必须坚决贯彻执行"。彭敏坚决不同意给他处分并要求申诉的权利。

当时李先念亲自和彭敏谈了话,令彭敏写出检查并登报《工地生活》报作公开自我批评,再次下令工地进行了基桩逐根复打,直到5月21日,洪水要来了,奥尼斯阔夫才宣布打桩结束,完成汉水桥的基础工程。

实际上后来的打桩工作已做了两点重要修改,与当初陈昌言工程师的意见是一致的。

在大桥局档案室里有一份文件是1955年1月的关于1954年专家工作总结报告。总结分两部分，前部分是1954年前半年的苏联专家有地质部顾问马叔可夫、铁道部顾问奥尼斯阔夫、鲁达、沙伯里、石罗敏才夫、卡普兰诺夫的工作总结；后半年是大桥局聘请的专家组，以西林为首的十位专家，有吉洪诺夫、契日科夫、波良科夫、柯斯丁、卡尔宾斯基、普罗赫洛夫、伊万诺夫、戈洛托夫、鲁登科的工作总结。在前半年总结中，在基础打桩方面在专家建议和施工情况中实际上已做了几项改进，如："第15条：指示四号墩做静载试验后，将复打的44根桩改短为24米（原设计28米），只需打入粗砂层，44根桩每根节省4米约320万元，44根桩约可节省14080万元；第16条：每一墩台的基桩必须尽先进行静载试验，以观察桩的长度，求得科学根据，既可避免浪费，又可保证工程质量。"

4.给彭敏的警告处分

从1953年11月到1954年上半年，天气经常是阴雨绵绵。在一篇文章中彭敏描述自己内心的痛苦："在修建汉水铁桥的艰难的日子里，当每一个深夜踏着泥泞回到宿舍的时候；当一个通宵没有打下一根桩的时候；当四号墩浇灌水下混凝土18个漏斗堵塞了15个的时候，不由得想起：假如西林在这里多好啊！想起过去在松花江、在洛河，在一切工程危险困难的时候，我们总是站在一起……"彭敏艰难地承受着各方面的压力，不仅是天气、施工方面的困难，更深层的是中苏合作不能平等相见，上级领导的不理解等等，但他都忍下来，坚持正常施工。

工地上的人们并不知道彭敏因苏联专家的事挨批评。当时机械经租站的总工程师钱学新在一篇文章中写道："1954年春寒季节，在修汉水铁桥时，为探索新基础施工方法，他和彭局长一起熬过一个又一个通宵。彭敏一直在工地上督战。为保证试验和施工顺利进行，工地用的打桩机、射水设备等机具都由机械科、经租站的同志配合桥工队工人进行管理、维修，所以机械经租站的同志经常要随彭敏局长一起坐小船到桥墩附近工地观察施工情况。那时叫'蹲点'，有时一蹲就是一通宵。"有一次在4号墩用汽锤射水沉桩，起先不很顺利，不是射水管堵住，就是桩帽或桩头打坏了，直到快近天亮，管桩通过复打才达到设计位置。当工作结束时，大家才感觉到又冷又饿，肚子叽咕叫了。彭局长从口袋里掏出壹元钱，请船工到岸上买来20个烧饼，那时候的一元钱还真顶用。在2号轮的船舱里，每人一个烧饼，就着开水，一面吃，一边讨论，总结当晚的施工经验。钱学新说：这是一顿最简单的早餐，也是一顿吃得很香的早餐。

◇汉水铁桥通车

　　而彭敏心里明白，汉水铁桥这一炮一定要打响，全局所有的人都在看着他，这是新中国的第一个大工程，他不能有丝毫动摇。在他的坚持和努力下，汉水铁桥4号墩钢板桩围堰内和5号墩木沉井内用水下混凝土封底终于成功，鼓舞了全局职工的士气，汉水铁桥迅速建成通车。汉水铁桥用的旋制混凝土管桩基础法是新的深水施工方法，后来被成功地用到江汉桥、余姚江桥、奉化江桥以及武汉长江大桥第7号桥墩，沉井技术在后来的建桥施工中得到广泛的运用和发展。

　　1954年7月28日，由武汉市委转发了中央铁道部7月7日对彭敏的警告处分，处分中规定彭敏几个必须做到：苏联专家的建议必须坚决贯彻，必须克服骄傲自满情绪等……可见当时的批评是很严厉的，不允许彭敏有任何不服。

彭敏因和苏联专家发生矛盾受到处分，并在铁道部系统、武汉市委及大桥局党委、武汉市工业口等通报批评。这个处分影响面很大，铁道部的干部们都知道："大桥局的局长彭敏和苏联专家吵架，被上面给处分了。"很多干部暗自告诫自己："以后不管对错，可不能反对苏联专家，那可了不得！"但是干部姚福来并不这样看，心里说："当时我在铁道部设计局工作，听到这个事，我倒佩服彭敏。心想终于有敢于替中国知识分子说话了的人了。"

正巧当时铁道兵的一位老战友刘克路过武汉，特地到汉阳看望彭敏。刘克和彭敏从解放战争初期就并肩战斗，一起修铁路架桥梁。彭敏是铁道兵第三支队支队长，刘克是第一支队支队长，是个大学生出身。在朝鲜战争初期彭敏是铁道兵团工程部任部长，刘克是一师师长。彭敏跟他说了这件事，也是想跟他探讨打桩摩阻力的技术问题。当时铁道兵正在南方修鹰厦铁路，刘克回去后，跟彭敏的原秘书协理员陈余轩讲了这个事。陈余轩始终惦念彭敏首长，他是天津北洋大学毕业的，也懂专业技术。他们对彭敏为此受到处分是很同情的。2013年陈余轩已90岁高龄，还清楚地记得此事细节。

五、改变武汉长江大桥设计方案

1.大自然出了难题

1953年7月，彭敏就带着铁道部大桥设计事务所刚设计好的方案去苏联进行鉴定，同去的人有大桥局的胡世悌、王序森、瞿懋宁专家，还有会俄语又年轻的赵煜澄任技术秘书，另外还有铁道部的技术秘书李曙明、翻译詹文祥、贾参和王海臣9人。苏联政府遴选桥梁专家25人组成鉴定委员会，历时两个多月的认真鉴定，做出了详细的结论。9月他们带回了鉴定后的设计方案，1954年1月得到政务院批准。一切筹备工作看起来都正常顺利。

1954年7月，长江发生了有史以来的最大洪水，江水猛涨，威胁着堤岸，江面已经高出两岸边的马路面。龟山、蛇山比平时矮小了许多，武汉市民和大桥局的干部工人都紧张地筑堤防汛，大桥局第一书记、省委书记王任重也亲自指挥大桥局的一个抢险队伍，武汉关最高水位达到29.73米。市委书记李尔重为此写过一篇《战洪水》的文章赞扬大桥建设者在防汛抗洪中的表现。在1948年铁道纵队成立时李尔重是政治部宣传部长，是彭敏在铁道兵初期的老战友。

面对惊心动魄的抗洪场面，彭敏心如潮涌。大自然的威胁，彭敏领教太多了。从延安出来就和修桥修路打上了交道，解放战争、朝鲜战争的抢修常遭遇恶劣天气和自然灾害。如今看见面前的长江以它雄伟壮阔的姿态又在向人们显示出难以驯服的力量，他不禁自问："长江又要给我们怎样的考验？"

这时彭敏正带领着从全国各地组织起来的建桥队伍，包括各级管理干部，桥梁工程技术人员、桥工队（在1953年底已达2500多人，还在不断地增加）热情高涨地集结在长江边。汉水铁桥修好之后，经过锻炼的建桥队伍信心倍增，准备着建设这座贯通南北的桥梁。

但是困难像洪水一样涌现出来，彭敏明白终须有一场"不平凡的斗争"。当他打开设计的蓝图发现："1953年之前的设计者们走了弯路。他们没有把技术最困难的桥梁基础作为研究考虑的中心，三番五次地讨论桥式：九孔还是六孔？伸臂梁、连续梁还是简支梁？而在水文地质的资料方面也收集得不够，特别是地质资料，在初步设计中钻探资料不充分。"

长江是世界第四大河，水深浪急，江面宽阔，从来没有建过桥，没有任何经验可谈。1953年9月彭敏从苏联拿回来的经苏联桥梁专家鉴定初步方案，其中基础施工要采用气压沉箱法。世界上造桥的桥梁基础一般采用的自然基础、桩基础、沉井基础和气压沉箱基础，所有这些方法在长江上都有很大的困难甚至安全缺陷。在专家会上一经讨论，问题出来了，施工设计没法进行。气压沉箱法要工人在水下承受压力的箱子里开凿岩石，压力的安全限制是3.8个大气压。长江的水深一般40米，在这个水位水下施工，就超过四个大气压，超过安全限制。长江水位落差18米，只能在枯水期施工。但长江洪水期持续7~8个月，超过沉箱法安全限度的时间过长，全年仅有三个月可以施工。

通过地质专家谷德振进一步的补充勘测，发现江底岩面还要更深一些，况且在同一桥墩基础范围内岩面高差达五米左右，箱底与岩盘难以密贴；特大的洪水，也提醒人们要注意长江的水位还要更高些。更何况我国的技术人员都不掌握气压沉箱法的技术，还要花钱购买大型进口设备，花长时间培训大量沉箱工，沉箱法有限的工作时间使工期成倍延长，不能按期建成；又不能保证工人生命安全等等，这几项都让彭敏不能容忍。

但是不用这个方法，又用什么方法？在修汉水铁桥时彭敏和工程技术人员们就一起探索新的方法。

2.西林提出了新的创意

为什么改变，要从西林讲起。应中国铁道部请求，1954年6月苏联派出第一批专家来到武汉大桥工程局，带队的竟是彭敏的老朋友西林。西林是不同意沉箱法的。西林这个注定要在桥梁事业做出贡献的人，是自己通过努力争取来中国的，而且苏联方面有意让一些年轻的桥梁专家在中国长江上练练身手。

另一个重要因素就是苏联运输工程部技术总局副局长葛洛克洛夫，他是苏联资格很老的桥梁专家，是西林的老师。在我国解放战争时期，他和西林就在东北帮助中国抢修过桥梁。1950年，铁道部委派梅旸春工程师组成勘测队在长江勘测时，葛洛克洛夫是中央铁道部聘任的技术顾问。葛洛克洛夫带着西林对长江进行了考察，了解水文地质情况，知道长江不宜使用气压沉箱法和其他方法。他们一直在探索用一种

◇这张照片很有意义。武汉长江大桥技术创新与这三人密不可分。1957年10月在武汉长江大桥建成之后，三人（左起：西林、彭敏、葛洛克洛夫）来到桥下合影留念。苏联专家很谦虚，让彭敏站中间，使得他有点拘谨。（中铁大桥局提供　任发德拍摄）

新方法来代替气压沉箱法，并且最先和中央铁道部联系修建武汉长江大桥的事，但苏联方面说葛洛克洛夫是"非组织行为"，为此受到苏联上级领导的降职处分，1952年被撤回苏联。这就是彭敏在医院时，西林多次和彭敏谈武汉长江大桥和他匆匆离开的原因。彭敏在回忆文章中写道："有一次他来得很匆忙，他说他要回国了。离开这充满国际友谊和非常熟悉的中国，离开正研究着的长江大桥——这个还看不见的建筑物，离开我这躺在病床上的朋友。他的感情是复杂的。这次谈得很短，因为好像有太多的话，最后他对我说：'俄国古谚说的好：两座山是不会到一起的，而两个人总是会到一起的。'"

1953年7月，在苏联桥梁专家们鉴定长江大桥初步方案时，技术秘书赵煜澄就听到过苏联专家之间有激烈争论。葛洛克洛夫参加了鉴定委员会，他不同意使用气压沉箱法，但又拿不出更好的办法，最终只能决定深水基础采用当时较成熟的气压沉箱法。

鉴定工作结束，葛洛克洛夫在送别彭敏一行人回国时，特别叮咛彭敏："今后在工程中有任何问题和困难，随时会得到所需要的帮助。"这位老专家预见到彭敏的工作会遇到麻烦，所以在1954年上半年顾问奥尼斯阔夫回苏联后，遂派西林专家带队来中国，支持西林大胆尝试新方法。当时在铁道部任翻译处处长的刘麟祥了解前前后后的情况，他一直跟在滕部长身边，后来他调到大桥局工作。

彭敏怎么也没想到情况发生了这样有趣的转变。1954年6月奥尼斯阔夫顾问回国了，6月19日苏联正式给武汉大桥工程局派来第一批专家，带队的竟是他的老朋友西林。铁道部通知彭敏局长和汪菊潜代总工程师前往北京去迎接。7月，莫斯科—北京的直达列车到达前门车站，西林和一同来中国修建长江大桥的专家们下车了。

滕代远部长对彭敏语重心长地说："西林是你的老朋友了，年轻有才华，相信你们一定能合作好。"听到这话，彭敏感觉出领导的关爱之心。

那一年，武汉正遭遇百年不遇的洪水，洪水威胁到汉口以北的铁路线路。回汉口时，只好绕道上海、杭州和株洲。因为绕道，时间就充裕一些。西林秉承了他老师的意愿带队来到中国。在火车上的西林来不及寒暄，也无心欣赏沿途风景，直奔主题。

西林介绍了他的基本想法。他说："我在莫斯科就和几个同志研究了长江大桥的基础问题，考虑了一个不用气压沉箱的新方案，我为这件事已收集了一些有用的资料，同时也研究了中国的实际情况，中国用旋制管桩修建桩基础和开口沉井施工都已有了不少经验。我们可以利用桩基础和沉井经验，用管柱代替气压沉箱。管柱和岩盘结合可以吸取苏联采矿工业方面的新的成就，他们已经制成了几种类型的大直径钻机，我带来了照片、设计图和说明书……问题会很多，我们可以继续共同研究，但这是完全有可能的。"

西林在中国的解放战争中几次和彭敏一起抢修过桥梁，体察到彭敏是个沉着、果断、直爽又诚恳的人，而且非常好学，很喜欢他，所以成为朋友。在朝鲜战争期间，以及在彭敏负伤住院的时候，西林受聘在铁道部，几次和彭敏探讨修建长江大桥的事，很想和他一起共同完成这一伟大的理想。但那时彭敏一心放在朝鲜抢修铁路桥梁上，还没想过修建长江大桥的事。现在不同了，彭敏正在寻求一种新方法代替气压沉箱法。

彭敏听到西林的新办法很是振奋，在战争中抢修桥梁，多是采用桩和柱的方法做建桥基础，这是我国从古到今传统的方法。在若干桥梁上，现在虽然有些发展，如汉水铁桥用钢筋混凝土管桩基桩承台代替了沉箱基础，比50年代初的整根钢筋混凝土实心方桩进了一步，但在长江不宜使用，因为长江底是易冲走的覆盖层。如果没有苏联专家来，也许彭敏会试一试其他办法，但是用大型管柱加钻孔的方法还是没有想到的。

3.西林主动提出平等合作

回武汉的路上，西林直接向彭敏介绍他的基础施工新创意，还一一介绍了他带来的其他十几位同志的专长和性格特点，最后认真地说："是啊，相互间的了解，是相处好的基础，要把不同性格的人组织在一起工作。我的责任是以你我之间的互相了解，真诚坦率地交换意见，促进同志们之间的合作，在这样大的建设工程中形成一个不分彼此，能充分发挥所有力量的一个坚强的集体。"彭敏被感动了，心想"西林真不愧是我的朋友，你说到我心里去了"。

◇这是1954年秋季，西林为首的专家组合影。前排左四西林，二排左二普洛赫洛夫、左四卡尔宾斯基。(中铁大桥局提供　任发德拍摄)

　　彭敏希望得到苏联的先进技术，但不喜欢奥尼斯阔夫那种咄咄逼人的家长作风，最让他不能忍受的是对中国技术人员的"不平等"。中国的知识分子中有很多学有专长的优秀人才，在旧中国深受帝国主义的欺辱，他们的才华无法发挥。今天为建设长江大桥，彭敏从全国各地调来大批的工程技术人员，他十分珍惜人才。今天西林谈了这么多，主动和他商量中苏技术人员如何合作，看来是经过深思熟虑的。彭敏谨慎地问："你打算怎样才能做到呢？"

　　西林说："修这样的大桥，特别是解决新基础结构的问题，我们也没有经验，一切需要共同研究，相互探讨最合理的办法，进行摸索，求得共同的认识，一致的意见。"西林补充说："专家对工作进行指示时，不是以建议的形式，而是以共同研究共同决定提出"；"苏联专家不是以顾问的身份出现，不是我提建议，你采纳或不采纳"。彭敏听明白了："实质上是更民主的集体领导，发挥大家的积极性和创造性。"

彭敏的心情很舒畅。但由于在修建汉水铁桥时与奥尼斯阔夫发生矛盾的教训，他进一步厘清了自己的思路后说："那么我补充意见：若中苏双方有分歧，先切实认真地讨论，做出合理的决定；再不行，就依靠群众，通过试验验证。"彭敏明白要技术上民主，才能共商大事。又问："在实际工作中，设计和施工还须有双方签字才行，那如何进行呢？"

西林让中方签在框内，苏方签在后面，以明确由中方负主要责任。西林提议采用一种"配对"的特殊方式，即一个苏联专家对一个中国技术人员。由于苏联专家少，可以一个人对两个、对三个中国技术人员，一共56名中国技术干部向25位苏联专家配对学习。钱学新工程师记得，还形成一个中苏合作配对工作制的文字协议。比如彭敏对西林，赵遂章对戈洛托夫，王同熙对格列佐夫，钱学新对普罗赫洛夫，刘麟祥对卡尔宾斯基，赵煜澄对秋良也夫……基本上是按专业对口，后来也有些变化。

在前段汉水铁桥的修建中，彭敏也清楚地看到中国方面自身的弱点："我们的技术力量薄弱，在解放前没有一支桥梁队伍，有少数优秀桥梁工人也分散在外国洋行和包商的掌握之下；虽有不少优秀的工程师，可是没有这样巨大的工程实践来锻炼发挥他们的作用和抱负，都缺乏经验。"

彭敏在大桥局号召中国技术人员必须虚心向苏联专家学习，并反复强调这一点的重要性，坚决贯彻"建成学会"的口号，提倡独立思考，大胆争论，敢于提出自己的见解，共同探讨研究，反对不动脑筋的依赖思想。

4.中国人接受了西林的新想法

彭敏对西林一直都很敬佩。特别是他的创新和开拓精神，这一点他们俩是相同的。对于彭敏来说，西林的新方法是容易接受的。第一，他过去修桥都是采用柱和桩的基础，气压沉箱法他没使用过。第二，西林的方法是在水面上施工，这就避免了气压沉箱法的所有弊病。第三，他和西林早就认识，共同抢修过桥梁，对于西林的专业水平深有了解。彭敏当即表示，"尽我的一切力量支持和实现这个理想"。并且对西林说："还会有更多的人支持你，我们愿意学习新知识。"

◇1954年夏天，彭敏召集局领导和中苏双方技术人员开会。左起：副局长杨在田、局长彭敏、专家组长西林、翻译贾参、代总工程师汪菊潜、副总工程师李芬、副总工程师朱世源。

◇会上彭敏发言表明他改变沉箱法支持新方法的态度，西林坐在他旁边。

对于总工程师汪菊潜来说，就是突然的考验了，他是了解气压沉箱法的，此时他也在考虑用什么办法代替气压沉箱法更好。1944年，他在重庆受著名桥梁专家茅以升聘请，任中国桥梁公司副总工程师，负责修复钱塘江大桥。钱塘江大桥是采用气压沉箱法在1934年修建的，但那时江水最深的一个桥墩才22米。在修复钱塘江桥时，江岸上有一片地上排列着许多尸骨的惨状，使汪菊潜回忆起来还心有余悸。汪菊潜曾问当时担任过钱塘江桥总工程师的罗英对这个问题的看法。罗英说："没别的办法，只有人吃点亏了"。

这时听了西林介绍的新想法，汪菊潜很冷静，当即表明了态度："部长指示我们要向苏联专家学习，气压沉箱法我们要学习，同样学习就不如学习新的东西。"

彭敏对他这样快速、明确、坚定地支持西林的建议感到十分高兴。因为他知道汪菊潜是中国数得上的几位有经验的桥梁工程师。他的技术精湛和求实精神，任何时候处理重大问题，总是以国家利益为重，特别在原则问题上，不管来自何方意见，从不随声附和，也不模棱两可，因此他的意见分量很重。这时候尽管彭敏明知面前的路不平坦，还会有斗争，但有了汪菊潜的支持，他就有了底气。他不由得感慨万分，在他的回忆文章中把此次谈话比作"三方隆中定决策"，并且这样描述："还未到长江，我们就商定了以后三年丰富的创造性的工作轮廓。"

西林的想法已酝酿很长时间了，并没有得到苏联上级领导的同意和认可，能不能成功都是未知数。此时西林和彭敏都明白，首先一定要有充分的理由和根据，使人相信新方法是必要的和可能的，他们可不是莽撞行事的人。

彭敏在大桥局组织了由双方技术人员参加的讨论会。让西林先说明他的想法，随后彭敏提出"是冒着工人生命和疾病的危险，在近乎不可能的情况下沿用旧的气压沉箱法工作呢，还是大胆采用新方法来解决这些施工中的问题呢？"以此为中心讨论。

和西林同来的几位苏联专家提出反对意见，理由是设计方案已经苏联国家鉴定委员会通过，没有必要大改动，其次这种新方法谁也没干过，试验来不及。这位专家还讲了一个笑话："一个人用右手摸自己的右耳朵，只要一伸手就摸到了，但是现在你们却要把手绕到脖子后面再去摸，还能摸得到吗？"西林站起来，一脸严肃地说："同志们，我们是在讨论桥梁的施工方法，不是摸耳朵！"气氛顿时紧张了。

但是中国工程师的反应就不一样了，汪菊潜代总工程师和梅旸春副总工程师都表示愿意试试新方法。梅旸春副总工程师在1934年修钱塘江大桥时受聘任总工程师，他说："钱塘江大桥桥墩基础是用沉箱法施工的，那是包给外商干的，对我们还保密，我们的人一律不准下去。"他接着说："老彭啊，沉箱法危险挺大，不是什么好方法，不如学习一下新办法吧。"

其他中国的工程师多有同感，表示愿意试试新方法，指出气压沉箱法无论是人力、物力、工期和工人生命安全都无法保证的，还要添置大批空气压缩机（压风机），耗用大量动力，添置多套施工气闸和医疗气闸，培训很多沉箱工人。而且由于高水位时不能施工，工期必然拖长，保守估计也要拖长三至五年，增加成本翻番。更可虑的，工程安全和人身安全隐患很大，牵涉到工程成败。中国工程师普遍认为西林的办法在长江大桥现有地质条件下比压气沉箱法的困难少些，当然也指出西林的方法可能会产生的新问题：如防水围堰问题、管柱沉入沙层问题、钻孔问题、防止流沙问题，这些都必须进一步研究解决。

◇新方法先要进行小型试验得到局党委和领导的支持。左起：汪菊潜、西林、彭敏、杨在田在施工现场。（中铁大桥局提供　任发德拍摄）

这次会议在大桥局里统一了思想，对改变原定气压沉箱方案取得一致意见。彭敏还让技术人员把各种方法画个表格比较。新结构的施工方法由于简化了气压沉箱施工机具和减少基底挖土石方数量，可大大降低造价，还不受水位高低的影响，全年都能施工。中苏技术人员共同研究了西林的初步方案，制订了初步试验计划：制造管柱，在长江边修个临时墩，做下沉管柱试验。

　　彭敏的建议得到局党委和领导的支持。要制更大型打桩机、钻机、制钻头等，在0号墩和1号墩之间修一临时墩和岸上凤凰山脚下进行了下沉管柱和钻岩试验。经过半年时间，克服了种种困难之后，初步试验基本成功了。

　　西林在回忆时感叹道："出人意料的是，中国的工程技术人员很快地就赞成用这个方法，彭敏又大力帮助我们进行试验工作，终于使这个新方法成功了。"

　　彭敏写道："……正是毛主席说的我们中国'一穷二白'这个特点的好处。假如我们当时有很多对沉箱有经验的专家，有大批现成的设备，有大批的熟练工人，也许思想还要顽固些，正是因为'白'没有负担，所以赞成画最新最美的图画。"

5.彭敏的勇气

　　小规模试验成功后，大桥局技术人员设计了新的结构方案。1954年11月，彭敏和西林拿着改变原方案、实行新方案的报告去铁道部汇报。彭敏心里不免打鼓，他在回忆文章中写道："一路上我们都在讨论通过的可能性。我对西林说：我和你担

◇新方法的研制和试验加深了彭敏和西林的友谊。（中铁大桥局提供　任发德拍摄）

心的事不同，能不能通过是两个问题。一是理由充足不充足？这个你可以回答。一是敢不敢？这个我可以回答。我只怕你为了说明它的优点，把方法说得太容易了，要造成了这个印象我可受不了。""另外，还有一个程序上的困难，初步设计是经正式鉴定的，要改变它，还可能费些周折。"

　　没想到事情竟然十分顺利。滕代远部长召集会议听取了他们的汇报，在座的中国著名桥梁专家茅以升、水利专家陶述曾也都极力支持新的施工方案。部领导都同意按照新方案做技术设计与沉箱法比较，并上报国务院征求

鉴定委员会的意见。副部长吕正操后来传达说："周总理仔细听取了各方面的意见，还提出一定要经过试验才能施工的要求。"很快国务院确定了在长江上做一个试验墩和靠汉阳岸的1号墩进行试验，并要求按新方案做出技术设计和旧方案作比较。得到这个结果，彭敏心里的石头落了地。

滕代远在他的报告上批示："只有成，没有败；只能成，不能败"。这对彭敏来说即是"不成功，毋宁死"，如果失败受到组织的处分、革职都有可能。而他是开拓者是勇于创新的人，从骨子里就有不怕死的拼搏精神。滕部长喜欢的就是他的这股劲儿。

铁道部部长滕代远是中国人民解放军的领导者之一，是新中国人民铁路事业的奠基人。他所具备的气魄和勇气促成了武汉长江大桥建设的成功，在

◇1954年冬季，铁道部领导支持大桥局试验，带着部里的专家来到大桥施工现场。部长滕代远（左二）、大桥局局长彭敏（右二）、苏联专家西林（右一）等在施工现场。（中铁大桥局提供 任发德拍摄）

决定是否使用新方法代替旧方法时能顶住压力，坚决支持彭敏和西林大胆试验新方法。他对彭敏说："西林不是一个轻率的人，关系到他和自己国家的声誉，没有十分把握是不会提出来的。此事我已经向总理报告过了。"他对西林说："你就代表我在那里处理问题，有关技术问题，你就大胆解决！"

这时候彭敏和西林无比高兴，踌躇满志准备立即回武汉，在长江上开展大规模的正式试验。在这个节骨眼上，苏联方面召西林回莫斯科汇报。因为西林事前已听说苏联国内有人不同意他的新方法，他有些担心。因为他的做法并没有得到上级允许，依中国话是"先斩后奏"，当年他的老师葛洛克洛夫就是这样受到处分的。临走之前，西林对彭敏说："从最坏的情况讲，假如不能同意这个方法，也许我就回不来了。"彭敏鼓励他说："会回来的，而且我一定等你回来。滕部长让我给你带话：方案是中国政府批准采用的，你

◇西林奉命回苏联汇报，返回武汉时，彭敏到机场迎接。前排左起：彭敏、刘麟祥、□□、赵树志、西林　□□。（中铁大桥局提供　任发德拍摄）

不要紧张。"事实上此时彭敏更是心急如焚。他在回忆文章里写道："为了等西林同志，大家都很焦急，而且消息好像和我开玩笑一样，连着到机场空跑三趟。终于西林回来了，下飞机第一句话就是：'一切都好'。我说：'你能回来，就是都好的象征。'"苏联方面已同意先做试验。

6.重新确定桥渡线

过去长江上有过多次勘探测量的基础。这次中央地质部又派以谷德振工程师为首的地质工作队和钻探队再次勘探，由于遭遇到武汉的酷暑，和特大洪水期，他们克服了巨大困难，在江心勘探了半年，补测了丰富的资料和数

据，为最后确定的第五号桥址线方案和为大桥的技术设计提供了正确可靠的资料，避免了大量溶洞和不良地质情况，为桥墩建设的坚固性奠定了基础。为此，彭敏始终念念不忘感谢谷德振工程师等人的地质勘测工作，在他的回忆文章里多有表述。

1955年2月，根据重新勘测的水文地质情况再次讨论武汉大桥桥渡选线问题，由中苏两国的专家吉洪诺夫、鲁登科、胡世悌、谷德振、梅旸春、汪菊潜、卡尔宾斯基、戈洛托夫、柯斯丁、契日科夫参加讨论。记录上记载了各专家们发表的意见，由吉洪诺夫专家做主要发言，汪菊潜总工主持。吉洪诺夫在专家组里普遍认为是资格老、专业技术全面、水平很高的专家，在解放战争中参加过抢修湘江便桥的技术工作。彭敏听到各位专家的发言心里很高兴，每位专家确实都很有水平，而且严肃认真，不绕弯子，没有虚话套话，切中要害，直奔主题，把各方面的问题都涉及了，地质上碎岩、溶洞，引线的长短，水文流向，城市发展，经济效益，工程量、费用等等问题都谈到了，最后落在第五线和第八线相持不下。

能和这样一些顶级的专家一起讨论工作是很幸运的，彭敏心里有数但没有表露出来。他最后发言："我不准备在这个会议上表示我是哪个方案的拥护者，个人认识有限，也没有这种经验，对技术问题不能像吉洪诺夫专家所说的那样，提出工程师的个人意见，我现在所说的只是请专家及工程师们在考虑问题的时候，要考虑到长江大桥修建的期限问题，上级要求我们提前完成，所以我重复提出两点原则意见：1.早点决定；2.采取水上工作困难较少的方案。……第五和第八两线相差不大，希望早点决定。"他很有特点，巧妙地避免了过去讨论桥式时专家们喋喋不休冗长的辩论。

汪总工做总结说："留待到北京与西林专家会商后再做最后决定。"此时西林奉命回苏联汇报，现已返回北京。

彭敏有个好的工作习惯，所有会议都有完整的记录，工作做完都有总结，在大桥局留下了好的工作传统和系统档案。这样修桥的全过程真实地被记载下来。

7.钢料和钢梁制造成为控制因素

　　苏联方面召西林回莫斯科汇报，彭敏坚定地相信：新的方案一定会通过。其间，彭敏也没有闲下来。他把由于基础施工方案改变引起的变化深入考虑一遍。他想到的问题是：第一，为了执行新桥墩基础方案，要在明年做一个试验桥墩，并作1、2、3号墩以吸取经验；国外订货的钻机应该在明年一季度到达；沉箱专家需改聘钻探专家；大型管柱的成品、六号钢的大轴国内不能生产此原料、所需变速马达须与上海联系试制；还有钻头在国内制造，需要第一机械部给予特殊援助。第二，桥址线在明年1月提供全部资料后确定下来。第三，大桥钢料和钢梁制造的问题。由于基础方案采取了钻孔法，有可能使工期较沉箱基础提前，因此钢梁制造的时间也要提前。第四，1955年基建计划投资有可能增加。第五，国内国外机具订货交货也要提前。第六，机构定员要增加和调整。第七，美术设计奖金问题。

　　其中钢梁的制造是关键，关系到能不能利用基础工程提前完成而争取提前实现全桥竣工。钢梁制造时间决定于两个因素：1.钢料能否按所提规格尺寸提前进口；2.山海关桥梁工厂为制造长江大桥钢梁订购的钢板滚平机及钢棍矫直机等，能否于1955年第一季度提前进口。

　　彭敏想到三个解决方案：一是国内做，因为钢料、机具已向国外订货，但需要提前交货才行；二是请苏联桥梁厂做，虽然时间和质量有保证，但增加了外汇，并且自己的工厂制造桥梁的能力得不到提高；三是部分国内做，部分苏联做，这是个折中方案。如果按第一方案，即政府原批准方案，钢梁仍由国内制造，则需以政府名义要求苏联政府在钢梁及钢梁制造机具进口方面，给予特殊援助。这里彭敏考虑到了锻炼国内自己的制造能力的想法是难能可贵的。

　　西林从苏联回来，中国方面得知莫斯科已批准了新的基础方案，只要求做试验验证。于是1954年12月22日铁道部部长滕代远召集了会议讨论，除了彭敏的几点意见外，西林补充强调了钢梁制造的时间要抓紧等。会上滕部长要求彭敏把钢梁制造、钻机、专家要调整、投资增加等问题草拟电报报给中央批准。于是彭敏遵嘱写报告给中央六办主任王首道并报周恩来总理请示解决。

12月29日，国务院回复：同意第一方案，钢梁由国内制造，坚持政府原批准方案；订货提前交货之事由外贸部负责办理。同意调换专家之事，由外贸部负责办理；增加投资的问题由铁道部从1955年投资中自己调剂解决。

外贸部当天即与苏联商务代表联系。苏联方面次年1月5日回复YKC-30钻探机一季度不能交货，1月20日回复同意将角钢矫正机、钢板滚平机提前到二季度末交货，而彭敏回复仍希望再提前到二季度初最好。虽然中央和外贸部等部门做了很大努力，提前交货仍未得到满意的结果。

最终在钢梁制造和机具方面，大桥局虽然积极争取外援，但仍以自力更生为主解决的：角钢矫正机、钢板滚平机由一机部抽调正使用的机械租给桥梁厂使用；没有争取到的机具、设备，最后都由国内各部帮助，最后由大桥局的机械经租站自己解决了，如：ВΠ-3，ВΠ-4大型震动打桩机的仿造并改进YKC-30型的大钻机等。

8.这是一个富有战斗性的计划

彭敏和西林回到武汉已是1955年1月，因为得到批准用新方法进行正式试验，在专家的指导下，召开了一系列有关大桥工程的技术会议，确定了主要设计和施工方案，做出完成任务的计划安排：

（一）以原汉水铁路桥工段结束人员为基础立即成立左岸（汉阳岸）工程段，并担负以下几项主要任务：立即进行并加强自制临时桥墩和1号、2号桥墩的管柱；立即开始左岸工地的布置工作；2月1号开始修建临时性桥墩的试验工作；3月开始修建1号桥墩的基础；4月开始修建2号桥墩基础；5月开始修建3号桥墩基础，并灌注1号、2号墩墩身；7月份开始做3、4、5、号墩围堰的预制品。

（二）在4月份汉水公路桥水下工程基本结束后，以汉水公路桥工程段为基础成立右岸（武昌岸）工程段，并担负几项主要任务：4月份开始布置右岸工地；5月份开始8号墩管柱的制造；6月份制造6、7、8号桥墩围堰的预制品；10月份开始修建武昌岸桥台基础；11月份开始修建8号墩基础。

彭敏写完这个计划，大桥开工建设的轮廓已展现出来，心情很激动。新方法的施工虽然有不少新东西，大体和他以往修桥的步骤方式一致，施工的组织和进度他都是能掌握的。西林则对长江的实际困难比较敏感，因为苏联没有这样大的江河。在他的书中描述过："长江当地的条件，水位涨落达19米，流速大于3米/秒，……冬季常刮北风，风力达7～9级……。每当冬季水位低，便于施工的时候，常刮大风，江中掀起巨浪（浪高2～2.5米），造成许多困难，不得不停止吊船及其他水上机具的工作，……降水量很大，常下大雨，也影响施工。"而彭敏对于这些是不怕的，再困难能比朝鲜战场上冒着敌机轰炸和特大洪水施虐的危险来抢修更难吗，能比在没有照明的情况用手电筒或摸黑借着香烟的光、白雪的光给铺轨定位更难吗？

与沉箱法基础施工有许多不可控制的因素相比，后来拿出的全年计划让他看到了前景："1955年大桥工程就要全面开工，这是一个富有战斗性的计划，和以前提出的在上半年做一个临时性桥墩做试验，四季度开始做1、2号桥墩基础的计划相差很大。"从这个计划就可以清楚看到整个长江大桥提前半年到一年完成的可能性。

由于改变施工方案可以加快施工速度，他预感到了全面开工以后，工作的艰巨和紧迫性。他接下来的事必须将许多工作提前安排："准备工作不足，时间很紧，我们除了加强措施准备设计文件和市城委联系加紧拆迁工作，在干部在党内进行思想准备和动员外"，还有许多先决条件是他办不到的。经初步研究，为执行这一计划，特请求上级领导部门除了钢梁订货催早交货之外，还要解决以下问题，如：资金、材料、机具、人员调配等。

1955年1月12日，彭敏又把报告打给铁道部工程总局、部长，并抄湖北省委、武汉市委、基建部等，让他们也看到这个宏大而令人振奋的计划和任务，分享这个快乐，同时也希望领导及时帮助大桥局解决具体问题。

六、武汉长江大桥从试验成功到全面建设

1.机械加工制造的难题

新方法得到国家的批准是大好事,但对彭敏来说是严峻考验的开始。因为气压沉箱法无论有多少缺点和不足,终究在100多年里,人们都见过,在世界上还广泛使用着。而现在拿出的方法到底行不行,谁也不知道。铁道部长滕代远在彭敏的报告上就批示:"只许成,不许败!"彭敏就是领了军令状的人,把大家领到这条道上,那就必须成功,到时候在长江上就必须见到桥。

新方法类似于基桩承台的基础,不同的是用大型管柱代替桩,通过覆盖层达到岩盘,在管柱中用大型钻机钻岩深达三米左右的孔,然后放置钢筋骨架并灌注水下混凝土,使管柱和岩盘牢固地结合起来。用不透水的围堰防护,在管内填充混凝土成为柱的承托承台,在承台上再筑桥墩。通过比较,这种施工方法克服了压气沉箱法的缺点和困难,全部施工作业均可在水面上进行,大大缩短工期,简化了压气沉箱法的施工机具和基底石方,从而降低造价。

真正的大战拉开了序幕,新方法的下一步要在江心第1、第2号墩位进行试验,做成正式的桥墩。首当其冲即是许多施工机械的配置都要试制,机具需要改造和重新制造,如下沉直径1.5米的大型管柱要用多大的震动打桩机,钻岩要用多大的冲击式钻机及大型钻头用哪种形式,一系列机械制造加工的难题就凸现出来了。

而刚组建的机械经租站实际上只是一个车间,其加工设备、材料更是短缺,真是可以说一穷二白。怎样完成这一艰巨的任务呢?

据钱学新总工程师回忆:和西林一道来的机械专家普洛赫洛夫同志是个能人,有很大功绩。普洛赫洛夫专家看到经租站的情况,提出到较发达的城市考察。彭局长当即决定派钱学新总工程师和普洛赫洛夫专家带领翻译许德昌、管理员张福林等去考察。他们一行五人乘铁道部拨给大桥局的一节

公务车从武昌出发,首先到长沙考察广州铁路局的长沙工务修配厂。这个工厂原来是铁道部衡阳铁路局（后来的广州铁路局）的一个修理厂,制造修配一些养路工具,还为其他单位制造一些门锁等零星物品。该厂有日本战后赔偿的工作母机10余台,有锻铸设备,有300余名技术工人,还有几十名工程技术人员和管理人员,具备一定的机械维修和制造加工的能力。然后他们到上海参观考察了上海锅炉厂、大隆机器厂等几个生产企业,同时洽谈了加工订货手续过程等事宜。

武汉的机械制造业相当薄弱,仅有一些修理缝纫机、织袜机的小作坊,几乎没有机械加工能力。上海虽有完整的机械生产设备及加工能力,但与大桥工地相距遥远,远水解不了近渴。根据考察结果,普洛赫洛夫专家提出一个大胆的建议:利用长沙工务修配厂的现有加工设备和它的熟练技术工人及人员等资源,将其整体搬迁到武汉,再添加少量稀缺机床（如大型龙门铇和万能铣床等）,在桥头建设一个保障桥梁施工需要的工厂。这既可以现场指挥,又可以及时解决施工中遇到的困难。这一建议得到彭敏的支持,当即上报铁道部,很快得到批准,决定将长沙工务修配厂全部器材、人员从广州铁路局划拨给武汉长江大桥局领导,并要求尽快办理交接搬迁事宜。

1955年初,长沙工务修配厂整体迁到现在晴川阁下面原汉阳兵工厂一带安营扎寨,以此为基础建立起武汉长江大桥直属机械修配经租站。大桥局又从铁道部山海关技校等铁路学校招收不少青年学生到经租站工作。

2. 机械经租站承担重任创造奇迹

经租站党委书记是刘金兰,钱学新曾任站长兼工程师。

每天开工之前,局领导、苏联专家、中国专家技术人员都要进行讨论,特别是确定试验新方法时,要讨论用什么方法、机械、材料等。钱学新作为总工程师每次都必须参加。虽然条件艰苦,工作量大,但钱学新感到是他最幸福最自豪的一段工作经历。他得到彭局长的大力支持,在工作中能得到一个知人善任的领导,是最舒心的事,特别是对年轻人来说。钱学新1922年出生,1946年毕业于厦门大学机电工程系,当时才30多岁。

经租站的青年工人朝气蓬勃，思想进步，热情很高，他们为能参加长江大桥建设工程而倍感自豪，十分光荣。当年青年团的干部熊志公、陈贞吉回忆说："部长滕代远和彭局长还来到我们车间，彭局长给团干部作报告，讲他在年轻时参加一二九运动的故事，鼓励年轻人从小就要树立远大理想。我们干起工作来不怕苦，很多人不久就成为机械经租站的生产能手、技术骨干。每人都制定学习规划，白天工作很辛苦，晚上还要学习技术，干劲十足，虽然很累但感觉很幸福。"经过短期培训，业务水平提高很快。开始时两个月做一个钢围堰，后来同样的工人一个月能做两个。

经租站在团组织的倡导下开展了"青年突击手"活动，涌现出许多先进和模范人物。像车工师傅张忠山、盖利尊，钳工突击手顾永成、熊志公，三车间主任王朝南，工人工程师周鸣岐，三车间领工员晏三金。还有善于动脑筋的胡进光、孙步元等。特别是顾茂林师傅的手艺连苏联专家都佩服，常伸出大拇指连声赞他："真了不起！你有一双金手啊！"

在施工初步试验时，下沉的管柱直径1.10米，用的是苏联BΠ-1型震动打桩机，力量太小；苏联已经设计出来更大的BΠ-3型震动打桩机但尚未生产，经租站的工人根据设计图纸做出来了，其激振力是42.5吨。但用它下沉直径1.55米的管柱，只能下到18米深，力量仍嫌不够。

时间不等人，1955年初，大桥局下达了命令：在苏联专家的指导下，机械经租站自己制造BΠ-4型震动打桩机，其激振力要求达到90吨。当时全世界还没有这么大的打桩机。

普罗赫洛夫是钳工出身，彭敏在回忆文章中不惜用大量的篇幅夸奖他是个少有的人才。彭敏说："像这样的工程师再有两个就好了。这位专家不仅精通机械，而且能按照工作需要设计机械，善于利用汉阳兵工厂下面剩余的废钢铁，最重要的是还能毫不保守地教中国徒弟。"

彭敏不止一次提到"在机械方面我们是很薄弱的。只有戴明典（还是电力方面）、周秉礼、钱学新、许德昌（翻译）等八九名。除戴明典外都很年轻。这些人距专家的水平还很远，但（后来）都已初步掌握现有施工机械的设计和修配。"

"……当接到制造ВΠ-4型大型震动打桩机命令后，钱学新和设计室的主任工程师谭杰贤带领着设计室的年轻技术人员陆荣祥、柳景田、盛德晶（女）、谷觉知等同志承担起这一艰巨又庄严的使命。他们在总机械师普罗赫洛夫和电气工程师阿达舍夫两位专家指导下，夜以继日地设计、绘图。吃在办公桌前，睡在办公桌上，仅凭简易的计算尺和手摇计算器，在短短七天里，就完成了打桩机的所有结构部位的设计及绘图。车间工人更是通宵达旦地作业……经常是下班之前拿到晒好的图纸，晚上车工、电焊工、刨工齐动手，第二天早上一个个符合图纸要求的零件就制成了……"

巧妇难为无米之炊。制造大型打桩机什么材料也没有。为此局里管物质材料的杨在田副局长和供应科的同志都跑断了腿。最棘手的是，制造打桩机心脏部位的偏心锤需要一块长和宽均要400毫米、厚为200毫米的锻钢块。大家只好四处寻找，在被日本鬼子炸毁的汉阳兵工厂地下废墟中找到几根大轧钢机的轧辊，虽然有些毁损但确实珍贵，工人们用高压气割焊枪仔细切割成六个偏心锤和十多个齿轮。六面的外壳需要长约二米、宽约一米的钢板，技术人员竟用小块钢板焊接起来。

打桩机上还需要一个经得起强大震动的电动机，钱学新先后三次前往湘潭专门制造机械电动机的工厂求助，得到他们热情支持，共同研讨定做出来。

5月的一天，在武汉长江大桥2号墩处，这台ВΠ-4型震动打桩机将直径1.55米，重35～40吨的钢筋混凝土管柱，穿过江底20余米厚的沙质覆盖层，顺利下沉到

◇1955年5月大桥局机械经租站试制的震动打桩机下沉管柱成功，人们身后立着的是震动打桩机。一排左起：孙步元、周鸣岐、胡进光；二排左起：钱学新、聂麟书、刘金兰、西林、普洛赫洛夫、阿达舍夫、柯斯金，右一肖传仁；三排左二起：张思全、许德昌、徐跃堂等。（中铁大桥局提供　任发德拍摄）

岩层，从而突破"管柱钻孔法"施工的第一道难关。喜讯传到大桥局，苏联专家组组长西林立即驱车来到江边，登上2号墩施工平台，向在场的苏联专家、一桥处、经租站的干部、工程技术人员、工人及所有在场参加试验的工作人员表示热烈祝贺，在窄小的钢围堰里照相，身后是威力强大的震动打桩机。并由大桥局摄影师任发德拍摄下这一珍贵的历史照片。

钱学新记得当时在现场只有一条板凳，普洛赫洛夫专家特别拉三位工人师傅坐在第一排。照片第一排右数第一位胡进光钳工是专家很看重的一位工人师傅，生产中每逢遇到装配上的难活，普洛赫洛夫专家就会对翻译说"胡……胡……找胡来解决！"

人们身后立着的"大力士"就是中国首台激振力最大的震动打桩机。后来经租站又制造出激振力达到120吨的ВП-5型震动打桩机。彭敏局长说："这是世界上最大的震动打桩机。但这并不是在什么大的机械工厂造出来的，而是在我们设置在江边的机械修配经租站的修配车间制造的。"

这两个震动打桩机保证了工程要求，将直径1.55米的管柱沉入各类土壤30～35米。由于这两台自制震动打桩机的试验成功，1955年7月大桥局按管柱钻孔方案编制了技术设计，通过铁道部上报国务院得到了批准，9月武汉长江大桥进入正式施工阶段。

◇下沉大型管柱，管柱上方的黑家伙是震动打桩机。（中铁大桥局提供　任发德拍摄）

新方法还需要在管柱中钻岩，设计制造了ykc-20、ykc-30大型钻机和各种钻头。先请东北的一个工厂制造了整体重三吨半的锻钢钻头，之后机械经租站自己制造了用普通碳钢铆合加高级合金钢刃口的钻头，因为是创新产品，没有一定规格，钻研中间不断吸取合理化建议，大的改进有八次之多。

此外，像水上吊船、水上发电船、水上混凝土工厂，所有的钢围堰等，都是自己制造的。机械经租站见证了武汉长江大桥新方法试验和实施的过程，饱尝了建桥初期的艰辛，经受了工厂设备简陋，物质材料匮乏，技术力量不足，熟练工人短缺等一系列的困难。但他们攻坚克难，承担了重任，创造了奇迹，作出了重要贡献。

◇彭敏和西林一起检查新研制的钻头。
（中铁大桥局提供　任发德拍摄）

3.西林发火了

把西林的创意变为现实，把专家和工程师所想的办法，要一件件的用试验来证实，所谓出题容易做文章难。大桥局是新建的机构，一切设备都没有，1955年把长沙工务修配厂整体搬到汉阳工地，制造管柱、打桩机、钻头、钻机、围令等一堆堆的任务，每一项任务都是新的，都有一大堆机具设备、工人、材料等问题；因为是试验，今天行了，明天又不行了，还要改进，又是一番忙乱，大家都高度紧张。为了凤凰山脚下进行钻孔试验的ykc-20型钻机，几乎跑遍了中央各部，要定制y-8钢的整体锻制钻头，不断地派人出去，负责同志和专家亲自跑了几个月才有了眉目。甚至连会开钻机的工人也没有，费九牛二虎之力从鞍山大孤山铁矿借调了五人，因为武汉气候不好又跑回去两个。上海、东北都找遍了，也找不到合适的工人。

彭敏说："车到山前必有路，就是没有路也要开一条路，我们现在就是要打造一条前人没有走过的路，怎么会没有困难呢！"假如不是处在新中国成立初期工业基础那么薄弱，假如我们不是第一个这样做，都不会那么困难。所有忙碌都是为着要证明：在水上用大型机械施工可以代替人工在水下挖掘岩石。

西林心里更着急，对中国虽然了解，但对中国的贫穷程度仍估计不足。有一天在班前会上，西林催促工程进度，彭敏接了句："我同意西林的意见，但不能催得太急，弦不能蹦得太紧！"西林一听就急了说："我就不明白了，我决定的东西，是不是都要经过局长同意才算数！"对着彭敏拍桌子，发了火。在座的干部、工程师们听了，都转头看着彭敏。梅旸春副总工反应快，马上劝阻，一语双关地说："中国的情况就是如此，你要理解。"梅副总工听得明白，西林的意思是国外工程师做了决定就算数，他不习惯中国还要行政领导表态。以前讨论没有矛盾，感觉不到。今天西林不是对彭敏发的火，而是对中国的国情：这也没有，那也不行，很微不足道的东西都解决不了，他不理解，心里没好气。彭敏睁大眼睛没说话。杨在田副局长连忙解围说："反正要的东西都没有，咱们散会吧！"

过后西林平静下来主动对彭敏说："中国人说的'慢慢来'，我们很不习惯。其实是事情总会办到，而且也不会很慢的意思。"他笑笑又耸耸肩说道："修这样的一个大桥，神经都要坚强些！"

其实西林很感激彭敏大胆并积极领导大桥局工程技术人员进行的试验工作，通过这件事后他很有感触。他说："在以后的日子里，我们（和彭敏）常常并肩站在工地上，共同解决一个又一个的施工困难问题，如管柱下沉问题、钻孔问题、围堰内流沙问题……在这些困难面前不坚定的人会动摇的，会怀疑新方法的可靠性，但是彭敏和中国技术人员仍然信心百倍地工作着，第一次失败，又来一次……这给我很大的鼓舞，使所有的困难问题都在我们的决心面前逐渐解决了。"

"中国的技术人员用最坚决的态度执行了专家建议，中国的干部用顽强的工作意志解决了在材料机具上的各种困难。从不怀疑、从不畏惧其中的困难，在暂时的失败和一时还无成果时也从不怀疑和动摇。在中苏亲密团结友好和统一的思想行动下，共同研究并发挥了新方法的作用。"彭敏在总结里说。

彭敏一方面积极争取外援，即国外的订货、国内各部委的支援；一方面在大桥局内加强机械设备加工制造的能力。人们都还记得，新中国成立初期无论是在哪个单位哪个部门，几乎每人都关心国家建设，对武汉长江大桥有特殊感情，觉得能为它出把力，是自己的责任，无比荣幸。

正是因为彭敏和西林敢想敢干敢担当，试验成功了，大桥建成了，一系列的创新产生了。在彭敏和西林的带领下，中苏技术人员共同创造了新的基础施工方法"大型管柱钻孔法"，代替了气压沉箱法，同时设计和制造了世界最大的震动打桩机，创造了一套较完整的合理作业过程，解决深水钢板桩围堰的施工问题、水下混凝土灌注问题、钢梁的制造和拼装问题，大铆钉铆合问题等等，即完成了世界桥梁史上新的技术突破。

◇西林在工地。左二起：西林、卡尔宾斯基、孙忠衡、刘麟祥。（中铁大桥局提供　任发德拍摄）

彭敏这样评价中苏合作："苏联专家对长江大桥的帮助，渗透在长江大桥工程的各方面。他们自己谦虚地说：'我们是在共同学习，向工程的实践学习，向群众学习。'当然要想离开长江大桥工程的各种成就，单独提出哪一项是'苏联专家的建议'是很困难的，但是各种成就也和他们的劳绩分不开的。"

西林专家组以实际行动感动了

◇彭敏和西林在平衡梁工地上。左起：彭敏、西林、赵树志、陈昌言、胡世悌。（中铁大桥局提供　任发德拍摄）

中国的同志。他们一起共同工作、共同研究、共同担负了工程中的一切艰险和成就的快乐，不仅完成了基础工程上的新创造，而且在各方面的技术提高一步。他们的心血融合在一起，这是苏联的先进经验和中国具体条件相结合，理论和实际相结合，依靠群众的工作作风在长江大桥上开出了灿烂的结果。

彭敏和西林个人之间结下了深深的友谊，他在送别西林的回忆文章中说道："西林同志，我们是这样熟悉，相处得是这样融洽，好像我们就会这样一座座地把桥修下去，不会分别似的。"

与西林的这段合作，成为世间最完美的兄弟合作，这种方式在全世界国家之间都未曾有过，是空前的，也是绝后的，被彭敏写在武汉长江大桥的纪念碑上。

彭敏在西林回国前，曾写了一篇名为《八年的合作　永久的友谊》的文章登在《工地生活》报上，回忆他和西林从解放战争在东北抢修陶赖昭松花江大桥开始相识，抢修陇海线洛河大桥的风风雨雨，以及修武汉长江大桥时他们之间的跨国友谊。西林也写了文章感谢彭敏对他新方法的支持和努力，赞叹彭敏的果敢和坚强，特别是不断学习进取的精神。

4.温恩梅去哪里啦?

也就是1955年秋天，一天彭敏回到凤凰山上的新家里，没有看到温恩梅，开始也没注意，到了很晚她还没回来，他就下楼去找，警卫员小熊也不在，就自己下山去打问："温恩梅去哪里啦?"

那时候家家都没有电话，凡问到的人都帮着找。办公大楼里没找到，山上山下到她有可能去的人家都问到了，全都没有。大家都围在彭局长跟前，不知谁说了一句："老温身子不方便，还能去哪里啊?"彭敏一怔，想起什么说："是不是在医院啊?"大家一听，一窝蜂地奔到医院去了。在医院看见警卫员熊兆康，大家把他围住。他跟彭局长说："温处长要生孩子，我把她送进医院……"，大家又问老温怎样了，小熊都快哭了："医生说难产，母子都有危险……进去好半天了，我也不知道怎么办才好，我想回去找首长，又不敢离开……"。

　　温恩梅是妊娠高血压，当时确实很危险，经医院抢救脱险，而婴儿脐带绕脖5圈，生下来没救活。看到恩梅还平安，彭敏放了心。熊兆康说，下午他见到温科长坐在家门口，要生了，已经支持不了，叫车来不及，赶紧扶她到医院。好在医院不远，医生说她血压很高，很危险，必须要亲属来。小熊说："我还年轻，什么也不懂，不知怎样才好！"彭敏很感谢小熊说，"幸亏你在，不然家里没人，真会出事呢！"

　　熊兆康20岁刚出头，1933年生，湖北襄樊人。1947年参加革命，原来给杨成武当过警卫员。1955年复员转业，原打算回老家，大桥局公安处的金德华是原新四军的转业干部，到北京要人，一共带回三个兵，有两人看到大桥局什么条件也没有，不愿意留就走了，只有他留下。他先到大桥局保卫队，给专家当保卫，后来公安处领导方毅让他给彭敏当警卫员，告诉他有情报说美蒋派特务要破坏武汉长江大桥建设，还要暗杀彭敏，并嘱咐他一定好好保卫首长安全。他跟着彭敏时间不长，个子不高，又年轻，彭敏就叫他小熊。

　　温恩梅在两三个月前就血压高，腿浮肿得很厉害，两眼已经看不清东西。医生说让她注意保证营养，多加休息，经常做产前检查。按她的情况，应该早就在家休养，但她没做到。那时候的人思想很简单，不能因为身体不好耽误工作。特别自己是领导干部的家属，工作中要起带头作用。当时大桥局的专家多，外文资料多，翻译室工作很重，西林的翻译工作量大。组织上安排原翻译科长贾参专门给西林当秘书兼翻译，由温恩梅负责翻译室全面工作，任专家工作室副主任。因为在大桥局的党员干部中，她资历老，文化程度较高，还会点英文。她工作认真积极，在她的脑子里，虽说解放好几年了，工作的紧张程度和战争环境差不多，一点也没有轻松、安逸的感觉，以至于从怀孕到临产还没做一点物质和心理准备。

　　彭敏一头扎进大桥新方案的试验中，完全忽略了温恩梅什么时间要生孩子，总觉得还不着急，十月怀胎，还早着呢！今天的事，把他惊出一身汗，特别是听到熊兆康说，"母子都有危险"。女人生孩子按说是正常的生理过程，但由于各种原因，老话说：生孩子对女人来说是个生死关口，稍不留神就会出大事。

整个上半年，彭敏领导并组织中苏技术人员在长江上对管柱钻孔进行了一系列试验工作，并取得了满意的结果。1955年第四季度，工程局党委鉴于管柱基础试验进展顺利，适时提出了"提前一年建成长江桥"的号召并上报中央。

但彭敏发现又一个最大的危险，是大桥局的干部们没有把"成败"放在应有的位置上，"上上下下均存在着盲目乐观情绪"，只想到新方法的优越性，简单省时，对较难解决的问题"工程技术的复杂性认识不足"。新的方案施工全部在水面上进行，虽然较原来的沉箱法在水下施工要进了一步，但是须要在水深浪急的长江水面上用大型机械设备进行，包括必须用大型铁驳船承载机械设备和人员；用拖轮运载；最主要的是大型吊船，用它起吊大型管柱、设备；钻孔用的大型钻机、特种钢的钻头等等。长江大桥八个桥墩全面正式开工后，机具、材料、技术人员、资金的准备不足，还有数种主要施工机械及制备机械设备用的钢料没有解决，将掣肘进度；需要中央出面，向中央其他各部请求支持。今天彭敏正酝酿着给铁道部打报告说明这个严重性，迫切需要"如水上35吨吊船两只，200吨铁驳船六只，750匹马力拖轮一艘；钢板桩、冲击式钻头用的钢板Y-8号钢、钢板桩、高档水泥问题以及技术人员特别是机械专业的人员缺乏，管理干部的人力调配问题……，还有大桥局接待参观的任务太重等等……"彭敏一整天都在思忖着。

工程上的事一环扣一环，满脑子全是大桥的事，确实忘了恩梅快生孩子了，今天如果出现三长两短，太对不住她了。彭敏想到这里拍拍脑门，不禁叹息："唉唉！是呀，必须尽快把个人生活问题解决好"。于是第二天就和徐州老家联系，请到一个保姆，让小熊去把她接来，这样恩梅出院回家就有人照顾了。

孩子们星期天从学校回来，温恩梅对大女儿倍勤说："那个孩子死了，我心里有点难过……""哪个孩子？"女儿愣了一下才明白妈妈说的是刚出生的孩子，就硬生生地说："我看死了也好！"温恩梅奇怪："咦，你怎么会这样想呢？"倍勤已经10岁了，在学校住，看到别人的家长都那么关爱孩子，而自己从未体验到，她对自己的父母一直有怨气。她说："我们这几个孩子你都弄不过来，家也不像家的样子，再有一个孩子你更困难。"

不久在大桥局办公大楼的干部中间传出了笑话："彭局长满世界找不到温恩梅，原来是温恩梅生孩子去啦！"

5.中国承担了最大风险

1955年9月13日，彭敏把有关考虑向滕部长汇报，通过电话之后，遵嘱代铁道部给中央打了个报告，滕部长于27日复信给予答复。信中说：

"……关于你们要的35吨

◇1956年初，大桥建设进展顺利，休息日彭敏的全家在东湖专家疗养院。前面是彭敏、温恩梅和两个女儿，身后保卫人员侯忠才和彭勃，中间是副总工程师李芬。后面是苏联专家和其他干部们。

吊船，全国只有四艘，即九龙坡一艘，第一机械部三艘，已洽好一机部由沪东造船厂在四季度租给你们一艘，再找一只有困难；200吨铁驳四只，已给你们解决了400吨铁驳一只，已由武昌轮渡段调给你们，其余两只工程总局仍在解决中。750匹马力拖轮，重工业部同意在第四季度租给大桥一艘，是较大马力的，但不一定是750匹的。800吨铁驳准备使用汉口轮渡汉口号过轨船，机务局正研究能否拨给尚未肯定。"

还有"一个半墩的钢板桩问题，工程总局最近购进20米长的580块，准备给余姚江、奉化江桥用，拨一部分给大桥，其余不足之数，从二局调给你们，必要时你们可在余姚、奉化江桥中间调剂使用"。

"钻头用的32毫米钢板和大块8号钢问题，据查32毫米的已由材料局拨给你们30毫米的25.9吨代替，其余不足之数仍预备拨给，你答应提出规格，但未送来，望检查一下送来，8号钢据查已拨给你们8.9吨，仍在急需解决中。

"七号墩的基桩水泥，需用高矾土水泥，国内不产，工程总局正与地质部

◇铁道部和武汉市委领导关心武汉长江大桥建设。左起：局长彭敏、铁道部副部长武竟天、总工程师汪菊潜、武汉市第一副市长刘惠农。（中铁大桥局提供　任发德拍摄）

研究可否采用别种水泥。

"还有大桥局要调给机械专业技术人员问题……正在解决。"

滕代远部长在信中说明了各项问题解决的情况，还要派武竟天副部长月底来大桥局亲自过问还有什么问题，并请彭敏代问西林各位专家好。

彭敏看到滕部长的信很受感动，通篇亲切和关爱之心，部里确实用最大努力在帮助他解决问题。他提出的机具、材料问题在短短14天之内都一一给予答复，特别

35吨吊船，因为关系到外单位部门的生产任务，大桥局不好直接交涉，这下铁道部都给联系解决了。全国总共五艘，大桥局已占有三艘，虽然还不够，但应该知足了。

10月15日，铁道部向中央报告：武汉长江大桥需要中央给予支援和组织支援问题的报告由湖北省委、武汉市委转报国务院六办，转报中央，抄送武汉大桥工程局党委、建委、交通、重工业、地质、煤炭、一机、电业各部。

铁道部给中央的汇报没有虚话和套话，说明了大桥局所要求的机具、材料共13个问题解决情况，要求调配的技术人员和干部也都在解决中，并指出"彭敏的报告中说大桥工程的主要问题是'成败'问题提法不妥，但不能保证不遇到其他困难，因此克服上下对大桥工程的乐观情绪是非常重要的。应该说大桥工程技术上是成功的，主要问题在于大家对大桥工程应更多给与重视，领导上和各方面必须予以大力支援，不能把大桥工程当作一般工程看

待，要及时供应他们所需的机具、材料、人力等等；在大桥局职工中则要克服乐观情绪，谨慎从事，想办法挖掘潜力，不然大桥工程就有可能将完成时间推迟。"

报告中也说明："全国、中央各部积极支援，但有些机具、材料还是不能很快解决，一方面固然由于我们铁道部的工作有缺点，但也有三个原因：一是大桥局不能预先提出计划（有些是确实很难预先提出计划，但有些是可以的），临时不容易排在各部计划内；二是确实在各部生产中抽不出来；三是确实也有些机具材料，国内一时找不到，而国外订货又来不及。"

照常理大桥局要什么机具等应早打招呼，但实在是怪不得彭敏，因为大桥局由于技术的创新，采用了新的施工方法，使整个时间表提前了。对于大桥局的家底铁道部也是了解的，几乎是"从零开始"，没有任何机具，这次提到急需解决的，如吊船、驳船、钢板桩、Y-8号钢等，没有这些基本设备，让他们拿什么在长江上建桥啊！咱们的国家靠什么与实力强大的资本主义国家抗衡，只有靠坚强的共产党领导，各部门密切配合，全国是一盘棋。

"重工业部将钢板平整机、角钢矫正机从生产急需中让给大桥局；一机部租给35吨吊船；交通部将造船钢板抽给大桥，调给750匹马力拖轮。可以说明各部对大桥的支援是积极的。从计划委员会起到中央各部，凡大桥工程提出的问题，无不大力支援，如非大桥需要，确实有些问题很不容易解决……"

彭敏坚定不移向前冲，这是从战争抢修中培养的品质，争分夺秒，早一天通车，给我国的经济带来的益处是无法估量的。

大桥建成后，彭敏没有忘记建设中党和国家的支持、全国人民的帮助，他在总结中写道："从试验到施工得到了铁道部、工程总局从解决机具材料和技术力量到方针政策上的支援和及时的指导，在解决钻头用的特种工具钢和试验工作使用的各种机械工具时，得到全国20多个城市40多个工厂的援助，还得到一机部工程技术人员的帮助和沈阳重型机械厂特别锻制了大型钢锭，调拨了大型吊船、铁驳等重要机具，对外贸易部在材料机具的国外订货中给了帮助，得到了地质部、交通部、水利部、气象局等中央各部，山海关、沈阳、丰台桥梁厂，中国人民解放军铁道兵及湖北武汉市属各单位、部队的无

177

私援助。……"

而对于解决不了的机械设备，彭敏则压给大桥局的机械修配经租站，通过自己努力来制造。经租站工程师钱学新说："35吨以上的吊船我国制造不了，武汉长江大桥施工时的三台水上吊船（30吨二台，75吨一台），都是铁道部从一机部原上海张华浜港务部门调拨给大桥工程局的，并且包括吊船司机以及水手、船工数人都随机调入经租站，其余的吊机、吊船就都是经租站自己制造的。"

6.彭敏的诗人情怀

1955年秋的一天，大家在凤凰山上专家招待所吃午饭，有西林和几个苏联专家、翻译科长贾参，还有两个报社记者、一个搞电影创作的同志来体验生活的剧作家及几个大桥局的干部，不知怎地彭敏让大家安静，说："我来念一首诗，贾参你来翻译。"转头对记者等人说"你们搞文学的做解释"。大家都静下来，他站起来用带有一点苏北的口音说："折戟沉沙铁未销，自将磨洗认前朝。东风不与周郎便，铜雀春深锁二乔。"诵完，大家都看着翻译科长贾参，贾参大声喊："哎哎，不行，古诗我可翻译不了，先让记者们讲讲是什么意思吧。"记者们也说太难，纷纷议论这诗的大概意思。

诗里前两句有一幅古代战场上官兵将士们全力拼杀，前赴后继，折戟沉沙，悲壮惨烈的景象，后两句是说三国时期周瑜借东风之便，打败曹操赢得战争的故事，表达诗人对假如没有东风，历史就要改写的感慨。

彭敏想藉此诗表达自己对西林为首的苏联专家们的感激之情，西林的新施工方法给武汉长江大桥带来成功的希望，同时也表达自己及中国建桥者为长江大桥的建设付出了极大牺牲和努力。

这首诗肯定在他头脑中萦绕多日了，这段时间彭敏的心情和诗中的一样喜忧参半。

1954年6月西林专家组来之后，给彭敏带来欣喜，而7月铁道部下达给彭敏处分的命令，又像一个紧箍咒，让他时刻注意中苏的关系。长江大桥的施工从1955年起万分艰难地起步，到现在逐步走向正常。1955年6月按新方案编成了新的技术设计。因有完整的试验工作做依据，迅速被审查批准了。7月18日批准，9月从3号墩和8号墩正式下沉管柱开始，长江大桥工程进行到大规模的正式施工阶段。

1955年9月，也就是此时，上级撤销对彭敏的处分，理由是"一年来该同志在执行专家建议及贯彻部令方面已有很大进步，工作积极负责……"此时的彭敏有喜悦，也有苦涩，总之任重道远，鲁迅的"横眉冷对千夫指，俯首甘为孺子牛"教诲一直在他心里，只要对国家和人民有利，处分也好委屈也罢，他都默默地忍受下来。

◇武汉长江大桥基础工地施工全景，可以看见八个桥墩陆续探出水面。（中铁大桥局提供　任发德拍摄）

1955年底，1号2号桥墩已耸立在江心水面上，这个事实大大鼓励了全体建桥者的信心。建桥工程进入大踏步前进的状态。大桥局党委给武汉市党委提出了"长江大桥工程于1957年底，火车提前九个月通车"的报告，得到武汉市党委的肯定，并号召武汉市各级党组织向大桥局学习，并要求大力给予大桥局名誉和物质的支持，对大桥局也指出要注意克服骄傲自满情绪等。

7.在世界桥梁工程上的新创造

自从1954年底彭敏和西林将新的管柱基础方案上报铁道部，滕代远部长对此非常重视，召集有关单位进行讨论后，同意了这个报告，并报请国务院批准，同时去信征询苏联原鉴定委员会意见。因为新的施工方案在桥梁史上还是首次，铁道部以及苏联原鉴定委员会的复函，均强调指出必须经过试验。

为了证实这项新方法在技术上和经济上的合理性，从1955年1月份开始，在桥渡线附近的汉阳岸上和第一孔内的临时墩以及正桥的第1、第2号墩位

◇1955年底苏联方面派专家组审查新方法实施情况。右起：彭敏、西林、滕代远、苏联运输工程部部长科热仁尼可夫、金果连柯工程师、沙格罗夫教授。（中铁大桥局提供　任发德拍摄）

上，进行了半年多大规模的详细到细节的试验。试验目的在于寻求：管柱如何通过20米砂层并达到岩层；在岩面不平的情况下，如何防止流沙；如何钻岩成孔；如何保证管柱内水下混凝土的质量达到与岩石密贴等。

在采用新方法正式施工后，1955年12月苏联政府派遣了以苏联运输工程部长科热仁尼可夫及技术总局副局长桥梁专家葛洛克洛夫，桥梁工程总局总工程师金果连珂和基础基底专家沙格洛夫教授，来中国长江大桥工地亲自研究考察新的钻探方案。技术总局副局长桥梁专家葛洛克洛夫的秘书向翻译透露，这是苏共中特派一名部长带着对钻探方案持不同意见的三位专家前来亲自了解情况，并限明年1月10日回国汇报。

彭敏和西林提供了资料、图表、照片，中苏桥梁专家共同检查了各项试验记录，并到大桥工地实地考察了各项作业过程，最后在技术会上得出了中肯的结论："武汉大桥工程局在修建长江大桥桥墩工程上，曾作了技术水平很高的大量工作，并取得了良好的成果，因而做出了最为合理的桥墩设计，制定出最合理的施工方法和技术作业过程。在各桥墩上广泛展开的工程，做法是正确的，把大直径钢筋混凝土管柱钻入岩盘，再把钢板桩围堰内灌注混凝土承台，这种结构可以保证长江大桥应有的坚固性和稳定性。"

铁道部副部长武竞天主持会议，对新方法明确做出了肯定的结论。用彭敏的话说："这样新方法的成功，经过了中苏桥梁专家和基础专家的检验给肯定下来了，新方法在桥梁基础工程上的进步意义和它所开辟的道路也肯定下来。一个在世界桥梁工程上的新的创造，已经出现在我们这个'一穷二白'的中国长江上了。"

8.彭敏向毛主席汇报大桥建设情况

1956年5月31日，毛主席视察武汉长江大桥工程并畅游长江。毛主席为避免随行人员阻止他在长江里游泳，突然做出决定，早上从长沙乘飞机到汉口。王任重书记当天凌晨得到此信儿，立即通知彭敏："准备向主席汇报工作并陪同主席视察大桥工程"。彭敏一大早匆匆赶写报告，他一边写，一边让打字员打，但时间太紧并未写完。因为还要到汉口与省委、市委领导会合，时间不够了，急忙打印出几份，同时把2月份自己写的一份《关于大桥局在施工中新生力量成长的情况》的报告找到打印出来，也带在身上。

早上8点，彭敏等人见到毛主席，向毛主席请示："是岸上看还是水上看？"毛主席答道："水上看。"这时毛主席兴致很好，谈笑风生，和大家一起在汉口码头登上武汉市特备的"武康号"轮船。彭敏陪着毛主席乘船沿汉阳岸晴川阁向上游航行，过汉水时彭敏指着汉水边上的晴川阁给主席介绍，那里原址是张之洞的汉阳兵工厂和江汉船舶厂，现在是我们的"机械修配经租站"。

主席提出了疑问："什么叫机械修配经租站啊？"彭敏回答说"它的任务是除了制造并供给施工用的机具设备外，还在大桥局各桥处之间修理、经租大型工程机械。经租站集中管理全桥施工所用的大型施工机械，诸如：起重机、水上吊船、发电船、水上混凝土工厂、水上压风机站以及拖轮、铁驳等，以租赁方式提供给桥梁工程处（队）使用。"主席听完说："噢，还有这样性质的机构啊？"彭敏补充说："机械修配经租站是苏联专家提出建议而成立的。这样做可以使机械设备的使用发挥最高的效益，并且保证大型机械设备有更新重置的基金，使企业有持续发展后劲。它既降低了工程造价，也节省了国家投资。"

船从2、3号桥墩间穿过，抵达鹦鹉洲附近的江面后，轮船又折返下行，从

181

◇毛泽东视察时，武汉长江大桥的建设情景。汉阳岸已开始架梁，其他桥墩都已露出水面。（中铁大桥局提供　任发德拍摄）

3、4号桥墩间穿出。当天早上，毛主席站在飞机驾驶舱的领航员身边，聚精会神地从天空向下俯视正在施工的长江大桥。一座座桥墩已经出水，大型吊船正在施工，两岸的龟山、蛇山隔江相望，不由地说："啊，好看，好看！"此刻又乘轮船从水面上近距离看到江水中大桥的八个桥墩，钢梁已开始从汉阳岸向江中架设的壮观景象。

　　船在长江上行驶，彭敏在船舱里向主席详细汇报工程进展情况。毛主席一手拿着汇报稿，边看边听，并不断提问，彭敏一一回答。彭敏从早上8点到中午11点半，近三个半小时，除了稍事休息和看大桥工程外，全部时间就是汇报和回答主席提问。在座的有中央办公厅杨尚昆主任、罗瑞卿部长、湖北省委书记王任重、张平化，省长张体学，武汉市长宋侃夫、武汉市委第二书记李尔重、武汉市委书记处书记宋一平，武汉军区陈再道司令员，武汉大学校长李达和武汉市公安局局长谢滋群。他们不时也插上几句，解答主席的提问。李尔重在事后回忆道："彭敏同志真是个人才。"武汉市公安局长谢滋群也说："在这次调查时毛主席问得很仔细，一项工作能谈三个小时，如果是平时不认真工作的人，是无法向毛主席汇报的。这种汇报是书面准备不了的。毛主席不爱听书面发言，喜欢找基层同志随意调查，这一点对武汉地区的领导干部触动很大。"

　　汇报到改变原定方案实施新方案时，主席问道："压气沉箱法是怎么回事啊？""沉箱病是什么病？""什么是拆装式结构？""桥梁工程如何进行流水作业？"等等，彭敏一一予以回答。主席指出了彭敏报告中的一个不准确的说法："新方法从社会意义上说是社会主义的劳动方法……"主席反问：

182

"假若美国采用了这种方法，也是社会主义劳动方法？"主席说："……劳动方法只有科学不科学，不分哪些方法是资本主义，哪些是社会主义……"

当报告到新方法实现的经过时，彭敏谈道："任何一件新事物的产生都有它的艰难。特别是要用一个世界上从来没有用过的方法在长江上修桥，是不能不引起某些疑虑的。可是反过来说，正是因为是在长江上修桥，就会有世界上现有的方法所不可克服的困难，逼迫着不用新的办法不能解决问题，这就是整个过程总的情况。"主席插言道："困难中往往能产生新的东西。"主席还很有兴趣地问道："为什么苏联的工程界在20年前就有这个理想没有实现，而在武汉长江大桥实现了？"主席还说："你为什么在报告上写的这样客气啊！"于是彭敏补充说了个人意见："一个是苏联没有长江这样的大河，但更主要是因袭的阻力，许多苏联的专家不愿意放弃熟悉的近百年的老办法，老设备，思想保守等等。"毛主席听了很有兴趣："这样看，越有经验越容易保守嘛！"

当说到机械制造方面自己制造出世界上最大的震动打桩机时，主席插话说："是啊，不能说苏联没有的我们就一定做不来，个别的东西我们也是可以创造出来的！"当说到赶上世界先进科学技术水平时，主席说："中央提出十二年，不一定都得十二年，长江大桥这是三四年，就是世界水平了。"接着彭敏把带来的那篇《在施工中新生力量成长情况》的稿子接着念给主席听。

当彭敏念到"王任重同志就技术学习问题和专家组组长西林交换意见，他问西林：你看现在的中国同志在离开专家的帮助时，能不能修同样的大桥，西林说：没问题，绝对可以。"主席问王任重："你还是政治委员？"王任重说："是的，西林说的很肯定，说的是绝对可以。"彭敏接着念："我的根据是：从技术干部方面在数量上我们现有工程师137人，其中有46名是这两年来新培养提拔的，技术员71名，这些人绝大部分已经掌握先进的施工方法，技术上确有很大的提高。"彭敏甚至想把写到的人名也一一念给主席听，但时间不允许了。

主席问到长江上还要修哪几个桥。彭敏回答："已提到第二、三个五年计划草案里的有：南京长江大桥、重庆长江大桥、芜湖长江大桥。"主席说："将来长江上修上二十个、三十个桥，黄河上修上几十个，到处能走。"

最后说到今后需发展改进的一段时，主席很关注，仔细问了每一条具体问题，然后站起来说："这个报告不坏，提出了问题"。

在船上吃午饭，武昌鱼是主菜。吃完饭休息一会儿，主席要下水，船上的随行人员都跟着下了水。这时候彭敏需要认真地把刚才主席的讲话回忆一下，因此没有去游泳。陈再道司令员下去时，遇到水中的漩涡，差点被卷进去，陪同的游泳健儿把他拉出来。毛主席游完后上到船上，看见彭敏没下去游泳，问了句："你怎么没游泳啊？"彭敏说："我不太会游。"主席说："长江水深流急，可以锻炼身体，可以锻炼意志。"又说："大风大浪也不可怕，人类社会就是从大风大浪中发展起来的。"主席的这句话，使得彭敏终生铭记。后来，游泳成了他一生中唯一的坚持到最后的运动项目。

主席又问："你打过仗吗？"彭敏说："抗日的时候，在山西新军工卫旅二十二团当团长，参加了百团大战。"主席笑了："我还以为你是个文人，原来也能打仗。"这时候只有主席和彭敏两人，主席问："你说以后假如不请苏联专家，我们自己能修这样的大桥吗？"彭敏坚定地回答："完全可以。"

主席兴致很好，5月31日、6月1日、6月3日都下长江游了泳。6月2日，毛主席挥毫写下了著名的诗篇《水调歌头·游泳》。

才饮长沙水，又食武昌鱼。万里长江横渡，极目楚天舒。不管风吹浪打，胜似闲庭信步，今日得宽余。子在川上曰：逝者如斯夫！

风樯动，龟蛇静，起宏图。一桥飞架南北，天堑变通途。更立西江石壁，截断巫山云雨，高峡出平湖。神女应无恙，当惊世界殊。

汇报结束后，彭敏把见主席的情况给大桥局党委汇报，又向部里做了书面汇报。大桥局党委提出了"四跨长江、八跨汉水"的豪迈口号，画了很大的宣传画，贴在食堂的墙上。同时在墙上还挂满了南京桥、芜湖桥、九江桥的设计效果图。引起大桥局职工的热议："大桥局的领导怎么了，一座还没修好，还要修这么多桥，太不可思议了。"

毛主席的讲话，确实使彭敏激动不已，特别是主席说的那句"将来长江上修上二十个、三十个桥，黄河上修上几十个，到处能走"，给他莫大的鼓励。

一年以后，1957年9月6日，武汉长江大桥基本完工，毛主席再次来到长江大桥工地。应大家的请求，毛主席专为武汉长江大桥题了字："一桥飞架南北，天堑变通途"派人送来。此名句成了武汉长江第一桥的代名词，镌刻在武汉长江大桥纪念碑上，表达了建桥人、更是中国人民与大自然搏斗的磅礴气概和伟大历史意义。

七、建设中的长江大桥

1.铸就坚如磐石的桥墩和钢梁

武汉长江大桥工程混凝土用量大，当时的机械化自动化程度不高，供应地点和使用地点要求尽可能靠近，因此分设成水上、两岸混凝土工厂，分别供应桥墩水下封底混凝土和引桥、桥台和预制品的制造两大部分。混凝土是用碎石料、沙子、水泥三种原料制作的。混凝土所用碎石料选料先运回工地试用观察，合格后再采购。一部分从凤凰山、龟山就地取材，质量一般，用在引桥、桥台和部分预制品的制造。另一部分是采用长江上游27公里处的小君山石料厂。小君山的石料质量好，用在正桥桥墩的混凝土、管柱内的填充混凝土和制造混凝土预制梁，所谓"好钢用在刀刃上"。这些石料用前必须经过筛选清洗。沙子的质量要求也很严格，当地没有可用的沙子，全部沙子都是从外地运来。有从广水铁路运来，有从黄陂、簰洲水路运来。水泥选取至少是500号以上的标准，强度大，而当时普通建筑均用300号的。这还要分几个品种,勃兰特水泥由华新水泥厂供给,矿渣水泥由琉璃河水泥厂供给,火山灰水泥由唐山水泥厂供给。水泥生产质量要求也是严格的。1955年有一次华新水泥厂发现有一批水泥生产质量有问题,这批水泥已有部分运到长江大桥工地,水泥厂工人立即向党委反映,迅速通知大桥局,不要用在工程上,并且马上更换质量好的水泥。大桥局立即查清这批水泥并封存。大桥的质量很大程度取决于桥墩,桥墩质量取决于混凝土。因此混凝土的质量步步严格把关确定了桥墩的寿命。

2.正桥钢梁的制造和钢梁架设的进步

根据苏联专家的建议,武汉大桥正桥钢梁决定采用菱形桁架连续梁的形式,三联9孔等跨,跨径为128米,悬臂架设。连续梁的设计和制造比简支梁复杂一些,但它在长江水深流急的情况下,可以采用伸臂安装法,充分利用

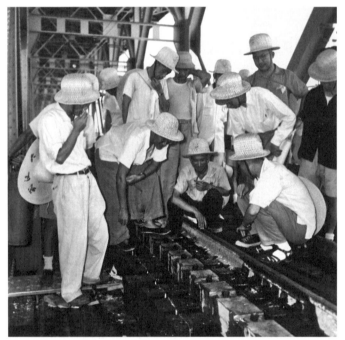

它本身结构的强度,不需要在江心修建临时墩架,安装起来方便;还可以节省钢料,可省2000多吨钢;这种结构本身比较坚固稳定,且稍受损伤破坏,问题不大。

武汉大桥钢梁的制造最终是在我国山海关桥梁厂和沈阳桥梁厂完成的。山海关制造两联,沈阳制造一联。这在我国桥梁制造方面是一个飞跃的前进。山海关桥梁厂已建立60年,过去从未做过长30米以上的钢板梁;沈阳桥

◇彭敏在大桥铁路面施工现场。右起弯腰的是局长彭敏,蹲者是山海关厂技术人员,对面是大桥局工程师罗其斌,左一站着擦汗的是工程师唐寰澄,站在中间戴礼帽者是汪菊潜,旁边是工程师陈昌言。(中铁大桥局提供　任发德拍摄)

梁厂是解放后新建的厂，也没有做过大型的钢梁。两厂职工勇敢地接受了制造长江大桥钢梁的任务。为了制造大桥的钢梁，两厂职工在苏联专家的帮助下研究编制了特种的工艺流程，运用世界上新的制造钢梁的技术，如采用无孔拼装卡具、胎形卡具和机器样板来制造构件，保证了钢梁制造的必要的精确度，在工地拼组装时未发现任何尺寸差误的现象，证明了我国钢梁的制造水平大大地提高了一步。彭敏带着大桥局的工程技术人员与山海关桥梁厂的技术人员一起检查温度调节器。在钢梁制造工程中采用了工厂化、标准化、样板化、机械化制造工艺，才使钢梁可以采用悬臂梁法架设，为我国以后建造大跨度钢桥奠定了基础。

大桥钢梁工地铆钉的直径是26毫米，最大板束厚度（即握距）是170毫米。铆合后，工人一定要用小锤敲击钢梁上每一颗铆钉，检测质量。由于当时所有铆工都没有铆过这么厚的板束，没有用过这样长这样粗的铆钉，钢梁的铆合将近一孔时已经铆合了10万多个铆钉，经检查发现钉孔与钉杆直径差较大，间隙最大达2毫米，这样有可能引起以后铆钉松动。铆合的速度和质量也非常关键；如果有一个铆钉发生松动，就能引起受力不均，会导致整片钢板松动的连锁反应，甚至引起桥梁垮塌，万万不可小觑。而武汉大桥整个需要铆合约100万颗铆钉。为了确保质量，彭敏坚决下令暂停架梁，等候处理，专门集中力量解决这个问题。彭敏召集有经验的铆工和有关技术人员从操作方法上、工具改良上、铆钉的形状上、烧钉的温度上进行了详细的研究。在苏联专家、中国技术人员和铆工宋大振及其他铆工的钻研下，反复试验，最后得出了一整套铆合大铆钉的完整经验，解决了铆合质量问题。但钉孔与钉杆直径差的间隙应限定多少，国内外无此规定，大桥局研究决定间隙限定为0.4毫米（钉杆高温冷缩后，必然会产生一些间隙）。按此标准，需铲除已铆合的铆钉十万个，全部换掉。工地上的干部和工人犹豫不决，彭敏对他们说"你们不要看三年五年，要看十年八年，要有战略眼光。"他提出一定要高质量高标准，不惜返工。经过改进的铆钉先让山海关桥梁厂制造出一小部分，为赶时间绝大部分由大桥局直属机械经租站制造，为此架梁工程停顿20多天，彭敏就是这样不惜代价，换得大桥的坚固。

拼装钢梁的工人也真是争气,铆钉质量问题解决后,拼装工作以更高的速度和更高质量继续进行。武汉长江大桥第一孔和第九孔钢梁安装使用的是平衡法伸臂架设。因为在拼到第七个节点时,伸臂的应力最大,这时必须以最高的速度达到托架,并要一气呵成。拼装钢梁施工中这是个最危险的时间,叫"红灯时间"。为了做到安全从拼装到第五个节点开始,就要清理悬臂上全部材料、工具,将一切不必要的东西清理后移;向气象部门了解三日内的气象预报,有无大风、暴雨等;将三班的劳动力加强地组织起来,并更严格地布置各班负责人,值班工程师和总负责人的值班制度。一切准备停当,即开始"红灯时间"的拼装工作,争取以最短时间来完成拼装。过去每个班只铆100来个钉,后来都能铆470个左右,最高可铆800多个,质量达97%,把原来耽搁的时间也全赶过来。至今大桥通车已逾57周年,26毫米铆钉未有一个松动,创造了桥梁史上的奇迹。

3.构建了大桥局的优良传统

据许多老同志介绍,彭敏作为一把手,在工作中能做到运筹帷幄,忙而不乱,高效快速,游刃有余。他放手让大家做事,局一级领导班子,分工合作,各司其职,尽其所能。他自己主抓设计、科研、施工和制造,试验新技术,冲在最前面;杨在田副局长在局里主持日常工作,材料物资等供应,是个好管家,他们俩一个主内,一个主外,配合默契;宋次中副局长则管人事、劳资和财务,彭敏曾说过:"那一摊子事是很费心的,宋局长的工作最稳当,我放心。"杜景云党委副书记主抓党政大事,那时候政治运动多,职工的政治思想问题多,有杜景云书记主抓,彭敏也省心多了。

强有力的领导班子使武汉长江大桥的安全质量、进度和造价三者同时得到有了保证,不是抓了这个丢了那个。既节俭、又要保证质量、又要保证进度。安全质量、进度和造价三者的和谐统一是领导的突出水平。武汉长江大桥的进度已经是明了的,从正式开工到建成仅用了二年零一个月;安全质量是要受时间考验的,大桥已经历了50多年、4次洪水、77次撞击的考验,其坚固性不说自明;而武汉大桥的造价很少有人关注,是相当低的,仅用了9447万元,确切的说是7189万元,不到一亿元,是由于从设计、施工各环节中严格采取各项节约措施做到的,节约了国家投资3737万元。

大桥局是勘测设计、机械制造、施工和科研的四位一体的统一领导,这样避免了纠纷和相互牵制,使得大桥局施工的组织协调、合理。大桥局领导从事全面的工作计划;组织和训练施工队伍;组织材料、机具的调配、采购、制造和运输;解决施工中的技术问题并掌握全部日常工作。大桥局直属的机械经租站,使得大桥在采用新基础施工法时,解决了技术复杂、机械化程度高的机械设备要求,保证了工程进度和节省造价。

彭敏擅长科学合理组织施工,解决了施工场地、运输线路的合理布置、电力的保证等等,这是他从战争时期培养成的领导艺术。

4.最喜欢看长江大桥的建设景象

彭敏最喜欢长久凝视长江大桥的建设景象。在他的书中描述:"1956年长江大桥的建设者以全部力量投入长江上的大桥工程里,日日夜夜,织成了

◇汉阳岸架梁用的平衡梁已拆除,临时墩还在。(中铁大桥局提供　任发德拍摄)

长江上一幅紧张战斗的雄伟瑰丽图画。在八个江心墩位上，以流水作业的方式进行工作，已出水的1、2号桥墩，在江面上召唤者其它的桥墩快点出来。南北两岸张开了炽热的劳动竞赛，先进生产者运动如火如荼。长江在劳动者面前，在起重机钢铁臂膀的挥舞中显得狭窄了，成千上万的群众天天欢呼这个巨大建筑物在劳动者手下飞快地生长。"

"5月汉阳岸的钢梁架设开始了，粗壮的铁臂像巨龙一样伸向江心，跨过了一个桥墩又继续前进。"

"1956年的洪水期没有影响工程的进行，尽管它仍然是那样汹涌、咆哮，显示着不驯的样子，在新施工方法的面前显得是无能为力，只有屈服在新建筑物的下面。这一年的夏季，武汉的酷热也显得毫无威力。九级的大风中，职工英勇搏斗，直到最后，来不及从桥墩撤下的工人仍坚持岗位，冒险抢救的轮船颠簸在巨浪中不能靠拢，只好向桥墩上抛掷食物。"

"10月武昌岸架梁的工作也开始了，两个钢铁的巨龙向江心日日接近，新的桥墩从江面上一个个伸出头来迎接它们。"

◇武汉长江大桥钢梁即将合拢。（中铁大桥局提供 任发德拍摄）

"……有不少诗人、不少画家、不少记者做了不少工作，描绘这历史性的劳动，都忠实地记录了当时的劳动。……"

在1956年武汉长江大桥进入全面紧张的施工阶段，文化部指定上海科学教育电影制片厂派摄影师徐乐定，大桥局指派余虔生（老工程师）、摄影师任发德两人参加，拍摄了一部名为《武汉长江大桥是怎样建成的》的影片。

同年，铁道部部长滕代远参加国际铁路联运会议时买了一台前东德的35毫米电影摄影机，带给铁道部展览组。拍摄的第一个选题就是武汉长江大桥。他们派来摄影师刘东昆到工地拍摄长江大桥的电影。

这天，工人们正在震动下沉大型管柱，彭敏和西林在3号桥墩检查工作。任发德带着刘东昆到大桥3号桥墩忙着拍一些电影片段。

◇彭敏看西林操作摄影机。左起：刘东昆、彭敏、西林、贾参。（中铁大桥局提供　任发德拍摄）

任发德向彭敏介绍刘东昆是铁道部展览组的，彭敏热情地向刘东昆询问了一些情况。西林接过刘东昆手中的电影摄影机，好奇地试拍了一下，西林也是摄影爱好者。任发德马上抢拍了这张照片。这个电影摄影机引起了彭敏的兴趣，动了想为大桥局购买电影摄影机的念头。

5.珍爱并保护黄鹤楼古迹

建桥之初,铁道部采纳了有关人士重建黄鹤楼的建议:"因建桥所拆黄鹤楼,实系晚清所建的奥略楼,建筑简陋,其历史、艺术价值无足称道。不如逢今盛世,借建桥良机,在其侧选址重建,恢复古黄鹤楼之雄姿,使古楼今桥相得益彰。"

黄鹤楼旧址是历史古迹,旧黄鹤楼毁于清光绪十年,即1885年。当时黄鹤楼的废墟上有个八角楼建筑,不是真正的旧黄鹤楼,而是晚清所建奥略楼,武汉大桥建桥过程中已成为大桥局二桥处工地的办公室。黄鹤楼的旁边有个叫孔明灯的白塔是国家重点保护文物,为不影响施工,必须拆除。有关部门已派专人把每块石头都编号,按文物保管起来。到大桥建成后,将其恢复时由文物专家指导,把每块石头再按原样重新垒起来。

黄鹤楼旧址上的白塔即将被拆除的前一天晚上,那是1955年5月,负责拆迁的武汉市副市长王克文通知了大桥局政工干部张虹村,张即刻转告彭敏。彭敏知道后立即跟汪菊潜总工程师说了,他们决定去黄鹤楼旧址,再看一眼要拆除的白塔,留个纪念。那时候他们都住在汉口,彭敏带着温恩梅和小女儿,汪菊潜带着他的夫人程景之,同去的还有张虹村,由赵锡福开车来到汉口江边,乘小汽轮过江到对岸的黄鹤楼旧址住了一晚上。当时汪总工带了个小型照相机。他负责照相,因而照片上没有他,很遗憾。这张照片是汪菊潜总工送给司机赵锡福的,照片背面上是汪总工的字。

◇1955年5月孔明灯(白塔)照。左起:彭敏之小女彭小三、赵锡福、汪菊潜夫人、张虹村、温恩梅、彭敏,照片背面是汪菊潜手书"1955红五月,黄鹤楼拆迁前夕"。(张虹村提供)

1985年在原址后面按清乾隆年间古黄鹤楼原貌

重建，白塔按原样修复，只是整体位置向内缩进一段距离，现已成为长江大桥武昌岸的一处重要名胜景点。

因修建武汉大桥，旧址已不复存在，彭敏在武昌桥头引桥下方旧址处留有一块旧石阶（已拆除），在其上方的墙上刻有他书写的"黄鹤楼故址"字样作为标记。在蛇山头有块大石头上刻有"蛇山头"字样，由于时间久远，石头已有裂纹。

6. 桥头建筑艺术处理广受好评

彭敏很爱美术，年轻时，在北京参加学生运动，为做掩护他考取了清华大学建筑美术系，当旁听生，学过一段时间，因此有一定的美术素养。

彭敏认为建筑物的美主要在于它本身结构的协调，在不破坏这个协调的原则下加以适当地装饰，或加上某些装饰以增加它的协调。彭敏反对以多余的结构来增加美观。比如有的方案桥头堡的设计高达90余米，和正桥相比有喧宾夺主的架势，使人看到长江大桥这个建筑，好像不是桥而是桥头堡。选中的是唐寰澄工程师设计的桥头堡美术方案。当时大桥局里也有不同意见，认为这个方案是最差的。但是彭敏赞成并支持它，认为这个方案比较朴素，也是最经济的方案。

彭敏对大桥做了许多美术处理，如两岸引桥上层采用连拱形式，这样以拔地而起的高巍连拱与钢筋轻巧的菱形长桥相映成趣，不显得线条单调；在正桥和引桥之间以轻型的桥头堡分界；其他像钢梁涂色、公路桥面灯柱、栏杆正桥和引桥也因钢桥和引桥混凝土结构不同而有区别，两边桥头做绿化布置等等。很多具体部位的设计参与了苏联专家的意见，因此大桥建筑中有俄式建筑的元素。彭敏在回忆文章中也有叙述："在美术方案上，我们（和苏联专家）常常有不同的意见，栏杆、灯柱的花样，桥台内部装饰，挂灯的式样，大理石的颜色等等；不光我们之间，差不多每人都有不同的意见，我们常把这类问题放在其它问题之后来讨论，作为一个"休息节目"。在大家热烈争论以后，得不到结论，西林就说："苏联有个谚语，在趣味和颜色上是没有一致的。""

彭敏十分注意引桥桥墩装饰面的质量和效果，大两岸桥头堡和引桥下部均用青灰色花岗石镶面，看起来就像真正用花岗石筑就一般。上部用钛石子粉墁，色调一致，避免混凝土因水渍脏污变色；正桥桥墩因水位年年涨落，留有水渍在所难免，未作粉饰，仅在混凝土表面做有横竖线条，类似大理石镶面或筑砌的一样；彭敏特别选择了手艺很高的湖南精细石工队，进行引桥桥墩青灰色花岗石的镶面和桥台内下部墙面、柱体和拱圈的大理石镶嵌工作，用榔头一点点敲出来。所砌墙面的花岗石、大理石严丝合缝，线条完全密合，整齐划一，直到现在，平整无脱落，仍然完好如初。行人走到跟前，那种永久性建筑的坚固庄重之感油然而生。上部钛石子粉墁增添洁净典雅韵律，拱形引桥、民族风格桥头堡与刚劲轻巧的菱形钢梁形成了整体壮丽美观效果，都可以看出彭敏很讲究建筑艺术。他说大桥美化的费用仅为大桥造价的1%，也是值得的。

大桥利用武昌岸蛇山地形，在铁路面的上游，留有一宽敞平台，供游人憩息观赏。平台中建一座武汉长江大桥纪念碑。纪念碑外形是武汉长江大桥首创的大型管柱，柱顶是威力强大的震动打桩机，代表了桥梁建筑最新突破。圆柱上镌刻着毛主席亲自为武汉长江大桥题写的诗句"一桥飞架南北，天堑变通途"。碑座六面体大理石刻着彭敏撰写的"武汉长江大桥建桥记"碑文，记载了建桥的经过。

在两岸的桥头堡内，有两座大型群雕，分别为中央美术学院雕塑系毕业生章永浩、郭家端、史超雄和杭观

◇位于武昌岸桥头处的武汉长江大桥纪念碑（开放前）。
（中铁大桥局提供 任发德拍摄）

华创作。大桥办公大楼立面上部的赵州桥浮雕也是后两人的作品。雕塑下方有彭敏署名的《武汉长江大桥建桥记》原文，1995年5月由著名书法家篆刻。

大桥建筑的整体艺术效果，公众评论是一致的：协调、朴素、经济、美观，大桥建筑美术在处理上是成功的。

八、培养一支优秀的建桥队伍

1.他酷爱学习又珍惜人才

彭敏曾说："大桥工程为中国最大桥工程，为此，通过这一大桥的修建工作，其附带的收获应是培养一批桥梁工程师和工程组织者。"因此1953年2月开始筹建大桥局时给部领导的报告中说道："有计划的培养党内专家；1.气压沉箱工程专家；2.大桥钢梁安装专家；3.机械化、自动化、工程机械使用专家；4.大桥施工组织专家；5.混凝土浇制专家。"他说："因个人所知有限，需人事局就全国铁路工程干部研究选送之。"

彭敏把全国桥梁方面的专家都集中到了大桥局。他们有较高的科学技术知识，不少留学外国，参加过工程建设，有一定的实际经验。除了聘任汪菊潜、梅旸春、李芬、朱世源外，还有刘曾达、胡世悌、王序森、瞿懋宁、陈昌言、曹桢、王同熙、王伟民、赵遂章、戴尔宾、顾懋勋、邹义章、胡仁、庄梦星、区荫昌、王团宇、刘迪炎、孙廷先、殷万寿、肖传仁、苏原仙、罗其斌等老工程师。其他相关专业的技术人员，像地质勘探的谷德振；水文方面的王家璋；测绘方面的李洙；线路方面的王允山、刘宗恕、王发；机械方面的钱学新、周秉礼；电力方面的戴明典等等。

对于人才，彭敏不嫌多，对他们的进步如数家珍。在武汉长江大桥的建设中，这些人八仙过海各显神通；在武汉大桥设计事务所工作的解放前夕毕业的一批年轻的技术人员，像李家咸、周璞、赵煜澄、方秦汉、唐寰澄、华有恒，以及1953年刚毕业的大学生陈新、贾云楼、刘长元、粟杰、曹春元、朱海涛、万方、孙义云等，通过武汉长江大桥的历练也都能独当一面了。

　　他希望这支新的队伍抱着为祖国富强的理想，掌握建桥的本领，和他一起在祖国的大江大河上修建起一座又一座桥梁。

　　在他的积极推动下，1956年大桥局党委通过决定，由铁道部大桥局桥梁科学研究所创办了《大桥工程学习汇编》，他亲自为杂志题名。刊物介绍桥梁设计和施工经验，交流推广建桥中的发明创造、技术革新、科技成果和理论探讨，介绍国内外桥梁的技术和发展状况，以提高大桥职工、特别是技术人员的专业水平，为将来更好修建更多的桥梁打下基础。

　　彭敏重视学习和技术总结，亲自撰写了在杂志创刊号的第一篇文章：《武汉长江大桥采用新基础结构及施工方法的基本总结》，把大桥所做具有世界桥梁基础工程历史上新突破的基本内容作了详尽解释和分析。其中还有彭敏的两篇文章：《我们在武汉长江大桥建设中学到了什么？》《彭敏在长江中下游三大桥科学协作第二次会议上的总结报告》。

　　该刊物出刊发行后得到广大技术人员的高度重视。大桥局的顶级专家和技术人员积极投稿，把自己的研究和实践拿出来，和大家讨论；还有不少翻译国外的技术论文。钱学新总工程师多年来一直不间断地订阅并珍惜保存了几乎全部刊物共24期。该刊物历经10年，1966年12月由于"文化大革命"停刊。1971年在原《大桥工程学习汇编》的基础上易名复刊为《桥梁建设》。

　　1956年1月，铁道兵全面展开鹰厦铁路施工。鹰厦铁路除两端地势较平坦外，因要跨越武夷山和戴云山区，大部分蜿蜒于崇山峻岭、河川峡谷之中，工程艰巨。特别是鹰厦铁路最前方是厦门海提，彭敏很感兴趣。于是铁道兵的老战友副司令员李寿轩和郭维城特别发出邀请。夏天彭敏休假，一反常态不去北戴河、青岛等北方避暑，而是带领全家南行去了厦门，他要亲自去看看鹰厦线和修海堤。鹰厦线在当地政府的大力支援下，施工部队把近百万方的岩石、沙子投进大海，筑成了由集美到杏林、杏林到厦门间5公里长、19米宽的海堤，雄伟壮观。虽然是休假，但他大部分时间是在整理资料，撰写文章和报告。警卫员熊兆康回忆说，他带的行李里，有一个不大的箱子，装满了书和资料，很沉的。

　　铁道兵的施工指挥部坐落在南平的山上，彭敏的二侄女周平得知叔叔来福建了，从部队赶过来看望，照了一张合影。这个侄女就是当年从老家参加革命，跟着南下打仗的解放军离开家的。

2.技术干部也要提高技术水平

1954年7月在西林专家组来了之后，由于中苏双方技术合作关系融洽，苏联专家们丰富的建桥经验和良好的素质，彭敏看到了机遇。

他将大桥整个工程的技术按专业分为：地质钻探、钢梁设计、基础施工、钢梁架设、机械化施工方法等几大方面，由苏联专家进行讲授，让技术干部了解将来工作情况，有哪些主要问题，采取什么方案解决。在苏联专家指导下让技术人员亲自动

◇1956年夏，彭敏去福建参观铁道兵修建的鹰厦线，在福建南平见到二侄女周平（后排右一）的合影。

手，做出多种比较方案，选取最好者，如比较桥址线、钢梁等均做三四个甚至六七个方案。通过研究选择施工方案，改变过去陈旧的技术观点。这种方法

◇彭敏（右）和卡尔宾斯基共同讨论问题。（中铁大桥局提供　任发德拍摄）

很快取得成效，青年技术干部提高很快，在钢梁安装设计上，如陈新青年设计组能够创造性地研究出各种方案进行比较。彭敏让翻译把苏联专家技术讲课记录编印出来，有单行本、合订本，供大家学习使用。

彭敏大胆地将技术干部放到实际施工的领导岗位上加以锻炼。让他们担当工区主任、主管工程师、队长、总工程师等职务。我国钢梁设计专家的顾懋勋，资格老，地位高，旧知识分子的生活习惯很浓厚的，但属于靠近共产党、主动接受社会主义

改造的进步老专家。通过和苏联专家共同设计钢梁，他逐步克服了只认美国铁路协会发行的《设计规范》的保守思想，改为以苏联专家建议的菱形结构进行设计，可以比原设计方案节约1000余吨钢材。由于提高了认识，他提出建议修改武珞路跨线桥，为国家节约90余万元的方案。他还将苏联专家的建议进行系统地翻译，发给管理干部和技术人员，以便在工作中学习。

汉水铁桥完成后，全局在专家指导下，进行了技术总结，给干部的教育很大。对以往施工中发生的问题找出了确切的原因，也给江汉桥和长江大桥的施工提供了宝贵的经验，并提出了改进意见，如在管柱中钻岩用的大型钻头经过了反复研究，竟改了八种形式。

1954年底至1955年春，大桥局派了共十人，其中有干部、有技术人员，赴苏进行学习深造。朱世源、刘麟祥、区荫昌、李暨南、张永新、樊炳麟六人学基础施工气压沉箱法，李曙明、赵煜澄、顾鸿琪三人学钢梁安装，还有一名姓郭的翻译。刘麟祥回来得早，其他人在半年之内，也陆续学成回来了。

◇派去苏联学习的10人。左起：张永新、朱世源、樊炳麟、区荫昌、李暨南、顾鸿琪、刘麟祥、苏联人(女)、郭翻译、赵煜澄、李曙明。(照片由中铁大桥局提供)

当年大桥局的年轻人赵煜澄后来成长为局副总工程师。他1929年生,常州人。1953年上海交大毕业,分配在铁道部设计局桥梁科参加武汉大桥设计工作。当时正碰上新组建大桥局的彭敏带队去苏联鉴定长江大桥设计方案,由于他是新毕业,又会俄语,把他选中了。赵煜澄积极热情,好钻研技术,机敏反应快的特点彭敏很喜欢。这次选派十名技术人员赴苏学习,又把他选中。再后来1957年,他是大桥局青年积极分子,又幸运地参加了在莫斯科召开的莫斯科青年联欢节和世青会。彭敏的关怀和培养让赵煜澄终生难忘,他2013年写了一篇缅怀彭敏的文章,还拿出一张珍贵的结婚照片。那是他两口子结婚前想和彭敏在办公大楼前照张合影,正碰上很多人从楼里出来,大家都想和彭敏一起照相,于是照片上又多了很多同志。

◇彭敏和技术人员在办公大楼前。左起:周璞、赵煜澄、彭敏、赵煜澄新婚夫人姚声扬、李家咸、刘曾达等。

彭敏不止一次听老工程师王同熙说过旧社会中国技术人员怎样受帝国主义欺辱的事。在1934年钱塘江大桥兴建的日子里,王同熙刚刚走出学堂不久。桥墩分给丹麦康益洋行，正桥钢梁分给英国道门朗承包，只有引桥桥墩落到中国包商手里。外国承包商在施工技术上对中国还保守秘密，不让中国工程师进入。在1936年和1946年王同熙两次为长江大桥筹建出过力，由于国民党政府不支持，满腔的热情被驱散了。解放后他参加武汉长江大桥建设，是武昌南岸二桥处的总工程师，一等工程师。他的特点是到了工地灵感就来了，主意和办法多，连苏联专家都喜欢和他一起工作。有一次，他连续工作二十几小时，苏联专家卡尔宾斯基逼着他休息，笑问他为什么不执行专家劳动保护建议？苏联专家塔玛洛夫为了给他讲解如何估计围囹的中心在下沉管柱以后的变位问题，曾在不同场合、用不同的方式解释其道理。对比新旧社会对他的使用和尊重，使他很感动，为此他写过一篇文章《两个时代两座桥梁》发表在《工地生活》报上。

◇中苏技术人员平等合作。左起：邹义章、孙翻译、王同熙、卡尔宾斯基、警卫员。（中铁大桥局提供　任发德拍摄）

彭敏看到技术人员的成长，常常扳着手指头数着大桥局里的专业人才。"到了1956年，能够担负特大桥梁结构方面设计的老工程师（他们的年龄均为40～50岁）有顾懋勋、胡世悌、刘曾达、王序森、许达明、曹桢、戴尔宾等。年轻的（30～40岁）有金雄、李曙明、郑为乾、赵煜澄、唐寰澄等共30余名。他们都是在苏联专家吉洪诺夫亲自指导下工作的。年轻的工程师进步更快，如陈新青年设计小组，他们都是1953年的实习生，现在已能担负起结构复杂的大桥钢围囹、大型管柱等设计工作。1954年设计汉水铁桥的木沉井、钢围囹均是一等工程师王同熙等人做的。以前由曹桢、刘曾达、王序森他们负责设计的钢围图，设计赶不上施工，常出现停工待图和返工，现在这些活由青年工程师周璞、李家咸都能干得了。"

◇常年忙碌在工地上的施工处技术人员，他们是彭敏喜爱的干将。左起：钟桂清、平光汉、高鹤江、区荫昌、吴是湧、李洙、□□、陈昌言、□□、许达明、祝筠和、朱炳文。（照片由中铁大桥局提供 任发德拍摄）

"在施工方面，能够解决一个桥梁处技术问题的总工程师或副总工程师的有王同熙、赵遂章、陈昌言、区荫昌、殷万寿、萧传仁、胡仁、邹义章等；能够负责几个桥墩技术问题的工区（中队）主管工程师就更多些，如：郑兆毅、张必敬、张宗乃、任汉祥、万方、孙义云、李应中等。""按工序的专长来说，原来只有李洙工程师指挥桥墩的测量定位（大桥是连续梁，墩位允许的公差很小）指挥围图浮运下沉，现在各队副总工及工区主管工程师都可以做到。下沉管柱钻岩有萧传仁，混凝土封底有王同熙、殷万寿等，插打钢板桩有邹义章，钢梁架设有戴尔宾。"

在武汉长江第一桥前后，这支新培养的建桥队伍经过修建武汉长江大桥的历练，又相继奔赴到四川、河南、广东、江西、江苏、黑龙江等地全国各个建桥的战场，在建设新的铁路桥梁中不断成长、成熟起来，为我国的铁路桥梁建设发展发挥了重大作用。

3.我需要的是大批技术工人队伍

1956年2月，彭敏在《新生力量的成长的报告》中说："1953年开始到1954年共有工人1737人，到1956年增加到3583人。开始技术工人甚缺。特别是电焊工、机械工人、潜水工人、各种吊车司机、大型钻探机的钻岩工更缺。在使用机械方面，因为不会使用，使用效率低，如铲运机做土方比人工担土的费用还高。对威力强大的万能打桩机、吊船、自动化的混凝土工厂使用效率也很低。"因为这些机械都是新式的都未见过，不要说转业干部，就连有些工程师也说："这些玩艺不要说用，连学也未学过。"

彭敏让大桥局给工人办短期训练班，一般是两三个月时间，先学习一些基本理论知识，然后分配到现场，由老师傅边工作边教，三年来培养了688人。如管住钻孔法需要会开钻机的钻岩工人，从大孤山铁矿请来邱贞祥等四位师傅，在苏联专家指导下，经过他们带徒弟，用4个月的时间培养了141名钻工。水上吊船，在解放前老吊机只能由美国人开。在汉水铁桥时，仅两三人能对付着开，还经常出状况。由老师傅讲课，已培养30余人。电焊工，开始时只有12人，现在已有85人，仅管业良自己就培养了9个人，其中两人已当工长。潜水工人，原来只有5人，还是仅在10米左右的水下摸摸情况，现在除一部分去援助越南外，现有120人，其中不少人还掌握了20余米深水中进行水下烧割、水下切除等工作。其他装吊工、铆工，在数量上也有所增加，技术上有了很大提高，尤其也能掌握使用机械工作了。拼铆钢梁质量按照苏联专家的说法，已达到世界水平。

在大桥的建设中，职工们一共提出2693件合理化建议，采纳了1437件，共节约了72万元。选出局先进工作者635人，先进集体70个。几年来，通过大桥工程的实践，组成了一支掌握了技术的桥梁队伍，组成了一个完整的建桥机构，培养提拔了153名技术员，90名工程师。3724名原来不掌握技术的临时工、学徒工、复员军人初步掌握了技术。446名技工的技术水平有了不同程度的提高。在临时工中也培养了已经初步掌握各种技术的工人1556人。另外，还给铁道兵培养了400多个技术工人；给武钢、中南建筑工程局、武汉重型工具制造厂也培养了一批工人。

4. 管理干部要能独立领导施工

彭敏为了全面培养管理干部独立领导施工的能力，在施工组织上进行了部署。全桥任务由三个工程处和一个机械修配经租站承担。第一桥处担任汉阳岸引桥0号台和水上1、2、3、4号桥墩的全部工程，以及第一至第六孔钢梁的架设任务，党政负责人苏令闻、杨海峰，总工程师陈昌言、赵燧章；第二桥处担任武昌岸引桥、9号台和水上5、6、7、8号桥墩全部工程，以及第七至第九孔钢梁的架设任务，党政负责人周永生、刘麟祥，总工程师王同熙。机械修配经租站担任机械修配、内部经租，以及如钢围笼和震动打桩机、钻机、钻头、架梁吊机等设备制造，党政负责人刘金兰、周秉礼，总工程师钱学新。以上是武汉大桥的三大支柱。第三工程处的水面工程少，即汉阳工程段担任汉阳岸联络线及跨线桥工程，党政负责人闫兴、王允山。中国人民解放军铁道兵担任武昌岸联络线和跨线桥工程。

杨海峰和刘麟祥的技术和管理能力提高是最突出的。据干部们介绍，杨海峰是学习彭敏施工管理经验最好的干部。他1938年参加革命的老县委书记，最实干、最朴素。你若要到工地上找他，工人就会告诉你，那个衣服最旧的人就是。武汉大桥建成后，他带领一桥处在郑州黄河新桥全面施工，盖宿舍，打开局面，布置施工场地，组织施工很有能力。刘麟祥原来在铁道部是翻译处长，滕代远部长为支持大桥局工作，把他调进大桥局。他是混血儿，脑子特别灵，俄语是天生的，1958年彭敏派他出国学习专业技术如虎添翼，桥梁专业掌握快，学习运用大型机械来得也快，带领二桥处在武昌岸施工。

在办公大楼每周六下午请专家讲技术课，除了技术人员，管理干部也参加，宋次中副局长是1955年底来的，来得晚，每次学习他也都参加。连曹桢工程师都夸他："宋局长也快成知识分子了。"

从管理干部来看，工区正副主任有28个，这些同志都是工人中提拔起来的，也有转业干部。大多数能够胜任一个工区的领导工作。如：杨鹤棋原是部队的副连长，现在能够领导六七百人的一个机械经租队；朱宝山、杨茂义、顾茂林等原来均是工人，现在都已能担当一个工区的主任。

大桥局培养了一批要理论有理论，要技术有技术，各种活都能干的管理干部。他们佩服彭敏和朱世源这样业务能力很强的领导干部。像孙信、张虹村、殷万寿、孙廷先、刘麟祥等，不要说抬木头、走跳板、抬重物，车、钳、锻、铆、焊、铇样样都能干。不仅会开汽车，所有的施工机械都行，塔式吊机不让随便开，他们也会开，装料工那套活：顶千斤、装吊扣、系拦封扣，这些基本功都会。理论上向总工程师们学结构力学、学材料力学，上到勘探船上跟地质勘探专家学地质年代、看岩石等等。苏联专家讲课次次必到，有机会共同工作，一块讨论，比如说：土石方计算、摩擦角多大，软土路基怎么处理啊？有时候一些工程师还得向他们请教。

其中孙信的进步是十分突出的。解放后他从东北铁路局调到武汉修长江大桥。因为孙信干过秘书工作，别看岁数小，20出头就让他到党委办公室给副书记杜景云当秘书，后来成为桥处领导干部。令孙信惊喜的是，武汉大桥工程局局长正是当年在绥化铁路公安护路队的彭司令员，可以说，他是大桥局最早认识彭敏的人。孙信说："当年彭司令员劝我上学读书对我的一生帮助不小。"

5. 彭敏和汪菊潜的君子之交

汪菊潜生于1906年，19世纪20年代被交通部派遣去美国留学，1944年在重庆受桥梁专家茅以升的聘请，任中国桥梁公司副总工程师（罗英为总工程师）。1945年由交通部派赴美国考察铁路一年，回国后仍在茅以升的领导下，负责修复钱塘江大桥。

彭敏和汪菊潜虽然信仰不同，性格也不同，但是在武汉长江大桥建设中配合得非常好。特别是在重大技术问题上，彭敏得到了汪菊潜最重要的支持。这就是在武汉长江大桥深水基础施工方案的实施上，积极领导和组织中国工人和技术人员进行试验，将原设计方案"气压沉箱法"转变为"管柱钻孔法"。这是武汉长江大桥建设成功的关键。

汪菊潜总工不仅在技术上是个全才，而且为人正直严肃，朴实无华，平易近人，求真务实，他身上融汇了东西方文化的优良传统。在工作中，他爱才育才，知人善任。在大桥局联系了很多桥梁专业的人才，使他们在武汉长江大桥、南京长江大桥建设上充分发挥才能。如：王序森、刘曾达、王同熙、赵遂章等工程师，解放前修复钱塘江大桥时，都曾在汪菊潜的领导下工作过。这些人都是大桥局建桥初期的栋梁之材。

彭敏局长素有爱才用才惜才的特点。他对汪菊潜这个国宝级人才更加关心和爱护。曾做大桥局办公室秘书的王昌骅工程师说过："彭局长很会关心人，他特地叮嘱我，星期天要常去汪总工那里看看他，他的家不在武汉，闲下来会寂寞的。"彭敏自己在星期六、星期天晚上也常邀请汪总工一起打麻将。那时候打麻将只是娱乐，不赢钱，而是计分。听一个干部说，有一次彭敏、汪菊潜、梅旸春、刘麟祥他们四个人打麻将，还有几个看热闹的干部。结束时，梅旸春、汪菊潜都输了，输了就罚钻桌子。梅旸春人很随和，一点没架子。大家起哄让梅总钻桌子，说梅老总爱耍滑，必须监督他钻完。梅老总钻完了，大家起身要走，汪菊潜说："大家别走哇，我还没钻呢！"包括彭敏在内大家对汪总工尊重有加，汪总工身材高大，年岁也大，大家不好意思逼他，不忍让他钻桌子。彭敏摇摇手，表示不要他钻了。有位政工干部看彭敏起身走了，就对汪总工说，"彭局长走了，就是有意放你一码，别钻了。"但是，虽然人都走了，汪总工自己还是一个一个钻过来钻过去，一共钻了十个。有意思的是，第二天，汪总工分别告诉每个人："我昨天晚上钻了十个桌子。"那个政工干部笑他："我知道都是你的那个教义（基督教）让你这样做的，我们是无神论者不信这个……"汪老总说："不是，做人就要诚实。"第三天汪总工又补充对他说："昨天我还没说完，是我自己认为这样做的，对人要以诚相待。宗教有很多说法是对的。不是信不信，而是精神寄托，达到什么境界。比如佛教中说狮子是很大很凶的，但治不了身上小小的虱子，有它的道理……"因此大桥局的干部职工都称汪菊潜总工是"正立方体的人"，也就是说他为人正直，挑不出任何毛病。

汪菊潜总工体会到彭敏对他的信任，在一次国务院召集的专业技术人员开会，汪菊潜发言说很多下面的干部对他们不信任，许多应该让他们知道的事都不和他们说，只有彭敏局长对他信任，尊重他的意见。

彭敏真正了解我国知识分子的实力和作用并不比苏联专家差，在武汉长江大桥落成通车典礼上，他在发言中说："……大桥在设计中，由于苏联专家的倡议，中苏技术人员的共同努力，在党和政府充分支持下，创造了世界桥梁史上尚无先例的新的基础结构和新的施工方法——大型管柱基础、管柱钻孔法……"话音还没落，下面就响起了雷鸣般的掌声和欢呼。这是因为"共同努力"这四个字道出了中国技术人员的心声。武汉长江第一桥的成功是以苏联专家西林提出了钢筋混凝土管柱结构的创意，由以汪菊潜为首的中国技术人员和工人一起完成的试验，并成功用于施工而取得的。此外，汪菊潜等技术人员在七号墩炭质页岩中以强力射水的方法下沉钢筋混凝土管桩，构筑深达32米的围图和39米的钢板桩围堰，深水中水下混凝土灌注；采用半伸臂和全伸臂钢梁工地安装等一系列创造性的施工方法中都发挥了主要的作用。那时候人们看问题的方法有时以偏概全，只强调苏联的帮助，忽略中国人的作用，但彭敏不是这样，因此赢得了大桥局新老知识分子的尊重和爱戴。

彭敏和汪菊潜之间更多的交往，已无法得知。汪菊潜一生是很低调的，他和彭敏是君子之交淡如水。没有一点世俗之气，配合默契，实属少见。

6. 成立中国第一所桥梁学院

武汉长江大桥建成后，1958年，在彭敏积极倡导和大力主持下，在汉阳成立了武汉桥梁学院，彭敏亲自兼任桥梁学院院长，由郑杰任党委书记兼副院长，顾懋勋任教务长。当时是大桥局党委副书记杜景云的秘书孙信说："在讨论学院要不要成立的问题上，彭局长在局里力排众议，多次开会研究，才达成一致意见，聘请了许多全国有名的优秀专家教授，才得以成立。每次开会讨论时我都在场做记录，情况我都知道。后来在三年困难时期，不得不下马。"

《铁道部大桥工程局志》上摘录：武汉桥梁工程学院（以下简称"桥梁学院"）1958年9月成立，系以桥梁工程为单一专业的四年全日制本科学校。当年参加普通高等学校统一招生，局长彭敏兼任第一任院长，并成立由彭敏、杜景云等24人组成的教务委员会，宋次中任主任委员。院部设教务处、政治理论研究室、院长办公室、人事室、行政科等管理机构。办院初期有教职工36人，其中教师11人（另有兼职教师8人）。以后随着办学规模扩大，教职工增加到78人，其中教师43人。

桥梁学院是在一无校舍、二无教师、三无教材的情况下创办的。初期借用铁中、干部学校的房舍作教学用房。1959年兴建教学楼6304平方米，有藏书23000册、教学设备14.5万元。教师选拔有较高理论素养和丰富设计施工经验的工程技术人员担任。教材开始选用有关高校的教科书，以后为突出桥梁工程专业特色，自编了《桥梁概论》、《桥梁施工》等教材，把大桥局最新技术成果充实到教材中。并利用大桥局设计、施工、科研、制造四位一体的优势，组织学生进行湖口大桥桥址初步勘测、泸州长江大桥地形测量、汉丹铁路549号桥修建、南京长江大桥劳动实习等生产实践活动，促进理论同实践的结合。1958～1961年共招生421名。1962年停止招生，1964年撤销。共培养本科毕业生298人，其中留本局工作180人，他们在以后的设计、科研、施工中作出了较大贡献。到1995年有142人晋升高级工程师，其中任处（厂）总工程师12人、局副总工程师1人。

由于大桥局缺乏机械专业技术人员，经过不断向上级申请，调配来一些学机械的新毕业大学生。盛德晶老师学机械，1955年初分配到大桥设计事务所，参加了大型震动打桩机的设计制造，还获得奖励。在武汉桥梁学院成立后，调她当老师。学校每年招收200学生。她说："开始我没经验，给100～200人讲大课，胆子小，声音太小，后来改进了。没有合适的教材，自编教材《桥梁机械学》，三本改编成一本，去掉热工学的内容。共办了三届，58、59、60届，到了60年酝酿下马，让我出面给学生作报告，讲机械方面如何重要，把学生转到其他大学。暑假带学生实习。后来我的学生在大桥局、各桥处当了领导，有的出国深造，成为建桥骨干力量。学院转成桥梁学校后，学生实习都很方便。"

7.不动声色保护了他们

如果说彭敏和朱世源由于自身是知识分子，而对知识分子有天然的感情，这只说对了一半。那时候有本翻译的杂志《知识就是力量》，彭敏的家里就定了这个杂志。彭敏深刻体会到"知识的力量"。他知道修建长江大桥决不是仅凭干劲和硬拼就可做到的，离不开科学技术，离不开知识分子的作用。他对汪菊潜总工、梅旸春副总工、李芬副总工这样的老技术人员，还有苏联专家都倍加尊重，他能很好地把这些人团结一起工作，关心他们的生活并在政治上保护他们。

那个时代各种运动风起云涌，大桥局又是新老知识分子会集的地方，他是局里的一把手，对于大量的中高级专业技术人员和党的优秀干部的保护也很难的。

1957年大桥局也和全国一样轰轰烈烈开展了整风运动。局里各级党组织也召开座谈会和小组会，听取党内外群众意见。从整个大桥的建设过程中，引导他们认识大桥工程每一步工作中党的坚强领导，以新旧对比认识旧社会资本家如何管理经营生产的反动本质。在大桥建设准备阶段，党组织提出：组织训练队伍，建立机构、建立制度准备修桥；在正式开工阶段，党坚决支持了新的技术方案，以试验工作为重心做好繁复技术和物质准备；在紧张的施工阶段，党组织又开展了劳动竞赛和先进生产者运动，和洪水、和时间、和各种技术困难进行了斗争，提前完成任务，达到"建成学会"；在工程竣工阶段，党组织又提出"善始善终，建成建好"。党组织每一步扎实的工作，使群众心服口服。在鸣放之中，有些人对于大桥局的管理工作也提出一些善意的改进意见，开始整风运动还是正常的。

但是很快全国又开展了反右派斗争，反右派的斗争又很快被扩大化了，大桥局也难免不波及，使一些党的干部和有才华的知识分子被错划成右派，不仅受到批斗，还被下放到基层或偏远农村监督劳动，由此而受到长期压抑和打击。

有一天，唐寰澄工程师被请到省里开座谈会，他因设计桥头堡的美术方案被选中而荣誉满身，会上即兴发挥，说出了"外行不能领导内行"的话，殊不知这是个硬杠杠，当下被打成"右派分子"。彭敏知道后，说了句："唉，可惜了，是我没有保护好他。"陈新是"陈新青年设计小组"的组长，要他带头发言，他便将所见所闻直话直说，于是就被团小组补划成了"右派分子"。

计划科的黄时达是1952年北方交大经济系毕业，1953年到大桥局计划科，为二级计划员。在大桥局黄时达和彭敏较熟，当年彭敏经常带着计划科的人去北京部里汇报工作。黄时达是上海人，脑袋瓜聪明，在办公室因爱评论时弊，说话不注意常出格，被打成了"右派"。彭敏找他谈话，指出他政治上不成熟，使他记忆深刻："黄时达，……我们不是把你往右派那边推，很想把你拽过来的。右派分子是反对共产党领导，像运输科长王德云这样的老党员出生入死跟党打天下，从部队下来，党的政策要靠他们贯彻到业务部门，你却说王科长不熟悉业务，该上培训班，什么意思啊？"50多年过去了黄时达对彭敏还很有感情。

为了保护他们这些"右派"分子，彭敏还是做了努力，给武汉市委打报告，大意是："由于大桥局的任务重，工作还需要这些人（这些人对大桥建设曾有贡献），大桥工程本身也是很艰苦的，对他们可以采取'就地改造，以观后效'的办法在大桥局内劳动改造。"于是像唐寰澄、陈新、黄时达等这些"右派分子"被留在大桥局基层的工班里监督劳动，没有被遣送到偏远农村。彭敏对这些知识分子进行力所能及的保护。青年积极分子陈新于1995年被当选为中国工程院院士，晋升为大桥局副总工程师，黄时达晋升为高级经济师。

◇1956年武汉大桥工程局第二次青年社会主义建设积极分子大会代表合影。前排右一董明芳、右三陈新，后排右四团工委书记池涌波、右五局党委副书记杜景云。（中铁大桥局提供　任发德拍摄）

1959年，反对右倾机会主义的运动中，邱长庚是大桥局办公室秘书处的干部，主要跟随彭敏出行。随着运动的深入，大桥局打出的"右倾机会主义分子"数量还不够，于是打击范围就一再被扩大了。那天下午指定要邱长庚交代"右倾罪行"，实质上在这个会上要把他定为"右倾分子"。邱长庚有他的特点：办事认真，工作严谨，但原则性强，脾气倔，得罪不少人，加上出身不好，有辫子可抓。他正惴惴不安等待下午的批判会，突然电话铃响了，彭敏来电话说："长庚，订两张飞机票，去南京的，马上走！"邱长庚问："另一张票是谁去？"彭敏说："就是你啊！"邱长庚一时语塞说："我，我，我下午还要……"但电话早已挂断。他只好买了两张票，跟彭敏去了南京，等彭局长办完事回来，邱长庚回到办公室，没人追着让他交代检查，风头已过，拿着自己的交代材料看着看着，忽然心里一阵酸楚，喉头有点哽咽，慢慢地才回过神来。假如真的被打成"右倾机会主义分子"，那就惨了。几十年过去了邱长庚依然记得，是彭局长有意保护了他。

据宋次中副局长回忆，在那次"反右倾"斗争中，当时大桥局党委领导班子集中在南京长江大桥指挥部内，运动的开展接受江苏省委领导。省委要求彭敏局长按照中央精神在大桥局党委内，限时揪出"右倾机会主义分子"。当时彭敏同志按时组织大家学习文件，要求大家坚持原则，有就是有，没有就是没有，就事论事，要实事求是，不能瞎凑数。结果过了时限，没有上报一个人，省委不满意，说："你们抓运动不力……"彭敏对上级组织说："我们大桥局党委成员没有什么右倾议论和行动，大家都一心一意在为南京大桥上马团结工作着，如果省委一定要上报'右倾机会主义分子'，只有一个，把我彭敏报上去好了……"他这种大义凛然、无所畏惧的无私态度使省委也没办法。

局里有个政工干部叫王栋（化名），他在部队上曾经给黄克诚当过秘书。来大桥局后，常说黄克诚将军如何好，无论是待人处事，办事能力，都赞不绝口。"反右倾"运动一来，黄克诚的名字赫然出现在反党集团的成员名单里，但他依然不改口："那我也不认为黄是坏人"。这样对他的批判是再自然不过的。于是接二连三开会批判他。有个技术人员李文华（化名）在会上批判发言，说王栋丧失立场，缺乏共产党员的"党性"。被批的王栋，听了就有气，因为李文华等进大桥局的档案中，有参加过三青团的记载，当时王栋作为政工干部还为他们做了解释，说他们在学校是集体加入的，也没有干坏事，不必追究。后来在李文华结婚时，还将自己的房子让出来给他住……于是忍不住反驳道："你别说什么党性，你连做人的良心也没有！"提到"良心"，在那个极左的年代，很容易和"封、资、修"的"人性论"联系起来。于是批判的温度升高了，招致来更加激烈的批判。

彭敏局长参加了这个批判会。他发言，不愠不火，抓住这个"良心"问题，从古说到今，从国外说到国内，一直说了一个多小时，该下班了还没说完，直到会议结束。过了些日子，局党委书记杜景云对王栋说，"看样子你没问题了，你把材料拿回去吧。"王栋感慨地说："要不是彭敏，我就是'右倾机会主义分子'了。"

彭敏这样不动声色地保护了建桥队伍里优秀的干部、技术人员，让那些干部无论何时想起来感慨万千而终生难忘："是彭局长保护了我！"这些故事在大桥局的干部们中间也成为趣事佳话流传至今。

8.善意的批评终生难忘

机械经租站总工程师钱学新说："彭局长是我的良师益友，有远见，有魄力，我很佩服。他工作起来肯动脑筋，想办法，听得进别人的意见；有不达目的誓不罢休的一股韧劲；他是一个知识型的干部，不仅自己爱学习，还号召大家学习。"

"他不常批评人"，钱总说："他只批评过我一次，我还记得。"经租站每年都报材料申请表，有一次办事员在总价上多写了一个"0"，彭局长看得很仔细，就问："老钱，单子你看了没有？"钱总说："没细看。"他说："不行啊，办事员写'我申请一个漂亮姑娘'，你也批准吗？"钱总一下脸红了。"当时我还没结婚呢，他只比我大四岁，我还是个单身汉。"

大桥局科研所的邱岳工程师说："在武汉大桥搞设计时，我是24～28岁，对苏联专家方案提出一个比较方案，获得大桥局记小功一次，在局内传令嘉奖。工作忙了难免有时加夜班赶工，正好有一次在局机关二楼会议室开会，彭局长在讲话时，突然笑着讲'虽然你们想了很多，也可能不如邱岳想一个晚上'。我听了吓一跳，很可能是昨夜加班未睡觉听报告时正在打盹。彭局长没有批评我，却当作笑话一样来鼓励我，我顿时振作起来。"

有一次局里开会议有争论，彭敏引导大家，不要教条死板。他举例说：有个翻译给苏联专家翻译中文的"胸有成竹"，结果苏联专家问："为什么他不上医院？"因那个翻译同志翻译成："肺里有根大竹子。"大家都笑起来。

警卫员熊兆康也记得："彭局长很少批评人，只批评过我一次。那是在1958年，黄河发大水把黄河老桥冲垮了，周总理第二次去黄河桥要看抢修结果，彭局长陪着一起乘公务车。我没事就在一旁看小人书，彭局长走到我身边，小声对我说：'这时候你怎么看小人书？'这时周总理走过来说：'看小人书也是学习，他喜欢学习挺好嘛！'我才醒悟到，彭敏是在提醒我，要随时注意周总理的安全。"

九、武汉长江大桥建成后

1.长江大桥建成震动了苏联政府

武汉长江大桥建成的事实在苏联政府也引起了震动。大桥局的一个老政工干部还记得："1957年4月以苏联部长会议主席米高扬为首的政府代表团和苏联最高苏维埃主席团主席伏罗希洛夫要来中国之前，苏联桥梁专家葛洛克洛夫事先就从苏联那边给大桥局透信儿：'他们去你们那里是给你们道歉的，千万别轻易放过他们，要抓住他们不放，狠狠批他们！'他是指对伏罗希洛夫、米高扬、卡冈诺维奇等苏联国家领导人要到大桥工地参观的事，对于苏联政府没有支持新方法特向中国政府及大桥局来表示歉意的。"

4月6日，米高扬率苏联政府代表团来中国，米高扬和彭敏局长及苏联专家组组长西林在桥头合影，在留言簿上他写道："中国和苏联桥梁建设者的合作，在这一伟大工程中显示了光辉的成就！""光荣属于中国和苏联建桥工程师和工人们！"等等赞美的语言。

◇1957年4月29日，苏联最高苏维埃主席团在武汉长江大桥工地参观。前排右一苏联专家西林，右二主席团主席伏罗希洛夫，后排右一局长彭敏，右二副主席乌兹别克加盟共和国最高苏维埃主席团拉希多夫，右三苏联专家卡尔宾斯基。（中铁大桥局提供任发德拍摄）

　　4月29日，伏罗希洛夫来到大桥，彭敏和西林陪同，先参观了钢梁，又走上正桥，从这头步行到那头。伏罗希洛夫不断和工人们握手。大桥局热情地请他们吃了饭，滕部长还给他们每人送了《管柱基础》一书作纪念。伏罗希洛夫回到北京对驻华大使尤金说："武汉长江大桥即将建成，你们还在那里争论不休，赶快派技术人员来华学习吧！"

　　大桥通车后，11月7日，西林在回国前对彭敏及大家说："我们的帮助是微小的，正像伏罗希洛夫所说，这儿我们只有二十几人，而中国人有几万人，事情还是中国同志做的。我们在这里工作，这里也是我们很好的学校，因为长江大桥的许多工作也是新的。我们回国后，一定宣传和推广长江大桥的新方法。"

2.试通火车时答记者问

1957年8月15日试通火车，这是在武汉长江大桥建成正式剪彩通车前第一次。在正式剪彩通车之前，过了三次火车。

那一天火车挂着两节车厢，第一节车上有彭敏局长、汪菊潜总工程师、李芬副总工程师，负责架钢梁的主管工程师罗其斌，年轻的刚提为工程师万方，还特地安排了一个女同志，名叫桑娟的技术员，她是主管工程师罗其斌的助手。罗其斌站在车尾负责观察钢梁的情况，其他人坐在车厢里，在车厢里还有记者和一些工作人员。第二节车厢里坐满大桥局各级干部、技术人员和工人的代表，都是从汉阳车站上的车。在列车开过桥，在武昌桥头摄影师任发德下车拍照。

◇1957年通车前由桥研所正式进行武汉长江大桥铁路面试通车试验，四台火车头高速行驶，双机车同时急刹车。（中铁大桥局提供　任发德拍摄）

那天李芬站在车厢中央风趣地说："在过去不论大桥小桥修好后，第一趟列车过桥的时候主管工程师一定要和火车司机坐在一起，好给火车司机壮胆。"有记者问了一句："李总你现在为什么不坐在机车上给司机壮胆呢？"这位李总笑了笑说："这怕什么，这点重量只不过达到设计要求的百分之一。"汪菊潜说："这不能算试车，试车要四个机车牵引两列火车以最快的速度对开，公路面上摆满汽车再站满人，那才算真正的试车。"

记者随即问彭敏局长大桥究竟有多坚固？彭敏回答说："假设有两列对开的列车同时驶向大桥的中央，并且因意外事故而紧急刹车；与此同时大桥公路面上摆满了疾驶的满载的汽车也都紧急刹了车；这时一艘万吨级油轮正好撞在桥墩上；并且又恰恰起了最大的风暴；发生了武汉地区最强烈的地震。在这些力量同时作用于大桥时，大桥也仍然坚如磐石。当然这是个万年难遇的情况，可是我们都是以这样的假设来设计修建的。根据著名桥梁科学家的说法：长江的流水及地下水没有腐蚀性，加上自有混凝土历史以来的百余年间，尚未发现过没有外力影响的损坏现象，所以对基础部分的坚固性，可以不必顾虑。至于钢梁，只要注意油漆、保养，百年间当无问题。"

这段令人十分震撼的话从武汉长江大桥最后一根钢梁上弦杆体准确吊装就位，实现了全桥钢梁合拢那天，也就是5月4日就有记者问过局领导，在《工地生活报》上就刊登过，后来苏联专家西林也这样回答过别人询问。可见武汉长江大桥就是按照这种设计理念建设的。试通火车这天，彭敏再次向记者表达，是他对大桥的质量充满信心。彭敏和汪菊潜此时坐在车上不单是享受荣誉，更重要的是要承担安全责任。

将这种设计理念拿到现在对任何搞建筑的人来说，也都要深深地吸一口气，感叹不已。但在那时武汉长江大桥局的全体领导和职工，无论是设计、机械制造、施工和科研都是把工程质量看成是对国家、对人民负责的大事，是百年大计、千年大计的事。还有全国所有协作单位、制造工厂和护桥部队都把大桥的质量看成是自己的事，一丝不苟。

彭敏当时还对记者说："百年之后机车有了发展，列车载重有了增加，大桥是否能承受？我们的桥梁科学家说，大桥的承载力就是根据百年间火车的发展，预计了今后百年间可能发展的情况而设计的。到那时，大桥基础部分仍无问题，对钢梁，只要经过加固或换上一架新的，它仍将是一座坚固的桥梁，而国家的投资都早已收回。"

3.桥梁专家茅以升谈彭敏

我国著名的老一代桥梁专家茅以升在他的著述回忆录《征程六十年》中提道："1953年我国请苏联交通部代拟武汉长江大桥的初步设计，经过苏联'鉴定委员会'作出的'鉴定结论'，正式发表，所鉴定的铁路与公路的安排（上下两层），'正桥'桥墩基础（气压沉箱）与上部结构（钢梁）等重要设计部分，均与钱塘江桥相似，后来经大桥局（局长彭敏，总工程师汪菊潜）修改，将'气压沉箱'改为'管柱基础'。"

这段话指出了一个变化：从武汉长江大桥起，桥梁基础建筑发生了根本的改变，即气压沉箱法的时代过去了。正如方秦汉院士说：武汉长江大桥是桥梁建设的里程碑。

经彭敏提议，中央批准，铁道部成立了武汉长江大桥技术顾问委员会，包括茅以升、罗英、梁思成、李国豪等我国老一辈最有权威的专家都是27名委员会成员。1955年2月，委员会、专家们汇集武汉，由大桥局彭敏局长和汪菊潜总工程师，还有杨在田副局长，梅旸春、李芬副总工程师一起陪同他们视察长江。他们一起在武昌桥头黄鹤楼原址白塔旁视察时，留下珍贵照片。

茅以升在著述中说："工程局在大桥施工期间向大桥技术顾问委员会先后提出了14个重要技术问题，经委员会讨论答复，都得到良好效果，保证了工程质量。"

茅以升对彭敏领导建设武汉长江大桥也有赞同和评价。1957年10月11日在大桥建成即将通车之时，茅以升在顾问委员会上发言说："今天是第三次会议，正值大桥落成，即将正式通车之际。大桥的工程艰巨伟大，且以空前的速度建成，是我国桥梁事业的辉煌成绩，是我国第一个五年计划又一重大胜利。首先我仅代表全体委员向修建大桥以彭敏局长为首的同志们及苏联专家们致敬。"

10月14日茅以升亲自写给彭敏一封谢函。内容如下：

彭敏局长：

作为大桥技术顾问委员会的成员，从1954年起，已来武汉开过三次会。每次都承大桥局的负责同志们殷切关怀，在工作上、生

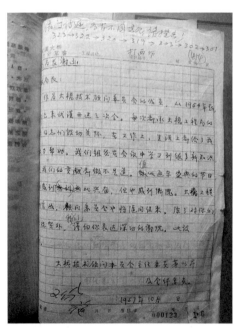

◇大桥技术顾问委员会委员茅以升给彭敏局长致谢函手稿。

活上都给了我们大力帮助。我们虽然在会议中学习到很多新知识，但我们的贡献却微不足道。值此通车盛典的节日，感到无比兴奋，但也感到惭愧。大桥工程胜利完成，顾问委员会也将随同结束。除了对你们祝贺外，我们谨向你表达深切的谢忱。

　　此致

　　敬礼

大桥技术顾问委员会主任委员茅以升及全体委员

1957年10月14日

与此同时茅以升也给滕部长致函表示祝贺。

4.为试验墩题写碑文

◇《五米大型管柱试验实物纪念碑》落成。左起：钱学新、王序森、邱长庚、赵树志、□□、刘麟祥、西林、赵锡福、戴树芬、温恩梅、彭敏、武汉铁路局局长赵锡纯、赵遂章等。（中铁大桥局提供　任发德拍摄）

滕代远多次建议把汉阳岸边的试验墩（此墩作为纪念至今被保留在原地）做成纪念碑留作纪念。1959年在武汉铁路局局长赵锡纯帮助下将大型五米管柱实物试验墩制成纪念碑，彭敏为纪念碑撰写了碑文，请人刻写在碑上，留下了这一历史的遗迹。落成时彭敏还在碑前照了相。遗憾的是，这个碑现在静静地坐落在居民的墙院里，淡出人们的视线几近泯灭。

五米大型管柱试验实物纪念管住钻孔法试验记

在修建武汉长江大桥时，由于武汉长江水深流急，地质复杂，世界上旧有的修建基础的方法，不能解决深水施工的难题。

苏联专家康斯坦丁·谢尔盖维奇·西林创意用大型钢筋混凝土管柱，下沉至岩盘，然后用大型钻机在管柱钻岩，再用水下混凝土与钢筋笼将岩孔与管柱连接起来，形成基础的结构，这种方法是世界上从未用过的。由于党和政府的支持，并根据依靠群众一切通过试验的指示，在长江北岸龟山凤凰山麓及江心进行一系列的试验工作，在这实验工作中，中苏工程人员及全体职工，亲密合作，昼夜苦战，发挥了敢想敢做的创造性和积极性，终于试验成功，而将成功的经验，立即应用在长江大桥的工程上。

现在一座雄伟的大桥已永峙于龟蛇两山之间，南北天堑已变为为通途，浩浩江水将记着人们的功绩，一切试验的痕迹，由于工地的整理，新的建筑兴起，逐渐泯灭，仅余莲花湖畔一巨型管柱尚存，滕代远部长数次敦嘱，妥为保存，经武汉铁路局加以整理，勒石为记，作为一历史性的纪念物。纪念这一世界桥梁技术上的新创建，纪念群众的智慧和劳动，征服长江的雄心壮志，纪念中苏技术合作的光辉范例，纪念永恒的牢不可破的中苏人民的深厚友谊。

铁道部武汉铁路局

1959年国庆十周年前夕　徐敬荣敬书

新方法的试验成功了，而试验工作仍在继续。彭敏在文章中说："西林同志并不满足于此，根据他所建议的一系列试验工程，使这个方法日趋完整，并且向更新的方向发展。那就是我们正在漳河桥上试验应用的，大直径的强迫下沉的薄壁沉井，比管柱的造价更为节省，我们将在郑州，黄河新桥上也加以应用。"还进行了"连锁管柱的试验，已获得初步的成功，这对于小型水库的拦河坝基础施工有很大意义，能够大为缩短工期，就是能使百千万亩田地早期享受蓄水灌溉之利。其它如密闭体内的混凝土强度试验、桩尖爆破试验，管桩螺旋筋密度和旋紧后的抗压试验，都将在今后工程材料的节省上有重大意义"。

彭敏常到这些试验点视察。在整个武汉大桥修桥的过程中，彭敏一直坚持"一切经过试验"的原则。他带领大桥局工程技术人员，在凤凰山东面山脚下做一米管柱内钻岩的试验，由苏联专家柯斯金指导，还从鞍山请了一位姓邱的师傅来做技术培训。在长江北岸龟山、凤凰山中都建了供试验用的山洞，在长江上也有很多试验点做水下试验。在建桥期间在凤凰山里大型钻头冲击岩石的巨大咚咚声，始终没间断过。在龟山北面山体内的山洞里也做着各种试验，如测试管柱受力极限等数据等。这些事情当时都只有参与设计工作的人员才知道，对外是保密的。

5. 得到世界各国、全国各地的重视，参观敬仰

武汉长江大桥成功建成震动了世界，从开工以来到1956年2月许多国家元首或领导人纷纷到长江大桥参观。其间，每天最高达3000人，59个国家和地区。那时候我国刚成立，还有许多国家没承认中国，他们不相信那么贫穷的中国能生存下去，更不相信新中国能够建设成功像武汉长江大桥这样伟大的建筑。他们把长江大桥看成为中国人民

◇陈毅副总理（右一）陪同印尼共和国总统苏加诺（右二）参观武汉长江大桥，湖北省委副书记张体学（右三）、大桥局局长彭敏（左二）、总工汪菊潜（左三）负责接待。（中铁大桥局提供 任发德拍摄）

219

◇罗马尼亚国民议会和布加勒斯特市人民
会议代表在团长康·帕伏列斯库率领下来
到武汉长江大桥，由彭敏局长陪同参观。
（中铁大桥局提供　任发德拍摄）

◇越南民主共和国主席胡志明参观武汉
长江大桥时，在铁路桥面席地而坐，与
大桥职工一起聊天。左起：局长彭敏、
工程师唐寰澄、办公室主任于障东、胡
志明主席。（中铁大桥局提供　任发德
拍摄）

◇南斯拉夫国民议会主席斯坦鲍利奇率领议
会代表团，在彭敏陪同下参观武汉长江大桥。
（中铁大桥局提供　任发德拍摄）

建设力量强大的象征之一，把长江大桥的建设看成是中国人民科学技术水平成长的象征之一。他们惊讶、赞叹、研究。

武汉长江大桥创造的新施工方法"大型管柱钻孔法"正在世界范围内有了多样化发展，在桥梁工程、水库拦水坝、港口、煤矿竖井、工业高炉基础都广泛使用着。武汉长江大桥的建成向世界显示出新中国有强大的生命力，必将跻身在世界强国之列。

彭敏说，大桥的工程进度，是大桥局施工组织的一个重要标志，但应说是社会主义制度优越性的重要标志。在过去，一般估计大桥的工期从没有少于五年的。几乎所有的西方人士在参观大桥工程时最惊讶的是我们的速度。如英国某市议会的议长说："我们的工业水平可以建造这样的大桥，但不能修建的这样快，我市的一个桥修建了十年还没完工……"美国青年代表团在参加了莫斯科青年节后，经过中国，参观了大桥，他们说："这样的大桥在我们美国也不稀罕，但我们修不了这样快……"

而彭敏建桥的理念和他们是截然不同的。在他《武汉长江大桥》一书的

◇郭沫若（站立者前排左五）陪同印度副总统拉达克里希南参观武汉长江大桥之后，郭沫若和彭敏（前排站立者左四）及桥面上热情的建桥职工合影。（中铁大桥局提供　任发德拍摄）

最后说了他的观点："更重要的是时间因素，施工时间越短，运输的使用时间越早；施工时间越短，修的桥越多。"他还说："保持武汉长江大桥建设敢想敢做的精神，推广和发展新的施工方法，向保守思想和片面观点作斗争，……为了高速度的在我国大江大河，一切需要桥梁的地方，架起桥梁，使铁路四通八达。"

武汉大桥的建成从工程局成立开始筹建工作是四年半，从大桥正式开工日算起是两年零一个月，比初步设计时预定时间提前了将近两年。

在建桥期间，彭敏陪同各国和本国的国家领导人参观大桥有多少次，自己都记不清了，可以说不计其数。让他气喘吁吁赶到桥上陪同领导人参观只有一次。这是试通车的第三天，1957年9月27日，郭沫若以全国人大常委会副委员长的身份，陪同印度副总统拉达克里希南博士，乘专机从杭州来武汉参观长江大桥。局办接到电话通知，局领导都不在，局办马上联系，请彭敏快速赶回大桥接待，让招待科的许主任和摄影师任发德立即赶到武昌桥头等候。

当时秋高气爽，晴空万里。大桥还未正式通车，工地上只有少数工人在清理现场。郭沫若陪同客人从武昌桥头堡步行到汉阳桥头堡。客人看到长江大桥的雄姿横跨在万里长江之上，心情很好，跟翻译赞叹说：你郭沫若又要诗兴大发写诗了。折回武昌桥头堡后，开车先送印度副总统回东湖宾馆，因为准备下午去广州。郭沫若留下来，和《长江日报》驻工地记者宫强又在桥上转了一会儿，正准备上车，这时彭敏气喘吁吁赶到了，见到郭沫若，随手将带来的一本精美的《武汉长江大桥》纪念画册送给他。郭沫若高兴地在留言簿上写了祝词并签了名，当时记者宫强和许多工人与郭沫若、彭敏挤在一起，无拘无束十分亲切，摄影师任发德拿起相机拍下这一珍贵的时刻。

彭敏的外甥史超，解放后已是解放军总政文化部创作室干部，1957年正好因为公事到武汉，见到湖北省委书记王任重。武汉长江大桥已建成，还未通车，已是全国赫赫有名的重要大事，能一睹为快，是很值得欣慰自豪的。于是他提出想到长江大桥看看，王任重书记亲自陪他从桥这头走到那头。谈话之间，他才知道大桥局局长是他二舅彭敏，他差点笑出声来："早知道是彭敏，还用得着绕那么大的圈子吗！"他和彭敏由于各自的工作，从延安分别

◇彭敏在通车典礼上。前排左起王任重、西林、李富春、滕代远、彭敏，李富春后面是李尔重。（中铁大桥局提供　任发德拍摄）

后，经过解放战争和抗美援朝，这么多年了，还没相互联系上呢！彭敏知道后，到北京开会时顺便去史超的家里，第一次见到在作家协会工作的外甥媳妇刘晓珊。史超给她介绍说，彭敏是武汉长江大桥的总工程师。一年后史超到武汉，做客彭敏家中。这时彭敏已把老母亲接到武汉，史超见到了姥姥很亲切。他与彭敏说起参观大桥这事，两人都觉得挺好笑的。

　　武汉长江大桥建成后，彭敏的心情很愉快，给大侄女周恒寄去《修建中的武汉长江大桥》宣传小册子，里面有他的文章《坚决修好武汉长江大桥满足日益增长的运输需要》。在封面上写了几句话："恒侄留念，愿你们青年新的一代为祖国能做出更大的贡献。叔叔敏赠阅"。彭敏对正在上大学的周恒一直很关心。在抗美援朝战争期间，百忙之中给她写过不止一封信，鼓励她好好学习，以后建设祖国。

　　1957年10月15日，武汉长江大桥通车典礼在汉阳岸桥头隆重举行。国务院副总理李富春主持典礼并致词，铁道部部长滕代远等一一讲话。彭敏在前一天作为大桥局长代表交方，向郑州铁路局副局长耿振林代表接方，完成了验交签字仪式。典礼当天看着热烈欢庆的场面，他脸上露出一种圆满完成任务的微笑。武汉长江大桥是我国的重大工程，为此《人民画报》以刚建成的武汉长江大桥的照片作为1957年第12期封面。

6.彭敏的《武汉长江大桥》一书

彭敏一生写的文章很多，特别是工作中的文章，像起草文件、大会发言、工作报告、会议纪要、向上级汇报几乎都是自己写，从来不让秘书代写，有些文章长达好几十页，他亲自写的文稿几十万到上百万字。他也向一些杂志投稿，大桥局摄影师任发德还记得，彭局长常给《新观察》、《旅行家》杂志投稿，不时有点稿费收入，因为用了他拍摄的照片还分给他一些，其余的钱就和大家分享了，从未带回家过。也许是因为忙，他一生之中，他组织编写的书很多，像许多大型工程技术总结，其中有许多内容他自己撰写的，也有好几万字。但是他都没有作为自己的著作，只要不是他独立完成的，他都没署名。完全自己撰写并署名的只有一本著作，字数不多，才七万字，那是在武汉长江大桥建成之后写的，名为《武汉长江大桥》，1958年10月由人民铁道出版社出版。

这本书是精装本，16开，薄薄的，灰色的布面，很简朴。出版社赠给他十多本书，一直放在家里书架的一角，几个孩子谁也没有认识到它有多么珍贵。直到"文革"中的一天，彭敏在家收拾他的书画，把麻将牌烧掉，撕掉很多书，像《芥子园画传》、中外名著、现代小说，还有几幅水印的齐白石画等。他家的老二倍勤在家，劝他不要这样做，他不吱声还在整理书，撕的书装了两麻袋。问他为什么，他说万一抄家会找麻烦的。看来他的心情很坏，根本听不进去。一会儿，他手上拿着几本《武汉长江大桥》，对倍勤说："你们几个孩子把这书分别放起来，保存好。"当时只有倍勤在家。倍勤对他说："您放心，我给您保管，不会有问题的。"一会儿他又拿来一本，好像是本期刊。他说这本材料你也保存好，这上面有一篇美国情报部门发表的文章，上面写了朝鲜战场上我们志愿军修铁路架桥梁的情况。上面有张照片，是在飞机上实拍的清川江铁路桥。文章说我们为了欺骗美军，用了很多方法，如有段钢梁没架上，只是到了晚上通车时临时给架上，通完车再拆下来。那篇报道说，美军很长时间没发现，因为每天拍照桥梁都是断开的，还有吊车在钢梁上。这是按他的主意办的，还有水下桥的报道等。这内容从美国军方情报部门报道出来，很难得的。几十年过去了，现在只有《武汉长江大桥》一书还在，而那本期刊却找不到了，真是遗憾万分。

彭敏的《武汉长江大桥》一书不同于纯粹专业技术书，有关于长江建桥的历史沿革、忠实地记录了武汉长江大桥建设的背景、社会条件，有关武汉长江大桥整个工程专业技术方面的记录，还有他的全盘考虑，和对全国桥梁事业发展的展望等等，字里行间浸透着他的认识和情感。

第6篇

南京长江大桥技术进步（1958～1960）

一、南京大桥是建桥者的理想目标

1.在过去从没有人敢于设想和尝试的地方修桥

彭敏说："武汉长江大桥建成了，它结束了在长江上没有桥的历史，也是长江上有更多桥梁的开端。""这不过仅仅是开始。在我们的长江上将不是一个桥，而是要有许多桥。"

南京位处长江的下游，此处水更深，易冲刷的覆盖层更厚，水深加覆盖层达到70米左右，且地质复杂；江面更阔，且江两岸地势低洼；江水每天两次受潮汐的影响，还有台风的影响。因此修桥技术难度大，投资也更巨大。这里是有史以来从来没有人敢于设想和尝试修桥的地方，在旧中国更没人敢奢望。

在桥梁史上，人们说武汉长江大桥是克服长江天堑的一个创举，而从武汉到南京在桥梁工程技术发展上则是一个大的进步。南京桥的难度比武汉桥大得多，彭敏知道南京桥对我国经济上的巨大作用："南来北往的火车，用轮渡过江，速度慢、效率低。上海市发电用煤量大，而煤的储备有限，仅够两周，工业发达的大上海，一旦缺煤少电怎么行？因此中央决定尽早、尽快建成南京大桥。"

彭敏接受的是更大的挑战：一是难度更大了，而且要求更快建成，新中国的铁路桥梁的建设者们要去挑战它，突破它，而且突破了。

2.完善管柱钻孔法的大练兵

为了南京长江大桥这个宏伟的目标，在武汉长江大桥即将建成时，彭敏陆续把他培养起来的桥梁队伍，分派到各个新战场。

修建武汉长江大桥，由于采用管柱钻孔法成功解决了深水桥墩基础难题，给彭敏及建桥工作者以极大的鼓舞："在长江上修桥，再也不是什么稀罕事了，三个五个的长江大桥就将陆续出现，将来还会更多。"但他并不认为管柱钻孔法在武汉桥的成功，就已经很完善了。他带领着大桥局运用新开创的管柱钻孔法又修建了好几座大桥，就是为了进一步完善管柱钻孔法。

首先开工的是1957年1月的宜宾岷江桥，利用了武汉桥剩余管柱，取得了在卵石覆盖层中应用管柱钻孔的经验；

◇1959年5月，铁道部部长滕代远视察黄河新桥的管柱制造厂，身后矗立着巨大的管柱。左一苏令闻、左四杨海峰、左五杜景云、右五滕代远、右一彭敏。（大桥局提供 任发德拍摄）

1957年7月开工的丰乐镇漳河桥，根据不同地质情况采用了直径1.55米直管柱3根和斜管柱2根组成南桥台，直径3.6米的管柱4根组成北桥台，河中心16个桥墩各用3.6米管柱2根组成；

1957年11月开工的正定滹沱河桥，用万能杆件拼成斜导向架以控制和调整管柱下沉中的倾斜度；

1958年开工的郑州黄河新桥，全桥72个墩台，均采用管柱基础，钢筋混凝土管柱的直径达3.6米，每根墩台用管柱2根，其中心距为7米，每根管柱长度为30米；

1958年9月开工的白沙沱长江桥，取得了管柱穿过孤石、快速建成的经验，扩大了管柱基础的适应性；

1958年建设的南昌赣江桥，在其特有的水文地质条件下，采用大型管柱基础，卓有成效，其中29个墩台中有14个墩台采用每墩两根直径达5.8米管柱方案，为管柱基础的应用和发展提供了有益的实践经验；广州珠江桥等铁路桥梁，为了使管柱顺利穿过溶洞或使钻孔底抵达坚实而无溶洞的岩石上，采取了扩大钻孔直径，复振下沉的施工措施而获成功。

彭敏所有一切都是为着摸索在不同地质水文情况下，更深入更全面研究管柱钻孔法推广和应用，也是为了实现他心中的下一个远大目标——南京长江大桥所做的实战演练。

1960年1月18日正式开工的南京长江大桥，正桥共11个墩台，9个桥墩根据实际水文地质情况而有所不同。8号及9号墩采用钢板围堰管柱钻孔基础。2号及3号墩采用浮式钢沉井加管柱的复合基础，下沉直径3.6米、总长70米～73米预应力混凝土管柱，取得了在水深及覆盖层特厚的河床中修建管柱基础的科学依据，创造了一整套新工艺，居当时世界先进水平。4、5、6、7号桥墩采取了自浮式钢筋混凝土沉井基础，在浮运、定位、落底、下沉、基底清挖整平，基础检验等各个环节中均有创新；1号墩采用重型混凝土沉井基础，沉井下沉至埋深53米处的砂砾层上，这一深度纪录仍为世界少见。南京大桥的深水基础方面比武汉大桥的管住钻孔基础在技术上有了新突破。

3.一个老工程技术人员的记述

大桥局有很多旧铁路局的老职工和技术人员，在国民党统治时期参加过国民党，但绝大多数是爱国的，战争中为保护铁路桥梁，保护革命群众做过一些努力。解放后，彭敏把这些人调入大桥局，要利用他们的一技之长。这些人也为自己能够参加武汉长江大桥的建设而自豪，同时也感到共产党对他们的信任，因此勤奋地工作。像王弢就是一个这样的老工程技术人员，在他的日记中记载了在大桥局工作的很多细节，是很难得的资料。

王弢工程师于1953年从柳州局被指名抽调到大桥局。到汉水铁桥上班时，王弢第一次见到彭敏。彭敏和他聊了一会，问他的学历、经历和爱好，让他留在汉水铁桥工作。王弢和张永新（来自柳州局）、陈昌言、王团宇、邹义章、殷万寿、萧传仁等工程师一起负责施工。第一次见面交谈，彭敏平易近人、谈笑风生，王弢觉得很可亲。后来彭敏让他担任调度主任、计划科科长。王弢尽职尽责、工作出色，给彭敏留下深刻印象。

1955年春节彭敏找王弢工程师谈话，让他担任一桥处副处长，协助杨海峰处长工作。他很紧张，彭敏说："这是组织上决定的，你大胆去干吧！"听到这话，王弢从内心感到了共产党对他的信任。王弢生于1910年，因为不是科班大学毕业，是二等工程师，出身书香门第，善长诗文书法。在解放前当过工务段的段长，在工程技术管理上有一定经验。解放前的铁路局，段以上都有国民党的保密组，是特务组织。我们党接管铁路之后，在段上实地调查证明，王弢为人正派，思想进步，曾利用保密组组长的职务保护了进步职工以及共产党的外围组织，是有贡献的。彭敏在东北的铁路局工作过，对铁路局系统的工程技术管理有所了解，铁路局"藏龙卧虎"，有很多技术水平很高的专业人才。

1956年9月底，武汉长江大桥桥墩全部出水后，大桥建设进展很快，钢梁已开始架设。彭敏交给王弢一项特殊任务，让他独立完成：令他组织一支队伍，去四川宜宾修建岷江桥。这个任务是苏联专家组提出来的，要利用武汉大桥剩下的大型管柱，在河卵石的河床上试验用管柱钻孔法修建桥墩的可能性，并限他在一个枯水期完成。杨在田副局长、汪菊潜总工都鼓励他大胆干。

这件工作最大的难点是如何从武汉把大型管柱和康拜因工作船运到宜宾，船队如何通过三峡，又如何通过重庆至宜宾段，那里险滩多，河道狭窄，过往江面的电线多。王弢和秦坤荣、张奎副政委等八人，用了六天，运到重庆。再往前走，险情和难度更大了，从重庆转运到宜宾，一路上得到原柳州铁路局的工程师刘建熙、翁立可的帮助；长航局、宜宾专区老干部、港务局和当地老百姓的大力支持，王弢本人历尽艰辛，竭尽全力，终于试航成功。大桥局抽调500人组织成立四桥处，由他领导修建宜宾岷江桥，经过十个月的努力，出色完成任务。回到汉阳的一桥处，王弢接到修建郑州黄河新桥的任务。

郑州黄河铁路桥老桥，也真够老的，于1905年建成。在1919年，北洋政府因郑州黄河老桥"保固期"将届满，拟建新桥，遂公开招标，但因种种原因而未建成。铁道部有三个意见，一是老桥两岸装置信号，控制行车，暂不建新桥；二是要建新桥；三是加固老桥。彭敏是积极主张建新桥的，部里也同意了，但因黄河在郑州段是游荡河段，方案多，议论纷纷定不下来。

彭敏遂在大桥局派人先做前期筹备工作。1957年7月，杨海峰处长派王弢副处长带领张奎副政委和胡仁副总工程师等八人组成先遣队，开始在黄河边铺摊子，要求他们年内把两岸的准备工作做好，达到施工人员全部进场，还要求他们同时制造出直径3.6米的大型管柱。

8月，彭敏来到黄河南岸工地视察。彭敏来这里察看筹备的情况，以便定方案。

王弢正在领导盖住房，迁地，布置交通，电力等工程前期工作。看完南岸，彭敏又要去北岸。王弢陪着彭局长去北岸，当时只能从黄河老桥通过，桥有3.4公里长，人行道很窄，飞驰的火车来回呼啸而过，北风迎面劲吹，行走十分困难。彭敏走在前面，走起路来飞快，脚部虽然受过伤，但竟必经过锻炼，王弢在后面紧着追，都感到吃力，仅用半个小时就过了桥。

北岸还是一片荒滩。彭敏转过头，问王弢今年的准备工作能完成吗？王弢把安排的计划和措施拿给他看。彭敏看后，紧蹙的眉头展开，笑着说："很好，你和胡仁跟着我一起去北京，参加黄河桥技术鉴定！"在北京最后确定了在游荡的黄河段采用管柱基础的方案，建一座桥长2800米，72个桥墩（桥墩最多）的新桥方案。王弢的筹备组加紧工作又经过五个月努力，把工地上三类工程基本完成，第一根3.6米的大型管柱也试制造成功。

◇大桥局领导陪同铁道部部长滕代远视察郑州黄河新桥工地。左一一桥处党委书记苏令闻、左三一桥处总工程师区荫昌、左五局长彭敏、左六局党委书记杜景云、左七铁道部部长滕代远、左八一桥处处长杨海峰。（大桥局提供　任发德拍摄）

　　第二年也就是1958年7月18日老桥即被洪水冲毁，惊动了周总理，他两次亲临黄河老桥督战，限时抢修通车，指示要加快新桥的修建。若按铁道部一部分人的意见："老桥尚可使用，暂不建新桥"就会更为被动。看来彭敏决心建新桥是对的。正在修建新桥的大桥局一处职工参加了防洪、抢修老桥，修建新桥的任务。1959年5月滕代远视察黄河新桥工地，新桥于1960年4月修通。

　　之后，王弢又接手江苏邳县运河大桥施工前的铺摊子，他主抓生产，盖工房、修便道、忙转移、布置工地。经过这几个桥下来，王弢在筹备建桥的前期铺摊子方面有了经验，于是南京长江大桥更艰难的筹备工作落到王弢的身上。王彀是彭敏很需要的搞施工管理的技术型人才，彭敏独具慧眼挑选了他。这几年的工作王彀确实是耗费心血，把精力全都扑在工作上，只为回报彭敏和党组织对他的信任。

二、南京长江大桥战前的准备工作

1.不请苏联专家行不行

1956年5月31日，毛主席在长江上视察武汉长江大桥工地，彭敏向毛主席汇报工作，主席问到长江上还要修哪几个桥，彭敏回答说提到第二第三个五年计划里的有南京长江大桥、重庆长江大桥和芜湖长江大桥。主席很有气魄地说："将来长江上修上二十个、三十个桥，黄河上修几十个桥，到处能走。"毛主席又问彭敏："以后在长江上建大桥不请苏联专家行不行？"彭敏肯定地回答："完全可以。"主席听了点头表示满意。

彭敏听得明白，主席是要了解我们是不是全部掌握了建桥的技术。同样的问题，毛主席还问过武汉市委书记王任重，一年后问过副局长杨在田，都得到相同的回答，毛主席心中有了底。

但是在建造武汉大桥时桥梁用的钢板，特别是厚钢板，我国还不能生产，要从苏联进口。而从建设南京大桥开始，我们就不能再从苏联进口了，苏联撕毁了协议。为此周总理做出指示，由鞍钢生产用来压制厚钢板的大型钢坯；周总理又亲自批准桥梁工厂进口压制厚钢板的轧钢机。彭敏明白要自力更生建桥的话，自己的责任和担子有多重。

大桥的正桥钢梁需采用16锰低合金钢，当时国内不能生产，国务院要求鞍山钢铁公司进行试制，在60年代初大桥局派出副总工程师王序森在鞍钢坐镇参与研制。担任南京桥设计组组长的王序森不负众望，亲自给鞍钢技术人员讲课，详细讲解大桥所需的高强度低合金钢材的技术条件，在他的积极配合下，鞍钢公司终于轧制成功16锰桥梁钢。

2.彭敏办事雷厉风行

1956年，铁道部设计总局大桥设计事务所就接受了编制长江下游大桥设计意见书的任务。

武汉大桥还在建设中，大桥局也已开始为南京大桥搜集资料，并根据国务院的意见，组织有关人员就修建南京大桥进行了酝酿，由大桥局组成一个筹备小组，调一部分人到南京做筹备工作。先着手进行南京大桥桥址的选择、地质勘探和测量工作，于12月草测完成。1957年8月，编就南京大桥设计意见书送铁道部审查。南京大桥的设计工作是与武汉建桥工作交叉进行的。

1957年9月武汉长江大桥建成时，毛主席再次视察武汉长江大桥后明确说：“以后我们还要在长江上建设南京大桥、宜都大桥、芜湖大桥。”在湖北宜都建桥主要目的是考虑焦枝线和枝柳线，这条铁路从河南焦作到湖北枝城过长江可以延伸到广西的柳州；在安徽芜湖建大桥，按当时的计划是京九铁路从芜湖处过长江。大桥局的工程技术人员对于三个大桥的勘测设计工作一直进行着。1958年8月，南京大桥、宜都和芜湖三大桥的勘测设计都完成了。主管草案设计工作是大桥工程局的总工程师梅旸春，同济大学、中国科学院、地质研究所、哈尔滨工业大学、大连工学院等单位的全国著名桥梁工程专家学者李国豪、张维、谷德振等人也都参加了设计。

铁道部把同时建造南京、芜湖、宜都三大桥的任务交给了大桥局，并决定将南京长江大桥草勘的部属大桥设计事务所合并到大桥局，以充实大桥局勘测设计力量，又聚集了一些高素质人才。

将设计与施工部门合并，正是彭敏一直主张的。作为大桥局党委书记兼局长的彭敏迅速行动，立即率领人员到北京接收事务所。彭敏对设计处的人员作了动员，提出大桥设计处迁到武汉的问题。他还很人性化，对大家说：“武汉夏天炎热似火，所以欢迎大桥设计处的人员待夏天过去后，再搬到武汉。”于是国庆节刚过，部里大桥处的设计、勘测人员200余人转到大桥局，像瞿懋宁、胡竟铭、李宗达、杨进、潘际炎、方秦汉、蔡学彬、贾云楼、林荫岳、张凤年等都是那时合并到大桥局的，成立了大桥局勘测设计院。

◇彭敏向江苏省、南京市领导介绍南京长江大桥的设想。右起：南京市市长彭冲，南京军事学院政委、党委第一书记王平，南京大桥总工程师梅旸春，大桥局局长彭敏，桥研所总工程师赵遂章，铁道部副部长原大桥局总工程师汪菊潜。（大桥局提供 任发德拍摄）

　　彭敏雷厉风行，立刻成立了南京、芜湖、宜都三大桥设计组，由王序森、曹桢、瞿懋宁三人分别为组长，梅旸春总负责。彭敏带领三大桥有关设计人员沿江勘察三大桥桥址。王序森、胡竞铭、李家咸随行来到南京，彭敏即刻布置他们三人连夜绘制南京大桥草图，随后由彭敏拿着他们绘制的南京大桥草图，向江苏省省长惠浴宇作了汇报。以下关的宝塔桥为大桥桥位、建造公路铁路两用桥的方案得到了惠浴宇认可，之后铁道部邀请有关省市和部门讨论建造南京大桥的问题就顺利多了。

　　按照上级提出两年半建成南京大桥的要求，彭敏抓紧两项准备工作：一是商请工程地质研究所派谷德振专家主持南京大桥初步勘探设计。这是因为修武汉大桥时彭敏就亲身体会到地质专家谷德振的作用，是少走弯路的成功经验之一。二是邀请中国科学院技术科学部赵飞克主任组织全国主要桥梁科技力量召开长江大桥技术协作会议。

　　谷德振专家被请到南京，了解了有关情况，决定在桥中线和上、下游约50

米三条线上，交错布置钻孔，以便依据江中20个钻探岩心，可以粗略绘出一幅可能墩位的地质纵横断面。钻探在3个月内完成，可获得粗探资料。南京桥的初测从8月开始，12月完成。1959年1月定测开始，6月完成。

3. 动用全国的技术力量献计献策

1958年10月21日至23日，在汉口召开了长江三大桥第一次协作会议。这次大会是大桥工程局局长彭敏会同中国科学院技术科学部负责人赵飞克组织召开的。内容是三大桥（南京、芜湖、宜都）大型科研会议，主要是南京桥，南京桥设计组组长为王序森。

在铁道部筹建的南京、芜湖、宜都三座长江大桥中，虽然以芜湖为先，但是南京大桥，又因地势、地质条件和通航要求，造成了工程的特殊艰巨性。因此在大桥的结构形式、建筑材料和施工方法上必须采取最新的科学技术，以便达到多、快、好、省的建成，从而促进桥梁工程技术进步。为此，铁道部大桥工程局和中国科学院技术科学部决定共同组织有关方面的技术力量，针对上述工程中的重要科学技术问题进行研究。

出席此次会议的有中国科学院技术科学部、土建研究所、力学研究所、冶金研究所、地震研究所、综合运输研究所、国家计委、一机部三局、铁道部基建局、铁道部技术委员会、大桥工程局、长江流域规划办公室、黑色冶金设计院、铁道部科学研究院、建筑科学研究院、公路科学研究院、同济大学、清华大学、天津大学、南京工学院、大连工学院、湖南工学院、唐山铁道学院、北京铁道学院等25个单位，79人。

这一次会议颇有时代特点，即共产主义大协作的精神。"不仅表现在各单位主动争取任务，不讲条件、不讲价钱，而且短短三天会议能比较顺利地决定方案轮廓、研究项目、协助方式和分工，并签订了协作计划书，这在通常的情况下是比较困难的。""教育和劳动相结合、研究和生产相结合的方针也在会议中得到具体的贯彻。"

彭敏说："近百人济济一堂，根据勘测资料和初步设计方案，讨论在南京长江江面上如何建造一座比武汉大桥还要好的桥。与会者建设社会主义的

◇1958年10月，在武汉召开"南京、芜湖、宜都长江三大桥科技研究协作会议"。发言者石景仁是大桥局一桥处分队长，彭敏（坐者）主持会议。（大桥局提供　任发德拍摄）

热情，融洽无间的气氛，探讨问题科学的、实事求是的态度，以及为国家主动承担任务、争做贡献的动人情景，使我至今难忘。"

1958年12月，第二次科学技术协作会议在武汉召开，参加这次会议的有34个单位127人，列席115人。会上详细讨论了第一次协作会议以后，各单位就南京大桥研究的成果和所提方案，即对上部结构方案39个，下部结构方案10个，美术方案40幅进行讨论。

同济大学名誉校长桥梁专家李国豪院士深有感触，他说："大桥工程局的局长彭敏，他采取了很开明的做法：邀请国内几个与桥梁有关的科研单位和高等学校，共同编制南京大桥设计方案，组织专家对此方案和大桥局的设计方案一起进行评比。参加评比单位的负责人和专家都感到获益不少，经过反复比较、论证，最后大家认为还是大桥局的方案可行，即一致推荐了这一方案。"在二百余位专家研究的基础上，上报的是大桥局的总体设计方案，全国有20多个单位参加了南京长江大桥的设计、施工及科研工作。同济大学、长沙铁道学院结合毕业设计，将应届毕业生分配到大桥局勘测设计处工作。还有一些单位也承担了相关的研究课题。

1959年5月，在南京召开了第三次科学技术会议，讨论了余下的三个专题：管柱结构、震动打桩机和钻机结构。

彭敏动用了全国的科技力量和智慧给南京桥献计献策，是国内前所未有的。因为南京大桥的难度之大，世界少见，他不惜在前期做大量的工作。他把大桥局的方案让全国专家考察评判，评头品足，所有问题都摊开讨论，就更为踏实可靠了。大量的设计任务也有协助力量来做。这就是他召集大家开会的用意。

南京大桥设计方案由彭敏、赵飞克、汪菊潜、杨廷宝组成的领导小组审查确定。设计组长王序森说："制定初步设计方案的时间虽是短暂的，但它集中了国内外著名专家的意见，是集体智慧的产物。"

在南京长江大桥的建设上，彭敏和汪菊潜继续合作。因为1958年9月汪菊潜已被调回铁道部，担任副部长，承担了国家更重要的科学技术领导工作。此次会议为南京长江大桥的成功开了个好头。

4.桥梁首先要满足运输要求

彭敏听取各方意见并不是自己没主意，他在总结中解释了工程建设方面的一贯思想，即在众多建筑方案时的基本选择原则，这一原则不仅对于科研设计人员，对于决策者来说尤为重要。

他要求建筑物首先符合使用要求。桥梁首先要满足运输要求，不能为了省，把需要六车道改为四车道，更不能从简求快。这个原则，在他参加大西南铁路三线建设时，写进了铁路勘测设计条例（即"三十条"）里，即"固本逐末"的原则，而且发挥得更全面了。但他的这一原则在南京大桥没能被坚持到最后。在1963年3月，南京大桥方案被修改，公路行车道宽度由18米改为15米，六车道改为四车道，比武汉大桥少三米，留下了遗憾。

他解释了会议中提出的有些建议为什么不能采纳。首先技术上如果不可能，其他就不能谈。还有现实性和可能性的原因，说明技术上可能，不等于现实就可能。比如大会上对梁式及跨长争论很激烈，有提出大跨度柔性拱桁方案，这是个优秀的方案，但只能在有条件时采用。到了20年后，在九江长江大桥的建设中得以采纳。还有经济上合理性和形式上美观的问题如何统一去考虑，如桥头堡的设计，就具有时代特点。

他号召大家破除迷信，但不能破除科学。会议上许多有争论的问题，如：大跨度、预应力梁、悬索桥、活动桥等，应当怎样辩证地去看问题。他还谈到研究工作、教学工作与生产相结合的问题，提出集中力量加快设计，并同时施工的想法。

5.赴苏联考察学习先进技术

1958年9月间在北戴河会议后，铁道部决定由大桥局在南京、芜湖、宜都同时修建三座跨越长江的大桥，其中特别是南京长江大桥的基础深度达70米，为世界上最深的桥梁基础，在技术上亦有不少问题，需要与苏联桥梁专家在武汉长江大桥共同合作的基础上进一步交换对新建长江大桥的意见。

这年6月，滕代远部长赴布拉格参加国际联运会后经过苏联，应苏联运输工程部副部长列文口头邀请大桥局访苏介绍经验。回国后滕代远即通知大桥局组织赴苏考察团。

彭敏接到通知后，在第一次科学技术协作会议结束后，第一时间组成五人考察团于10月底即赴苏考察。成员是局长彭敏、总工程师梅旸春、局勘测设计处总工程师王序森、大桥局二桥处处长刘麟祥和翻译赫崇骧五人，计划时间40天。我方计划提出的内容是："1.就有关长江三大桥修建的技术问题交换意见；2.研究苏联关于大跨度预应力混凝土梁的结构及其他经验，苏联桥梁新技术应用。"办完手续后，又接到苏方正式邀请，提出安排两个月时间，并要求新增加内容："要我方介绍中国桥梁建设方面的跃进情况，介绍大型管柱基础方面的新发展和施工经验。"

后来，访问时间没有增加，而考察团的任务却更多了。由于苏联运输工程部领导的重视，苏联桥梁工程的各级组织对中国桥梁工作者的尊重，及在修建武汉长江大桥工程中两国桥梁工作者之间所建立的深厚友谊，因此考察团在苏联受到极为热情友好的接待，完满地完成了任务。

首先是彭敏作了中国铁路桥梁建设的规模和发展速度情况报告，听众的反映强烈，常被长久的掌声打断，就连列文副部长和熟识的苏联同志都说这种场面在技术报告会上很少见。因为听众都是有几十年桥梁工作经验的干部，他们懂得在规模和速度上、在新技术的应用上，每向前跨进一步上所遇到的困难是巨大和惊人的。全体代表要求将报告记录印发给代表，当得到我方同意时，全场都鼓起掌来，说明了苏联人民像兄弟一般高度关注我国每项建设成就。报告共作了五次，有两次达到500人以上，还有四个单位要求我方去作报告，态度十分恳切，据使馆的同志说，苏联主动邀请考察团作报告的事真不多见，但时间太紧，我方婉言谢绝了。

报告内容显然是彭敏亲自写的，写了新中国桥梁事业的诞生和发展，武汉长江大桥的建设及大桥局目前的桥梁工程及近期计划，大桥局的组织机构、设计和施工力量，这些正是他自己的亲身经历和他正在做的工作。他在报告中谈道：

解放前中国铁路仅两万多公里，大部分在日本帝国主义殖民统治的东北地区。铁路上的大桥都是帝国主义国家的工程师和外国洋行承包建设的。中国没有自己的桥梁工程机构和施工队伍。新中国的桥梁事业是在革命战争的基础上，特别是1945年—1949年的四年间在解放战争中诞生和发展起来的。在这一时期，成立了铁道兵团配合解放战争抢修铁路和桥梁，曾得到苏联专家们的帮助，同时我们也学习了苏联同志在中国战争抢修以及恢复建设中的宝贵经验，学习了苏联同志所表现的顽强意志和克服困难精神、大胆创造精神、雷厉风行的作风。

从铁路抢修到修建武汉长江大桥，是中国桥梁事业发展的一个新阶段。首先是在中国最大河流长江上建成了第一座桥梁，其次是培养了一支装备有现代化技术的强大桥梁队伍。再就是在建桥当中，根据苏联专家的建议，首次采用了新式的深水基础结构，使我们一方面有可能一两年的时间完成这样复杂的建筑物，另一方面使我们已经掌握了在任何地质水文条件下都可以建桥的技术方法。

他还谈到了今后我国铁路建设计划。在第一个五年计划中修了4980公里铁路和一座特大桥，第二个五年计划中，根据初步材料，将新建56000公里铁路及28座特大桥。特别是长江三大桥，宜都、芜湖、南京，这是个艰巨的任务，要求仅在两年半完成（1961年）。特别是南京大桥施工中最困难的是基础部分，其深度达70米。彭敏报告中提出两年半建成南京长江大桥的问题，得到苏联桥梁界的重视和赞许。

代表团由苏联带回13份俄文资料，30本苏联赠送书籍和各项技术报告。

苏方对这次考察团在生活方面招待十分热情周到。首先是接送极为热情亲切。到莫斯科车站迎接的有在莫斯科的全体大桥专家和夫人，还有运输部外事局的干部代表，研究院的院长等30余人，送行时人数更多，增加了外事局局长，以及彭敏一行访问过的施工、设计部门的领导和在华时铁道部的顾问，从列宁格勒赶来送行的专家40余人，赠送路途中用的酒、水果、点心甚多。在莫斯科、列宁格勒、基辅、第比利斯等地，代表团受到苏联热烈周到的接待。特别是苏联的桥梁工程界所表现出的真挚友谊和热情超乎一般。

当时中苏两党已出现明显分歧，因此我方成员私下议论为什么会这样热情？他们共同分析了几条原因写在汇报里："认为是中苏两国人民传统的兄弟般的友谊；两国部长间的友谊；他们来访中国时我国所给予亲切热情的接待；部长在武汉长江大桥建设中所建立的友谊；苏联桥梁工程界的干部对武汉长江大桥建设中大型管柱法的创造印象深刻；再就是在武汉长江大桥工作过的专家在大桥建设期间所产生的亲密的友谊。"但是由于中苏两党之间的分歧已经公开化并逐步激化，在这种形势下，考察团回国后不宜再颂扬中苏友谊，只谈预应力混凝土梁等技术方面的收获，因为这些技术我们正用得上。

全国长江三大桥技术协作会议中，南京长江大桥的技术方案把所有的问题都谈到了，有许多问题在国内群策群力可以解决，但还是有许多技术问题需要学习国际上的先进技术。彭敏明白，我们国家在科学技术方面还处在落后阶段。而国际上资本主义国家一直对我国实行技术封锁，只有苏联还没有完全断绝联系。虽然两党的关系已紧张，但是两国人民之间和几年前经济建设合作的友谊还在，这次苏联主动邀请我桥梁考察团是很友好的，彭敏要抓住这个有利时机，争取得到技术上的帮助，因为苏联在技术方面确实比中国要先进得多。

彭敏考察团这几个人，对南京大桥方案的细节都了如指掌，对我国缺乏的技术和施工机械也都清楚。他们考察了感兴趣的苏联预应力混凝土梁应用和发展状况，并索取了技术图纸和资料。那时候苏联桥梁工程，趋向于采用预应力混凝土结构；虽然在某些方面，特别是大跨度梁，还不能完全解决安装困难、工期较长的缺点，但预应力混凝土设计施工，有了飞跃的进步。

他们还参观学习了所关心的几项新技术和新型机械，包括新型桥梁机具11项，如：扩大桩尖钻机、BPY250型震动打桩机、BPP1、BPP5震动打桩机、PY6型扩孔钻、震荡内模、单绳抓泥斗、YKC54型钻机、33米跨度梁的安装吊机、双线曲线架桥机、自动化点焊机、折叠式脚手架；桥梁检定设备7种；桥梁模型试验，如：摩擦基桩承载力模型试验、桁架模型试验等。大家都认为，这些设备和方法在今后我国特大桥设计中极有参考和仿造价值。

参观BPY250型震动打桩机时，刘麟祥和王序森看到两台栓和并联，提供500吨震动力的布置，及大直径旋转钻机总图，眼前一亮，当即手绘粗线条示意草图带回来。像大桥公路路面用的陶粒混凝土预制板的技术也是彭敏他们从苏联取的经。他们回来后把轻质混凝土技术资料送给上海建筑科研所，研制出陶粒混凝土技术，在南京大桥上试验成功。其混凝土质轻，可大大减轻钢梁的负荷。

6.稿费带来的快乐

彭敏在大桥局的秘书邱长庚提起彭敏撰写的《武汉长江大桥》那本书，就乐得合不上嘴。他说"那本书出来，我们几个同志一起高高兴兴地庆贺了一次。"

三大桥技术协作第一次会议结束当晚，彭敏就抓紧时间，率领大桥局总工程师梅旸春、局副总工程师王序森、大桥局二桥处处长刘麟祥等人一起去苏联访问。在访苏期间，彭敏报告了我国关于两年半建成南京长江大桥的初步打算，得到苏联桥梁界的重视和赞许。我国代表团与西林专家对南京长江大桥的基础方案进行研讨，西林主张大直径管柱高承台基础方案，梅旸春主张沉井加管柱的结构方案，没达成一致意见。彭敏遂派王序森副总工程师先飞回武汉，让他把西林建议方案的草图画成正式图纸，以便在年底第二次协作会上讨论。彭敏和其余人员则坐火车回北京汇报。

此时的彭敏心情很不轻松。南京长江大桥建设委员会刚刚成立，他作为大桥局局长，担任副主任委员，身负的责任重大。南京长江大桥的规模比武汉长江大桥大得多，长江三大桥第一次协作会议，很多议题都没有结论，决定年底开会解决；此次去苏联在南京桥的建设方案上没有什么新收获，西林专家很想再次来中国，参加南京长江大桥的建设，彭敏明白这事已不大可能，而对他提出的基础施工方案是否可行还要进一步研究；彭敏回北京后，又得知他尊敬的老领导滕代远部长突然生病的消息，使他心情格外沉重。

考察团回国，大桥局派了邱长庚到北京去接他们。正巧人民铁道出版社通知彭敏取稿费，邱长庚代彭敏局长把稿费和赠书已经先取出来。考察团回到北京，即向部里汇报工作。

彭敏、刘麟祥、邱长庚在部里还碰上来北京开会的大桥局一桥处副处长张虹村，见面分外高兴。特别是得知邱长庚从出版社取出彭敏的书稿费一事，这个脑子灵活、满肚子鬼点子的刘麟祥悄悄说："丘克（邱长庚的外号），这事我做主了，咱们让彭局长好好高兴高兴，你们听我的吧！"这三个人年龄相仿，都不到30岁，平时和彭敏局长又十分熟悉，一拍即合，高兴得手舞足蹈，连称"好哇，好哇！"

彭敏局长到部里汇报完，果然要邱长庚买票立刻回武汉，他心里惦念那个三大桥会议。他们三人一起劝彭敏局长说："别着急，休息一天吧，你回去就该忙了。"刘麟祥处长1949年前在铁道兵团的汽车团工作过，铁道部汽车班的人大都是他的老同事、老部下，他从那里借了部汽车。他们知道彭局长爱玩而且会吃，四人一行先到了刚刚建成的新王府井百货大楼、老东安市场转了转，买了茶叶、烟等东西，到北京饭店谭家菜餐馆好好吃了一顿。吃完饭，开车去了颐和园，天已经很凉了，但彭敏依然要下水游泳。平时爱游泳的彭敏带着游泳裤，而刘麟祥没有，就穿平时的裤衩下到昆明湖里。他们两人一直游到湖西面的玉带桥，邱长庚和张虹村划了只小船跟着。刘麟祥看那里人少，想在那里换裤子，刚脱下一半湿裤子，一抬头看见有对情侣坐在岸边，吓得他连蹦带跳钻进水里，把船上的邱长庚和张虹村逗得哈哈直笑。一路上大家有说有笑，开车到了西单马路南面的鸿宾楼烤鸭店，吃北京烤鸭。即兴之余，彭敏问邱长庚："长庚，咱们又吃又玩，我是不是也得凑点份子钱啊？"邱长庚挠挠耳朵幽默地说："嘿嘿！这样说吧，您不仅不要凑钱，可能还有剩儿，我还要退给您点儿钱呢！""退给我钱？"彭敏愣了一下，立刻明白了，说

"啊哦，你是说稿费吗？怪不得你们几个今天鬼头鬼脑的，原来我是猪八戒啃猪爪，自个儿吃自个儿！"几个人听了都笑得前仰后合的，腰都直不起来了。

看着他们生龙活虎愉快的样子，彭敏心情非常放松舒畅。这时的彭敏对南京长江大桥设计方案的思路彻底打开了。这几个年轻人都是在武汉长江大桥建设一开始就到大桥局工作的年轻干部，也就是20岁刚出头，现在都已成长起来了。刘麟祥正精神抖擞，领衔上阵，准备担负南京长江大桥南岸的二桥处施工组织工作。张虹村从政工干部转到行政管理，正在郑州黄河新桥一桥处组织施工。

不断向前发展是彭敏的一贯思想，在他刚出版的《武汉长江大桥》一书中也阐明："管柱钻孔法，我们也不看成是唯一的和最后的方法，在这个新的前进的基础上还要继续研究改进，或者将来还有更新更好的结构来代替它都是可能的，而且也希望如此，这在技术的发展上是自然的，是应该如此的。到那时候我们就像抛弃气压沉箱法一样，毫不惋惜地支持新的，抛弃旧的，哪怕是我们创造的东西。"南京长江大桥肯定也必须在武汉长江大桥的基础上有所提高有所进步。

刘麟祥张开大嘴，哈哈地笑。彭敏看着这个有着一半俄罗斯血统的帅气聪明小伙，使他想起前几天在苏联时，西林和总工程师梅旸春的基础方案之争，各有长处也都有难度，谁也说服不了谁。刘麟祥在中间当翻译，那个情景很有意思。与苏联合作已是不可能的事，即便不是政治的原因，从技术的发展和开拓上苏联也确实有局限性。而梅旸春的方案很有新意。想到这里，他不禁也乐呵呵地笑了。

7.购买了一台电影摄影机

赴苏考察团有一项额外收获，为大桥局购买了一台电影摄影机。

在苏考察期间，因为苏方热情接待，食宿很少花钱，彭敏用考察团生活费中节省下来的钱，请西林专家帮忙购买了一台苏联产的小型电影摄影机。回国后，交给大桥局摄影师任发德，并对他说："今后我们大桥局自己也要拍电影，让照片动起来，给全国人民看看！"

后来成立了大桥局摄影组，任发德升为科长，入了党。为了拍摄建造大桥时的技术资料片，大桥局用了近30万元购置了一些必要的设备。彭敏说："这个钱不能省！"在经济困难时期，资金紧张的情况下，彭敏仍坚持拍摄科教影片，是想把建桥的技术记录并传播下去。大桥局摄影组就是用这台电影摄影机，拍摄了几部35毫米大型科教纪录片，主要有《南京长江大桥基础施工》《60米预应力梁》《双臂钢围堰沉井下沉》《泥浆套沉井下沉》《空气幕沉井下沉》《长东黄河大桥》《钱塘江二桥涌潮》《邯长线浊漳河大桥》。

在南京长江大桥修建期间，1966年铁道部在西南铁路工地指挥部西昌召开工程师会议，大桥局的陈昌言副总工程师参加了。在会上放映了大桥局拍摄的南京大桥两部影片，反映很强烈。有个老工程师说："以前我国搞施工，都是人海战术，看了《南京长江大桥基础施工》这部片子，眼前亮了，我国施工有了科技内涵，因此我感到有了希望。"

20世纪60年代在西南修建成昆铁路时，大桥局摄制组被吕正操部长请到西南三线铁路建设工地指挥部，用这台电影摄影机拍摄了《关村坝隧道》《土坟包隧道架桥》《安康斜腿钢构大桥》等影片。

大桥局摄制组共拍了26部影片，由上海电影洗印厂洗印出来，都存放在上海科教影片厂，为国家保留下了珍贵的技术资料。

8.勇于承担责任

1959年3月份，大桥局出了一件大事故。

彭敏正在武汉召集局领导们在招待所开会，已经是晚上了，有人找到党委副书记杜景云的秘书孙信，说"能不能叫彭局长去一趟……"

彭敏问什么事，当他知道是南昌赣江大桥工地翻船了，立即说："马上走！"叫秘书邱长庚联系铁路局挂公务车，仅留杜景云在局里守候，其他干部全去，用了一天赶到南昌现场。部里新建工程总局副局长喻楚杰已到达现场。

出事那天早上，天下大雨还刮大风，职工们赶着去上班。一艘5号小拖轮，原来只能载几十人，结果挤进了130多人。开船后船调转船头，风刮着雨，从一边打进来，人们躲雨都挤向另一边，船失去平衡向一边歪斜，顷刻翻了，人们都被扣到水里，因此死亡较多，连会游泳的都没出来。最后统计89人，有正式职工，也有新招来的工人和临时工。

当时的情况可想而知，乱成一团，抢救的人还在不断打捞，打捞上来的人放在江边，死者家属很多挤在江边的办公室里，天还在下雨。三桥处的党委书记闫兴，吓得哭缩成一团，三桥处处长王允山低头站在那里说情况，其他干部站在旁边。铁道部工程总局副局长喻楚杰，是参加过平江起义的老红军。他严厉地批评他们："你们怎么做的安全管理，黑板上写着五级大风不能航行的规定，你们不知道吗？"

彭敏去了，坐在那里听，对孙信低声说，你抓紧给部里写个汇报，文字不要很多，把过程说清楚，死了多少人，都什么原因。光听汇报不行，多找些下面的人具体了解情况。孙信就下去摸情况，写了一个初稿，彭敏看后作了细致的修改，又让他重抄重写，一共写了三遍。他特别让孙信在最后加上一句："这个事故，局里应负主要领导责任，平时抓安全不够，请求给我处分。"并强调："一定要加上！"

最后铁道部对此事故的结论是：三桥处在修建南昌赣江大桥中，因忽视安全，违章超载造成沉船事故，导致89人死亡。给予三处党委书记、处长撤职处分，其他干部有记过的、有降级的处分，等等。对于死亡的人员局里也做了妥善的处理，对家属按规定进行抚恤。

三桥处即汉阳工程段，在修武汉长江大桥时，是力量相对比较弱的桥工处。负责汉阳岸上的工程，水面工程少，担任汉阳岸联络线及跨线桥工程，党政负责人闫兴、王允山。武汉长江大桥建成后，三桥处也积极努力参加了不少桥梁的施工，像两江桥、漳河桥、赣江桥等，也做出成绩，受到表扬，但终归建桥素质历练不如一二桥处那样严谨、扎实。

彭敏虽然没被处分，但他深深自责，这次事故给他敲了警钟。在他任首席顾问的《中国铁路桥梁史》一书中，关于50年代的铁路桥梁建设一节，他亲自加上一段这样的表述："1958年，第二个五年计划开始，随即掀起了'大跃进'，在'全民办铁路'思想的指导下，铁路及其桥梁上的很猛。1958年和1959

年两年新建的桥梁共达2389座，约111000余延米。同时开展了关于长江三大桥（南京、芜湖和枝城长江大桥）的科学技术研究、勘察设计方案比选，并设置了相应的协作组织和筹备机构，进行了开工准备工作。承担三大桥设计施工任务的大桥局招兵买马，队伍急剧扩大，全局固定职工从1957年年末的8383人到1959年年末已猛增至15461人。"

"在50年代末出现的'大跃进'中，由破除迷信进而波及破除科学，'三边'（边勘测、边设计、边施工）代替了基建程序，群众运动代替了科学管理，大干变成蛮干，因而忽视了安全质量、不讲经济效益的弊端日益显露。"这段文字在彭敏的其他文章和报告中也多次出现过，时刻警醒自己在搞工程建设中一定不能离开"科学"二字。

三、南京大桥正式开工

1.向中央委员们汇报了设计方案

1958年9月，根据江苏省委的意见，铁道部请示国务院，经批准在南京成立了南京长江大桥建设委员会。江苏省省长惠浴宇任主任委员，南京市市长彭冲、江苏省委交通工作部部长王治平与彭敏同为副主任委员。这在国内建桥史上是一种独创的组织形式，是彭敏积极争取当地党政领导支持配合建桥的方式，也是武汉大桥的成功经验。

1959年4月党的八届七中全会在上海召开，会上有南京长江大桥建设的议题。铁道部要求彭敏带上南京大桥的设计方案，去上海汇报。彭敏赶到上海，连夜将方案及图表挂在会场的墙上。第二天，彭敏向与会的中央委员们汇报了设计方案的详细内容，并提出方案实施的具体意见，得到党中央领导的肯定，写入《党的八届七中全会公报》。

汇报的内容首先是大桥的勘测设计方案如何确定的，大桥的总体规模：桥址、总长、桥式、桥墩、引桥、桥台、公铁两用桥、载重、限制坡度、最小半径、地震等级、通航净空、美术方案、总概算、总工期。介绍了南京长江大桥的特点是水深、覆盖层厚、引桥长，比武汉大桥工程量约大三倍。为此进行的施工准备，包括：施工力量、工地搬迁、工地布置、管柱厂建厂、基础试验工作。接着是机械设备、材料供应的准备，和1959年的计划和领导机构的安排。因已决定芜湖大桥和宜都大桥缓修，大桥局重点是南京大桥，因此要迁南京办公等内容。一项项工作汇报得清楚明了，让与会中央委员们对南京大桥有了总体建设的全面认识。

彭敏不禁回忆起1954年1月21日他在政务院会议上汇报武汉长江大桥的规模和计划的情景。彭敏还清楚地记得，周总理等国家领导人对武汉长江大桥的关怀，会议上的场景都浮现出来。

铁道部大桥工程局赠

南京长江大桥设计的净空，有许多争议，根据南京下关长江最高通航水位8.27米以上而确定为24米，使万吨轮船能通过大桥，在交通部长王首道的主持下，最后取得了统一意见。

1959年10月，大桥局印制了一张彩色画片（明信片大小）。正面是武汉长江大桥和毛主席的诗词。背面是彭敏

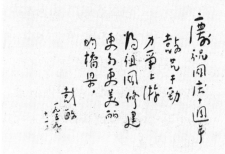

◇国庆十周年，大桥局印发宣传片。正面是武汉长江大桥雄姿，背面彭敏手书。

手书的："庆祝国庆十周年，鼓足干劲力争上游，为祖国修建更多更美丽的桥梁。"抒发了他热爱祖国的情怀，及修建更多桥梁的强烈愿望。

2.取得江苏省和南京市的大力支持

南京桥的筹备工作比武汉桥要难得多。1959年5月，大桥局在南京下关江边原海军医院旧址成立南京长江大桥工程指挥部。由副局长宋次中、朱世源坐镇，带领设计、施工及其他有关业人员在南京办公；另组织二、四桥处分别负责南北两岸及水中施工任务。大桥局派二、四桥处共同承担，杨守高政委

和刘麟祥处长带领第一批先头部队去南京参加筹备。施工前的准备工作，先是征地、拆迁，这是必须解决好的两大问题。二桥处副处长王㥠仍是负责铺摊子，搞三类工程，卷入搞拆迁的大难题中。

南京市市长彭冲带领市城建局和下关区的一批干部，深入现场，为征地拆迁做了大量工作。在1959年10月5日成立修建筹备处，由南京城建局长庄邨负责。首要拆迁大户是南京肉联厂，靠江边施工场地一带都是肉联厂猪舍。江苏省长惠浴宇又派来八位处级干部参加指挥。在建桥过程中，南京市下关区人民做出积极贡献。当地的居民异地搬迁，离开世代居住的热土地，迁移到陌生的环境居住。大桥建设委员会在处理征地拆迁安置的问题上，充分考虑到群众的眼前利益和长远利益，明确提出要把好事办好。负责征地拆迁的同志与群众一道，实地测量土地面积，评估房屋结构，为他们选择新住址，协助搬家，还帮助采购建筑材料等，使拆迁工作顺利进行。其他拆迁大户还有南京棉毛纺厂、南京造船厂、金陵船厂等，都做了统一安置。

由于各方的努力，半年下来，南京工地准备工作走上正轨，房屋、配电、石渣厂等临时工程都在顺利进行。彭敏回忆说："1960年初，南京桥开工后，国民经济非常困难，物质供应紧张。南京市政府十分关心大桥建设者的生活，千方百计保证建桥职工生活物质供应，解决他们的生活困难，有力支持了大桥建设。"

3.国家投资锐减了怎么办

从南京大桥筹备开始，国家遇上了严重的经济困难，由国家财政拨款修铁路、建桥的工程先后都下马了。国家对南京大桥的投资锐减，中央还决定将1958年以后招收的新工人一律裁减，特殊情况需要保留的必须经过国务院总理批准。

彭敏承担南京桥的建设，对南京桥的各种技术上困难已反复考虑过，但未曾想过碰上国家经济困难，怎么办？若直接将这个具体情况摊牌，由于大家不明情况，就会出现手足无措而却步不前的局面。彭敏在充分考虑之后，决定召开南京长江大桥建设委员会会议。

会议于1959年10月30日晚召开。周一峰副主委（副省长）、彭敏副主委（大桥局局长）、王治平副主委（省委交通部部长）、陈扬市长、李钊委员（市委交通部部长）、宋次中委员（大桥局副局长）参加会议。周一峰主持会议，彭敏对一年来的南京桥的筹建工作做汇报。

彭敏先说明国家投资锐减的情况："一年以来，……南京大桥的工程已经初具规模，就要全面开工了。在投资数字上，在中央上海会议后和6月的铁道部会议上做了相当的修改，由5000万元改为2000万，又改为1500万元。这是全国计划调整的。"

国家投资锐减到这种程度，搁谁也无法再进行下去。在战争中走过的彭敏很清楚，很多事胜负成败就在一瞬间。要不要坚持建设，最主要是看主帅的决心。为了坚持建设，彭敏在这次会议上对施工进程做了最有效的安排。

"考虑到材料、机具（特别是机具）在短时期内难以满足工程的需要，6月间我们决定按照以现有投资为明年的工程、明年的正式开工创造条件的方针，积极地编制了计划，即试验墩必须完成，工地的布置工作必须基本完成，不能影响明年第一季度的继续工作，为正式开工准备条件。"他接着说："我已向彭冲同志汇报，得到批准，得到省委的支持。向铁道部党组汇报，得到批准。现在执行的就是这个积极的计划，一切次要的非关键性的工作移后了。这样投资虽然减少了，但基本上可以不影响全桥的进度。"

彭敏又详细地介绍了全年的计划安排，如何使用有限的资金完成年度计划。

总的精神是：当年和下年上半年完成正式施工的一切准备，部分地进行下一部分工程（引桥和1、9号墩）取得经验，10月正式开工，47个月完成。这一切不是吹嘘说大话，于8月间制定了南京长江大桥的工程总进度表、总投资分年表、劳动力计划表、施工组织机构、总材料表、机具计划表、各附属工厂的建设规模和生产指标的报告，得到铁道部党组批准后，并报国务院审批。

"总进度的考虑是根据需要和可能。从需要讲，国家需要这个桥，越早越好；从可能讲，有两类因素：一是技术设备、施工力量、材料供应；二是自然条件，地质、水文、台风、季节等。我们现在可以说，在南京地区修桥梁，在技术上是可能的,技术设备、施工力量、材料供应,我们国家的工业水平是可以办到的。"

最后他指出,修南京桥的真正难点是江心九个桥墩,是控制总工期和进度关键,这个难点他没铺开谈,因为这是他要带领大桥局的建设者下决心攻克的目标。

彭敏这样一讲,给大家以信心。与会者进行讨论,一致认为:"汇报的情况很好,先做起来看。"与会者表示要同心协力,为便于领导施工,决定成立南京长江大桥工程指挥部,由彭敏副主委任指挥。指挥部于11月25日正式成立,周一峰任政委,田诚、杜景云任副政委,彭敏任指挥,宋次中、朱世源、何赐乐、王勇任副指挥。

4.艰难推进南京大桥的建设

◇1960年1月,南京长江大桥主体工程举行开工仪式。彭敏发布第一个钢围笼下沉的命令。左起:江苏省委书记处书记、省政协主席包厚昌,南京市市长彭冲,解放军军事学院政委王平,大桥局局长彭敏,大桥局党委书记杜景云,二桥处党委书记杨守高。(大桥局提供 任发德拍摄)

　　1960年1月18日，南京大桥水面主体基础工程正式开工。在9号墩的导向船上举行了开工典礼。南京长江大桥建设委员会的全体领导都参加了。南京市领导彭冲讲了话，彭敏宣布南京长江大桥第一个钢围笼下沉的命令。

　　尽管国家处在经济困难时期，中央仍非常重视南京长江大桥的建设。由于为南京大桥施工计划购买100多台（件）大型设备，先后招受了3000名新工人。国家要求裁减大批新工人，工人若被精简，那些设备就要退货。彭敏遂派副局长宋次中向部里汇报，征得周总理的同意，国务院特批南京大桥设备不退货，大部分新工人不精简。

　　国家建委要求彭敏定期详细地向国家汇报南京大桥的生产进度。有一份于1960年2月2日彭敏以大桥工程局联络员的身份给国家建委的报告，汇报1月份的任务完成情况。

　　他先汇报了1月份投资完成情况。1月份完成价值172.2万元，为计划188.7万元的91.2%。

　　完成任务的主要项目：正桥1号墩沉井填砂筑岛基本完成。1月18日下水的正桥9号墩钢围笼制造及下沉全部完成。试验墩3米预应力混凝土管柱于1月23日震动下沉到岩盘，总计入土47米，3米钢管柱继续下沉16米，尚距10米到达岩盘。3.6米预应力管柱也距17米多到达岩盘，争取2月份内完成下沉任务。试验墩由于新试制的250型震动打桩机的效果良好，威力强大，尚有相当的潜力。争取2月份完成另外二根预应力混凝土管柱下沉工作。

　　任务完成不太好的项目：南京岸引桥打桩55厘米管桩1900米，浦口岸引桥打桩3429米。引桥承台混凝土计划灌注675方，仅完成135方。三类房屋（生产车间、厂房、仓库、职工宿舍等）修建计划11000平方，仅完成4655平方。影响因素有三项：第一拆迁工作迟缓。第二是三类工程房屋修建赶不上实际需要。第三是沙石供应不上。他还认真对各项问题作了分析。

　　最后他总结说："由于试验墩工作与1号墩、9号墩进行尚顺利，鼓舞了群众的干劲，技术方面又略有眉目，对全面开展施工局面有了可能性，因而上述三大问题显得更加重要，还必须抓紧解决，我们正进一步向省市领导汇报情况，争取更大更多的支持。"

此报告抄铁道部党组、江苏省委、南京市委、上海华东协作区计委、铁道部基建总局,大桥局党委、大桥工程局。

同时,他又呈给铁道部部长一份"关于南京长江大桥工程使用新沂河沙请批准解决运输问题"的请求报告。南京长江大桥工程全部河沙用量约计24万方,就南京附近四个来源看,新沂河沙无论产质、产量、成本方面均合理想,过去由于工程尚未展开,需用量有限,故暂就最近地点以大河口沙为初步来源,几个月以来供应情况不好,混凝土工程及半成品制造(管柱、管桩)均陷于半停工的状态,为此请求批准解决新沂沙的运输问题。

从上述两个报告可以看出,尽管每步走的这样艰辛,彭敏还是一步步、实实在在地向前推进南京大桥的建设工程。

5.时间再紧也要建试验墩

彭敏干工作的特点就是敢于正视困难,面对南京长江大桥,无论它有多大困难,他只有一个信念:"国家需要这个桥,越早越好!"

南京处长江下游,水面宽阔,一般都在1500米以上,下关和浦口之间最狭处也有1100米,水深大都在15～30米,最深在50米以上,终年可以行驶万吨巨轮。由于这里东距长江入海口仅400公里,终年受潮汐的侵袭和夏、秋两季台风的影响。南京附近的江面每日有高低潮水位,一涨一落历时12小时多,年最大落差平均值为1.42米。台风袭来时,江面风力可达10级以上。地质方面,主要是江底覆盖层厚、以砂岩、页岩等为基地的岩石情况复杂,风化严重。

由于桥址受到两条铁路衔接和城市布局的限制,几乎没有选择余地,所以对建桥的难易起决定作用的水文、地质条件难以苛求。

施工是艰难的,彭敏提到江心九个桥墩的困难就是指大桥的基础:从高水位到支承层的岩面一般都达到或超过70米;基础施工过程必须穿过40米以上的覆盖层,还需要经受被水冲走的不利受力状态;而基层强弱不一,有挤压破裂带和很厚的风化层;水深、流急并受潮汐的影响,施工控制与定位困难。

　　当南京工地上的准备工作已走上正轨，紧接着一系列试验工作开始，从1959年9月进行水中艰巨复杂试验墩的工程。

　　在南京桥的设计方案中突出了桥梁基础设计。南京大桥江中桥墩之间的跨度比武汉大桥要大，为使管柱群在深水中保持足够的稳定性和承载力，要求每根管柱都需具有一定的刚度，根据计算，管柱尺寸不能小于3～3.6米，嵌岩深度则要根据岩石强度保持或超过3～3.6米。武汉大桥的管柱直径仅是1.55米，水深20～40米。因此武汉大桥的经验不能照搬套用，必须通过试验结果来决定使用机械，如打桩机、钻机、钻头等施工方案。

　　试验墩设在9号墩和10号墩之间，要用四根三种不同口径的大型管柱支承，其中有直径三米预应力混凝土管柱一根，三米钢管柱一根，和直径3.6米预应力混凝土管柱二根，共四根组成，上面筑成平台。下沉管柱用的动力是采用自己制造的250吨两台串联震动打桩机。试验墩的设计由大桥工地设计组组长曹桢提出，铁科院的研究员周翼青、大桥局桥研所的女工程师王秀芝参与研制。

　　负责试验墩的施工是二桥处的副总工程师殷万寿。他的特点是喜欢一直盯在工地和值班工程师一起干，指挥技术工作细致、及时、有针对性。殷万寿1920年生，西北工学院土木系1945年毕业，山东人，身材也高大，是彭敏所欣赏的实干型干部。这次南京大桥负责南岸施工的殷万寿和负责北岸的邹义章都是从汉水铁桥工程历练出来的干将。殷万寿在武汉大桥深水桥墩，尤其是地质特殊的7号墩做出过贡献。他有山东人的耿直、敢于犯上的特点。他几次对错误的设计提出异议，即使是苏联专家也不怕，因而屡受挫折。他曾指出在武汉大桥汉阳岸引桥7号墩，即火车出桥处的桥墩设计有问题，他的意见没被接受，致使通车后出现严重开裂，1962年3月大桥局曾花巨资在不停车的情况下进行重修。

　　彭敏特地把殷万寿从邳县运河大桥调过来加强南京桥的技术力量。"一切经过试验"这个口号是彭敏在修武汉大桥时提出的必须遵守的规定。只有一次没遵守就出了问题，那是1957年上马的京广线郑州黄河新桥。桥墩采用直径3.6米钢筋混凝土管柱，要在细沙土层下沉40米深。当时是初次使用，又未经试验，仓促上阵，致使管柱在下沉中受到不同程度破损。由于3.6米的大型管柱自重大，在吊重和震动下沉时会产生较大的拉应力。为了耐震动，克服破裂，1959年彭敏决定采用刚试制的预应力钢筋混凝土管柱代替，已试制出一根，但因迫于当时"大跃进"急迫的形势，"工期压倒一切"，未来得及采用，彭敏甚为遗憾。

郑州黄河新桥是殷万寿亲历的过程，发生上述情况后，殷万寿便产生了先建一个试验墩的设想。通过试验，可以解决各桥在不同自然条件而派生出来的难题；可以发现解决设计、施工与机械研制等方面问题。彭敏采纳了他的建议，时间再紧，南京大桥也要修建试验墩，取得结果后，再做施工方案。

1958年8月，由大桥局机械修配经租站发展而成大桥局桥梁机械厂，再次发扬创造精神，由工程师钱学新、谭杰贤等人设计，首先制造出了中-250吨震动打桩机，解决了下沉大型管柱的难题；又用土法制造出冲击式气动钻机，解决大直径钻岩的难题。桥梁机械厂在极其艰苦的条件下为南京大桥赶制施工机械，以及埋在预应力混凝土梁里的锚塞、锚圈等。

在试验墩上用中-250型震动打桩机试桩，那天大桥局特邀请江渭清、惠浴宇、彭冲等省市领导莅临工地视察，大桥局局长彭敏陪同参观。王弢还记得："这是我们进行的第一项试验工程，由于操作不熟练，加之过分紧张，震动打桩机怎么也发动不起来，忙乱了两个多小时，还是发动不了。在场的领导安慰我们说今天试不成，我们明天再来嘛！初次试验未能成功，我难过了一天。第二天试机终于获得成功，我立刻打电话向领导报喜。"

殷万寿在第一根管柱下沉的那一天，把大桥局局长彭敏和铁道兵副司令员郭维城请到工地。彭敏风趣地对殷万寿说："你什么时候把管柱下到底，我就请你到南京饭店吃一餐。"经过五个多月的努力，试验墩的所有工作项目全部圆满完成。他们用中-250型震动打桩机，把总长70米、直径3.6米的预应力混凝土管柱沉入47米深的覆盖层中。这是从未有人做过的事，在南京大桥就亲口尝试吃这只"螃蟹"，终于成功了。所做的试验墩本身也不浪费，像武汉大桥的临时墩一样，为后来钢梁架设时作为支撑点使用。

彭敏对殷万寿特别青睐，还曾交给殷万寿一个额外任务："请他探讨《桥墩如何防撞》的课题。"因为彭敏每每看到水深流急的长江，都十分担心那些频繁过往的船只，会不慎撞到新建好的桥墩上。这个课题真的让殷万寿费神思索好多年。

6.探索新技术也须脱掉几层皮

南京长江大桥技术上的困难处，不仅集中在下部基础上，上部引桥也是突出的难点。由于通航净空的要求，桥必须达到一定高度，而两岸地势低洼，又要保证规定的坡度，因此两岸引桥高而且长，铁路引桥长达5196米，比正桥长3倍；公路引桥长3012米，也比正桥长两倍。按照技术设计鉴定结论，应该采用苏联的跨度为31.7米预应力混凝土梁和打入旋制混凝土管桩基础作为引桥的主体工程。当时国内只有丰台桥梁厂生产普通的预应力混凝土梁，从12米发展到23.9米。但以此来修建南京长江大桥的引桥跨度和负载显然不行，国外桥梁工程已采用大跨度预应力混凝土结构，因此我国急切得到这方面的技术。

彭敏、梅旸春、王序森、刘麟祥个个都很聪明。考察团在参观制梁工厂及桥梁工地时，对各种设计的预应力梁及工业化快速生产梁体的工艺都做了详细的记录。精通俄语的刘麟祥向曾在中国工作过的苏联专家私下索取了一套分散钢丝束（18丝）、分段预制的预应力梁结构图纸。

从苏联拿回的设计图纸32米预应力梁是分三段灌注的，照图纸试制后，担负此项研究的桥研所工程师周履和大桥设计组工程师王伟民、游广祥等都为分片制造进展太慢而犯难。四桥处副总工程师王团宇，认为完全没有必要分片制造而盲目照搬图纸，因为我们是就地生产架设，没有运输环节。他就是那个当年在汉水铁桥时彭敏曾夸过的"王博士"。于是南京大桥工地设计组决定试验整片制造32米预应力梁。

在大桥局"建成学会"口号下成长起来的各级领导、技术人员、工人，像曹春元、杨家辉、车家明、沈留福等，这些人都具有那个时代的特点：不计报酬，不讲条件，克服物质匮乏、技术闭塞种种困难。在整片试制过程中，几乎每道工序都经过反复试验和改造，所用锚具的形状和材质、张拉钢丝束的千斤顶试验、钢丝束孔道摩阻力试验、钢丝束伸长量试验、锚圈口钢丝内缩量的测定，大小试验不下数千次，终获成功，充分体现了中国人发奋图强、自力更生的精神。桥研所周履工程师说："当时的苏联撤走专家，封锁技术，所以，南京大桥预应力混凝土桥梁是我国自力更生的成果。"1959年在南京大桥长江北岸进行了预应力混凝土铁路桥和公路桥的静载和动载试验，证明了预应力结构的优越性。预应力混凝土梁经过三年反复试验改进，与1964年3月经部基建总局鉴定合格正式投产。南京、浦口岸铁路引桥分别于1965、1966年底架设完毕。

◇南京长江大桥引桥从平地上升起，又高又长。（大桥局提供 任发德拍摄）

引桥特别长，预应力混凝土梁用量相当大，铁路和公路共计1269片。每一片都是庞然大物，公路梁有67吨，铁路梁114吨，为起吊和架设梁片，还专门设计了130吨的龙门吊机。经过努力，每片梁的制造从1500个工日减少到200个工日。为避免过江运输的困难，长江两岸分别建有桥梁厂，生产预应力混凝土梁，都各有技术创新。

由于引桥特长且高大，是前所未见的，制造预应力混凝土梁和旋制混凝土管桩所需大量高质量的沙石，真如搬移一座山一样大。为此事，彭敏向铁道部党组、江苏省委、南京市委、上海华东协作区计委、铁道部基建总局打报告解决沙石来源及火车运输问题。

彭敏向各地要的沙石源源不断地通过火车、船运到南京、浦口。后来刚刚接彭敏任局长的宋次中为此高度重视，向全体在职员工宣布："南京大桥大型预应力梁的制造，只许成功不许失败！残次品也不允许。每片重120～160吨的巨形梁片共有1200多片，质量稍有问题，将来停止通行撤换的话，影响交通不说，就是撤换下来的梁块，连堆放的地方也难找啊！"

铁路桥梁引桥的设计还有一处难得的预见性。引桥上在双号墩墩帽两侧有一处预留设计，即各伸出2.08米悬臂，以备将来行驶电力机车时设置电杆用，在80年代使用上了。

预应力混凝土所需的高强度钢丝束，在我国也是空白，需要试制，由鞍钢克服各种困难试制成功，生产量仅够保证南京长江大桥使用。

7.全身心投入南京修桥工作

1959年大桥局党委由武汉迁到南京，直属江苏省委领导，彭敏任书记，杜景云、宋次中任副书记。大桥局主要业务处室及党委机关大部分人员均迁至南京办公。彭敏局长和宋次中、朱世源副局长先后带领大批设计管理人员来南京办公。

为了全身心投入建桥工作，彭敏准备把家也搬到南京来，因为还没找到房子，家还没搬过来。但是他不是只号召动员别人，自己也要做出表率，1960年年初先把两个大点的孩子从武汉转学到了南京十三中学。

他从来没有想过，家不在南京，两个孩子还小，生活会什么有困难。南京十三中是师资力量很强的学校，该学校对无条件走读的学生可以住校，但住校的学生不多，无专人管理。这两个孩子，彭倍勤上初中二年级，彭勃上高中二年级。在三年困难时期，住校生要克服许多生活上的困难。特别是年龄小的孩子，只能自己照顾自己。没有澡堂，夏天热，只能用冷水洗澡；冬天冷，没有热水用；蚊子多、臭虫多。粮食的定量不够吃，还要自己洗衣服。那时日用品很缺乏，买不到热水瓶，没有开水喝，连吃饭的搪瓷碗很费劲才买到。所有这些困难，彭敏从未过问。

彭敏的建桥大军都跟着他陆续迁到了南京。大桥职工为国家建设桥梁做出很大牺牲。建桥单位流动性大，一座桥建成，奔向另一座桥。随着工地变动，经常搬家。大部分职工长期夫妻两地分居，不能照顾家庭、孩子，年轻人难找对象，都是实际问题。特别是南京大桥的建设正值国家三年困难时期，建设时间很长。临时搭建的工棚，吃、住、生活异常艰苦是很普遍的。

四、调离大桥局前后

1.一声调令起波澜

1960年2月22日，江苏省委工业交通部接到铁道部人事局的一纸公文，征求调动彭敏等同志工作的意见："为了加强铁道部基建总局工作，调大桥工程局局长彭敏同志来铁道部任基本建设总局副局长。该局副局长宋次中同志任局长，杜景云同志任党委书记。可否请复。"这一调令非同小可，在江苏省委激起不小波澜。中共江苏省委交通部于2月27日立即复函铁道部人事局："2月23日电悉，南京长江大桥现已进入紧张施工阶段，工程量大，技术复杂，彭敏同志的工作最好暂时不调，如你部工作需要调彭，由你部决定。"

由于江苏省委的请求，他的调动被拖到7月份。在这期间，南京大桥的建设面临着严重的困难局面，南京长江大桥的工程正在节骨眼上，刚宣布正式开工才一个月。水面上的桥墩正要一个接一个开工，施工刚有点头绪。各桥墩基础具体施工的难点正在显露出来，很多试验正在进行，技术人员对施工方案的意见还不统一。

这个调动对于彭敏确实突然。在他一生革命路途上，每次接受新任务都明显地感受到巨大的鼓舞，党需要他，革命的形势催促他向前奋进。而这次他感觉有点不一样。一个是南京长江大桥正在节骨眼上，还有很多事情正在做和要去做，真是舍不得离不开啊！另一方面是过去的调动，他多少能知道一些领导的意图，大致任务的轮廓。而这次没有给他透信，他也没有思想准备。但彭敏是明白人，他知道无论江苏省委如何努力挽留，上级调动基本是不能违抗的，也不可能改变的。什么理由，为什么，这都是他不该问的。按惯例很快就会通知他去报到，时间不多了，关键是他现在还需要做什么，还能做些什么，才能使工作少受损失。

他首先想到应该把这几年组织大型桥梁施工的基本经验写下来，留给接着建设大桥的领导者和工程技术人员。在苏联访问期间，苏联桥梁界对我国建桥的速度尤为赞叹，认为不可思议，一再要求他介绍经验，他已有所考虑，但还没来及去进行。

再一个让他依依不舍的是他这支刚刚培养起来的建桥队伍，正分布在全国各处的江河上，如何和他们告别呢？

2.急促写出经验总结留给后人

在武汉长江大桥建设由于突破了修建深水基础的技术难关，仅用了两年零一个月的时间，提前建成。接着又以一年零一个月的时间建成了重庆白沙沱长江大桥；后又相继建设了郑州黄河新大桥、广州珠江大桥、南昌赣江大桥，还将建设芜湖、南京、宜都三座长江大桥。现在彭敏马上要离开大桥局，即离开建设南京长江大桥的施工现场，而到北京去铁道部，意味着离开施工，以后更多的是管理工作。

有许多宝贵的经验需要总结，彭敏感到时间急迫，二话不说，立即动手，写出这篇题为《组织大型桥梁高速度施工的基本经验》。他一气呵成，写了30页，约一万多字，从文字上看很仓促，未来得及细改，估计只用了一二个晚上。文字尽管略显粗糙，但内容不失精彩。

这是篇难以见到的总结，彭敏把自己领导建桥施工中，如何积极动脑，挖掘潜力，科学组织，勇于创新的经验以及如何克敌制胜的本领全写出来，是教科书上见不到的。

彭敏脑海里有个美丽的憧憬，在中国大地上，依照全国工农业发展的需要，在八年内将建成一个四通八达的铁路网，条条铁路途经哪些河流大川，要修建大大小小多少桥梁都标在上面。他带着他的桥梁建设队伍，修完一桥再修一桥，让铁路上跑满火车。

为什么要求快修，他说是为了多修，为了早日把中国建设成富强的国家，因此组织高速度的施工有着重要意义。而大江大河上的大型桥梁，一般都技术复杂，工程艰巨，需要较长的工期，为了适应高速度进行铁路建设的要求，就必须在大桥工程本身，组织高速度施工，以大量缩短工期。彭敏强调了最重要的前提条件是党的坚强领导。除了党的领导之外，他把组织领导大桥建设施工经验总结出十条。

一个大型桥梁在试验、设计、施工三者之间的关系，不能忽略试验，这是设计、施工的依据。要及早进行普遍的勘测、调查研究和施工前的准备，在正式施工中抓主要关键，带动一般。比如：大桥施工中关键在于桥墩的进度。"桥墩是我们修桥和自然作斗争的主要矛盾所在。桥墩的技术问题最复杂，所以它又往往是控制整个工期的关键。"

他强调了"向洪水季节争夺时间"。"修桥的主要敌人是水，特别是洪水。工程的组织，利用洪水有季节性，把最不利的工序安排在洪水前或洪水后（如抽水封底），把不怕洪水的工序安排在洪水期间（如钻岩、墩身混凝土灌注）等。"

彭敏推崇大力发展新式专用机械，普遍使用简易机械，土洋结合，全面机械化。"大桥工程的困难在于水上作业和水作斗争；高空作业和地心引力作斗争。人的力量不能大量展开，必须要有充分的大型机械设备和桥梁施工专用机械。在基础工程方面，下沉管桩、管柱方面试制和创造了一套震动打桩机，成为采用管柱基础结构的利器。在钢梁制造方面已取得经验是采用机器样板、胎形卡具和无孔拼装法。在架设方面从试拼、运输、拼装、铆合全套机械化作业过程的机械，是提高架梁速度的重要标志。"另外在施工中发展拼装式结构、半成品工厂化施工和现地制造相结合；平行作业和流水作业的运用都是加快施工的有效办法。

彭敏特别强调"发展新技术，推广先进的施工方法，大搞双革运动。这是加快建设的法宝。"他列举武汉大桥由于采用了大型管柱钻孔新结构基础施工法，提前一年半完工。

最后是他一贯坚持的依靠群众、发挥群众的积极性，生产和教育相结合，不断提高技术水平。施工中主要的是人，是人在使用机械，运用技术，在劳动，在创造。在武汉大桥工程中，党组织提出把大桥工程作为一个大学校的方针，要"建成学会"，贯彻执行这个方针的结果，就是使成千上万人在这个工程中成长起来，成为现在桥梁队伍的基本力量，这个力量还在不断发展中。

彭敏列举了大量他在武汉大桥、济南黄河大桥、赣江大桥、白沙沱大桥、滹沱河桥、漳河桥、南京大桥等实例，具体说明问题。他所说的几项内容都是围绕着高速度建设桥梁的主题。

对于南京大桥，他还有很多试验、新技术都在进行中，他还放心不下："在基础工程方面，武汉长江大桥创造的新的结构、新的施工方法，几年来不断发展。钢梁方面已准备在南京长江大桥部分试验应用高强度螺栓和焊接等新技术，这使钢梁繁重的铆合工作可以走上新的道路。预应力混凝土梁在邳县运河桥和赣江桥均已试制应用，在南京以及其他大桥引桥工程部分，均可得到节约而又快速的效果。至于勘探工作中的电探技术和利用同位素探测土壤的密度等新技术也在采用和试验；轻质混凝土（陶粒混凝土）试验成功，这对于减轻桥面的重量，也是减轻基础和钢梁的荷载很有用的技术。"

彭敏是一名懂技术的领导干部，被人们称为是红色专家。他坚持按科学规律办事，按自然规律办事。他的经验在书本上是找不到的，是在无数实践中摸索出来、行之有效的办法。彭敏的这篇文章写于1960年2月，也正是调令下达的时间。在国家经济困难时期，彭敏为什么还要强调高速度。他在工程建设中始终坚持抓一个"时间"，要高速度，高质量。现在南京大桥建设处于困难时期，但他坚持认为困难是暂时的，建设大桥是永久的，是必须的，是国家经济的命脉。早一天通车对国家的经济利益就越大。

3.给建桥队伍留下一份关爱

尽管江苏省委恳请挽留彭敏,拖了四个多月,铁道部的调令还是下达了。1960年7月12日,铁道部党组给中共江苏省委、铁道部大桥工程局党委,并报中共中央交通工作部回复:"经再三研究,根据工作需要,我们意见:彭敏同志还是到部工作,并因工作急需请速来部报到。彭敏同志调部后,大桥工程局局长职务,由副局长宋次中同志代理。"江苏省委、湖北省委于15日、26日分别复电铁道部,表示同意彭敏的调动。

彭敏接到调令后,7月18日在南京大桥工地指挥部和二、四桥处领导干部座谈会上作了发言,要求大桥局职工要加强学习,改进作风,按照毛主席思想"把这支建桥队伍建设成为在党的绝对领导下的战无不胜攻无不克的精兵"。培养这支建桥队伍是他心里最牵挂的事。在武汉大桥建设中,他一直重视培养一批桥梁工程师和工程组织者,因此大桥局组织机构健全且完善,各级党政管理干部、工程技术人员和工人,在武汉长江大桥建设中积累了经验提高了技术水准,掌握了一整套完整的管理制度、科学的作业方法和严密的施工程序,这支建桥队伍成长起来了。宋次中接任领导之后,大桥局原班人马未动,保证了工作的稳定。

彭敏趁自己还未离任,做了个决定,把这支建桥队伍的骨干请到了庐山上,在庐山举办学习读书活动。全局正科级以上党政干部,部分高级技术人员和劳动模范分批上庐山读书兼休假。每批30人左右,学习15天,从7月到9月共办了3期。在庐山西谷租用了几幢别墅,每幢别墅分配五至六人共住,一日三餐能吃上面条、馒头、蔬菜和一些肉,这在困难时期可是为大家改善了伙食。大家都深感彭局长组织这个学习班实有爱惜勉励之意,而他们并不知道这是彭敏在临别之前的特地安排。以后,大桥局安排干部职工在暑期学习休整的这种形式延续了几年。

钱学新工程师记忆犹新,他是被安排在第三批上山的,同住一套别墅的有桥机厂的叶永祥,设计处的瞿懋宁、秦昆两位工程师。杜(景云)书记也在这一期。池涌波、卢秀珍被安排在第二期,赵树志和刘麟祥在一期上山的。顾诚当时在庐山是总务主管。彭敏没有上山，他在七月底动身起程，携全家去了北京。

4. 在梅旸春同志的追悼会上致悼词

1962年5月12日，南京长江大桥总工程师梅旸春逝世。这是在彭敏心中最为沉重的事。梅旸春总工是病倒在工作岗位上的，为大桥建设鞠躬尽瘁。江苏省人民委员会、铁道部于18日在南京公祭，彭敏致悼词。

彭敏的脑海里浮现出许多梅老先生栩栩如生鲜活的记忆，有的轻松欢快，有的苦涩艰辛，梅老和蔼可亲可敬的形象仿佛就在跟前。

1953年初开始筹建大桥局时，彭敏在汉口胜利街的铁路招待所里最先见到的工程师就是梅旸春。彭敏从来没接触过这样博学多才、技术坚实的桥梁专家，梅旸春又是那样平易近人，跟他彻夜详谈，获益不小。梅旸春生于1900年，当时已是50多岁，一生中参与领导过许多桥梁和其他大型工程建设。他并不摆知识分子的谱，对彭敏很尊重，称彭敏为"老彭"。他跟彭敏侃侃而谈，讲述了他坎坷的人生，为祖国强盛的愿望，及他为之奋斗的桥梁事业。他最大的希望是建成武汉长江大桥，全是肺腑之言。因为梅旸春是南方口音，而且讲话里常有英文和外国人名，彭敏仔仔细细地听，听明白了，产生了共鸣：只有国家富强才能摆脱帝国主义的压迫和欺辱。在落后的半殖民地半封建的旧中国，我国的工程技术人员无论有多大的才能都无法正常发挥。

梅旸春1923年毕业于清华大学，公费赴美国留学。1925年留学后，进入美国费城桥梁公司工作，因为他工作勤奋且成绩出色，还打得一手出色的网球，被误认为是日本人，使他深以为耻。1934年，茅以升聘梅旸春为正工程师，组织设计筹建钱塘江桥。钱塘江桥是我国的工程师自己设计的，但基础和钢梁的制造、安装以及引桥部分，都分别由丹麦、英国、德国的洋行承包，我们的工人和技术人员只能在外国洋行包商雇用下参与建设。梅旸春的钢梁设计，为了减轻重量、节约资金，在国内首次采用铬铜合金。英国道门朗公司为推销自己积压的货物而要求修改图纸，梅旸春以精辟的理论和实际经验，直接与之对话，据理力争，使对方折服，为中国工程师扬眉吐气。但是英国道门朗公司为了一个铆钉的位置，让他们在杭州、上海、伦敦跑了两个多月，实际只是为了多卖他们的钢料而已。在基础施工时，丹麦益康洋行为了保守他的技术秘密，用鞭子和咒骂把中国的实习生赶走。1936年、1946年梅旸春曾先后两次受聘筹划勘测修建武汉长江大桥，终因旧中国政府腐败而不了了之。

梅旸春是我国桥梁界的老前辈。在大桥局里的老技术人员里，年龄仅次于顾懋勋。梅旸春来大桥局之前，已是铁道部设计局代局长兼总工程师、大桥设计组组长，对武汉长江大桥设计的贡献很大。但他从不居功自傲，说哪些是他的成绩。

他的年龄和经历，使他已达到全无自我、大爱无疆的境界。到大桥局后，最初没有公布他副总工程师的职务，而他并不在意个人得失。当时参加施工的干部和工人多是新手，都没有在水上干过活，因此梅旸春常亲自到汉水铁桥工地，昼夜不息地指挥五号桥墩的工作。有一次夜间，为挽救5号墩的危险局面，不慎失足落水，救起来后，大家劝其休息，但他仍照常坚持工作。开会时积极主动给领导出主意想办法。他的英文比中文还熟练，发言时有些专业词，他常常要问："这个词中文怎么说来着？"

梅旸春和易待人，多推善于属下。大桥桥头堡美术设计者唐寰澄工程师就很感激地承认，正是由于梅旸春主办向全国著名建筑设计单位和院校征求武汉长江大桥桥头建筑及引桥方案，才得到大桥设计组的25式方案即现在的武汉长江大桥桥头堡的设计。

1955年底，在浙江宁波开始修建余桃江桥和奉化江桥，因桥式相同，合称两江桥，具有经济和军事战略意义。铁道部中南设计分局设计，施工为大桥局的三桥处。该桥是我国较早使用高（桩）承台，并且首次成功地采用"吊箱围堰"施工的典型桥梁。桥的设计和施工中遇到许多技术难题，彭敏和梅旸春副总两次亲自到现场查看，苏联专家吉赫诺夫和部里的技术人员林荫岳同去。彭敏通宵达旦写情况分析报告，到了现场作了详细的指示，梅老总指出考察中发现的材料和机具等技术问题。

梅总心地宽广，与大家相处很随和，爱打各种球、打麻将，还爱唱京剧。

一次在东湖专家招待所里，他给包括苏联专家在内的所有人表演了马连良的京剧唱段"卧龙吊孝"和"空城计"。他拉开架势，并自打过门，有板有眼，那抑扬顿挫、铿锵有力略带沙哑的唱腔，赢得大家喝彩。后来彭敏也不时学着哼哼两句"我正在城楼啊观风景……"他们俩的私交很好，说话全无客套，直来直去，心心相通。

1958年，中央正式决定修建南京长江大桥，任命彭敏为局长兼总指挥，梅旸春为总工程师。南京大桥是我国第一座用国产材料，自己设计、自己施工的长江特大桥，是他们心中共同理想中的桥，遗憾的是两人都没等到建成就离开了。彭敏于1960年调到铁道部工作，而梅总工1962年病倒在岗位上。

梅旸春从1956年起就开始查阅资料，根据已取得的勘测记录，他初拟一个的设想方案。正桥是七孔，中间五孔是半穿式刚性桁梁，柔性的钢拱。基础则有沉井、管柱和管柱加沉井、锁口管柱沉井等不同方案。最终因受制于许多主客观的原因，所定的9墩大桥方案并不如梅旸春最初设计的理想。

南京长江大桥的建设受到国家困难时期的影响，资金一再被压缩，工人一再被缩减，工程处于停停打打状态。工程技术人员都明白，延缓对工程带来的不利和巨大损失。而梅旸春心急如焚，毕竟是60多岁的老人，血压升高，最终溘然长逝。他多么想亲眼看到南京长江大桥顺利建成，实现他的夙愿。

追悼会上彭敏在悼辞的最后深情地说："旸春同志，永别了，我们将永远记忆着你，向你学习。你所献身的事业将永远胜利的发展。"追悼会结束后回到北京，彭敏心情很沉重，对家里人说："梅旸春是我在桥梁方面唯一的知音。"

5.时刻挂念南京长江大桥建设

彭敏1960年离开南京长江大桥时，是经济上的三年困难时期，国家投资大量消减，物质供应不上，虽然铁道部尽量维持，而工程只能处于停停打打，半饥半饱的状态。江心的工程按施工组织计划是流水作业，有的桥墩已建成，有的正在灌注承台、墩身，有的尚未出水，正在灌注基础混凝土，有的正在下管柱，有的钢围笼或混凝土沉井正在定位下沉。两岸引桥工程参差嵯峨也是如此。钢梁制造的速度也慢下来，要停工了。

彭敏调回部里工作后，但仍时刻挂念着南京大桥的建设。1964年，彭敏奉命调到西南三线铁路建设指挥部工作。也多次建议铁道部："千难万难，南京大桥建设工程也一定要维持到所有的桥墩修出水面才能停工，否则几年的辛苦必然付之东流。"

江苏省委对建设南京大桥的态度一直是认真积极的，仍多次坚持向中央建议把彭敏从西南成昆铁路工地指挥部调回南京。1964年夏，彭敏与铁道部副部长汪菊潜代表铁道部对南京大桥作了全面检查。彭敏这次回南京，主要同江苏省主要领导人江渭清、惠浴宇等，对大桥通车方案进行了认真的研究，研究结果上报中央，并很快获得了批准，不久国家计划委员会批了专款。到1965年冬，南京长江大桥全面复工续建。

汪菊潜来南京是来解决3号桥墩的孔壁坍塌的问题。汪总决定采取抛片石笼等办法将2、3号墩河床永久性防护，并同意安铸管循环灌注法压浆等。彭敏与汪菊潜对各项工作包括引桥、江中基础、上部结构的设计、施工进行审查，提出今后安排意见，协调了监理原则。

讨论完事情，他们一起来到南京的江边。彭敏要下水游泳，汪菊潜不会游，说好了在船上等着他。二桥处的副处长张虹村得知彭敏要游泳，赶紧找了七八个人陪着彭敏，从大桥工地处下水，又派了两个小船跟着他们。在船上张虹村跟汪菊潜开玩笑："你要是不给彭局长弄这船，他就下不了水。你陪他来下水，出了问题咋办？"汪菊潜笑说："当然要你负责了，你组织的这七八个可以横渡长江的人跟着他，我怕什么！"汪补充说："我也劝他不要游，他非游不可嘛。"张虹村说："你倒挺理解他！"张虹村在修武汉大桥时，常和汪菊潜总工聊天逗趣。汪菊潜可是很有股高级知识分子超凡脱俗的傲气，张虹村领教过几次。有一次和汪总说到京剧，汪说程砚秋好，你若说梅兰芳或其他什么人好，他就会说，那是你根本不懂京剧，不和你们这些年轻人谈这个，你们不够水平，不够资格和我谈京剧。还有一次和他坐在工作船上，船很小，摇晃得很厉害，你若问他怕不怕，紧张吗？他会说："哼，大风大浪我见多了。"张虹村看得出来，汪菊潜若不是从心里十分服气并敬佩彭敏，他是不会这么久坐在船上等着他的。彭敏一直游到下游的燕子矶才上岸，有七公里长。那时正是出螃蟹的季节，天还挺暖和的。他们三人就在二桥处的办公室里，把办公桌对起来，也没有什么可吃的东西，买了几只螃蟹当作一顿饭。

6.再次争取大桥工程继续施工

1966年上半年，南京大桥江心桥墩全部出水。当时西南大三线建设已具相当规模，王序森、石景仁从成昆线勘测桥址的现场回到南京大桥工地组织架梁工作。各项工程正处在紧张的阶段，南京大桥的建设资金及材料又出现了短缺，是停工还是继续建设，面临着两种艰难的选择。

◇南京长江大桥九个桥墩全探出水面。（大桥局提供　任发德拍摄）

铁道部部长吕正操、副部长彭敏再次率领部里有关人员来到南京大桥工地。吕部长仔细听了汇报，察看了工程进展情况，在江边招待室里召开了会议。到会的大桥局干部和技术人员恳切陈词，请求部领导帮助解决大桥建设的资金困难。吕部长根据国际形势提出了16字意见："简化节约、快修早通、准备挨炸、炸了再修。"并说还要向周总理汇报。

大家猜想周总理可

◇1966年初，吕正操和彭敏去南京长江大桥解决问题。左起：陈昌言（局副总）、保卫人员、邹义章（处总工）、吕正操（铁道部部长）、刘曾达（局代总工）、彭敏（铁道部副部长）、李本深（彭敏秘书）。（大桥局提供　任发德拍摄）

能已过问了，副总工程师王序森回忆说："这16字意见虽不符合建桥职工的期望，但已经争取到了大桥工程的继续施工，也就达到了目的。"彭敏面对这些熟悉的面孔，心灵是相通的，按最初的计划现在早已建成通车了，心里是更着急，但什么也不便多说。

　　1966年初"文化大革命"开始，一群红卫兵造反派把武汉长江大桥纪念碑上的碑文用水泥涂抹了，因为其内容有赞颂中苏友谊方面的言辞。5月31日，毛主席去视察武汉长江大桥，看到了被涂抹的纪念碑，很不高兴，要见彭敏。彭敏接到命令从焦枝线枝江长江大桥施工现场赶到武汉。为了毛主席的安全，彭敏先到汉阳桥头堡下面贵宾室里检查了一遍。毛主席接见他就在贵宾室里进行，由彭敏主要汇报，秘书李本深没有让进去。在座陪同的有杨尚昆、罗瑞卿、王任重、张体学、张平化、陈再道等。毛主席说的大意是："武汉长江大桥纪念碑上的碑文被涂抹，要恢复原样，苏联专家的帮助是事实。"彭敏则主要汇报了南京长江大桥建设的实际情况。

◇南京长江大桥钢梁即将合拢。（大桥局提供　任发德拍摄）

　　随后，彭敏上北京，将南京长江大桥的情况上报中央，得到周总理的批准："不停工，继续架设钢梁使铁路通车，公路及附属工程从简，尽量压缩投资。"经过全体职工艰苦的努力，1967年8月钢梁架设胜利合拢了。至此，大桥主体工程基本完成。1968年9月，南京长江大桥铁路通车，12月公路通车。

第7篇

西南三线铁路大会战（1960～1970）

一、准备迎接新的挑战

1.服从安排当基建总局局长

1960年初，南京长江大桥的建设正在如火如荼地建设中，铁道部的一纸调令让彭敏依依不舍地告别南京长江大桥的建设工地。

到了北京才知道，由于彭敏在武汉长江大桥的贡献突出，国家科委主任聂荣臻元帅看上了他，打算把彭敏调到国家科委任副主任，想让他在国家科学技术现代化方面做贡献。只因为关系到国家机密和组织程序，没有事先讲明。而彭敏在南京拖了四个月，调令就拖下来。因铁道部部党组已同意彭敏调任国家科委副主任，所以在组织上未正式批复前，只好让他在铁道部现行代理工作。铁道部为加强全路基本建设，将设计总局、新建铁路工程局、基建局合并，重新组建基建总局，彭敏为新建的基建总局副局长，一年后转为正局长，级别没涨，而担子更重了。

彭敏到了北京后，待遇各方面条件比在基层显然差了很多。他开始时乘公交车上班，又逢国家三年困难时期，自行车要凭票供应，还是同志们帮助搞到了张自行车票。他因腿脚不方便，买了一辆28型绿色女式自行车。他每天骑车上下班，回家后怕车丢，还要亲自抬车上三楼。从西便门出发，沿护城河边的土路，骑车到军事博物馆对面的铁道部上班。天热时还常常把衣服一脱，下到护城河里或玉渊潭里游泳，倒也悠然自得。

在此前后，在铁道部机关的干部里就有了各种猜测和议论：按说彭敏成功领导修建了武汉长江大桥，成绩是很突出的，到部里怎么也应升为副部长啊，怎么还是当局长，是不是他有什么问题了，是不是因为南昌赣江翻船的事故受到牵连了？

彭敏听到这些议论，甚至有些熟悉的人还直接问他。他心里明白，也没做解释。当初让他领导修建武汉长江大桥的时候，他已是铁道兵团的第三副司令员兼总工程师，调到铁道部大桥局任局长，算是企业一级。他从没过问职位是升还是降了，有什么待遇，甚至连部队转业的手续都没去办，直接扎到武汉，一门心思筹建大桥局。那时的干部思想很简单，修建武汉长江大桥是革命的需要，是国家经济建设的需要，"党叫干啥就干啥"，坚决服从组织安排，革命工作没有高低贵贱之分！不止他是这样，大桥局筹备的时候，抽调来的干部很多都是这样。像杨在田在铁道部任材料局局长，到大桥局任副局长，家还留在北京，工作认真负责，为彭敏分担了很多工作，没有任何抱怨。

彭敏从武汉的大桥局调到铁道部工作，全家搬到北京。刘麟祥也前后脚调回部里科技局，他爱人赵树志也来北京了。西林从苏联给刘麟祥写信询问彭敏到北京是否晋升了，刘麟祥拿着信到彭敏家里，问彭敏如何回答才是，彭敏笑笑说："你就写没升也没降嘛！"

武汉长江大桥建成之后，西林在苏联荣获工程院院士称号和列宁奖金，中国政府给西林颁发了荣誉证书，于1957年11月回国。西林心里最明白，他在武汉长江大桥的成绩是与彭敏的努力分不开的，是彭敏的敢做敢当、生死置之度外的决心，并率领大桥局的技术人员共同做了大量试验，才获得成功。没有彭敏，西林的方法就不能实现。

彭敏并不在意荣誉、待遇的事和别人怎样看他。他常说："荣誉只不过是旧衣服上的新补丁"，"人活着就是要使别人由于你而活得更美好"。"活着就要斗争，要向前看，不停的前进！"

修建武汉长江大桥是他人生中一段最为成功的经历，是他的土木工程专业的一件完美作品。在这段历程中，知人善任的老领导滕代远给他这个机会，让他发挥组织指挥才能和专业技术特长，在长江上演练了一把，使他的敢于创新、富于挑战的性格得到施展。为此彭敏得到了大桥局里广大干部、工程技术人员和职工的爱戴和尊重，还得到西林这样志同道合的苏联朋友。彭敏不会俄语，但不影响他们共同探索科学、钻研技术，西林使他的求知欲望得到满足。彭敏很清楚，西林和他一样也是以事业为重的人，西林来信关心关切正是出于他们之间的深厚友谊。

彭敏到部里主持全国铁路包括桥梁的基本建设，在他面前豁然开朗，从地方的局部看到了国家的全局。

彭敏经历了1949年到1952年国民经济恢复时期铁路复旧工作；体验了1953年到1957年铁路桥梁建设发展时期的成功和欢欣；也看到1958年的"大跃进"忽视了客观的经济规律，导致铁路基本建设项目增长过快，战线拉得过长，摊子铺得过大，由此暴露出来的问题。如勘测设计和施工缺少严格的科学论证；主要材料供不应求，影响工程进度；科学的规章制度相继被废除等不良因素引起的严重影响。在南昌赣江桥的施工中，因超载翻船的事故也给彭敏敲响了警钟：人们劳动的热情忘掉了"五级大风不能行船"、"船舶允许载重规定"等规章制度。

1961年，国家提出"调整、巩固、充实、提高"八字方针，要求缩短基本建设战线。他的理解是在调整项目计划，压缩规模。但也要有轻重缓急，有暂缓项目，还应有必保项目，比如南京长江大桥就应必保。他应在铁路建设体制和有关规章制度方面进行全面整顿，加强管理，这确是重中之重。彭敏先把谭葆宪调到部里任基建总局副总工程师，并和谭葆宪谈了他的想法。

谭葆宪是铁路工程专家。生于1910年，清华大学土木工程系毕业，解放后参加过丰沙线、宝成线的新线会战和几条旧线的改造，和彭敏一样是个实实在在干事的类型，成为彭敏得力的助手。

1961年1月31日到2月10日在铁道部基建总局，彭敏召开了《修改规章制度座谈会》。随后彭敏和谭葆宪一起到西北、西南和南京大桥考察建设情况并主持整顿修订各种规章制度和设计规范，清除了"大跃进"时期出现的一些不切合实际的影响。

从1961年起，彭敏在铁道部这三年里，调整体制和修改的法规，陆续颁布，如：《标准轨距铁路技术规范》《铁路基本建设的变更及预算暂行办法》《工程技术安全规则》等文件。谭葆宪也在彭敏的支持下，他充分发挥专业所长，1962年继续组织撰写《铁路修建史料》四本著作。

◇1962年6月，彭敏为欢送大儿子彭勃当兵而照的全家照。前排左起：温恩梅、彭敏，后排左起：倍勤、彭勃、晶莹、小助。

1962年6月，彭敏的大儿子彭勃高中毕业，报名当兵，光荣批准。这次征兵是在全国高考之前进行，由于在台湾的国民党蒋介石叫嚣反攻大陆，国家十分重视。彭敏积极支持，带着全家在西单的照相馆照了一张全家福，之后在鸿宾楼吃烤鸭庆祝一番，只是当天军装还未发，如果穿上漂亮的海军军服，就更满意了。

2. 调国家科委工作

过了近三年，也就是1963年4月，铁道部接到中央组织部调函："中央决定调彭敏同志任国家科委副主任，免除铁道部党委委员、基本建设总局局长职务。"

有时他在家里闲聊时，也谈一些著名科学家的故事，像钱学森、于光远等人的事。他说钱学森有很高的情操，他潜心搞科学研究不为出名，他拒绝接受任何新闻媒体的采访等。又有一次彭敏略有感叹地说："于光远在很年轻的时候就提出过光子的理论，在物理学方面很有见地，后来因为日本侵略中国，他参加了革命。中国多了一位革命者，少了一位大科学家。"孩子们问他："你怎么知道这些事？"他说我们常一起开组织生活会，彼此常谈谈心聊聊天。彭敏没有说，他是否也想过自己，有同样的经历，从小也喜欢科学、喜欢美术，但为了革命全都放弃了。

3. 第一件事干什么

实现中国科学技术现代化不是一件轻而易举的事。如何迈开第一步，他进行了思考。彭敏是个认真干事业的人，领导那么信任他，把他安排到科委来工作，那就是希望他在这一岗位上做出更大贡献。前一段在铁道部，他和谭葆宪一起搞的规划和规章制度在提高铁路技术管理水平起了促进作用，这事对他有所启发，使他想到要使国家科技事业发展首先要实现国家的标准化建设。

我国要建成四个现代化的社会主义强国，必须建立自己国家的标准体制。好与不好，先进与落后，强国与弱国，怎样鉴定，如何划分，都要有个标准。世界上产品标准化程度高的国家不少，他们的国家标准约有8000～10000个，而我国到1962年底才搞了172个，差得太远，至少也要有1万个左右才能满足需要。因此他想到应从国家的标准化入手，才能逐步实现科学技术十年发展规划，赶超世界先进水平。

他请示了聂荣臻副总理，聂副总理说："标准既要制定，又要贯彻，它和国民经济的关系密切，军用民用的关系也得统一考虑。没有标准，品种、质量都谈不上。"当年9月份，国家科委做出决定，指定了32个研究院（所）作为第一批国家的标准化核心机构，这些机构都很支持这个决定。

1964年2月初，彭敏召开了国家的标准化核心机构第一次会议。参加会议的有57个单位，不仅有核心机构的负责同志，也有各部主管标准的司局长，也有地方标准化工作管理机构的同志，以及标准化工作的专职干部共110多人。彭敏在会上做了两个报告，谈了标准化十年发展规划；标准化面临的大好形势；当前标准化工作的任务；科学研究机构承担标准化工作任务四大方面问题。

他顺便谈了个人一贯的想法。他说："关于建立我们自己标准的问题，意义重大，我想多说几句。要不受别人的控制，要赶世界先进水平，抄人家的标准是不行的，抄人家的东西，知其然不知其所以然，不好。我们的机械产品、轻工业产品还要出口，特别是对亚非拉民族主义国家，这是国际主义义务，我们的产品标准应当是高水平的，拿出去，不比帝国主义差，不然政治上受损失。外国的标准，我们应当研究，作为参考，特别是先进的东西我们要学习，但不能照搬，更不能搬落后的东西。我们还必须搞自己的高水平的标准，不要迷信外国，搞教条主义。"

会议开了九天，在会议结束时，他在总结报告中说："时间不长，收获不小。……大家一致认为，为了适应国民经济发展的需要，我们必须高速度地建立起自己的、高水平的、具有一定数量的国家标准；我们也必须以革命化、科学化、打歼灭战的精神，来做好标准化工作。这就是我们会议的两点最大收获。"

彭敏就这样把国家标准化工作从初始阶段推进到全面发展，对全国经济技术发展有重大意义，在国家标准之下又相继制定了行业标准、地方标准和企业标准。到2003年年底，中国国家标准已达到20906项（不包括工程建设标准），大大超过了彭敏的估计。标准化作为国际交往的技术语言和国际贸易的技术依据，在保障产品质量，提高市场信任度、促进商品流通、维护公平竞争等方面发挥重要作用，特别是随着经济全球化进程的不断深入，标准在国际竞争中的作用更加明显。

4.摸清我国铁路当前的技术水平

彭敏到了国家科委感到天地更宽阔了，这里有便利的科技情报部门，可以很迅速查询到国内、国际所需的有关技术资料。彭敏因为从铁路部门过来，特别关心铁路建设，迫切希望摸清我国铁路与国际先进水平的差距，以明确今后奋发图强迎头赶上的方向。他让人帮助搜集出一些资料，进行对比，按专业分别作了说明，并整理编写成《我国铁路当前的技术水平》参考资料，文前他写了一段说明。

彭敏对我国铁路的历史和现状是了解的。他写道："我国铁路解放以前的技术装备，标准复杂，缺乏统一管理，铁路只具有运营和维修部门，主要设备、材料、部件绝大部分依靠从外国进口解决，实际上还处于半殖民地的铁路状态。解放以后，14年来，经过三年的恢复整理，第一个五年计划期间和三年大发展期间的飞跃建设，铁路技术装备面貌一新，有了重大的改进，同时在采用先进作业方法和推广先进经验方面也取得了一定的成就，因此我国的铁路的技术水平，比较过去可以说已经大大提高了一步。只是自第二次世界大战以后，世界科学技术发展极为迅速，许多先进工业国家由于大力采用了新技术、新工艺、新材料，铁路的技术水平提高也很快。"

经过这一番调查分析，彭敏进一步了解到："我国的铁路技术装备，虽然进步很大，但相比之下，仍未能摆脱陈旧落后的状态；且铁路劳动生产率还比较低，科学技术力量的增长还不能适应铁路运输与铁路建设发展的需要，存在着若干薄弱和空白的环节"。

文中搜集整理的资料包括了铁路系统的方方面面，都注明国际水平或哪个国家如何，国内如何，相互对比一目了然。彭敏深深感到我国铁路发展科技现代化的迫切性，于是提出建议立即召集全国铁路的科技部门开个会，让大家都明白努力的方向。

1964年5月，彭敏主持召开了国家科委铁道组和铁道部的科学技术工作联席会议。将《我国铁路当前的技术水平》参考资料发给与会的干部、技术人员。彭敏在会上对铁路现代化提出了重要意见。他说："……铁路企业非常庞大复杂，要为现代工农业和国防服务，地位很重要。……大家讨论科技计划，主导方面应当是要改变铁路面貌，迅速现代化。牵引动力、运输设备、经营管理都需要现代化。否则铁路线延长了，要增加多少人！发展铁路靠增加人还是靠技术设备的改造，这是一个政策问题。当前的任务是要内燃化、电气化和机械化，机车不冒烟。远景是自动化、半导体化。…自动化不能庸俗地理解为'无人'，而应看成是准确、高效、节省人力、要求严格，叫机器干活，人管机器。铁路有独立的通信网，有电务设计事务所，有通信信号工厂，照说是有条件搞的。远期要逐步扩大电子计算机的使用，如铺运行图，做运输方案等。……电务方面能不能研究在运输指挥自动化方面采用半导体。……"

他再次提到在一定时期内实现科技战线的目标，要集中力量打"歼灭战"；要全面安排，充实基础，结合生产搞研究实验；要吸收国外成就和开展创造性研究相结合，不可偏废；要加强科技工作的组织领导，科委要给领导当好参谋部、后勤部和政治部。

二、路桥情缘不断——重返铁路前线

1.那个修武汉长江大桥的人呢？

20世纪60年代初，国际形势紧张对中国十分不利，美国和前苏联敌视中国，随时都有爆发战争的可能。毛主席提出了要加快内地基础工业和交通建设，使之成为初具规模的战略后方。毛主席将战略后方称之为"三线"，把我国的周边、沿海地区称之为"一线"，其他地区则归为"二线"。毛主席还形象地将"一线"比喻成"拳头"，"三线"比喻成"屁股"，说只有屁股站稳了拳头才有力量。毛主席一直认为"攀枝花是战略问题"，1964年8月，党中央制定了加快"三线"即内地经济建设和国防建设的战略决策。后方基地以攀枝花钢铁公司为中心，铁路通道以成昆铁路为中心进行大会战。攀钢建设成立了渡口建设指挥部，由徐驰任指挥长；与西南铁路建设指挥部并肩作战。毛主席特别指出了"成昆线要快修"，"川黔、滇黔也要快修"，还风趣地激励铁路建设者，修不起来他就"骑着毛驴去西昌"。在党中央的领导下，动员全国力量，展开了轰轰烈烈的三线建设以及为三线建设服务的西南铁路大会战。

在这段时间前后，从彭敏的嘴里不时冒出要"上前线""前方的需要"这样的词汇。明明是和平年代，哪来的前线呢？后来才知道他要去西南三线修铁路，他把那里称为前线。他怎么又回铁路了呢？直到临去西南之前他对全家说，让他到西南三线修铁路是毛主席点的将。毛主席看了周总理送去的关于三线铁路建设的报告后，问道："那个修武汉长江大桥的人呢？"

也许是1956年5月31日彭敏在长江的船上向毛主席汇报，给毛主席留下了一个敢于创新、勇于开拓的技术型干部的印象。

原先开始考虑西南三线铁路建设指挥部领导的名单上没有他，因为他已离开铁道部到国家科委工作，当时三线铁路建设的领导班子由铁道部和铁道兵各自抽调干部组成，彭敏已不在铁路系统，就没有考虑他。主席的提醒，中央领导即刻想到了"彭敏"，就把他从国家科委借调出来，让他参加西南三线铁路建设。这也是彭敏的路桥情缘不断，由此重返铁路。先是成昆铁路、襄渝铁路、坦赞铁路、焦枝铁路、枝柳铁路、湘黔铁路，后来为配合港口建设的大秦铁路、兖石铁路等。

2.成立西南铁路建设总指挥部

1964年9月，遵照中央指示，成立了西南铁路建设总指挥部。由中共中央西南局第一书记李井泉任总指挥，铁道部代部长、铁道兵第一政委吕正操，铁道部副部长刘建章，铁道兵副司令员郭维城，商业部副部长张永励、四川省委副书记熊宇忠任副总指挥，国家科委副主任彭敏被任命为副总指挥兼总工程师，负责全面技术工作。在总指挥部下设立西南铁路建设工地指挥部、西南铁路建设技术委员会、西南支援铁路建设委员会和总指挥部办公室。

西南铁路建设指挥部机构确定之后，李井泉为总指挥负责三线建设全面工作，由吕正操第一副总指挥主抓西南铁路建设。吕正操真有带兵打仗的将军风度，立即发出指令，要求铁道部、铁道兵抽调优秀的精兵强将上西南，好人好马上前线。一经选中的人员，立即奔赴工地；不服从调动的要严肃处理，是共产党员的一律开除党籍，是干部的一律撤职等。铁道部里确实有人不服从调遣而受到撤职处分。铁道部、铁道兵各抽调400名干部，铁道兵第一、五、七、八、十共5个师有15万人，铁道部第二工程局充实15个处有13万人，同时抽调铁四局、大桥局各有一个处2万人参战，各部调兵遣将一共30万大军，形成西南铁路建设大会战态势。

西南铁路建设工地指挥部召开了全体总动员大会。西南铁路建设工地指挥部，简称"西工指"。工地指挥部按部队司、政、后建制，负责全面指挥和组织工程施工。吕正操任指挥长、党委书记，刘建章、郭维城、彭敏任副指挥长、副书记。谭葆宪在司令部任总工程师，负责施工，蔡报瑷专家任副总工程师。彭敏和谭葆宪见面后，对西南铁路建设有太多共同的想法，再次合作开始了新的征程：为把成昆线建成技术先进的、能力强大的、现代化的新型铁路而努力。

3.一件小事引起他的深思

彭敏到西南不久，一件小事引起他的感叹。

"西工指"经解放军总参谋部批准，属部队建制，番号为解放军总字302部队。西工指的职工，即铁道部来的职工也要身着军装，佩带领章帽徽。

西工指的司令部给彭敏派来一个警卫员，名字没记住。这个小战士很年轻，是从凉山新招来的兵，说着一口当地话，彭敏说话他听不太懂。

那时彭敏因为刚到西南铁路施工现场，须不停地到处考察，在哪儿都待不了多长时间，随时要收拾行装出发。有一次临出发，彭敏闻到一股刺鼻的怪味，回头一看，那个小战士把肥皂放到火炉上烤，结果烤化了，都拿不起来了。小战士一时不知怎么办才好，说："长官，不，首长，我看到肥皂上有水，你看怎么成这个样子？"彭敏笑了，赶紧安慰他说："没关系，没关系，肥皂是不能烤干的。"

但这件事在他心里激起一阵波澜，久久不能平静。他联想到，不要以为全国解放15年了，全国人民都翻身了，在我国还有一些地方，如边远的西南的大深山里还有荒蛮之地，那里的少数民族，因为交通不便，还过着近乎原始状态的生活，离现代化生活还很远。这些肥皂、日用品、电灯、电话、现代机械一概没见过呢！因此西南铁路滇黔线，川黔线，特别是现在要修的成昆线经过的大小凉山一带，近2000万人民群众的生活，也都迫切需要这一铁路修通。他不止一次地对人说起这件事，"那里的人，世世代代生活在大深山里，交通不便，很闭塞，甚至连肥皂也没用过，他们离现代化生活多么遥远。"他想到他正在修的铁路，对小战士的家乡是多么需要啊。

中国西南地区主要在云南、贵州、四川省境内，崇山峻岭，川多流急、峡谷幽深、地质异常复杂。解放以来西南铁路因为经济困难几经周折，三上三下。直到60年代，由于战略形势和毛主席的决心，才展开大规模的西南三线铁路大会战。西南铁路的宝成线和成渝线已建成，川黔线和贵昆（滇黔）线虽然已几上几下，但也接近完工。于是总指挥部做出"先通川黔，再通贵昆，后取成昆"的部署。

宝成铁路修建时，设计标准低，年运输能力是260万吨，修起来就不够用，加了电气化还不够用。以宝成线的经验和教训，成昆线即使从开始搞年运输量370万吨，也会不够用，若加以这样那样的措施，按内燃机车计算才算到了850万吨，离1000万吨还差得远。有人说那你就修复线吧，可是山区修路谈何容易！这样彭敏不断征求有关技术人员的意见，结论就出来了：只能把成昆线建设成技术先进的、能力强大的、现代化的铁路干线，才能满足战略及运输需要。

成昆铁路全长1100公里，地势险峻，地质复杂，设计施工极为困难。全线有隧道345.7公里，桥梁总长97公里，桥隧总长占线路长度的40%，往往是出了山洞就是桥，工程之艰巨和难度，在我国建路史上可列首位。

5月份没来西南铁路之前，彭敏在科委主持的铁路科学技术工作联席会议上，就表达了他要改变我国铁路落后状态的迫切心情。现在亲眼看到西南铁路的艰巨性和紧迫性，更使彭敏热血沸腾，决不能辜负毛主席的重望。他在大会战的动员大会上发言说："毛主席要求我们修铁路，我们总不能因陋就简地修一条落后的铁路吧。我们一定要在铁路运营上实现牵引动力的内燃化和电气化；一定要改进和更新技术装备，以适应新型动力和提高行车速度、提高运输效率的要求；要在施工重要作业过程中采用机械化和自动化；要采用新技术、新工艺、新材料以提高劳动生产率，降低运输成本，为赶超世界先进水平做出最大努力。"

4.李本深走马上任当秘书

铁道部第二勘测设计院接到一个特殊任务。吕正操第一副总指挥、刘建章副总指挥要求铁二院为副总指挥兼总工程师的彭敏选派一名秘书，条件是政治可靠，技术全面，还要有一定写作能力。铁二院党委极其重视，排列了六名候选人，但都偏于某一专业，不太合适。有人提议说若要求业务全面的话，那李本深同志挺合适。咦？怎么没想到他？噢，原来他没有大学学历。但院党委常委会上大家讨论，最后认定李本深最符合条件。他的聪明能干是没说的，特别是一些总工程师外出执行任务离不开他，总喜爱带上他去才放心，使他几次错过学习的机会。设计院的内外业务他都干过：设计线路、路基、小桥涵、站场行车组织、微波通信、铁路电气、特种设计、草测、初测、定测、施测、航测、微波通信测量等。虽然不是大学生，但经历丰富、技术全面，于是就定下来了。铁二院党委和不少领导纷纷找李本深谈话，希望他努力完成铁二院交给的任务，为铁二院争光。

李本深清楚地记着1964年9月14日这个日子。这天下午铁二院政委牟友民带李本深来到铁二局马家花园七号楼，见到了彭敏。牟友民政委按照吕、刘的要求把小李介绍给彭敏。彭敏听了非常高兴，当即回答："感谢铁二院对我工作的支持，欢迎李本深同志帮助我工作。"牟友民走了之后，彭敏问了李本深一大串关于铁道机车牵引计算，限制坡度、牵引定数、运量之间的关系等有关问题，李本深在铁二院当过行车组织组组长、专业负责人，回答这些不成问题，以他自己的话"对答如流"，彭敏表示满意。可能当时彭敏正在考虑成昆线的主要技术条件的事，随口问他几句。谈完之后，彭敏要小李陪他去成都猛追湾游泳池游泳。但是到了游泳池，小李就不及格了。方才想起铁二院领导还对他说过，彭敏同志会工作也爱玩，兴趣广泛，要求他尽快适应工作。

彭敏第二个警卫员小吴也不会游泳，一样也是"旱鸭子"。遇到彭敏下水，他们两人谁也不能陪同，在岸上又喊又叫。后来他们都把学习游泳当作政治任务，半年后都能横渡"邛海"了。

三、掀起铁路勘测设计革命的浪潮

1.设计革命势在必行

三线铁路建设大会战开始后，川黔线进入施工高潮。第一副总指挥吕正操带着刘建章、彭敏两个副总指挥沿着川黔铁路、滇黔铁路从成都到安顺视察工地。后刘建章因生病，没再跟着走。川黔线在四川省解放初期就开始修建，干干停停，主体工程已经完成。停工几年后经过风吹雨打，路基无人养护，出现许多病害。该工程是铁二院设计，铁二局施工。现在边整治病害，边继续完成凉风垭重点长隧及铺轨配套工程。全线系按原来的设计思想进行的，施工进程中就不断出现问题。

从川黔线到滇黔（贵昆）线视察回来，吕正操归纳几条："铁二院过去的设计是小半径、陡坡度、短隧道、大站场，是小脚女人的凑合思想，现在要彻底改变！"彭敏对这些问题也做了不少补充。来自铁二院的李本深刚根据组织安排给彭敏当秘书，一路上把吕正操、彭敏两人的意见记录整理，及时反馈给铁二院的领导。

铁二院整体设计思想是前苏联专家一手教出来的。比如鹰厦线原定坡度限制是1.2%时单机开，坡度为2.0%时，配双机开；苏联专家给改成坡度1.2%时单机开，坡度为2.2%才配双机；最小曲线半径原为300米，改成250米；至于大站场和枢纽设计更是向苏联老大哥学习。50年代初期"一边倒"，谁不学习苏联就是政治问题。宝成铁路、川黔线、滇黔线的设计都受此影响。

李本深记得，1964年9月间，彭敏和吕正操、刘建章几个副老总一起乘公务车到达重庆，向总指挥长李井泉汇报工作。会后吕正操和刘建章都住在市里，彭敏回到菜园坝火车站的公务车上住，因为成都铁路局局长廖诗权就在车站等他。他们俩就在站台上的公务车里好好聊了一夜。

彭敏是西南铁路建设技术委员会主任，廖诗权兼职为副主任，常到工地彭敏那里交换意见。彭敏和他说话很投机，他们在铁路建设方面有太多的共同语言，便约好到重庆好好谈谈。彭敏特地要征求廖诗权关于川黔线、滇黔线、成昆线三条铁路技术标准的意见。

廖诗权是湖北潜江人，1912年生，1930年参加中国工农红军，是参加过长征的老干部。解放战争时期，廖诗权从部队转到铁路工作，在东北某铁路局任局长，和彭敏在东北就是老相识。他对铁路建设和铁路管理技术又非常钻研，经常深入现场，总结了很多生动的实际经验，有些总结编成顺口溜，用湖北口音，说起来还朗朗上口，确实是个人才。

那天晚上，主要由廖诗权谈。廖诗权非常赞成新建铁路使用新技术、高标准。例如，他极力要求使用内燃机车牵引（那时候还很少用电气机车）。他说："有人认为国产内燃机车老出毛病就反对用，我说不怕嘛，坏了我组织人修，总比蒸汽机车强，马力大；隧道应早进晚出，洞口路堑不要太深；路基不能太窄，基本宽度应在六米以上，投资不够，六米也可以。"彭敏对他所谈都是非常赞成的。

彭敏非常尊重他，亲切地称他为"廖工程师"。他每次来工地，彭敏总是非常高兴，高声叫道："小李，泡杯龙井好好慰劳慰劳廖工！"彭敏和老廖常常聊到深夜。彭敏很受启发，在总结《西南铁路勘设计革命》（"三十条"）中有好几条采用了廖诗权的原话，精炼有说服力。

"文革"以后，廖诗权升任铁道部副部长、铁道部科学技术顾问委员会副主任直到离休。

2.紧急编写《铁路勘测设计工作条例》

据《谷牧回忆录》记述："1964年10月间，我（时任国务院副总理）和国家经委副主任宋养初同志的关于设计革命化的意见给毛主席写了个报告，主席在11月1日报告上做了批示：'彭真同志，请转谷牧同志：要在明年2月开全国设计会议之前，发动所有设计院，都投入群众性的设计革命运动中去，充分讨论，畅所欲言。……'当天我召集工交口和国防工业口的19个单位传达讨论了毛主席的指示，又赶写了一份报告，请彭真转呈毛主席。报告中提出：'……打破苏联框框的束缚，总结出一套适合我国情况和符合多快好省要求的设计工作办法来。……'并提出了一些具体实施办法。毛主席11月8日对这个报告的批示：'退彭真同志：请告谷牧，他的这个部署很好。'"

此时的西南铁路建设大会战正在如火如荼地进行，得到这个精神，西南铁路建设总指挥部立即跟上。"西工指"党委决定抓住这一有利时机，要尽快制定一个"设计条例"向毛主席汇报，并要求该条例在设计思想、设计原则和设计方法上，破唯心主义、破形而上学、破陈规陋习、破繁琐哲学、破闭门造车；提倡按唯物主义、辩证法办事；提倡理论联系实际、走群众路线，要调查研究，一切从实际出发，实行"下楼出院"，搞现场设计、现场调查、现场鉴定。

起草撰写工作由彭敏负责。彭敏对李本深说了他的意见："以铁二院勘测设计条例草稿为框架，将吕部长和我（彭敏）视察川黔、滇黔、成昆三条线的讲话和成都铁路局局长廖诗权同志提出的建议添加进去，简单归纳出几条"，然后对李本深仔细说了具体的内容。

因为前段跟着吕正操、刘建章、彭敏副总指挥视察川黔线，李本深很快就归纳出了条例的提纲，共30条，完成后请总指挥部办公室主任沈恒泽进行加工。沈是吕正操的秘书，有行文经验，文笔也好，增加了较大篇幅的毛主席关于科学认识论、方法论和勘测设计革命的政治意义的内容，最后交吕、彭审查，都很满意，"西工指"领导以最快的速度呈送给毛主席批示。毛主席看了后，只在"六四年十一月"前加上了"一九"两字，并批给陈伯达审阅。陈伯达将"反对贪大求洋"改为"反对金碧辉煌那一套"，仅改了几个字。

3.讲解勘测设计工作条例累得病倒

"西工指"党委将毛主席亲手阅批过的铁路勘测设计工作条例（简称

"三十条"）立即印刷，发到参加西南铁路建设各单位，传达、学习、贯彻执行。在贯彻"三十条"时，各处请彭敏作辅导报告，从西南一直报告到北京仍满足不了要求。

1964年底的一天，彭敏陪吕正操视察滇黔施工工地到了安顺，因过累，突然病倒。这次生病和在延安的那次生病一样，在会上突然休克，不省人事，震动了"西工指"的机关。保卫科当即化验了彭敏的呕吐之物，未发现中毒现象。贵州省派出卫生队从贵阳乘火车前往安顺，安顺的"西工指"派公务车将彭敏送往贵阳方向，在路上区间会合。医生紧急上车检查稍作治疗后，送往贵州省人民医院，住了一周，回到贵阳火车站的公务车上。

彭敏生病这段时间，吕正操急得团团转，对李本深下命令："实在紧急，你把彭敏关于铁路勘测设计工作条例的讲解内容整理出一个说明材料来。"接到此命令，再一次考验并锻炼了李本深的写作能力。

在贵阳火车站，李本深静下心来整理出一个说明，近一万字，经彭敏审阅后交吕正操部长批。吕部长看了不满意，要求李本深重写。李本深只好又请沈恒泽帮忙，修改后，吕部长就签批到铁道部，年底在《政工通讯》上发表了。

1965年2月4日，毛主席在给北京地铁施工文件上写了批示："设计必须对地质、资源要做认真调查，要精心设计、精心施工。在建设过程中，一定会有不少错误、失败，随时注意改正。"于是在全国范围掀起了轰轰烈烈的设计革命高潮。

从11月8日毛主席给谷牧副总理回信到正式批复只有短短57天。彭敏不辜负毛主席对他的信任，他主持编写了"三十条"，在西南全线极力推广开展了铁路科学试验、技术革命工作。设计革命是改变我国铁路桥梁装备和施工技术落后面貌的第一步。

4.亲身体验成昆线的勘测设计之苦

1965年初，吕正操部长要求彭敏抽空踏勘、研究一下西南三线铁路未来的十大干线，准备下一步修建的次序。至1965年底彭敏已经跑完了襄渝线

（川汉、川豫）、焦柳线、黔桂线、广大线（广通至大理）、祥景线（祥云至允景洪）五条铁路干线，剩余五条干线还未抽出空儿进行。李本深的箱子里已装满十大干线的有关资料。

李本深对踏勘不打怵，但前一段，李本深跟着吕部长和彭敏视察川黔线、滇黔线，每天代替铁二院挨批评，心里总不是滋味。他在铁二院已工作了12年，对铁二院的感情自不必说，单他参与勘测设计的铁路线路扳着手指要数半天。李本深参加过成渝线、宝成线、川黔线、鹰厦线、南福线的勘测设计。成昆线的主要设计也是靠铁二院完成的，勘测这些地质复杂、险象环生线路之苦无处言表，他的心思和铁二院的同志一样："没有功劳也有苦劳啊！"

1953年李本深曾参加了西南铁路设计分局（后来改称铁二院）组织的一支30人精干的勘测队，补测了我国著名选线专家蓝田工程师勘测成昆铁路西线普雄到乌斯河的一段空白。这段线路位于被称为蛮荒之地的西康省大凉山内。1952年蓝田工程师的草测队勘测到普雄时，由于山里面彝族部落之间互相斗争而无法进入，不得已撤回成都。这一次由西康省、四川省军区分别派解放军一个连战士负责接送保护李本深参加的勘测小分队，还有雇来帮助做后勤的当地民工30名，他们冒着生命危险，徒步强行进入崇山峻岭的大凉山内进行勘测工作。这里被称为是国中国，那里的彝族人还是奴隶社会，部落的头人占地盘，抓娃子（奴隶），生活原始落后。过去他们种植鸦片是为了与国民党官僚换取美式枪支弹药，武装自己，打冤家。解放前国民党的军队成团、成营地被他们歼灭。红军长征到这里时很注意民族政策才得以顺利通过。全国解放后，解放军及地方干部也很少进到这里来。两岸全是悬岩峭壁，中间是深不见底的牛日河，每天仅见到一个多小时的太阳，大多时间阴沉沉的一片迷雾，激流回荡在山谷。一些小路峭壁上的坑坑，实质上是彝族人的脚印、手指孔。

李本深所在的勘测队队员每天每个人像一个"大"字攀在峭壁上，一步一步移动，稍有不慎就会掉进深不可测的牛日河。晚上还要整理资料，局里天天催要牛日河河谷的自然坡度数据。他们在极端困难的地形、地质条件下进行勘测。他们既要生活，还要和当地彝族群众搞好关系。他们是探险队、侦察队、又是宣传队，给当地彝族群众留下了很好的印象。在勘测队经历过的铁二院老院长赵署生说过："我们勘测人员为了选一条好的线路，进行地质测绘时，背着仪器遍要爬多遍，正所谓'上山到顶，下沟到底'，走的路比实际线路长十倍也不止啊！"

1965年彭真代表中央视察西南三线建设，"西工指"的领导陪同参观。有个地方干部向彭真打听当年曾在大凉山战斗过的那支勘测小分队在哪里，并说当地彝族群众常常怀念他们。彭真听了很感动，甚至提出要见见这些勇敢的探路先锋。听彭敏回来这样讲，小李对彭敏说他就是这个勘测队的成员之一。彭敏笑了："嗨嗨，远在天边，近在眼前。早知道带你去汇报就好了，下次一定带你去！"

◇彭敏亲自踏勘到达勘探队的帐篷，受到铁道兵指战员和设计人员的欢迎。山上左一李本深，正中间是彭敏，右边双挎包的是警卫员，其他是铁四院的陪同勘测人员。（李本深提供）

成昆铁路沿线因其地形险峻、地质复杂被称为"地质博物馆"。彭敏为审查成昆铁路的设计，沿着路线从头至尾走了一遍，脚踏实地了解了这恶劣的、被外国专家断定为"筑路禁区"之地，亲身体验到勘测设计人员的千辛万苦。

在极端困难的地形、地质条件下，为了选一条好的线路位置，铁二院完全依靠自己的工程技术人员，先后进行了1500平方公里的地质测绘，地质钻探21.2万米，挖探1.3万米，经过11000公里的比较线勘测（是建成线路的10倍），大小300多个方案的比选，历时13年，最后确定了线路。采用了7处盘山展线，线路13次跨牛日河，8次跨安宁河，49次跨龙川江，以此克服巨大的地形高差和绕避重大不良地质地段。彭敏踏勘之后，和谭葆宪及一些有关专家一起对此线路的方案进行审定。

5.用辩证法解放设计人员思想

彭敏视察川黔线、黔滇线后心里很明白，由于铁二院的技术干部思想受束缚，铁路的勘测设计方案缩手缩脚是有原因的。我国解放初期，由于国家的经济力量弱、技术设备落后、运营量小、修建铁路政治意义的比重大，绝大多数以快修为主，标准较低。成渝线遇着"长隧"就绕行，使直线距离300公里路程、公路仅400公里长，铁路线长度竟达到500公里。在60年代若修"高桥、长隧"还要受到控制，铁路上技术规程全是苏联的，实际上苏联由于受两次世界大战的影响，在铁路的观念和技术整体上是落伍的。

要想高标准建设成昆铁路必须首先彻底解放二院设计人员思想，因此，专门开会给铁二院设计人员讲解如何用唯物主义辩证法观察问题、分析问题、处理问题，一步一步地解开了他们的思想羁绊。

彭敏先讲了设计革命要有发展的眼光看问题。他说："比如我们搞铁路勘测设计，在解放初期，国家的经济力量、施工水平、施工装备都很薄弱，使用小曲线半径，陡坡度是对的。到了60年代施工技术水平已经进步，国家经济实力已有所增强，其标准则要相对地提高，这就是因地、因时制宜。50年代避免长隧，采取化整为零是对的，但用在今天就不对了。艰苦奋斗是指我们的精神，把国家有限的资金用在建设的刀刃上，不能因为贯彻艰苦奋斗精神，接待外宾时只吃白菜豆腐……"他讲得很具体，设计人员心服口服，把他们从压抑束缚的禁锢中解放出来。

彭敏又给他们讲如何推广、采用新技术工作，指出了"要提倡集百家之长，走自己的路"。在做决定前要听取专家的意见，最后据实定案。光走自己的路，结果是闭关自守，光集百家之长则不可能结合实际。集百家之长是技术民主，走自己的路是按自己的国情，是技术上的集中，这也是民主集中制在科学、技术上的具体应用。

铁路建设直接的对象是大自然，我们在和大自然的战斗中，在战略上应具有在任何地形、地质条件下都能修成铁路的雄伟气魄，不怕高山、大河、岩溶、冻土、沙漠、泥石流，等等；在战术上要慎重对待，在切实掌握地形、地质、水文条件的基础上，进行全面分析比较，选好方案。严重地质不良地段，应尽量绕避。无法绕避的地段，要做出周密的、切实可靠的工程措施先期处理，一次歼灭，不留后患。反对在战略上畏首畏尾，怕长洞，怕高桥，怕这怕那，而战术上又存侥幸心理，草率迁就，不做彻底处理的思想和做法。

设计铁路是十分复杂的工作。不要把什么事情看成绝对的、静止的、孤立的、不变的。我们生活在大变革的社会里面，要学会正确处理政治、经济、技术的关系，多快好省的关系；远期和近期的关系；铁路和农业、工业、交通、城乡建设的关系。

要好中求多，好中求快，快中求省。反对只管多、快，而降低标准，不顾质量；反对不讲节约，不切实际地搞贪大求洋那一套；反对片面降低造价；反对一切造成无穷后患的少慢差费的思想和做法。

彭敏结合铁路建设的实例讲了很多生动的内容，李本深为了写总结，忙着记笔记。这些内容大部分都写进彭敏关于"三十条"及辅导报告里。

彭敏在全路系统宣讲"三十条"和《关于西南铁路设计革命辅导报告》，提出"采用和发展新技术就是设计革命的核心"，这句话对设计人员的鼓励很大，很多设计人员现在还能复述"三十条"中主要的内容。

在大会战时赵暑生听过彭敏给二院设计人员做的报告，那时他还年轻，印象很深。彭敏在报告中说:"总结工作要加强,不要追求数字,要实用。历史上李冰父子治水很会总结,为了减轻淤泥沉积,总结出的调节水流原则,'深淘滩,低做堰',就六个字,既简洁又说明问题。几千年来都有用。"比如:"隧道设计,坚持贯彻'早进晚出'的原则;桥梁设计坚持贯彻'遇水搭桥、宁宽勿窄'的原则;线路设计坚持'宁里勿外'的原则就很生动便于记忆。"

当时彭敏鼓励铁二院的设计人员:"你们拿出设计要问问自己,是不是先进的?只是本院内先进,国内还有没有比你更先进的?你说有,那你就去找,去开发去研究,还要问问国外有没有更先进的办法?"铁二院的各部门设计人员纷纷出院到施工现场办公,设计人员解放了思想束缚。他们说那时候让我们真正感到扬眉吐气了。他们手中成昆铁路的高新设计方案如雨后春笋般地出现了。

铁二院设计的成昆铁路的线路翻山越岭,大胆打破常规,出现了世界罕见的螺旋形、眼睛形、8字形、S形、麻花形等展线技术,取得了在地质复杂条件下克服巨大高差障碍的重大突破。穿山洞跨江河,设计出了少见的大跨度石拱桥和钢梁桥,征服了深谷激流的阻碍。对破碎的山体建造了锚固桩、锚杆挡墙等新型支挡结构。滑坡体钻孔排水,将车站或设置在大桥上,或安置在隧道里,进一步提高线路的抗御自然灾害的能力。

6.在国家的科研人员里放了一炮

1965年3月,彭敏到北京参加国务院在北京饭店召开的全国设计工作会议,历时半个月。西南铁路的设计革命是响应毛主席批示行动最快的部门,会上各单位都表示向西南铁路建设学习。会议结束时周恩来接见了与会代表和工作人员,并合影留念。

彭敏是铁路五大设计院组成的铁路专业设计组组长,会上彭敏以国家科委副主任的身份,做了关于西南铁路建设开展设计革命的报告,深受与会代表的欢迎。3月31日,彭敏把铁道科学研究院及有关大专院校的科学家、专家、教授们,还有全国设计院设计人员有上千人之多,都邀请来开会。彭敏的报告洋洋万言,可以说在国家科研部门里放了一炮。他希望科研部门的研究工作者不要闭门造车，要与实践相结合。他要把他们请到西南三线铁路大会战的现场看一看，把他们的理论运用到铁路发展的实际中去。

彭敏很谦虚，开头说："我不代表任何单位，没有什么身份。而是做一个自由演讲，这样讲话可以自由一些，你们不愿听，也可以中途退席。"

"科研工作也要革命。"他一开始就表明观点，接着一针见血地指出科研的现状："我们来看看铁道研究院的实际，15年来的实际，据说有838个项目，现在只完成了38项，你们看是一条什么道路？每年研究院要花那么多钱，集中那么多人才，在座的就有上千人，而且还有许多是最优秀的极尖的人才，15年我们的研究成果是什么？拿出来的有多少？铁路上又运用了多少？……我认为就是由于在科学研究单位中，重技术，轻政治；重理论，轻实践；重专家，轻群众；重个人，轻集体的缘故。"

他又说："现场有什么反应？现场说科研照这样下去，是年三十的兔子，有你也过年，没你也过年。年三十的兔子指的是那些脱离生产、脱离实际的科学研究。结合实际的科学研究在现场能发展生产。所以现场很希望我们很快拿出成果来。现场对结合生产的科研有如'大旱之久望云矣'，如饥如渴。"他补充说："科研比设计人员更脱离实际，你们生产的论文，别人看不懂，也就算了；而设计人员生产的图纸，看不懂，现场不答应，看不懂，你叫我们怎么施工？"

他接着说："有研究人员说'我的任务（搞理论的）到此为止，生产上用不用，与我无关系'，这是不行的！要你有一直负责到底的精神。说负责到底不一定要你去施工、去生产，而是要你了解你的那一套行不行，生产中产生的问题要共同解决，试运转要参加，看看研究的东西究竟好不好。""特别是现在并不是科研人员太多，而且能力并不强，就要三个臭皮匠顶个诸葛亮。生产、设计、制造、研究几个部门一起研究，否则没有集体的智慧是出不了一万二千吨水压机的生产经验，这个小册子印出来了，值得学习。"

彭敏说到实践中去体会，并举例说："西南隧道研究所到隧道口去，不但不是撤销这个单位，还在峨眉山下盖了房子。……原来他们的研究结论是隧道月进成洞100米以上非用洋机械不可。现要研究不用洋机械能否高于100

米? 后经过三结合, 超过了, 有个别地点超过150米, 证明他们以前的结论不对。以前写的是美国、日本多少米, 在设计革命前我国最高才达77米。"

他还指出科研中一些问题, 如: "我们的科研、设计单位有不少三门干部, 还不知道隧道是什么就研究隧道, 这不是奇怪的事么! 特别是年轻的一代, 过去培养得很不够, 过去没能很好地看到接班人的新生力量, 只是将他们交给以专家自居的专家来领导, 给他们洗瓶子、刷罐子、背仪器、擦桌子、背行李、测数据……拿来数据不知干什么用, 按这样培养有问题, 要改变过去的这种做法。有一心想成为世界动力学权威, 假如成为动力权威, 可是对中国机车动力发展没实际贡献, 这有什么用呢? 有人搞古里古怪项目, 有研究糖水对混凝土的影响, 请问有哪一条铁路的混凝土轨枕、有哪一座桥梁是泡在糖水里, 真是'高级'!"

彭敏的报告很尖锐, 其根本的目的就是希望科技工作者不要蹲在研究所里, 高高在上, 脱离实际搞研究。他要把他们请到西南铁路大会战现场, 要他们政治挂帅, 面向生产实际, 到群众中去, 到现场去, 为加速铁路运输, 铁道建设的现代化而努力!

7. 华罗庚到西南铁路工地推广"优选法"

彭敏在3月30日的发言犹如一颗炮弹, 不同凡响, 科学院、科研所、设计单位都感到巨大的震动。

由于会期较长, 逢星期天, 家在北京的代表都回家了, 只留下彭敏的秘书李本深守在北京饭店处理会务。那天上午, 有位老者手持拐杖、跛着脚, 带着一位年青的助手要找彭敏。经介绍得知这位老者就是赫赫有名的数学家华罗庚教授。他要求去西南铁路建设工地讲学, 推广应用数学"优选法"、"统筹法", 为三线建设尽数学工作者的微薄之力。李本深听完说: "噢, 那么, 在我向彭敏主任汇报之前, 必须让我对优选法、统筹法弄个明白, 我才能够说得清楚。您先给我上一课, 即优选法、统筹法是干什么用的?"华老说: "优选法主要用在科技试验中, 利用'黄金分割'的原理找准试验点。一个需要1000次的试验, 如采用'优选法'仅试验十几次, 即可达到同样的效果, 省时省力。'统筹法'的应用，比如你家里来了一位客人，你想以最快的速度给你的客人送上茶，假设泡好茶需要买茶叶8分钟、烧开水时间10分钟、洗茶杯一分钟，分茶叶泡开水一分钟，这4个工序可组合不同的程序，所需的时间也各不相同。最快的程序是首先烧开水，利用烧开水时间内去买茶叶、洗杯子，水烧开后泡茶，共需11分钟。如先洗杯子、再买茶叶，后烧开水、泡茶的程序，则需20分钟，另外还有两种组合，时间介于其间，都是12分钟。这就是'统筹法'通俗的例子。如应用到铁道建设施工中，无疑会提高工效。"

李本深向彭敏作了汇报。彭敏听了笑起来说："哈哈，我这一炮真是有效！我的目的是把那些有作为的科研人员请到成昆铁路现场，用他们的一技之长，为生产服务。"

彭敏对李本深做了交代："华罗庚是我国的大数学家。数学应用到生产实践，从来阻力是很大的。有人说搞数学的实践只要一张纸、一支笔就行了，推导、推导出公式就行。现在华罗庚主动要求去西南讲学，推广'优选法'、'统筹法'，方向是正确的。立即通知西南铁路建设工地指挥部司令部，请他们接待，安排好华罗庚教授一行。在西南铁路建设工地讲课并调研，这对西南铁路建设、对华罗庚本人都是有益的"。

华罗庚教授去西南后，首先在"西工指"机关中进行了调查，受到了好评。接着又安排到各师、局、院及重点工程工地进行调研，宣讲、推广"优选法"、"统筹法"取得了一定的效果。华罗庚教授经调查发现，当时隧道施工程序已经非常科学。这是靠施工人员长期经验教训总结而成的，不自觉地使施工程序符合了"统筹法"。这次上升到理论后，对今后工作推动也是很有好处的。其他专业施工程序应用"统筹法"以后，都不同程度地改进了工作，提高了效率。特别是在研制新技术项目的科学试验中，使用"优选法"后，大多减少了试验次数，节约了时间，提前出成果。

华罗庚教授回北京以后，当即将去西南铁路建设工地教学、推广"优选法"、"统筹法"的情况向毛泽东进行了书面汇报。无论华罗庚去的时机、地点、工作方式都是毛主席所希望的、关心的。不久李本深在铁道部办公厅看到了毛泽东主席给华罗庚教授热情洋溢的回信影印件，表扬、鼓励了华罗庚教授。大意是："华罗庚教授，欣悉您去西南铁路建设工地讲学，推广'优选法'、'统筹法'，将数学应用到施工生产实践，是一件非常好的事情，是一次革命性行动，望继续坚持。敬祝夏安。"

毛主席给华罗庚的回信对全国各行业更是莫大的鼓励。一时间设计人员纷纷"下楼出院"，深入工地调查研究；中央领导邓小平、彭真、贺龙、彭德怀、余秋里、谷牧等纷纷去西南铁道建设工地视察，帮助解决问题；全国文艺精英、科技专家学者，也从四面八方去西南体验生活并为西南铁路建设服务，以贡献自己的专业之长，形成了全国设计革命的巨大浪潮，大大推进了成昆线的设计革命。

8.不能照顾做手术的温恩梅

趁着彭敏在北京，温恩梅告诉彭敏5月初要住医院动手术。温恩梅从年轻时，一直腿不好，当时无论行军打仗，全凭一股热情，用毅力克服着腿痛，没把它当回事，以为是一般的风湿性关节炎。她到北京后，腿的情况越来越糟。她家住西便门，在北京铁道学院（北方交大）附中任校长，作为领导不能迟到早退，要有表率作用。去上班的地方要换三趟公交车，每天上班起早贪黑，辛苦不说，走着路会突然摔倒，有时摔倒在马路中央，手提包扔出去老远。彭敏在1964年9月去西南以后，她的腿病发作更频繁，她只好去积水潭医院看医生，诊断是半月板畸形，建议动手术。温恩梅已做好安排，决定第二年5月份做手术。

但1965年5月份，彭敏正是最忙的时候，确实抽不出一点工夫回北京去照顾她，甚至对自己的身体都顾不上。彭敏由于前段跋山涉水过度劳累，终于体力不支病倒。先在铁道兵一师师部休整，但病情不见好转，铁一师联系昆明第43陆军医院住院治疗。按大军区司令员待遇，一人一间病房，配有沙发，每天点菜吃饭，条件很好。

但是彭敏并没有得到很好的休息。在他住院不久，云南禄劝县发生特大山体滑坡，一个生产队被埋进去了。昆明军区领导和彭敏都担心禄劝的山体大滑坡是否是地震的前奏，如有可能，云南及成昆南段铁路施工一定要采取相应措施予以防护。于是由云南军区调动了一架飞机，云南军区作战部部长陪同，彭敏以国家科委副主任身份调动中国科学院地球物理研究所、地震监测台的一批专家，一起乘飞机飞往禄劝上空观察现场。回来后大家结合地震结合监视资料进行了分析讨论，最后大家一致认为禄劝大滑坡仅仅是孤立的一次地质活动现象，不可能导致地震，也不可能是大地震的前兆。这样大家都放心了，实践证明当时的结论是非常正确的。

彭敏松了一口气，立刻去北京看看温恩梅，温恩梅的手术是北京积水潭医院一位姓苏的女医生做的，据说是当时技术最好的医生，手术很成功。但温恩梅年龄大，恢复行走很慢，生活行动极不方便。孩子们有当兵的，有上学的，都不在家住。彭敏对孩子倍勤说："你妈妈是一个不简单的人，她是具有独立人格的女性，很坚强，从不依附于别人，做女人要像她一样。"倍勤从来不知道彭敏怎么看母亲温恩梅，原来竟有这样高的评价，因为从外人来看总会觉得彭敏各方面比温恩梅强得多。

但彭敏不能久留，只待了一两天就回西南了。国家科委领导委托科委的司机李念叔（音）照顾一下温恩梅。李念叔确实很照顾她，为陪她去医院做检查、理疗，上下楼，把她背上背下。那时代的人和人是革命同志的关系，"人人为我，我为人人"。后来"文革"中，李念叔不幸得了脑瘤，人垮了下来，生活异常困难。温恩梅知道了，常去看他，直到他去世。

温恩梅很侥幸，因祸得福。由于腿不好，一辈子多受很多苦，但为治腿病免去一劫。她做手术，病休一段时间，没再去学校上班，工作转到铁道部。"文化大革命"的风暴没有冲击到她，不然作为中学校长她在劫难逃。

四、成昆线是人类和大自然的搏斗

1.安宁河现场审查鉴定方案

彭敏生来爱挑战，越是艰难越是要去。成昆线沿安宁河而走，前后横跨安宁河八处，通过雅砻江、金沙江一路南下。彭敏一路视察雅砻江、金沙江的大桥、安宁河上八个桥，沿途还有桥隧相连的隧道群等。安宁河下游快到桐子林有个寸步难行的地方叫"一步苦"，有歌谣曰"上有青天一线，下望万丈深渊"。铁二院的勘测队员在那里自己动手搭帐篷，建了个"革命村"。周围的路特别难走，地势陡峭，堆积层很厚，江水冲刷造成长600米、高250余米的"莲地"大塌方，铁路要从这里通过。铁二院原设计方案采取外线短隧道方案，经过设计革命，设计人员思想解放，发现原方案存在大量地质问题。其中"一步苦车站"就有六大病害。于是又进行了50多平方公里的地质测绘和1000多米的地质钻探，研究出很多改善方案，经过前后5次定测改线，最后采用4603米长隧道通过方案，提高了线路质量。

彭敏来这里一是要看看勘测队员，二是去审查那里的一批设计方案。他带着10多人先乘汽车到了米易，没路可走了。为避开"一步苦"那段无路插脚的险路，彭敏决定冒险从米易乘小船顺安宁河而下，到"革命村"去。安宁河是雅砻江支流，平时不通航。老乡说："这个地方是铁打的艄公，纸糊的船，你们敢坐，我就敢开。"船都是木板钉成的，撞到岸边或河滩礁石上就粉身碎骨。安宁河名不副实，是最不安宁的河，水落差大，水流急，行船极其危险。上到船上就提心吊胆，河水流速极快，小木船在激流中如飞箭一般。在船上看两岸眼花缭乱，时而冲向峭壁，时而过滩而下。坐在船上的是彭敏和秘书李本深，技委会的钟瑞清、赵遂章、潘明德、庄文虔等桥梁和隧道工程师，还有铁二院的几个设计人员，加上警卫员小许。小船随波浪跌宕起伏，十几个人的生命完全操纵在艄公之手，惊心动魄。他们飞驰的小船引起两岸施工战士们的注意，他们停下了手中的活，都跑到岸边，以为是这条小船失控、放羊了。船上有个年轻设计人员对岸上的人打趣，高声道："莫担心，我还没结婚那！"彭敏最先笑出声来，大家也都哈哈笑个不已。彭敏和技术人员们下船在革命村审查一系列设计方案。

安宁河流入雅砻江后一同汇入金沙江。他们一行人随水流一路南行，来到金沙江边。金沙江是高原雪山融化下来的水，接近0℃，警卫员小许将随身带的啤酒泡在江水里，中午吃饭的时候，小许取出啤酒。彭敏喝后，高呼："太痛快了，最美的冰啤酒！"

这里水流平缓一些，彭敏执意要下水游泳。年轻人下去都会冻僵，可谁也阻止不了他。自从毛主席在长江上鼓励他游泳，他就暗自立下心愿，要"游"遍祖国的江河湖海。这正是他消灭空白点的机会，机不可失，失不再来。他一下就跳到江中，李本深的心即刻被提到嗓子眼，好好领略了彭敏那刚毅不安分的性格。

在金沙江边，彭敏又审查了银丝岩隧道方案。他兴致很好，说安宁河、银丝岩都可列为"成昆十景"之一，分别取名为"安宁激流""赤壁银丝"。

2.把奇异景观总结为"成昆十景"

彭敏这次从成都出发前往昆明，审查成昆铁路全线的设计方案。每天跋山涉水，饭都不能按时吃。他苦中求乐，险峻的地形地貌激发了他丰富的想象力。他把成昆铁路沿途之中奇异的景观总结成"成昆十景"，并提议与新华

◇云南元谋土林奇异景观。（取自《成昆铁路6画册》成昆铁路技术总结委员会编1980.12）

社记者们联手做一件事：由记者们拍照，他来配诗，他说这样成昆线通车之后，可以开发成昆铁路的旅游业务。

　　"成昆十景"大多取自特殊地质地貌，第一景名为"西岭雪峰"。此景当然是在成都。可成都风景点很多，他以成都西部景色为代表，取用了杜甫诗中"窗含西岭千秋雪，门泊东吴万里船"的描述，现在开发的"九寨沟"大概也是它的延伸吧。第二景名为"峨嵋倩影"。取自"峨嵋天下秀"诗句，从雾雨朦胧中观看峨嵋群山，别具秀色。第三景名为"五彩峭壁"，取自大渡河畔的峨眉山的一段峭壁，像刀削一般，岩石露头处的断层呈现各种颜色，蔚为壮观。第四景为"一线洞天"。在老昌沟位于关村坝隧道的南口，陡立的两峭壁中间夹的一小条溪流。成昆铁路要在溪流之上的两峭壁之间通过，在这里修起一座跨度为54米的石拱桥。在一线天内住了一个工程队，施工时有如世外桃源。猴子每天在岩顶扔石头伤人，故住在一线天施工的职工无时无刻必须头戴安全帽。第五景为"邛海夜月"。西昌市四季如春，年日照达2430小时，空气透明度高，西昌的夜空月亮分外皎洁，西昌获得"月城"的美誉。皓月照在西昌静静的邛海上，景色令人分外舒爽。第六景为"安宁激流"。安宁河其实很不安宁，特别在米易至三堆子之间流速极快，船速似箭。第七景为"金江蟾跃"。位于金沙江金江渡口两岸，各有一座十几米高的孤石，形如跳跃姿势的蟾蛙，从而引出不少神话故事。第八景为"赤壁银丝"。位于新口至师庄两站中间的银丝岩，隧道外壁有一细长瀑布，也可以说是世界上最高的、最细的瀑布，高度达数百米，像一缕极细的银丝挂在红色的峭壁之上，景观奇特。第九景为"元谋土林"。云南的路南石林闻名于世，但很少有人知道在云南的元谋有可称为"土林"之景观。由于水冲土沟形成姿态万千的沟壑，犹如童话世界。第十景为"昆明日出"。昆明市位于云贵高原中部，气候四季如春、苍翠满城，海拔达1850米左右，超过泰山玉皇顶1524米，泰山顶观日已闻名于世，昆明观日并不次于泰山，具有泰山观日的一切条件，故"昆明日出"壮景如画。

　　但彭敏的这一想法因"文革"而中断，"成昆十景"虽已选出，但也没有配诗。

3.成昆线的艰难大大激励了他

彭敏通过前一段的实地考察，了解到成昆线的地质构造。由于地质新构造运动的影响，全线有500多公里位于地震烈度7至9度地区，其中铁路通过8度和9度地震区长度有200公里。铁路沿线不良地质现象有滑坡、危岩、落石、崩塌、岩堆、泥石流、山体错落、岩溶、岩爆、有害气体、软土、粉砂，等等；其中较大的滑坡有183处，危岩、落石近500处，泥石流沟249条，崩塌100多处，岩堆200多处。

翻开成昆铁路的设计，在彭敏一生修建的铁路、桥梁中，还没有像成昆铁路这样艰难、复杂的。全线除成都和昆明站外，共设车站122个，由于地形复杂，有42个车站设在桥上或隧道内。成昆铁路工程，全线须修建桥梁991座，总延长92.7公里，占线路总长度的8.5%；隧道有427座，总延长341公里，占线路总长度的31.5%；桥梁、隧道总延长达433.7公里，占线路长度的40%。

从1965年下半年开始，川黔、贵昆沿线的施工队伍陆续按计划向成昆线转移。成昆铁路建设中，工地指挥部面对艰巨的任务和紧迫的工期，若沿用原有的定型设计和施工方法，远远不能适应需要。

既然党和国家任命他为副总指挥兼总工程师，那就是信任他。他也确有决心把成昆线建设成为技术先进、能力强大、现代化的新型铁路。他认识到在如此复杂地质的山区建一条铁路干线，只有依仗新技术、新设备、新工艺、新结构、新材料和新的施工方法；只有依靠全国的科技力量来解决设计施工的实际问题，才能实现高标准、高质量的要求，才能实现这一目标。

成昆线的会战，经过他前几个月的努力，对科研和设计人员做的大量宣传和鼓励，解放了他们的思想。全国的研究单位及大专院校各单位已有约1200名科研人员和工程技术人员愿意参加到西南铁路的研究和施工中来；目前在设计人员手中成昆铁路的高新设计方案已经大量涌现出来。国家科委综合司司长黄辛柏帮助他做了很多组织工作，跨部门、跨单位努力调集科研所、大专院校的科研人员。黄新柏后来去了湖北十堰，开发建成第二汽车制造厂。

彭敏有了这1200人的科技力量加上30万的建设大军,力量是够雄伟。他特别希望在修建成昆铁路的实践过程中,不断培养一批新的科研队伍,源源不断地补充到铁路的建设中来。

4. 放开眼界向前闯

1965年9月在成都召开了全国有关科研、院和设计、施工单位参加的成昆线第一次新技术研讨会,共同商讨,出谋献策。研讨会开了13天。参加会议有37个单位,将近300人。国家科委、铁道部对这次会议很重视。彭敏以科委副主任的身份请来国家科委的有关院所,中国科技情报研究所还带来了大批资料和30多部影片,印发了30多项新技术单项资料,举办了新技术展览会,请煤炭部去过瑞典考察的专家做了隧道施工考察报告,很受欢迎和轰动。

彭敏在会上做了两个报告。彭敏首先告诉大家:"国家科委为了组织科学力量支援西南建设,曾召集18个部,认真研究讨论了这些问题。这个阵势过去是没有的,给我们极大的鼓舞,增强了我们的信心。"

他说:"世界上所有的路,哪一条不是人走出来的。开始走路的人确实比较困难,勘测队爬山和逛马路就是不同,他们走的是别人没有走过的路,爬山用绳子拴着走,确实困难……必须要有'闯劲'要有披荆斩棘的精神。"他举例说:"大桥局同志说:我们是'管柱'起家;二院同志说:我们是'十六米'起家的。程咬金还有三把斧头呢,现在就要多搞几个斧头,我们只有两把斧头怎么行?""革命就要冒点风险,一定会遇到一些阻碍的。我们走的是一条新路,这条路前面有些什么东西,有些什么问题,有的还不清楚。但肯定是一条不平坦的路,可能有些石头要扒一扒,搬一搬,也可能有长虫咬人,还可能遇到老虎、豹子,这种担心是可以理解的。……晋朝有个人叫阮籍,'穷途'是他创造的。有一次他路走不通了,就大哭而归,说这是'穷途末路',我们绝不能学他。"

他希望看到:"从1965年起,铁路装备的技术水平就进入了阔步迈进的大发展时期。"他在会上还介绍了世界主要国家的铁路情况,希望大家多找找这方面的资料,找一找差距,比较一下,不要兜在自己的小圈子里,放不开眼界。他说："铁道兵从1948年成立已经17年了，17年来修路的技术提高多少，我看还是和我在铁道兵时差不多。那时就有内燃打桩机，现在内燃打桩机还是算先进设备。西南铁路工程局从成渝线起，也有15年历史了，修路技术有多大改进？"他的话针针见血，给与会的铁路建设者们的思想和行动有力的鞭策。

5.战斗组是个了不起的创意

经过西南铁路工地指挥部党委讨论，通过了《关于成昆线采用和发展新技术的决定草案》。初步确定重点放在四大类，有39项技术难点，在桥梁方面有栓焊梁、悬臂灌注和悬臂拼装预应力钢筋混凝土梁、横向分段预应力钢筋混凝土串联梁、空心桥墩、柔性桥墩、双线或多线桥墩、拼装式墩台、钻孔桩、新型架桥机等；在隧道方面有新式洞门、特殊明洞、大拱脚薄边墙、花边墙、喷混凝土衬砌、喷锚衬砌、隧道运营通风、化学防水等；通信信号有小同轴、三百路载波电话、电子调度集中、电气集中连锁、纵横制地区自动电话等；线路路基方面有整体道床、软土路基、爆破等。如何迅速攻克这些难关、如何实现高新设计，彭敏组织技术委员会的工程师们和西工指组织施工的总工程师谭葆宪等一起研究，经过两次会议，决定组织战斗组，对应每一技术难点成立41个战斗小组，归彭敏领导的技术委员会管理，实际上有61个。

"来自全国各单位的1200多名技术人员，有总工程师、教授，还有技术员，实习生。从性质上看，有化学的、物理的、工程的、卫生的、教学的，各行各业都有。分项目参加到统一的战斗组里，进行研究、试制、设计，由确定负责实践新项目的施工单位，纳入该工点的工程计划，从而保证了在较短时间内取得较好的结果。"

此后，41个新技术战斗组分散到成昆线选择工点，实行"研究、试验、设计、制造、检验、安装、使用七事一贯制"，以负责到底的精神，开发和推广各项新技术，并由工地指挥部司令部将战斗组所需资金、材料纳入计划，督促实现。司令部负责施工的总工程师谭葆宪为41个战斗组的总负责人，不但要规划、指导而且要检查各个战斗组的工作，在组织方面的保证，帮助他们解决工作中遇到的问题。这是彭敏在组织形式上的大胆创新和进步，对以后的工程建设一直起着作用。

为什么叫战斗组？彭敏解释说："因为不管研究、设计、施工，其本质都是要战斗的，有战斗精神的，所以叫战斗组。战斗小组就是采用和发展新技术的核心小组。"

彭敏鼓励战斗组负责人："第一条叫不怕死；第二条亲自下水，亲自试验；第三条要走自己的路，坚持到底。你们战斗组就是集中力量打歼灭战，保证本战斗组的项目搞成功。余下其他的事由西工指党委、技术委员会主动设法帮助他们解决。"

西南铁路技术委员会直接领导41个新技术战斗组，对各战斗组大量的新设计方案，即要提倡鼓励又要及时鉴定不能延误施工。技术委员会的成员都是彭敏从全国铁路各专业请来的专家：陶斯咏（铁一院）是秘书长，善长铁路基建，是长征老干部。钟瑞清（铁二院总工程师，后由郝昭骞接任钟瑞清）、赵遂章（大桥局桥梁工程师）、章则怀（上海铁路局）、黄森（上海铁路局电气工程师），还有地质工程师孟英喆（音：哲），隧道工程师潘明德和庄文虔、线路工程师程维生（铁二院），陈余轩（铁道兵）、王一涵（南京局）、李维义（铁二院）。技委会下面有四个专业委员会。桥梁委有27人，以金恒敦为首；隧道委有32人，以王子谦、蔡报瑗为首；线路有23人，以翁元庆、郑凤池为首；通信信号有24人以张敬乾、解耕畴为首。

铁路施工战线长，技术难题层出不穷，不断需要修改设计。技术委员会的工程师们全力以赴、马不停蹄地奔走在各工地，审查、落实、鉴定设计方案。彭敏和西工指总工谭葆宪常常一起去，有时还带一两个工程师，有时工程师们太忙去不了，彭敏则自己单车在工地上转，听取新方案汇报，到工点察看后，现场定案。秘书小李不停地写纪要，彭敏签字后上报执行，手续非常简便。西工指副总工程师铁道兵的蔡报瑗很有感触地说："彭敏副总指挥很会工作，他给我们安排好工作后，就去现场，我们各自忙自己的事，他回来检查任务完成情况，不忙不乱，效率高。"

五、川黔线和贵昆线的战斗

1.工作中的挚友

徐宽福是彭敏在工作中的挚友，他比彭敏小十岁。他干工作爱钻研技术和拼命三郎的干事劲头，很像彭敏。在修贵昆线、成昆线时，彭敏到工地视察，常到他那里了解施工情况，说话很投机。徐宽福是1928年生，1947年就当兵参加了革命。1950年成立西南铁路工程局时，集体转业到了铁路局。铁道部部长滕代远为了提高管理干部的专业技术水平，从各部门抽调年轻干部到唐山铁道学院学习，徐宽福进入学院学习三年。他曾参加过成渝线、宝成线、都贵线（都匀至贵阳）、贵昆县、成昆线（甘洛到白沙河段）修建。在西南铁路大会战时，他正值30多岁，年富力强，领导铁二局一处1.2万人，多次克服巨大困难出色完成施工任务，在贵昆线的梅子关隧道首创百天百米成洞和拉秀大桥不过月的新纪录。在川黔线和贵昆线，徐宽福有几件事记忆颇深。

2.为保农田决定修改原定方案

西南铁路大会战开始时，总指挥部做出"先通川黔，再通贵昆，后取成昆"的部署。吕正操指挥长、彭敏副指挥长等来滇黔（贵昆线）视察工作。

贵昆线六枝铁二局一处负责的新窑车站工程遇到一个难题。原设计车站在一个山头上，准备用大炮把山头炸平修建车站。但是在六枝的山涧水沟里仅有这山头上的一块良田，约200亩，农民非常珍惜，当地政府也很重视。

听到一处领导徐宽福汇报后，吕正操和彭敏亲自察看，彭敏说应保存住这块良田不动。经技术人员研究，提出了二线改四线隧道车站方案。吕部长当场拍板定案："改为四线隧道车站。"老总们走后，徐处长召集处技术人员研究了施工方案，采用"中坪导坑，分线开挖，双跨连拱，交错施工"的新方法施工，获得成功。

正确解决修铁路和农田的关系彭敏也写进"三十条"里。条例中第八条：

"从国家的全局出发,正确处理铁路建设与工业、农业、水利、公路、航运及城乡建设的关系。要配合整个的工业布局;要千方百计节约农田,便利农田灌溉,防止壅水内涝,要方便农村人、畜、车辆来往;注意与公路、航运的衔接,做到互不干扰;要为城乡其他基本建设创造有利条件。"

3.决定成立战斗组解决"软土基"难题

1964年在川黔线通车后,指挥部要求集中力量拿下贵昆线。贵昆铁路是黔滇铁路从贵阳树舍段到昆明段的铁路。这段铁路蜿蜒于云贵高原乌蒙山区,地势险峻,多悬崖陡壁;地质复杂,多溶洞暗河。这段铁路关键工程有岩脚寨、梅花山等隧道。这些隧道不仅通过煤层,含大量瓦斯,而且溶洞发达,地下水丰富。

铁二局在贵昆线六枝到水城段布置有一、二、九、十机筑处,后来又加了十三处和四个煤矿冶金掘进队,总人数达五万至六万人。铁道兵负责水城到贵阳段。

1965年五月,西工指党委确定了要在成昆线上采用和发展新技术的决定。因为贵昆线正在建设中,有人就提出为什么不把川黔、黔滇(贵昆线)也像成昆线这样尽量搞一下?彭敏给他们作了解释:"川黔、黔滇基本已经定型了,川黔标准低,黔滇高一些,在低标准上提高,像小脚放大脚一样,毕竟还是改组派。但可搞一点,取得一些经验和教训,练练兵,能在成昆线上起示范作用。"

徐宽福回忆说:"当时我在一机筑处任处长,住六枝。我们施工到达水城后发现这里地下水特别发达,水城下面就是水,当地老百姓打井很容易。由于地质变化,水下是一层滥坝,滥坝下面是滥泥塘。经过探测(滥泥塘)软土有2~10米厚,埋藏在地表下1~5米处,这样的地段有30公里长,我们要在这上面要架设铁路。"当时川兴寨施工点450米的双线路基一夜之间下沉6米,挤出的软土四处蔓延。

1965年8月,彭敏在西工指技术委员会上做出决定,成立"滥坝软土战斗组"。由铁二局总工程师刘建熙为组长。刘建熙曾在美国留过学,解放前他曾在成渝线任过总工程师。参加战斗组的单位有西南铁路科研所、西南交大研究人员，加上一处的技术人员，共有72名成员。他们又分成隧道、桥梁、路基等小战斗组，每天在都在淤泥坑中，风里雨里一身水一身泥，有的人连续工作20个小时。他们在这30公里的线路上，提出根治方案百余个，变更设计2732项，根除病害工点80多处。增加明洞1眼，修建中型桥梁8座，打沙桩2251根，混凝土管桩365根，电柱桩624根，爆破压实沙桩2833根，换填片石35000立方米，挖淤泥48000立方米，回填粗颗粒沙砾石5万多立方米，以及做防护挡墙、用片石护坡等办法，终于解决软土问题。最后总结出："深建桥，浅筑挡，排淤爆破效果好，平地疏导宜沙桩"的综合治理办法。从1966年10月30日开始到1967年2月11日，仅四个月完成路基建设，开始铺轨架桥，顺利通过鉴定。

徐宽福的一处还遇到大桥下面的软基难题。六水段巴巴店在原设计两桥台位置上已筑成了基础沉井。但沉井下面是软基，这440吨重的沉井就像放在软面团上，重物本能地往下沉。六水段巴巴店大桥下的软基问题暴露出来后，经再三研究只有改变两桥台的位置，即加长桥跨来越过软基地层。这需要施工人员像在平地搬家一样，前后拖动沉井，把它拖拉到坚实的地基上。其难度可想而知，在软土地坪上移动这样重的物体，如何起重都非易事。战斗组人员想出一种称为"滑轨拖拉法"，经过他们周密的研究、计算，在充分准备两小时后，开始施工，一举拖拉就位，最后取得胜利，这是从拖拉架桥法中衍生出的大胆尝试。

由于川黔和贵昆线的成功，彭敏往往把最困难的地段交给徐宽福。铁二局在成昆线的北段金江到礼州段，长213.01公里。全段穿过峨眉山、大小凉山、横跨大渡河，三跨牛日河、三跨孙水河、两跨安宁河（2跨由二局承建，6跨由大桥局承建），属于峡谷越岭地段，工程十分艰巨。全段共有隧道148座、总长137公里，桥231座，总长22公里，桥隧相连，隧道密集。徐宽福铁二局一处的战线就在其中的最艰难的金口河到甘洛一段。彭敏经常去那里，解决问题。

六、铁路信号的设计革命

1.我早就听说过彭敏

站场处处长姚福来同志在西南大会战时正当年。他1930年出生，1947年参军。因为能干，又爱钻研技术，很年轻就被提拔到处长位置。

1964年9月彭敏刚到三线铁路来，在成都开大会，会上李井泉书记也在，吕正操副部长宣布对彭敏任命。

姚福来在会下说："我早就听说过彭敏。"那是在1954年，在铁道部第二设计院干部会上听到传达铁道部通报对大桥局彭敏同志的警告处分。他在站场处工作，正在福建修建鹰厦铁路。通报说彭敏在武汉大桥工程局，竟敢跟苏联专家对着干，他听了反倒很敬佩彭敏，这是彭敏给他的第一个印象。

当时选调干部到三线来确实严格，都是挑优秀的同志。这里和打仗一样，实行军事化管理。站场处全体被抽到三线，从铁道部电务事务所也抽了一些工程技术人员，像工程师岳国璋、刘芳林也是那时候调来的。开始都在成都的铁道部第二勘测设计院院里上班。彭敏负责技术工作，直接抓铁二院的设计，跟姚福来接触多了就熟悉了。

2.站场处的设计革命

1965年3月《人民日报》刊发《下楼出院好的很》一文，反映了铁二院站场处的变化：从过去长期不下现场，在大楼里凭书面资料设计，严重脱离实际到"下楼出院"打破了站场处的一潭死水。西南三线铁路的设计革命就是从铁二院的站场处点的火。

大会战一开始，铁二院全院搞设计革命运动，号召下楼出院，到现场设计。吕正操同志要求铁二院机关全部人员下楼出院，三天之内，人去楼空，一个不留。铁二院坚决执行，将机关搬到西昌。姚福来领导下的站场处也跟着全下到了现场。

1965年4～5月彭敏在峨眉山开会，总结"下楼出院"给二院带来的成绩。彭敏带着两个秘书沈恒泽（吕正操的秘书）和王光（黎光的秘书），加上一个工作组。当时西南铁路总指挥部决定先修川黔线、贵昆线，大家都住在现场。那时候条件虽然艰苦，住宿条件很差，但有当地支援，还过得去。军队生活后勤服务很好，成都铁二院有幼儿园，解决职工的后顾之忧。现场工作环境虽然艰苦，但人们的感情很好，人与人的关系更为密切了，以致后来几十年以后人们还能相互记得。

站场处在峨眉山住了一星期，彭敏也住在那里。姚福来和彭敏说了站场处的情况。姚福来的性子急，说话直来直去，对彭敏说："下楼出院我不反对，实际上我们设计院其他部门都容易做到，像勘测、隧道、涵洞、桥梁、线路，原来就经常下现场，出外勤，可我们站场处就不一样了，它有八个专业：站场、信号、通讯、电力、给水、机车、车辆、房屋建筑（信号控制楼、站房、行李房等）。即便下楼出院也要在一起，分开就没法干。好像一只手，五指攥在一起，伸出去是一个拳头，分开就是一个个手指，干不了什么。我们下不下去，都要捆在一起，才能形成拳头。实际上在院里一起工作还是有益一些。"彭敏听了后作出决定，他说："这样吧，让站场处集中回院闹革命。"姚福来回忆起来说："我立刻感到他这个领导没有什么虚头玛瑙的东西，很民主，听得进意见，能根据实际情况具体对待，大胆解决问题。我很喜欢这种领导。"

不幸的是在"文革"中，这件事倒成了姚福来的一条罪状，说站场处搞"独立王国"，彭敏是他的黑后台。

3.没钱谁都能给我砍了

彭敏在西南铁路大会战一开始，主抓技术的设计革命。彭敏在西南铁路第一次新技术会上的报告中特别提到通信信号革命的重要性。他说："现代化铁路眼睛要亮，耳朵要灵，必须有现代化的通信信号设备。否则就是瞎子，瞎子走路怎么能快呢？我们现在的铁路通信信号设备，20年代、30年代的都有，路签就是一种，车站上电话一串十几个人，一人通话时影响十几个机子。臂板信号机弯道上看不见，下雾时视线不清……成昆线有几个地方，一年几个月是雾季，看不见怎么办？只好开慢点，不然要出事故。由于眼睛不灵及其他原因，不敢向一百公里突破。""所以我们一定要搞些现代化的东西，采用调度集中、电子集中、机车信号、区间列车自动控制、无线电列车调度电话等。"

通信信号是铁路现代化的标志，站场处的站后设备就占17个战斗组，姚福来主要负责三个：电力、信号、通信。

会下彭敏看到姚福来闷头不吱声，问他："你怎么想？难道你就没想法？"姚福来心里着急，憋着一肚子火，但他是直脾气，说："想法有，谁给我钱？没钱谁都能给我砍了！"彭敏笑了笑，说"这些不用你管了，你就说吧！"姚福来说："那我就不客气了。我知道要搞现代化铁路建设，必须用现代化设备。我认为要做三件事：一是电力全线贯通，不能像现在一段一段的，有什么电就将就用什么：二是信号调度集中，特别是车站必须电气集中：三是通信大通路，原来只能通三路四路，通话只用12路载波机。若改用小同轴可通300路。完成所有这些设计就必须要找科研单位，试制设备，找工厂生产设备。无论哪项都要资金。铁路有四个工厂，西安、沈阳、北京、南京的工厂，没钱谁都不乐意干。我们找谁去，全是不能往下想的事！"姚福来不管三七二十一，吐吐吐地把他心里想的都说出来了。他接着说："我现在想做的事：用在通信线路的小同轴电缆，把原来的12路载波机增到300路载波电话，电子调度集中，电气集中连锁，自动闭塞，纵横制地区自动电话等大大提高通讯能力，就这几项我一筹莫展！"

彭敏听完，鼓励姚福来大胆想，他说："那军队的厂子有没有？一机部的厂行不行？"铁二院的书记牟友民也在旁边鼓励姚福来，于是姚福来的思路开通了。他找到上海研究所，他们接受了小同轴的研究，做出样品。在当时小同轴技术的先进性仅次于光纤技术。

站场处的工程师岳国璋在信号调度集中方面拿出一个方案是基于电射技术的继电集中，名为组合式联锁系统（简称6502）；铁道部铁道科学研究院拿出一个磁饱和系统方案，虽然先进但没经过试验验证。两者比较选哪一个呢？

因为信号调度集中关系到行车安全保障，是铁路的灵魂，不能马虎。彭敏先派他的"西工指"技术委员会的电气工程师黄森来看，他看完后，说不大懂。于是彭敏立刻从北京请来铁科研的所长朱淇昌。朱淇昌是留美的学者，这方面的技术权威。老先生把两个方案看了，说："看起来6502是可行的。"他很客观，并没有偏袒自己的研究所即铁科研，令人敬重。

和姚处长在一起的高级工程师岳国璋参加了成昆线的那段经历。回忆起来也很有感触说："攻关战斗组那段设计科研工作，使我们技术人员思想解放了，打破了信号很神秘的认识。元件尖端技术不是高不可攀：铁路信号是负责安全的，但不一定只能在铁路自己的工厂里做，可以使用国际、国内通用的成熟的元件和工厂制造；在成昆铁路的时候，大量的科研和设计工作培养了大批的技术人才。成昆线以后，我们的技术人员分到全国各地，都成了铁路通信信号方面的骨干力量。"

4.实实在在帮助解决了资金困难

彭敏联想到自己在武汉长江大桥试验新方案时的情况，很理解姚处长在科研和制造设备方面的困难。

铁路信号设备最初是作为铁路行车安全设施的产生和发展来的。随着列车速度和密度的不断增长，铁路信号又成为提高铁路运输能力不可缺少的重要技术装备。彭敏觉察到原定资金分配比例有偏差，注重了桥梁架设、隧道的开凿，而轻看了铁路信号系统的进步。他意识到铁路信号系统若是落后有可能成为实现铁路现代化发展的咽喉、瓶颈，因此铁路信号系统现代化设备的费用不能省。

于是他把经费问题拿到"西工指"党委讨论，在指挥部领导层面引起了激烈的争论。有人反对说："怎么那么贵，干嘛要那么多钱！"彭敏坚持说："信号系统是铁路现代化的标志，成昆线是新修的铁路，要反映我国的现代化水平，不能因为省钱，沿用手工扳道岔、手摇信号旗的时代！"最后吕正操支持彭敏的意见，就把通信信号的资金从只占全部成本的1%，增长到占全成昆线总成本的11%以上。

彭敏又通过国家科委开会研究同意出资280万～300万元试制小同轴。彭敏将资金分给上海电缆研究所80万，经过上千次试验终于成功；分给西安电缆厂200万元用于生产制造。该厂有了钱很快将成昆线1000公里小同轴电缆生产出来。因受到"文化大革命"的影响，这个研究成果仅在成都到峨眉160公里区段使用，很遗憾没能普遍应用到成昆线上。那时候西南铁路工地指挥部被"文革"中的造反派砸烂后，领导都靠边站了，总指挥吕正操受批判，挨了斗。铁道部将其余电缆转到京广线上使用；西安通信工厂被通信兵接管，小同轴通信电缆技术归为国防建设使用。但是彭敏在支持新技术革命方面的眼光和魄力已显现出来。

通过这段时间的接触，彭敏给姚福来的印象是有眼光，能跟上现代化；坚持采用新技术，敢想敢干，敢于突破常规，敢于做前人没有做过的事。他促进了站场处技术人员们大胆解放思想，充分发挥人的作用，破除迷信。姚福来说："彭敏是我的表率，我就喜欢他这样的领导，自己敢于承担责任，对下属的工作全力支持。"有一次彭敏和姚福来聊天，彭敏对姚说："你听说过延安大礼堂吗？那时候让我修，什么东西都没有，那你就想吧，我就挑直径大的直溜的树，那肯定结实安全啊！你看现在礼堂还在吧。你就这样动脑筋，没有想不出来的办法。"姚福来说："想起那时候工作虽苦，有领导的支持，很痛快，能为我国铁路事业的发展出力，得到国家的重视，感到自己是国家的栋梁，总之那是一段我们最痛快的时光。""我一直佩服彭敏，他敢做敢当，我工作时也经常效仿他。"

1969年，中央召集"西工指"工作的同志在北京办学习班，姚福来见到彭敏，彭敏问他以后想干啥？姚说想要去筹建铁路通信信号厂，他听后笑了说："你现在才想起这事儿，怎么早没想到啊？"他显然是指在西南铁路大会战时，要有个自己的厂子该多好啊！彭敏在武汉长江大桥时就一贯主张"四位一体"也就是"科研、设计、施工、制造"一体化，这样的机构，不受别人的制约，这对于开发研制新技术新产品很有利。

姚福来问彭敏："你说我搞那个行不行？"他说："啊，挪挪也好。"有了彭敏的鼓励，姚福来就大胆筹建了铁路通信信号厂，后来转为公司，当上了

"红色老板"，这个公司为后来我国铁路建设事业的开发出了大力。在70年代后，随着电子技术的迅速发展，铁路行车指挥和列车运行自动化以及列车变线自动化已成为铁路现代化的重要标志，我国的铁路开始进入崭新的时代。

5.铁路信号系统的攻关战斗组

1964年日本开通了时速200公里从东京至大阪的东海道新干线，采用了小同轴（1.2～4.4毫米）300路载波机和19个四线组组成的高屏蔽综合电缆系统。在前西德也开通了小同轴300路载波机。在国内，邮电部是采用中同轴（2.6～9.5毫米）1800路载波机系统和60路双缆制载波系统，铁路通信线路主要是架空中明线上开通12路载波机。在欧洲，特别是在瑞典已采用纵横制自动化电话交换机，逐步取代步进制自动电话交换机。

相比之下，"西工指"领导提出了"通信设备大容量、自动化"赶超日本的号召。在国内外新技术革命的启发下，设计人员的思想特别活跃，纷纷摩拳擦掌，针对通信方面的技术革命提出大量想法，在路内外有关部委、科研、设计、工厂、施工单位的协作配合下，在通信信号有小同轴、300路载波电话、电子调度集中、电气集中、电器集中连锁、纵横制地区自动电话等方面成立了通信新技术装备战斗组。

彭敏在报告中赞扬站场处："站场处过去是'一潭死水'，设计革命震出了很多英雄事迹。搞新技术成了风气，人人谈新技术，时时谈新技术，白天晚上搞，制止不住。通讯信号组还有许多新实习生和外单位去的同志，他们一起白天晚上试验。不少单位为接受西南的任务甚至把自己的任务推迟下来。比如小同轴电缆的试制任务，我们这里是一句话，上海电缆厂却为了实现这个任务，要组织很大力量搞设计和试验。这个厂的党委讨论了这件事，勇敢地接受下来。"

在大综合小同轴电缆战斗组里有简水生、刁操志等。由上海电缆厂为主体，北方交大、铁二院等单位参加，共同研制，在八个月的时间里，协同攻下六大难关（如提出小同轴外导体绕包镀锡钢带的建议），于1966年4月研制成功我国首批XT-66型大综合小同轴电缆,由上海电缆厂生产供货。

在晶体管300路载波机战斗组以南京有线电厂为主体,1966年从全路各科研院校、各铁路局、各设计院和有关施工单位先后派出50多人参加战斗,经过九个多月时间,样机研制成功,在厂内进行联调联测。因"文革"影响,仅于1969年在成都至燕岗段进行样机上线路试验,为生产定型取得宝贵的数据,为设备生产打下基础。刘建龙、刘瑞踪、黄恩化、朱荣筑、刘振州、冯瑞霖、刘荫娥、杨永清、刘芳林等都做出了应有的贡献。

晶体管12路电缆载波机和15路无人增音机战斗组以涪江有线电厂为主体进行研制,在多条铁路干线上得到广泛应用。铁二院的孙烈英、张淑英等多人参加。

上面三项研究成果构成了成昆铁路传输大容量的基本框架,全线总通道数达到400条以上,还有较大的发展空间。

通信信号还有纵横制长途、地区自动交换设备战斗组:以北京有线电厂为主体,铁二院朱至才、王月军、江中澳、钱德贞等多人参加研制工作,其生产的设备在成昆铁路多个通信站进行安装,最大容量达1000门以上,通过小同轴300路载波机提供的长途电路,实现了长途和地区的自动拨号通信。开启了铁路地区自动电话交换机的纵横制时代达20多年。

区段自动电话设备战斗组:以北京二七通信工厂为主体,铁二院杜道清等多人参加战斗,设备在成都至燕岗段开通使用,用以解决沿线中间站的自动拨号电话问题,为铁路运输及沿线维修的基层人员,提供了通信服务。

成昆铁路通信专业新技术战斗组所取得的实际成果影响深远,在此后的20多年里,小同轴电缆和300路(后开通到960路和2700路)载波机系统,在全国开通了数万公里,直到90年代光缆大量采用后才停止建设;纵横制交换设备也发展使用了20多年,直至90年代电子式程控交换机大量采用后,才陆续退出历史舞台。

铁二院高工刘芳林回忆时还深有感情地说:"所有这一切成绩的取得,都和彭敏的正确决策、求实精神和支持密不可分。若不是'文革'的影响,通信信号方面已达到世界先进行列,比日本、原西德等国家完全不差。"

6.“为山九仞”终须有一拼

在“西工指”强有力的支持下，彭敏精心组织了全国各科研单位、各部生产工厂的协作，成立了成昆铁路通信信号系统的技术革命的各个战斗组，经过一年多时间的努力，新技术项目的研究、试制、设计、施工都已成功或基本成功。

1966年9月“西工指”负责施工的通信处处长张敬乾给彭敏副总指挥打了个报告并做汇报。张敬乾也是一位早年参加革命的老同志，在来西南铁路大会战之前是南京铁路局局长，1969年任铁道部西安信号工厂厂长，“文革”后任西安铁路局局长。

张敬乾汇报中说：新技术战斗组中的小同轴电缆，已试制成功。经国家鉴定，性能良好，主要技术指标接近或达到了世界先进水平。开始成批投入生产，为我国通信事业赶超世界先进水平填补了一项空白，还有300路载波机、12路半导体载波机、长途、地区自动电路和部件进展较快。

除此之外进展较慢的有移频自动闭塞、电子调度集中等七项，具体反映了这些方面出现的问题，主要是生产、制造的问题和能不能按期完成的问题。因此需要有关部门的督促和催办等。

彭敏认真看了张敬乾的报告，在文章边上注明铁道部、四机部、科委的字样。他亲自给国家科委韩光主任及张有萱去了信，请协助催办；他又给铁道部也写了信，请铁道部指示有关人员抓紧督促，若生产工厂有困难如何采取措施给以解决等。

彭敏在信里表达了他的急切心理：“为山九仞，这是最后一步，是无论如何困难，一定要上去的。”他只说“为山九仞”没有说下句：“功亏一篑”，因为他不愿看到那一步而已。表达出他要把铁路通信信号系统的新技术革命做到极致，不能退缩的决心。

如大综合小同轴电缆战斗组由上海电缆厂为主体，北方交大、铁二院等单位参加，共同研制，在8个月的时间里，协同攻下六大难关（如提出小同轴外导体绕包镀锡钢带的建议），于1966年4月研制成功我国首批XT-66型大综合小同轴电缆，这是经过上千次试验才成功的技术，彭敏拿到国家科委讨论，由国家科委出资80万～100万元，交由上海电缆厂研制开发。200万元交西安通信工厂大批量生产出来。国家科委在成昆铁路新技术的开发方面做了许多实际工作。张敬乾后来去了西安通信工厂（后改为西安电缆厂），他为厂长，坚持把此项工作进行下去。

在西南铁路大会战期间，张敬乾和彭敏相处，切实体会到彭敏是一位果敢、实干、懂技术的干部，特别是在铁路通信的发展上，没钱找钱、没人才找人才，没厂家给你找厂家，为我国高标准铁路大发展竭尽全力。张敬乾从心里佩服彭敏并尊重他。

七、铁路桥隧的技术革命

1.为什么组织隧道快速施工

成昆铁路共有427座隧道，总延长340.9公里为全线长度的31.5%。西南铁路工地指挥部党委为响应毛主席"成昆铁路要快修"的号召，因工期紧迫，针对成昆铁路隧道多，工程难度大的特点，为了铁路按期通车，解决隧道修建速度是关键，大抓隧道快速施工，全面开展了"百米成洞"运动。隧道快速施工运动——也叫"百米成洞"运动。24个隧道实现"百米成洞"，其中5个实现了"150米"，梅花山隧道和大山坪隧道先后在四五月份创造了"200米成洞"。中央为此发出了贺电。

彭敏明白西南修铁路最难啃的骨头是隧道，又要快修，又要修好，在现有条件下是多么艰难。为攻关技术，他组织召开了西南铁路隧道快速施工经验交流会。参加会议有各施工部队的领导和技术人员以及设计、科研等16个单位130人。他请铁道部基建总局、铁道科学研究院、铁道兵科研院的领导也参加了会议。还特邀国家科委工作组34位同志专程参加，工作组组长清华大学副校长张维代表工作组做了如何组织国内各有关研究单位和大专学校支援西南铁路隧道建设的报告；中科院地质所谷德振做了成昆铁路地质问题报告；中南化学所的同志在会上还进行了化学防水剂的表演；还开了若干专题座谈会。

彭敏在会上做了两次发言，说明了他总的思想，如何下决心在隧道施工技术上来一个革命。

彭敏说："按照毛主席的伟大战略思想，西南铁路要修快、修好。西南地区山高谷深，坡陡流急，地质、地貌都很复杂。在西南修铁路，敢不敢修长隧道，隧道能不能修得快，是一个很重要的关键。尤其是长隧道的施工，过去是使人望而生畏的……"

彭敏的观点："要敢于修长隧道，要敢于在任何复杂地质情况下修隧道，并且要'早进晚出'"，"不过隧道关，在西南修路就没有自由。"

西南铁路川黔、滇黔、成昆三条干线的通车时间，基本上都是受隧道工期的控制。例如梅花山隧道是控制滇黔线的关键；关村坝、沙木拉达等长隧道以及大渡河峡谷、牛日河展线、安宁河和雅砻江、龙川江峡谷等地段的隧道群是控制成昆线的关键。

彭敏一向以科学的态度对待铁路建设，他说："西南地区有溶洞、流沙、大量地下水、含盐地层和破碎松软地层、瓦斯和岩爆，等等，可以说修隧道会遇到的难题我们这里应有尽有……"他要求大家："首先是要面对困难敢于斗争，敢于胜利，破除迷信，不怕修隧道，更不怕修长隧道。在施工技术上，破除'百米成洞'高不可攀的迷信，树立起'二百米过硬'。对我们来说是个压力，也就是我们前进的动力，逼我们在隧道施工技术上来一个革命。"

同时指出："隧道施工，工序多，工作面窄，干扰大，尤其是长隧道施工，不是一两天的事情，要实现持续均衡高产，必须要建立正常施工秩序，实现正规作业。充分发挥机械设备作用，加强对工人和战士的技术培训，保证机械的正常运转，备用机械应经常处于技术良好的状态。不能闹'叶公好龙'的笑话。"

他根据以往修隧道的经验，颁发了一个《隧道快速施工第一期纲要》（草案）指出用现有设备搞"百米成洞"的途径和可能性。同时组织科研、设计、

315

施工人员在重点隧道进行快速施工试点,鼓励领导同志亲自参加施工,参加劳动,蹲点解剖麻雀,协助解决具体困难。

特别是不良地质隧道的施工仍然是薄弱环节。突出的表现在漏水和坍塌上。常常"半路杀出个程咬金"来,如梅花山隧道有暗河和松散的铜矿溪沙页岩;沙木拉达有过水洞,每小时涌水量达200吨;大雀堡涌水每小时也有40吨;关村坝遇到岩爆;岩脚寨遇到瓦斯;卡拉寨2号隧道为了处理塌方三个月没进度;碧鸡关在断层附近塌方达20多米,使人措手不及,打乱原来部署。他指出要摸清地层情况、岩体的组成、水的活动规律、接触面等的底细,做到心中有数,防患于未然。

他还不得不谈到安全问题。他批评:"有人认为'修隧道哪有不死人'的论调,这种思想要坚决反对。施工越快越要安全生产。请大家考虑,能不能下个死命令,无水不准打钻?以保护工人和战士的健康。战士不怕牺牲,我们的干部越要爱护战士的生命安全。"在隧道施工的铁道兵队伍里有很多是抗美援朝抢修铁路的老战士,很能吃苦,也从不叫一声苦。每天工作睡觉都在隆隆的钻岩风枪声中,他们说:"听不见风枪声倒不正常了,赶紧找找是不是哪里出问题了。"

2.组织16个隧道方面的新技术战斗组

为提高隧道的设计施工水平,切实重点解决隧道施工难点,彭敏作为西南铁路建设指挥部总工程师,组织隧道方面的新技术战斗组16个,大力推广了新技术、新设备、新材料和新施工方法,引进国内外的一些先进技术和施工机械设备。战斗组有:关村坝隧道施工战斗组、沙木拉达隧道组、蜜蜂菁2号隧道全断面掘进战斗组、碧鸡关隧道战斗组、赵坪号隧道快速施工战斗组、长虹隧道快速施工战斗组、不良地质隧道战斗组、白石岩1号隧道全断面掘进战斗组、机械配套战斗组、地层压力与衬砌支护量测战斗组、喷混凝土战斗组、化学防水战斗组、电钻战斗组、施工通风及防尘战斗组、运营通风战斗组、整体道床及轨枕板战斗组。参加战斗组的有铁路内外的科研、设计、施工、工厂及大专院校等单位,组织起一支向生产的深度和广度进军的科技队伍，解决了技术关键问题、对加快施工速度、提高隧道修建水平起到了很大作用，取得了许多科研成果。

　　成昆铁路是当时全国铁路建设机械化施工的样板。1965年底，全国施工单位共拥有施工机械达30317台（套），而成昆铁路北段，仅一个综合工程局就配备土石方机械600台。固定资产达3.3亿元以上。隧道施工普遍使用了机械凿岩，其他工序施工作业分别使用了通风、供水、排水、机械拌合混凝土、提升、运输等机械。长隧道实现了机械装渣、电瓶车牵引。从国外引进的一批中型机械设备，如槽式列车、风动装渣机及梯架式钻孔台车等，特别是引进极少数隧道全断面开挖施工机械，初步改变了中国沿用已久的上下导坑等分部开挖法，为隧道机械化快速施工开辟了新途径。1966年底，隧道单口平均月成洞由20米、30米提高到40米、50米。

　　但是"文化大革命"期间打乱了施工装备配套方案的实施，使机械设备的数量、品种没有形成配套能力，基本上处于拼设备、吃老本状况，损耗极大。1967年下半年，在成昆线复工后开展的施工设计，就有"左"的干扰，认为"隧道早进晚出太过分，要不早不晚才对"，但实质上是单纯经济观点作怪，但是广大勘测技术人员学会用唯物辩证法的观点抵制这种说法和做法，不要只顾一时，要考虑不给以后造成病害。

　　乌斯河隧道就是"敢于打长隧道，不怕钻烂洞子"成功的例子。为了使乌斯河大渡河桥占据有利地形和地质条件，以缩短主孔跨度，避免水下工程，加速工程速度，而确定隧道疏导通过流沙地层，大大增加隧道难度。还有高峰1号隧道、大山坡隧道、大塘河明洞、毛头马隧道都取得了通过不良地段的经验。

　　成昆铁路隧道的设计上，遵照"三十条"中根据地形、地质条件和选线要求，贯彻了"早进晚出"、"宁里勿外"方针，慎重选择隧道、洞口的位置，特别重视越岭隧道方案和沿河绕行的桥隧相连及隧道群的线路方案选择。隧道方案选择基本上是成功的。隧道施工中因地制宜采用多种施工方法，施工速度达到新水平，由于号召"百米成洞"采取的措施，施工机械力量的增强和施工技术水平的提高，在较长隧道的修建中起了作用。组织重点隧道快速施工及喷锚支护、化学防水、整体道床、轨枕板和大型机械配套等战斗组,改变了传统的分部开挖、木料支护的施工方法,提高了施工技术水平。

3.桥梁要考虑结构形式多样化

成昆线有大、中、小桥991座,涵洞2263座。彭敏主张在西南修桥梁面对急流大河、宽谷深沟和不良地段,结构形式要多样化。

彭敏在西南铁路第一次新技术会议上的报告中说:"在桥梁方面,结构形式要多样化,预应力钢筋混凝土梁不错吧?但在西南地区,就要考虑制造和运输问题。在两个隧道之间、在弯道上架设起来不大方便,架设时间也是一个问题。所以必须考虑采用拱桥、栓焊钢梁、悬臂拼装等其他形式。在桥梁上,还要解决墩身太重的问题。现在怕修高桥,桥一高,墩身就重,地基承载能力要求严格,基础就难处理了,解决这个问题,一方面从桥墩本身着手,采用空心墩、薄壁墩等。另外采用油压传动装置,减小墩身尺寸等办法。"

彭敏为了在桥梁方面采用新技术,开展了路内外大协作,组成了钻孔桩基础、预应力拼装墩、栓焊梁、预应力梁、拱桥、高桥墩、新型架桥机等新技术战斗组,从研究、试验、设计到制造、检验、安装,实行一贯制,选点试验取得经验,不断总结提高,普遍推广。桥梁的施工,普遍采用过河高线缆索、混凝土搅拌、运输、捣固,基本上实现机械化。桥梁基础工程已由原来打桩、沉井发展到机械下管桩,挖孔、钻孔桩技术也有发展,桥梁架设使用了新型架桥机。

彭敏激励大家大胆采用新技术,大桥局是他的老家,但他也不护短。他在会议上批评:"搞了个长江大桥,就讲'世界第一',我说不要吹了,没好处。日本最近搞了一个海底深水基础,水深一二百米,管柱直径20多米。""铁路建设的步伐,看起来还要迈得大一些,不然是赶不上和超不过世界水平的。我们目前的水平还是比较落后,我们前进,人家也在发展,不加快步伐怎能消灭这个差距呢!"

1964年铁道部抽调大桥局部分骨干队伍一桥处和五桥处,参加西南三线建设，担任修建三堆子金沙江桥、宜宾金沙江桥、渡口雅砻江桥、乌斯河大渡河桥、米易安宁河1～6号桥和枝城长江大桥等任务，宋次中局长、王序森总工亲自坐镇西南大会战，指挥修桥。

大桥局职工果然不负众望，大渡河、雅砻江、金沙江三座大跨度钢桁梁桥的建成，取得了山区修建大桥的经验。特别是三座桥面临山区修桥共同问题：只能一跨过江，不修水中墩；钢梁构件要适应山区运输条件；钢桥架设必须高速度；梁部结构适于拼装架设。分别采用了144米、176米、192米钢桁梁，避免了深水和高墩。

成昆线在桥梁方面取得的进步是很多的，如：在牛日河、安宁河、龙川江分别采用44米结合梁和64米至112米栓焊梁；金沙江的192米钢桁梁，一线天的54米大跨空腹式石拱桥都是当时国内铁路的最大跨度，112米栓焊梁已接近世界水平。桥墩从实体到空心，从厚壁到薄壁，从砌块到钢筋混凝土，逐步向轻型发展，采用了柔性墩、板凳墩和多线双柱式钢架墩新结构；在基础方面广泛采用了钻孔桩和挖孔桩；串联和悬臂施工预应力钢筋混凝土梁；新型架桥机，等等，成昆线桥梁和隧道等多项成果共同完成了人类征服大自然的伟大壮举。

在武汉长江大桥解决了用管住钻孔法代替压气沉箱法的深水施工，又进一步实现开拓管柱基础的适用性，用加粗管柱和加沉井等方法建成南京长江大桥完成技术上新突破。桥墩基础施工方面的技术进步彭敏没有就此止步，因为江河的水文、地质构造不同，继续在扩大基础、桩基础、沉井基础、沉箱基础、管柱基础都有进展。西南铁路大会战时，西南铁路工地指挥部成立钻（挖）孔灌注基础战斗组，先后在黑井龙川江顺河桥、嘎立牛日河桥9号桥进行钻（挖）孔灌注桩基础试验，战胜大粒径漂石层。这个方法在60年代70年代年间，在京原、焦枝、襄渝、枝柳、通古、盘西、皖赣、京广复线、京沪复线上160多座桥的桥梁基础中普遍使用，尤其是在山高坡陡的地段上。

八、川汉线上长隧和短隧之争

1.毛主席提出修川汉线

1964年9月西南铁路大会战开始，吕正操和彭敏一起沿着川黔线、滇黔线的铁路工地视察。当他们视察到遵义时，也就是1965年初，接到了毛主席的一份电报。电报内容大意是："建议修建川汉铁路，基本走向是从重庆出发，经酉、秀、黔、彭，沿湘北穿江汉平原至武汉。"吕正操、彭敏即刻拿出军用地图，查路线途经的重庆东部酉阳、秀山、黔江、彭水，均在川东与湖北、湖南西部交界的山区。看到电报，这是非同小可的大事，这意味着西南三线铁路不止川黔线、滇黔线、成昆线三条，还要加上一条川汉线。

吕正操当即下令铁四院组成川汉铁路勘测总队，下楼出院勘测川汉线。铁四院行动很快，立刻组成了4501总队开赴秀山等地。

吕正操迅速决定亲自沿川汉（成都至武汉）实地走一走。1965年2月29日～3月9日，从成都出发经万盛、南川、武隆、黔江、宣恩、恩施、建始、酉阳、秀山、彭水、涪陵等地，将毛主席指点的四地：酉阳、秀山、彭水、黔江等地进行全程考察，每天写下详细的考察日记。回来后，由于看到地质情况过于复杂，他心里越发不踏实，于是决定再走一遭。从5月5日～5月21日从北京南下到武汉，经湖北、湖南、四川、贵州四省38个县到达遵义。

吕正操根据自己调查情况与铁四院勘测总队进行讨论，反复论证，结果都表明，毛主席建议的川汉线走向在技术（战略）上是可行的，在铁路的路网规划上填补了长江南岸的铁路空白地段，布局是合理的，但是川汉铁路经长江南的山岳地段，地质复杂、工程艰巨、造价极高。湖北省地质局还特别提请注意该路线是沿着大断裂带走的，有42个断层等等不利修铁路的因素。

2.为什么提出襄渝线取代川汉线

彭敏在1964年9月从国家科委直接借调到西南三线铁路指挥部，主抓铁路桥梁的技术工作。1965年底，铁道部党委和国家科委党组向总理并中央书记处打报告，请求对彭敏的职务作重新安排。报告中说："为了加强西南铁路建设的领导，去年经中央批准，调国家科委副主任彭敏同志担任西南铁路建设总指挥部副总指挥，并兼任工地指挥部总工程师（同时为工地指挥部党委副书记）。从一年多的工作来看，由于西南铁路建设与铁路各部门各方面的工作都有十分密切关系，从便于对西南铁路建设的组织指挥考虑，根据彭敏同志熟悉铁路情况的具体条件，我们建议彭敏同志除担任国家科委副主任外，最好兼任铁道部副部长。"此意见被中央采纳，从此后彭敏兼任铁道部副部长，他的工作就方便多了。

　　吕正操组织铁道部、"西工指"领导进行激烈的讨论、研究后认为，如果以路网中已经规划的川豫（成都至信阳）线为基础，略加改造可以使之成为襄渝线（襄樊至重庆），取代工程艰巨的川汉线，好处是可以立刻动工建设，早日实现毛主席的出川战略决策。于是1965年10月铁道部急调铁三院一个总队到南充，编为铁二院新四总队，突击进行川豫线的达成段（达县至成都）的初测。

　　铁道部还将勘测川汉线、川豫线的结果做成立体模型置于人民大会堂，供中央领导参观、审视。

　　邓小平从新中国成立的不久即主政中共中央西南局的工作，力主修建成渝铁路，到中央后一直关心西南铁路建设。当他看到立体模型，立刻体察到毛主席这一重要的战略决策的伟大意义。于1966年2月亲自向西南铁路建设总指挥部发来电报指示，要求高标准地建设襄成铁路，使之成为运输能力强大的进出川的通道。

　　1966年3月，为了真正弄清两条线的利弊，铁道部副部长彭敏决定沿着川汉（成都至武汉）、川豫（成都至河南信阳）两线亲自进行全程踏勘。他先走长江北岸路线，从北京到襄樊，从襄樊到安康，经大巴山到万源，实地考察大巴山。又沿着长江南岸（成都经酉、秀、黔、彭四地至武汉），走了一趟，察看有没有最佳的铁路走向。

　　一行人只有彭敏、秘书李本深、警卫员小许（铁道兵）、司机焦金生四

◇彭敏亲自踏勘大巴山。最前面背抢的是警卫员小许，接着是副总指挥彭敏，司机焦金生、秘书李本深。（李本深提供）

人。因为秦岭巴山是川豫线的必经之路，是川豫线的要害，彭敏带人徒步攀爬，大巴山彭敏连走了两遍。上大巴山时，彭敏经常是警卫员小许在上面拉，秘书李本深在下面推，毕竟是近50岁的人，脚还受过伤。彭敏一行人用了近两月时间踏勘，有明显的感受：在踏勘北线时，只要一过秦岭段，沿着汉水而下就是坦途。在踏勘南线时，途经秀山县，县长邀请彭敏等人吃饭，不知为什么那天彭敏硬是不吃，请了几遍，只是摇头，连秘书李本深也弄不明白，也许是秀山县的地质太过复杂，彭敏的心情太纠结了吧。

　　1966年初，铁道部第二设计院根据"西工指"和吕正操部长的要求，迅速组成了以勘测处长石岩和张永昌为负责人的27公里越岭方案现场踏勘组进驻万源县。该组有20多人，有线路、地质、桥隧、施预、站场、机务、电力等各专业人员，还有施工单位铁道兵和工程局的代表。其中年轻人不少，成立了临时共青团支部，赵暑生担任团支部书记。队员们背上行装打起绑腿，在积雪的大巴山区反复勘察，白天在方案中定可能的桥头、洞口以及线路位置，收集第一手资料，晚上开会研究讨论，经过一个多月，提出了以20公里长隧道越岭、线路走中河的方案。当年在成昆线"西工指"在工地播放介绍国际上高速铁路的情报资料影片，其新干线的情况很有启发，参考了新干线的技术标准，推荐了20公里长隧，2000米半径，2000万吨运量，200公里时速的标准建议，这是最早提出"四个二"意见的雏形。

彭敏汇总各方面情况，于1966年4月29日拟写出一个铁道部关于川豫线、焦柳线的情况（即川汉线改为襄成线）报告，专门向国家建委、国家计委作请示汇报。由铁道部部长吕正操主持会议，副部长彭敏汇报。有国家计委主任余秋里及国家建委主任谷牧、副主任谢北一等同志参加，进行了研究讨论。讨论时与会的领导都作了重要插话。

彭敏的报告主要内容是将原从成都至信阳的川豫线改成从成都到襄阳的襄成铁路的全貌。该路全长1000公里，有大中桥468座，62公里，隧道365座217公里，车站88个，土石方1.5亿方，投资16亿元，总的概念是全长1000公里，运输能力2000万吨，3个区段，4000马力内燃机车牵引，50个月工期，限坡0.6%，最小半径700米，经过8个专区（145个县），9座3公里以上的隧道，10座大桥。由于成昆线运量是1400万吨，襄成线是2000万吨，出川的运量没问题。

报告中彭敏重点谈了大巴长隧的问题。达县至安康经过大巴山。铁二院选了九个方案，科委地质组普遍走了一下，从地质上看：一、四、九方案地质较好。其中四线中隧道最长为20.1公里，但坡度小，总线路短些。世界上最长的隧道也只有19.8公里。工期须50个月。

最后彭敏谈了将原川豫线的修改意见。他指出："从达县至安康经过大巴山。大巴山隧道出口（庙坡）至安康这段工程上比较困难，交通不便，但只此一路。从安康之光化，原设计房县方案（南线），湖北地质局提醒我们注意，线路是沿着大断裂走的，南北秦岭沟槽和清峰镇大断裂形成一个丁字形。于是转向勘测了汉水方案（北线），并经铁道部鉴定推荐这个方案。我们实地反复看了这两个方案的情况，从地质、地震、线路标准、投资等情况作了比较。"

最后吕部长总结说："会议中谈的襄成铁路；大巴山隧道方案；南、北线方案比较，这几点能定下来就好，其他问题是我们自己的问题。"

会上决定让铁道部尽快拿出报告，谷牧还提醒说：最好8月份中央开会之前写好，以便讨论。

会后吕、彭回铁道部研究认为，如果川豫线的改造方案定下来，那么毛主席指出的途径酉、秀、黔、彭四地的川汉线方案的事须要解释清楚。由彭敏将修建襄成铁路和川汉铁路的汇总意见写出一个报告。

铁道部将该报告呈送给毛主席。其主要是上述内容又补充三点：一是毛主席建议建设川汉线的战略决策是完全正确的；二是川汉铁路工程的造价极高，拟待国家经济实力增强后作为第二步实施；三是立即动工修建襄渝铁路（重庆至成都已有铁路），该铁路可从重庆通往武汉，达到出川运输通道作用的目的。襄渝铁路与川汉铁路的起止点是完全一样的，最大区别前者在长江的北岸，沿汉水向东行；后者在长江南岸，沿山区向东行。

1966年5月中旬，毛主席很快地圈批了铁道部的请示报告，从而襄渝铁路很快得到立项，立即开展勘测设计。自从毛主席提出打通四川向内地的建议并同意南线改为北线出川的决策定下之后，西工指加快了襄渝铁路行动步伐。

3. 大巴山20公里长隧的设想

襄渝线上的大巴山隧道为全线控制工程，为此铁二院组织了专门总队在大巴山昼夜不分进行勘探，顿时大巴山钻井如林，钻探声、人语声热闹非凡，打破了山间的寂静。

彭敏在1965年隧道快速施工交流会上说：按照毛主席的伟大战略思想，西南铁路要修快、修好。在西南修铁路，敢不敢修铁路，敢不敢修长隧道？隧道能不能修的快，是一个很重要的关键。尤其是长隧道的施工，过去是使人望而生畏的。不仅在施工中有"地、水、火、风"四大难题不好解决，从工期要求上，长隧道就万难通过。因此在过去设计铁路是没有自由，总是千方百计地避免修隧道，能修短隧道就不修长隧道。这样就是线路坡度大，曲半径小，弯弯曲曲，标准很低，限制了行车速度，降低了运输能力。还有由于想把隧道修短，往往"晚进早出"把仰坡刷的过高、拉沟过长，给运营留下了许多病害和隐患。所以在《铁路勘测设计工作条例》里特别提出，要"早进晚出"，指出了不过隧道关，在西南修路就没自由。

彭敏和谭葆宪力排众议坚持20.4公里长隧道过大巴山方案，是川汉线（襄渝线）的要害。长隧可以使线路取直、坡度小；可以避开小半径曲线蜿蜒；可以避开多处地质病害。彭敏领导的技术委员会的工程师们也都支持他。但难处是我国乃至世界还没有修过这样长的隧道，困难肯定很巨大。

1966年6月西南铁路建设技术委员会在四川万源县召开会议。彭敏在大会上说："过去怕长隧道，选了一条长11公里白芷山隧道，由于大巴山地形靠四川端平缓，靠湖北端很陡，隧道口出在半山腰，线路还要展线才能下来，坡度在千分之十二。这次考虑坡度用千分之六，隧道的长不受限制。"他鼓励大家："成昆线修成后，我国的隧道数量就上升到世界第三位。修完了川汉线，就上升到第一位，没有几个世界纪录，是说不过去的。另外，我们要尽量采用一些新型隧道施工机械，凿岩机上装有消声器、防震器，还要搞等离子切削器，这些要大家设计研究。"

彭敏在会上聘请了全国著名地质、机械、施工方面的专家、权威人士百余人，对于铁二院大巴山铁路隧道的初步勘测设计进行鉴定，对大巴山隧道施工中可能出现问题如涌水、瓦斯、施工、竖井、装备进行了慎重的分析、研究，并就隧道施工设备进行了优选、订货。

襄渝线上马时间与成昆线建设正好可以相互衔接，成昆线定于1968年7月完成任务，施工部队可以及时向襄渝线转移。第一副总指挥吕正操建议彭敏为大巴山隧道施工战斗组组长，黎光为政委。

在襄渝铁路勘测设计过程中，为了贯彻邓小平提出"要高标准地建设襄渝铁路"的指示，赶超世界先进水平，西南铁路建设技术委员会决定将襄渝铁路限坡定为千分之四，最小曲线半径定为800米，穿越大巴山隧道长度为20.4公里，采用取直方案，为当时世界第一铁路长隧。

提出铁路修建的"四个二"的高标准，即20公里的越岭长隧，穿越大巴山，总长为世界第一；把达成（达县至成都）段作为高速铁路试验段，要求按2000万吨年运量；2000米最小曲线半径；每小时200公里行车速度设计。铁道部批准同意了在襄成铁路搞"四个二"的高标准，这就是当时世界先进水平。后来许多铁二院的技术人员说："若按照这个要求进行襄渝铁路建设的话，中国高速铁路时代怕要提前多少年！"

1966年6月，襄渝线开始正式全面勘测和初步设计。铁二院、铁四院对渝达（重庆至达县）、达襄（达县至襄樊）的勘测设计过去都已有基础，因此勘测设计进展较快。

襄樊至胡家营由铁四院负责，胡家营到毛坝段由铁二院进行。仙人渡、旬阳、紫阳三座汉江大桥和南河、北河大桥由铁道部大桥局负责。1966年底，成昆北段已铺轨到甘洛，南段也铺轨到广通，共完成455公里，全线主体工程已累计完成60%，按此速度，1968年7月1日成昆全线通车已胜利在望。1967年1月襄渝线完成全线初步设计并报铁道部鉴定。一切都是全速高效进行的。

4.天有不测风云

没想到天有不测风云，也就在1967年1月，"文化大革命"的浪潮，终于波及到了西南三线铁路建设。这时的成昆铁路建设的科研人员、设计人员和施工队伍组成的战斗组正在一个一个攻破难关，施工高潮迭起，工程突飞猛进的时候，工程总量已完成60%，科研、设计、施工进度都已理顺，全体人员信心百倍，再有一年就能全线竣工，即可转战襄渝线施工。

但风云突变，全线建设受到了彻底摧残。1967年1月23日"西工指"的领导权被篡夺，工程指挥系统被砸烂。西南铁路建设指挥部的领导吕正操、刘建章、郭维城、彭敏、黎光等被打成"走资本主义的当权派"，被残酷批斗靠边站了。襄渝线、大巴山隧道的正确决策遭到严重干扰和破坏。由于"文革"的内乱影响，1968年国家计委、国家建委提出缓建达成段，为此原定"四个二"的高标准的设想泡了汤，使我国铁路赶超世界先进水平至少退后30年。然而吕正操富有战略眼光的远见卓识，驾驭千军万马的气概，以及彭敏的敢于创新、改变铁路旧面貌的决心也已充分体现出来。

5.襄渝线长隧改短隧的遗憾

　　襄渝铁路的东段为鄂西北丘陵低山区，中段为秦岭巴山区，西段四川盆地丘陵区。沿线山高谷深，水流湍急、悬岩峭壁，地势险峻，地质复杂，艰难程度仅次于成昆线。

　　襄渝线从1958年开始勘测设计，至1976年通车，因为技术标准上下变动，铁二院先后研究出了40个方案。线名变更了三次，几上几下，勘测设计人员饱经磨难，前后周折18年。

　　在"文化大革命"的干扰下，在与"走资派对着干"的指导思想下，襄渝线的设计标准、技术条件不得不做大幅度的降低，大巴山20.4公里坡度为千分之六的长隧方案被取消，改成5.3公里的短隧、坡度千分之十二的双机越岭的落后方案。全线虽然最终隧道总长度并未减少，但也不能采用长隧。困难地段的最大曲半径降至为500米（从800米降下来，仍有高标准的痕迹）。这就形成后来运营中经常出现病害的线路。

　　1968年4月、1969年3月和1970年1月在四川、湖北、陕西境内分段开展施工。近83万筑路大军在崇山峻岭、险山恶水之间开始了艰苦卓绝的筑路战斗。

　　在隧道口、桥梁工地到处可见大幅标语："提高警惕、保卫祖国，要准备打仗""一不怕苦，二不怕死""为有牺牲多壮志，敢叫日月换新天"等"文革"中的豪迈口号。铁道兵第6师、第7师修建重庆至达县段，第8师修建青花段至大巴山隧道，第13、1、2、10、11师和70团等铁道兵分别调入中段施工，铁道兵先后投入23.6万人，四川、陕西、湖北分别为配合部队施工，动员民工59万人。铁道部大桥局负责仙人渡、旬阳、紫阳三座汉江桥。铁道部电气局负责电气施工。铁二院6总队全体人员也进入安康。在隧道施工中，不时发生洞内塌方，地下水喷涌，这种恶劣地质上修建铁路后患无穷，按设计工作条例应当规避的线路。西南铁路建设技术委员会已被解散，由科委和各科研单位、院校和设计人员参加的技术攻关小组虽然还存在，但失去具体领导在人力、财力、设备上的支持。一些人被调回原单位搞运动；极左思潮泛滥，只要勘

327

测人员提出改线意见，就会有人以"左"的面目出现，动不动就给你扣上"反动技术权威"的帽子，常与技术人员在为改建一座桥或一条隧道的问题上发生矛盾，总会有人理直气壮地提出反对意见，说筑路军民胸怀大志，"人定胜天"，"天不怕，地不怕"的豪言壮语，阻止科学施工，更增加了工程的艰巨性，造成安全隐患和人员的伤亡，付出更多资金的代价。

1972年4月，被造反派关押了6年的中铁二院老书记、政委牟友民被解放出来，第一件事就是上襄渝线了解勘测设计施工情况，迫不及待地赶到双机越岭的大巴山的5.3公里隧道洞前，看到军民施工的艰苦状况，他的心情难于言表，感慨万千。当年如何定下20.4公里长隧取直方案，在万源县彭敏召开科学会议的讨论，还记忆犹新。铁路标准的降低，对于将来铁路运营会发生怎样的影响，对于施工的这个5.3公里隧道的地质情况，他也是太清楚不过了。因此对正在施工的军民所受之苦，真正心痛关爱不已。

襄渝线于1979年12月全线建成。交付运营后，因运力低，又分三段进行电气化改造，其速度渝达段客车的时速110～120公里，达县到襄樊的时速仅100公里，并且常出现病害，其铁路运量远远不能满足日益发展的需要。运输能力从西往东，也只能在800～1200万吨之间，年年饱和，潜力挖尽，远远达不到原设计2000万吨的能力。若是当年采用长隧取直方案，曲线半径大，坡度小，行车速度能上去，运量大得多。

在运营20年后襄渝线就成为出川的瓶颈，再改造都很困难。尤其是成都至达县铁路通车后，达县至成都的货流成倍增加，使得达县、万源、安康、襄樊间货运原本就超饱和的状况火上加油，更加成为瓶颈，严重的控制了达成铁路能力的发挥。甚至在一段时间，进出川的通道，只能南进北出，从云南进川，从襄阳出川。

于是在2001年襄渝二线建设提到议事日程。襄渝二线的建设在设计上和施工上科技运用已经成熟，加上一线的教训，毫不犹豫地开设新大巴山隧道，长达10.658公里，在桥隧相连的山崖之间，架起了"空中地铁"和被誉为"亚洲第一跨"的192米预应力混凝土钢构牛角坪双线特大桥，还探索出一套全新的施工方法。2005年8月动工，于2009年10月31日正式通车，仅用四年多时间全线完工，比一线建设工期大大缩短。

历史的教训是惨痛的。彭敏坚持倡导的"三十条"中要求在铁路设计工作中认真贯彻"固本简末"的原则，即"正确处理远期和近期，需要和可能的关系"。强调三条"本"，即"保证铁路运输能力和生产能力的基本条件是本；桥梁、隧道、路基的质量是本；今后不容易增建和改造的工程是本"。铁路是根本性的建筑，必须考虑今后的发展，保证质量，牢固可靠。而违背了这三条基本原则，给我国的建设事业带来那么大的损失，使人痛惜。

九、奋力推进桥梁钢的进步

1.秀才挂帅当战斗组组长

1965年，为加快成昆铁路赶超国际先进水平，彭敏和指挥部的工程师们多次研究在桥梁方面的改进方向。他对桥梁研究人员们说："以往订科研计划，赶上去的劲头不大，铁道桥梁规划要在十年里搞一孔100米左右的栓焊梁，十年时间，连100米以上都不敢说，这个'100米左右'恐怕还是下了决心才写上去的。十年一孔，一生能修几孔？真是够稳的啊！"

他的话刺痛了铁道部铁道科学研究院金恒敦研究员，他联系原专业设计院等单位向西南铁路工地指挥部领导提出建议，在正施工的成昆线禄丰迎水村建造栓焊钢桥试验工程。

大桥钢梁的栓焊梁这项技术是在第二次大战后发展起来的。由于焊接技术兴起，欧洲纷纷采用焊接修复被战争破坏的桥梁，因为焊接比原来使用的铆接快，给钢桥技术增添了新的内容，改变了钢结构的连接方法和细节。1951年美国旧金山金门桥横撑加固，首次正式使用高强度螺栓，用一个高强度螺栓代替一个铆钉；英国自1952年，西德与日本自1954年也相继在铁路桥梁上使用。由于焊接条件要求高，有时工地不易做到，一般将桥梁分成一个一个的部件，在工厂焊接好，到工地后再用高强度螺栓连成整体，成为栓焊钢桥。中国铁道科学院自1958年开始对此技术进行研究，于1961年、1964年

329

分别试建完成了柳州附近的跨度41.44米的雒容桥和跨度61.44米的浪江桥，由这两座桥的试建，对栓焊钢桥有了一点初步研究认识，但都不是铁路桥。

金恒敦的建议得到吕正操、彭敏、谭葆宪诸领导的批准同意。为落实该建议，指挥部于1965年4月在成都召开了两次铁路部门的科研、设计和施工制造部门、铁道兵的发展研究所和师部等单位领导参加的会议。

第一次会议原意是布置任务计划，把任务分科学试验与设计施工，指定前者由铁道科学院负责，后者由大桥工程局负责。但是大桥局领导认为大桥局不能接受此任务，会议结束时，吕正操要求大桥局慎重考虑，下次开会再表态。过了两天开第二次会议，大桥局领导正式表示，因大桥局过去没有做过栓焊钢桥，接受不了这一任务。吕正操当即代表指挥部说："既然大桥局不接受此任务，我们就叫'秀才挂帅'，叫铁科院的工程师潘际炎当组长，成立栓焊钢梁新技术战斗组，由各单位派人参加进行此项工作。"听到这一安排，潘际炎工程师感到莫大的鼓励。潘际炎在铁科院是研究桥墩基础的，并不是焊接专业，得到领导如此信任，便硬着头皮勇敢地承担下来，当即表示一定要干好这一工作。

潘际炎，1924年生，1950年毕业于清华大学土木系，1950年在铁道部武汉大桥设计组，1959年至1963年被铁道部派到越南，帮助越南设计建成清化咸龙大桥，越南人民称其为"英雄桥"，美军称其为"炸不垮的清化大桥"。他刚从越南回来，也许是因为这个原因，金恒敦推荐他。彭敏也看上了他，可能由此感到他是有战斗精神的知识分子吧。为了做好这个工作，潘际炎向他的弟弟潘际銮请教。因为恰好潘际銮是焊接方面的专家，告诉他此项研究应如何进行，并给他介绍了从事焊接方面研究的单位和人才。

当时对铁路钢桥的焊接还没有人搞过。彭敏很重视，在南京大桥时就有专家提出过栓焊梁的技术。为加强这方面的力量，他通过国家科委把在国内焊接技术最好的清华大学焊接教研组和原机械工业部哈尔滨焊接研究所的人员都请来，参加栓焊钢梁新技术战斗组，共同研究钢桥焊接；为解决焊接的探伤问题，又组织中国科学院声学所加入到战斗组。当时国内不仅没有焊接探伤设备，连为什么要请声学所来都搞不懂。

战斗组设在山海关桥梁工厂，并通知战斗组成员于1965年五一节放假后，向先期到达的潘际炎组长、彭璧鼎副组长报到。这一战斗组名单潘际炎一直保存完好，留作纪念。

◇1966年，栓焊钢梁战斗组部分人员周末在山海关桥梁厂周边景区休息。前排左三铁科研刘桂云（女），左四副组长兼战斗组党支部书记、铁道部专业院彭璧鼎（女），左五铁科研杨妍曼（女），左六清华大学苏毅，左七大桥局张辛泰，左八战斗组长铁科研潘际炎，左九铁道部专业院王玉春，站在后排左二大桥局汪秀鹤，左四铁四院高际钦。（潘际炎提供）

栓焊钢梁新技术研究战斗组成员由铁道部科学研究院、西南研究所、专业设计院、铁一院、铁二院、铁四院、大桥工程局、铁二工程局、山海关桥梁厂、宝鸡桥梁厂、兰州铁道学院、原铁道兵1师、5师、7师、8师、10师、铁道兵科研处、清华大学、中国科学院声学研究所、一机部焊接研究所等21个单位抽调90名技术人员组成，还有兰州铁道学院及长沙铁道学院师生30余人到组实习。全组按工作需要分成五个战斗班。当时战斗组的总部设在山海关；焊接试验在山海关；高强度螺栓研究在上海；力学与模型试验在北京。战斗组是铁道部、铁道兵与国家科委三结合组成，实行科研、设计、制造、施工、材料、成桥试验以及维修七事一贯制，克服了以往因单位分割而形成的各自为政的缺点，因此战斗能力相当强。

经过一年的努力，制定了成昆线第一孔栓焊钢梁的设计和栓焊梁的制造、施工规定，完成了成昆线第一孔栓焊钢梁设计、结构模型试验、结构疲劳试验、桥梁用钢的可焊性及焊接工艺试验、探伤标准试验等，在山海关桥梁厂铆接车间进行了焊接改造和钢桥焊接工艺设计。于1966年春节开工制造，年底在迎水村工地建成，桥式刚劲轻巧，别具一格。

金恒敦研究员在新技术会议发言中赞扬说："这个战斗组是成立比较早的组，绝大部分是青年，只要有51%的把握，就敢去想、敢去干。但真的干起来又精心实验，精心设计，总要做到100%的把握。对于复杂的节点接头，还用硬纸按实际比例制成模型，人钻进去实地看拧起螺栓是否方便等。"

◇我国第一座铁路栓焊大桥——成昆迎水村桥（潘际炎提供）

仅用了不到一年的时间，我国首座跨度112米新型刚性梁柔性栓焊拱桥于1966年底建成。迎水桥的顺利建成和栓焊钢桥有显著的优越性：比铆接钢桥节约钢材15%～30%，可加快速度，改善工人劳动条件，更便于新型结构的发展。西南铁路建设指挥部为加快成昆线建设，在施工的特定地段，根据线路地形、运输条件、运营标准要求，决定改变部分原设计方案，增加建造栓焊钢桥数量。1970年成昆线建成13种不同结构形式栓焊钢桥44座，共103孔，用钢料1.2万吨，高强度螺栓近100万套。跨度分别为32米、40米、48米、64米、80米等，最大跨度112米；有上承式的，也有下承式的。其中有代表性的是跨度112米刚性梁柔性拱4座，达到了当时国际先进水平。其研究成果最后取得1985年国家科技进步特等奖。

2.关心山海关桥梁厂的发展

彭敏在修建武汉长江大桥、南京长江大桥的时候，都遇到了桥梁钢的问题。新中国成立初期我国的钢铁生产是很薄弱的。1950年美国的钢产量达8770多万吨，而我国的钢产量仅61万吨，因此朝鲜战争是在力量极为悬殊的情况下较量的，也可想见彭敏在抗美援朝战争中进行的抢修铁路桥梁条件是如何艰难。1955年武汉长江大桥的桥梁用的厚钢板是从原苏联进口的，由山海关桥梁厂和沈阳桥梁厂担负制造大桥钢梁。

在建设南京桥时由于苏联撕毁合同，拒绝供应钢材，周总理指示，由鞍山钢铁公司负责研制生产厚钢板的大型钢坯，并亲自批准桥梁工厂进口压制厚钢板的轧钢机，促使我国独立自主生产出了国产桥梁钢。

60年代初彭敏调到铁道部后，主抓铁路及桥梁的基本建设。因为南京长江大桥需用16锰（16Mn）桥梁钢，因此他对山海关桥梁厂格外关注。1961年山海关桥梁厂正式开始制造南京长江大桥15.74米的钢梁。5月6日试制成功了异常复杂的50公斤的16号高锰钢套、铸铁道岔。8月山海关厂召开了高锰钢道岔会议并制定了高锰钢整体铸造道岔暂行技术条件。彭敏安排技术处工程师赴山海关长鉴定南京大桥钢梁制造主桁试拼的质量。11月彭敏率工作组亲赴武汉、南京，到大桥工程局进行《工业七十条》的试点工作。1962年4月彭敏再次派技术处工程师赴山海关厂鉴定南京长江大桥钢梁桥面系纵横梁制造及试拼质量。到12月中旬又派闫海清副局长去沈阳、山海关桥梁厂检查工作。

在第一个五年计划时期，国家对山海关桥梁厂、沈阳桥梁厂、丰台桥梁厂三个厂投资870万元，生产了质量优良的武汉长江大桥和衡阳湘江桥的连续钢桁梁。1958年，为了南京大桥的钢梁，铁道部对山海关桥梁厂又投资约1159万元，该厂年产量最高达16016吨。1963年第一次用国产16锰桥梁钢制造了南京长江大桥大跨度钢桁梁。

西南铁路成昆线有991座桥，彭敏说还不止这些："修完成昆还有川汉线，一条接一条"，桥梁的制造任务量如此之大成为关键。开始沈阳桥梁厂正迁往内地宝鸡，宝鸡桥梁厂正新建，生产力量尚未形成。于是成昆线修桥的钢梁大部分得由山海关桥梁厂来制造。

1964年该工厂开始向栓焊梁发展，当年就以16锰低合金桥梁钢试制成功一孔跨度为61.44米栓焊桁梁。1965年成昆线开工建设。1965年3月在铁道部召开西南铁路指挥部焊接钢梁座谈会，并布置箱型钣梁设计任务书。1965年5月彭敏把成昆铁路成立的栓焊钢梁新技术研究战斗组设在山海关厂进行科研试验。

1966年初彭敏亲自到山海关桥梁厂视察，看到了这个曾经为武汉、南京长江大桥做出巨大贡献的厂区面貌，却令他心里一阵寒凉。这个厂虽然是个解放前的老厂，但厂区围墙只是木桩铁丝网，看似有两个门，实际上到处是豁口。厂内运输全部靠雇用马车。道路狭窄，全部是土路，尘土飞扬，交通不便，生产经营就在这样条件下进行。厂子的现状离现代化的工厂差的太远了，彭敏不禁感慨地说了一句："大、乱、脏"。工厂的落后面貌不改变，哪能适应西南三线铁路建设的巨大任务量呢。

彭敏来山海关厂是铁道部副部长的身份，他的一句"大、乱、脏"触动了厂领导，为适应国家三线建设的迫切需要，下决心从整顿厂容开始改造老厂。从1969年初，厂领导冲破旧的习惯势力，排除种种非议，组织修建了工厂第一条水泥路面的马路和近八公里的灰砖围墙。为改善工厂的运输条件，购买了载重汽车，不再雇用马车运输，促进了生产。

山海关桥梁厂虽然也受到"文化大革命"的影响，但成昆铁路三线建设的急需，促进了生产力的发展，逐渐改变了落后面貌。1966年，栓焊梁的制造能力提高到了1万吨，当年钢梁的生产量突破历史记录，达到2万多吨。从1966年到1969年制造成昆线跨度112米的系杆拱栓焊梁4孔及跨度48～80米栓焊梁40孔。同一时期，还制成该线跨度176米及192米的铆接简支桁梁各一孔，速度快、质量好。1969年，为适应当时钢材的供应数量和制造能力，焦枝线襄樊汉水桥的钢梁采取铆接与焊接构件并用的设计方案。1970年钢梁产量突破3万吨。从此，工厂焊接梁已基本代替铆接梁，在钢梁制造中占了主要地位。

十、"文革"中的遭遇

1.辩证法讲出了麻烦

1966年初西南铁路建设已取得了决定性胜利，按党中央的要求可提前一年于1968年7月1日修通成昆线已有可能。在全国已有"北有大庆、南有成昆"之誉。修成昆铁路是毛主席亲自指示、周总理亲自部署的。中央领导邓小平、贺龙、余秋里、谷牧都亲往西南视察鼓励会战职工。

1966年5月之后，"文化大革命"的浪潮向全国蔓延。但西南铁路因为是三线重点工程，工程进展迅速，还没受太大影响。8月彭敏还被派到北京在国家科协当了一段工作组组长。但不久也遭炮轰了，彭敏带着秘书李本深乘公务车回到成都。成都到处都在造反，遍街都是红卫兵，西昌指挥部肯定也不安全了。彭敏说先不回西昌机关，一行四人开着汽车就转襄成线，沿路路勘测线路方案，那里铁二院的设计人员仍在工作。从成都到达县，再从安康直到湖北。但他们的行踪还是被造反派发现，指令彭敏回西昌接受批判。

1967年初，"西工指"被造反派夺权了，情况完全颠倒过来。原来高度紧张的西南铁路指挥部，突然停摆了。吕正操被扣在北京批斗。副总指挥刘建章、郭维城、彭敏、黎光也分别遭到批判。造反派把他们集中在平房里，写交代，被限制了人身自由，军事看管起来。

在西南铁路大会战初期,彭敏在给设计人员讲解如何运用唯物主义辩证法和科学的相对论时说:"科学、技术的合理性是相对的。事物发展到绝对合理时,这个事物就会停止发展。人最健康的时候,是衰老的开始;月亮最圆的时候,就是月缺的开始;爬山爬至顶峰的时候是下坡的开始;施工到高潮的时候是低潮的开始。因此我们绝不能把精力放在追求科技工作的十全十美上,那是海市蜃楼而已,何况世界不存在绝对的物质。我们的科学家有个专题叫提纯,比如提纯水的纯度、金的纯度,他们可以提到百分之九十九点九九……小数点后六位九,仍无法达到百分之百,物无纯物,人无完人。"这段话秘书李本深听了多遍,还听不够。他觉得从来还没有人给他讲过这些道理,讲的真透彻,太解渴了,心里舒畅多了,辩证法打开了他观察世界的窗户,只是可惜他所有珍贵的笔记全都在"文革"中丢失。

但是彭敏给设计人员讲的"到达顶峰即下坡的开始"这段话给自己带来了麻烦。在"文化大革命"运动一开始,遇上了林彪把毛泽东思想说成是"当代马列主义的顶峰",而彭敏在宣讲辩证法时却把"顶峰"解释为下坡的开始,这么联系,一条严重的罪名产生了:"彭敏恶毒攻击毛泽东思想已经开始走下坡。"

彭敏心里困惑不解:自己并没有讲错什么,为什么有些人能说出这样不符合辩证法的话来,做出许多不符合唯物论的事来。

2.彭敏行踪"大事记"

造反派每天逼着秘书们交代首长们的问题。李本深写了几段彭敏的话不够突出政治,戴上帽子批判一下。造反派对他说:"彭敏要仅仅是不突出政治就好了,你必须好好交代!"李本深说:"我只给他当了两年的秘书,我能知道什么?"

李本深在夜深人静时,回想起自从跟着彭敏当秘书,一幕幕的场景和过电影一样。这两年多的工作充实愉快,说实在也是最忙最累的时光。他们几个担任西南铁路建设指挥部首长的秘书工作十分劳累,其辛苦程度也是无法形容的。每天眼睛一睁就上班,睡着了才下班。他们中间任何人都没有想过从担任秘书工作中获取任何私利。

　　李本深联想起白天看大字报上有人提到彭敏游山玩水。那倒不假，"文革"刚开始，他和彭敏从北京到成都，因无法回西昌，在成都滞留。当时社会上破"四旧"的风声正紧。而彭敏却在成都书店翻阅古书，看古迹。李本深和小许都有点紧张，四处张望，生怕有情况。彭敏看到有趣的诗词，还抄下来，讲给李本深和小许听。他记得一本有关张献忠的旧书中有一首诗："芙蓉江畔尽芙蓉，芙蓉花开满江红，昨天妾往堤上过，为何人不看芙蓉？"彭敏看了哈哈笑个不停，跟他们边念边说："你们看这小女子多会夸自己好看。"游山玩水的事也是有的，踏勘之余顺便看看寺庙、古迹。四川这一带的文化古迹确实很多，彭敏又懂历史典故，给大家念念、讲讲，但都是在工作之余。

　　说到彭敏爱吃会吃也是很有名的。李本深跟着彭敏踏勘设计方案，经常外出，吃饭就成了难题。他还要事先做计划，在何地吃饭，何地休息。在勘测川汉线时，李本深问铁四院院长，中午在哪里吃饭，他回答："走到哪里吃到哪里。"李本深给彭敏汇报，彭敏说："对呀！咱们就是走到哪吃到哪嘛！"李本深清楚地记得吃过一次"烤乳猪"。那是1965年吕正操、彭敏一起视察成昆线，铁二院院长崔文炳原来是大桥局的副局长，彭敏的部下，后来党组织为提高管理干部的专业技术水平，在部属的铁路局选派一批干部到唐山铁道学院学习。崔文炳就离开了大桥局去唐院学习。崔院长在路上给彭敏许诺，到了"一平浪"请大家吃"烤乳猪"。因为这个，李本深一路上都在想"烤乳猪"那诱人的滋味，不由得直咽口水。到了"一平浪"，果然吃上了，真正地道的美味！但铁二院却收了每人八元钱，那时八元钱是基层一个月的伙食费呢！

　　李本深每每回忆起这些事都很幸福甘甜。而这些内容是不能写给造反派的，想想明天还要给造反派们写交代材料，头就疼起来。

　　想来想去，他将两年多来做的工作整理出一个"大事记"，按时间顺序排列每天的工作。整理成稿后给彭敏看了一遍。彭敏边看边思忖说："我都没记着这么多呢！"那时的工作节奏，紧密有序，激荡起伏，错踪复杂，接应不暇。那时的"西工指"的领导，包括30万大军的全体人员都像紧绷的琴弦，紧张有序的工作，每人都在尽最大努力做好自己的工作，就像乐曲一样协调。彭敏心里正回味那段工作多么紧凑繁忙，小李问："写的有问题吗？"他从沉思中惊醒说："多么精彩的生活！很好，这个大事记可能很有用"，叮嘱李本深妥善保存。

后来造反派把他们俩分开，不让秘书和首长待在一起了。他们把彭敏架走的时候，彭敏小声对李本深说："别跟他们斗了，你就承认我是走资派！"李本深听懂了，彭敏是叫他不要硬顶，怕他因为自己受连累，吃亏。

一天，造反派拿着彭敏写的便条给李本深，内容大意是：要李本深把那个大事记交给他们，让他们带给他，以利自己检讨时参考。那时人的头脑都很简单，李本深以为他们真会交给彭敏，就把大事记给了造反派。而这些人并没有送给彭敏，而是把大事记骗到手，如获至宝，认为从彭敏行踪大事记里就能查到彭敏搞反革命活动的证据。

很快造反派们把这个"大事记"原文印发，在西南铁路施工工地广为散发，本来是揭发彭敏的所作所为，其结果适得其反，让整个工地上的干部、战士、群众都看到了这个作为"西工指"副总指挥兼总工程师的彭敏，在这两年多的日日夜夜，如此马不停蹄地奔波劳碌，他为西南铁路建设所做的各项工作，时间、地点，解决什么问题，效果怎样写得一清二楚。时间之紧凑，工作之繁忙让人瞠目且敬佩。这个结果在彭敏的意料之中："小李不给就正好，若交给造反派也没关系。"造反派每天逼着彭敏交待，他就想到了李本深写的"大事记"。有多年地下革命经验的他，知道他们只要拿到"大事记"就回不来了，但是彭敏很坦荡，自己的所作所为，没有什么见不了人的，他们看了足以证明他做了哪些工作。

3.钱放在我这里更安全

1967年"文革"之火终于烧到了三线建设工地。先是揪出了彭德怀、李井泉这样的"大走资派"，他们是三线建设总指挥部的总指挥，三线建设总指挥部下属的西南铁路建设指挥部，自然被火烧到了。指挥部的领导都被打成走资本主义道路的走资派，吕正操、刘建章、郭维城、彭敏、黎光等，吕正操被抓到北京批斗，按顺序彭敏被排到第三位。彭敏的头衔是走资派加上反动技术权威。有些造反派批斗他们时，下手非常恨，把排头的刘建章副部长打得直流鼻血。彭敏管辖的技术委员会的同志都是保皇派，把彭敏尽量往后排，轮到打彭敏时没劲了，少挨不少打。每次批斗会，把昔日的领导们一直大弯腰"坐飞机"站在台上，批斗结束，造反派们为表现自己斗争坚决，口喊"把走资派拉下去！"的口号，再踹上一脚。彭敏因为长期在铁道线上架桥、修路，搞施工，腰肌劳损很严重。长时间大弯腰，马上直不起腰来，愣被生生地揪起来推着走，他连站都站不住，真是痛苦万分。所有这一切，参加大会战的职工和部队战士都看在眼里。

"走资派们"住在平房里，每天早上排队点名，唱完革命歌曲再去吃饭。上午到现场监督劳动，下午开批斗会挨批斗。他们的警卫员战士成了看管他们的人。彭敏记得："可笑的是，有一次我那个警卫员，就是陪我几次上山踏勘的那个小许，他站在我们面前，指挥我们几个老头子唱歌，唱完歌，还表扬了我们说：'好，今天唱得很好！'你们可以想想，我们这几个老头，又没一起训练过，一声高，一声低，我还五音不全，唱歌能好听吗，又在那种环境下。可见这孩子并不恨我们。"

有一天，这几个走资派排队走的时候，小许走在彭敏旁边，看看周围，悄悄对彭敏说："这个放在我这里保险。"彭敏看着他，他拍拍上衣口袋。彭敏一看明白了：他是要帮彭敏把钱保管好，怕造反派在批斗时趁火打劫，心里涌起一股暖流。果然不久武斗了，造反派开始打、砸、抢，彭敏的箱子及里面的衣物全被丢光了，只有这钱留下了，回北京时用上了。和他一起挨批斗的政治部主任黎光的钱放在桌子的抽屉里，全丢了。

4.我会做一桌筵席

有段时间造反派把彭敏放到"伙房"劳动改造。他每天围着围裙，帮着伙房的师傅们做饭、洗菜。原大桥局五桥处正在安宁河修桥，已在桥处当副书记的孙信，因为会开汽车，常开车路过西昌。一眼看见原来大桥局的老局长彭敏围着白围裙正在食堂前扫地，停下车远远看了一会，眼圈里噙满泪水。

这个当年东北绥化护路军小警卫员，现也是个"小当权派"，日子不好过，他不敢上前打招呼，怕给彭敏添麻烦。

彭敏自己回忆时说，有一些大专院校来的红卫兵吃完饭，见到他，得知他就是"西工指"的副总指挥，走过来对他说："你这个大走资派、反动技术权威，别在这里装蒜了，你会做菜么？！"彭敏看着他们年轻充满稚气的脸，心想这些孩子正是该学习知识的时候，却在这里浪费时光。对他们说："你们知道吗，我不只会做一个菜，我会做一桌筵席！"红卫兵们甚至听不明白他在说什么。彭敏的意思是你们什么世面没见过，什么经历没有，只简单地认为他只是一个什么都不会做的官老爷，哪里知道站在他们面前的是个经历丰富、世事洞明的人。彭敏说会做筵席，不是瞎吹。他是一个有心的人，不仅仅会修桥修路，每当吃到一品好菜，他会把大师傅请来，认真探讨菜品的做法、来龙去脉、做菜的道道，等等。因此他会做很多名菜，像白斩鸡（鸭）、五香鸡翅、酱肘子、奶汁菜花等。

5.在工棚里教技术

"文革"中因为有坏人趁火打劫，想牟取私利；打着革命造反的旗号，编织罪名搞大批判；成立各种造反组织，搞派性活动，煽动群众武斗，并不断升级。有一派保皇组织，距离"西工指"最近，成员大多是铁二局的六处、四处、七处的工人，铁路职工居多。他们把彭敏和黎光抢到手，放在工棚里，"批判加监督劳动"。一天休工后，有个工人走到彭敏身边，说"彭总工，我有个技术问题想请教你……"什么问题彭敏记不清了，当时他被感动了，很认真地给他讲解，工人都围过来听他讲。有个人提议说，彭总你每天抽空给我们讲课吧，光知道怎么做，不知道为什么。我们可需要知道如何开挖、如何打炮眼，支撑、施工机械怎么用，等等。于是有人自动放哨，怕其他造反派组织发现，找茬。彭敏开始认真地讲隧道、桥涵方面知识技术，不仅讲怎么做，还讲为什么，工人们爱听，他也乐意讲。

还有个工人主动帮彭敏偷偷买烟和茶叶，被人发现后，送他个"老保"外号，不再叫他名字了。彭敏的烟瘾很大，工作时，特别是写文章时，总是一根接一根抽。这一段时间被批斗，行动被限制了自由，烟抽不到了，确实憋的难受。休息的时候能抽到烟，有"快乐似神仙"的感觉，深深吸一口，长长地吐出来。

6.过关卡犹如电影情节

但这段时间不长，二局的七处发生了重大武斗，另一造反派组织从他们工棚里揪出了两个大"走资派"彭敏和黎光，成了武斗胜利者的特大战利品，他们被五花大绑开批斗会，但整得过了头。彭敏个子高点，够不着打，挨得轻点；黎光个子小，被"打翻在地，再踏上一只脚"，于是被踩断两根肋骨。

看见出事了，造反派跑了，原来的保皇派把彭敏和黎光送到喜德县武装部，请求把彭敏和黎光两个老干部保护起来。武装部有个叫刘春原的副部长对他们说："我们武装部也不安全了，每天都有造反派来冲击。"刘春原问彭敏，"你说怎么办？"彭敏说："哪里最安全就放在哪里。"刘说："只有看守所里倒还没事，不然暂时待在那里行不行？黎光同志的伤病我们找卫生员想办法治，不行再送医院。"彭敏同意。这时候刘部长听见有个女同志在他屋里打电话，她对电话里说："他是周总理派来的人你们管不管！"这女同志可能是施工队里管保卫的，好像姓王。刘部长说："她的声音很大，我都能听见。"

彭敏也听到了，他知道这是怎么回事。"文革"初期，还没大乱之前，周总理的秘书顾明到西昌，离开时问彭敏还有什么事要办？彭敏说现在没什么事。顾私下给彭敏一个电话号码叮嘱他："有事你就打这个电话。"后来形势越来越乱，彭敏用这个号码曾试打过一次，问清是周总理办公室后，只对电话说了一句话："彭敏同志还在西昌。"他把这个电话号记在脑子里。在去武装部的路上，交代给处里管保卫的同志，让他找机会帮助打这个电话。

他们在武装部电话打通后，国务院得知彭敏的处境，李富春副总理当即命令成都军区将彭敏护送回北京。

1967年11月1日，彭敏清楚地记得这一日子。这天，喜德县公安局的局长、武装部的领导和凉山军分区的参谋来了，悄悄跟彭敏说："上面说了，送你回京。"并详细说了怎么回事。彭敏还记得电文是这样写的:"彭敏是我们派去的干部,责成成都军区暨凉山军分区、喜德县武装部设法找到,护送回京。李富春。"因为电报上只有彭敏的名字,黎光有点急,操着河南口音说:"彭敏,你跟他们说说,我和你一块儿回京。"彭敏一怔,说:"对啊,那是!"彭敏随即对来的人说:"请你们和凉山军分区的司令员说说,还有一个老干部叫黎光,能不能一起走?"于是他们立即把电话打过去。那边一听没等多说就很激动:"你说黎光,是黎光吗,我认识,他是我的上级,老领导,我正想见他还找不着呢!"原来凉山军分区的司令员是黎光的部下,老战友,这就更没问题了。因怕走漏风声,说走就走。他们提上牙具袋,给他们换一身军装,坐上军车。喜德县一带是山地,道路陡峭险峻。县城里也是高坡急拐弯,路也不平,汽车剧烈颠簸。路卡有造反派把守检查,问:"干什么的,坐的什么人?"彭敏和黎光都很紧张,因为虽说穿了军装,但没来得及刮胡子,必要时还要趴下,怕有人认出来。黎光特意让司机把车开到西昌工地指挥部去取他的钱,但桌子被打烂,东西全没了。彭敏的感觉就像过去电影中的战争年月,一幕幕惊险情节。好在他们开的是军车,化了化装,采取前门进后门出、昼伏夜行等办法过了重重路卡。到了成都,路平一些,但也有不少路卡,造反派手里有枪,还需谨慎对待,没有多逗留,直接送到军用机场,上了军用飞机,回到北京。

7.连温恩梅也不认识他了

彭敏和黎光从喜德飞到了北京。机场有车送他们回到西便门铁道部宿舍,他们的家都在那里。

彭敏家在三层楼上,敲敲门,没人在家,就坐在楼梯最上层台阶上。过了一会儿有人上楼,是老伴温恩梅。但温恩梅没注意,抬头看到有人坐在门口,随口就问:"你找谁?"彭敏赶紧说:"恩梅,你连我也不认识了吗?!"

温恩梅听到熟悉的声音,但还没反应过来,定住眼睛看他:"你是彭敏?"停顿了一下才"啊!"认出来了,百感交集。温恩梅后来回忆说:"他的样子全变了,人瘦得都脱了相,脸颊深陷,脖子只剩下松松的皮,耷拉着,胡子拉苴，很显老，哪像才49岁的人呐。他穿着军装，空手提着牙具袋坐在那里，我真的没认出他来。"

刚回到家，彭敏就说要向中央汇报他已回北京的消息，看领导有什么安排，他的组织观念还真强。于是设法和国务院办公厅联系上了，李富春副总理接见了他，询问了西南铁路建设情况。最后征求彭敏意见，一是可以住在国务院，那里已有一批老干部如王震、刘建章等；二是可以回家住，工作先等等再说。彭敏说那我还是回家住吧。李富春副总理很有感情地说："看来我们都要唱唱国际歌：要创造人类的幸福，全靠我们自己！"彭敏明白富春同志是叮嘱自己多注意安全。

彭敏的孩子们都在北京，星期天陆续回来。大儿子从部队复员，在工厂上班，住在家里。大女儿上大学，停课闹革命，住在学校。小女儿和小儿子上中学，后来都下乡接受再教育。温恩梅在铁道部上班。常常是彭敏自己在家里。这一年四川西昌"文革"的经历，对彭敏来说，不仅是身体上的摧残，神经上也受到很大刺激。刚回来的时候，每听到楼梯上有什么响动，他都会从沙发上抬起头，警惕地睁大眼睛问有什么事？

大桥局的老朋友朱世源、刘麟祥等，恩梅的三哥温恩生在重庆解放军通讯学院当政委，也常来看他。他们在"文革"中挨斗的遭遇各有不同。特别是刘麟祥爱说笑话。他说造反派问他："你要光明还是要黑暗？"意思是让他老实交代问题。头脑灵活的刘麟祥反问道："我要黑暗，你们能拿出证据来么？"彭敏听了很开心。过了一段时间，他的精气神儿慢慢缓过来。

有一天，只有倍勤和他在家，彭敏让倍勤去买了五斤猪肉回来，是后臀尖有肥有瘦，问他怎么做？他说就连皮带肉整块儿放锅里清炖，只放点盐、花椒和姜。炖到熟透软烂，满屋子肉香，原本还想等老大彭勃回来一起吃，等到下午1点多。彭敏说："不等了，咱们先吃吧。"于是他和倍勤两人，你一口我一口，蘸着葱花酱油吃，连肥带瘦一会儿就全吃光了，好像还不够吃。倍勤惊叹："这可是五斤肉那，怎么能吃这么多？"彭敏没说话，只是抿嘴笑了笑。彭敏的身体是亏空太大了，倍勤的学校停课闹革命，食堂失去领导管理，伙食太差，也正馋得不行。不多日子彭敏的身体逐渐恢复了。

8.一封复信和一本手册

彭敏获得了一段暂短的休息。有时和家人谈到他如何从喜德县看守所回北京的惊险经历；在西昌时唱歌得到小警卫员的表扬；特别是红卫兵学生问他会不会做菜，他笑得咯咯的；在工棚里给工人讲技术等等趣事。但从来不说如何挨斗，是什么人在批判他。

冬天在八一湖野冰上滑冰，那时没人管理冰场，没有圈起来，四处都是空旷的。谁也没想到彭敏竟然会滑冰，他说当年在北京搞学生运动时学会的。但现在他脚受过伤不能滑。他站在湖边教他的两女孩，如何正滑、倒滑；如何走8字，转圆圈；如何使外刃、内刃，等等。有个年轻人"哧溜"一声滑到他跟前，深深地给他鞠了一个躬称："老前辈，请您指导我一下，看看我哪里不对？"彭敏回来很高兴地说："他把我当成体育教练了。"

夏天每逢星期天，他组织彭勃、倍勤、晶莹三个孩子去游泳，从北京西山脚下亚非拉学生疗养院下水出发，顺着护城河，一直游到玉渊潭的八一湖，由一个人骑车带着大家的衣服在河岸上走（几个人轮流）。

他很少和孩子们谈西南修建铁路方面的事，特别是技术方面，也许他认为是对牛弹琴。

有一天彭敏接到于平生的一封信。于平生是彭勃小学的同学、好朋友。他在解放军后勤工程学院建筑工程系学土木，1967年毕业，分配在边疆，下放到连队里挖山洞。他遇到很多技术问题，直接写信请教他。彭敏接到信很认真地给他回了一封信。

萍（平）生同志，接到你的信就急着给你写这封信，并不是这信能给你一些什么帮助，而是告诉你不能靠我这点不完全的知识、经验去解决你们当前的施工问题。就像不能靠书本知识一样。我知道的一点点，虽来源于实践，但大半是总结性的经验，不是完全没有用，而是不能解决你提出的具体问题。谈起巷道、隧道工程，知道一点"路子"而已。你们施工的具体问题，只能从你们具体情况出发，依靠群众，依靠实践，在实践中学、用，去创造性地解决问题。

一、铵油炸药，是我国巷道工程中各单位在双革运动中搞出的成果，应用的单位已相当普遍了，但各单位的具体经验、制造方法、使用方法也不完全一样。虽然很简单，但也不是一下就搞成功的，经过研究试验，后来者也经过"取经"，自己试验，从失败到成功。所以，你不必着急，好好研究一下原因，从研究中还可以增长爆破的知识。不起爆的原因可能多种，配制的比例不当，方法不对，引爆的方法不对；还有在装药方面有毛病，如引爆药和炸药之间有间隙、有岩粉等杂物，就是平常炸药也有拒爆的。我估计可能是引爆问题，因为我看过配制试验的报告（可惜没有看过整个的制作过程）比例是主要关系它爆炸力的大小的。我手头没有资料，不能多说、乱说了，希望你一面和搞爆破有经验的单位去"取经"，而且亲自看看他们怎样制作，怎样使用的。煤炭部、冶金部、铁道部、铁道兵、工程兵有不少单位都自己制造这种炸药，如京西煤矿就可能有，而且可以取得他们大量生产的一些具体知识，西南铁道兵和工程局大都有制造铵油炸药的小"厂"。虽不复杂，也有一套相当的设备和操作方法等。这些都是资料中也往往忽略而不写进去的有用的知识。

二、关于钻爆，我把上面的一点点总结性的经验写在下面，供你参考，只是前人走过的"路子"而已。

1.炮眼计算公式：（编者略）（这在你们那里现在恐用不上）。

2.炮眼：（略）写在这里，不准备写了。

因为越说就会越复杂越没用，就更不清楚了。而且凭这点也不能解决问题。最后，还是重复的说一下，这仅是说现在钻爆中有这样常用的方法，这方法是可以增加爆破效果的。就是知道有这回事。在你的具体实践中，有可能时，和有经验的同志研究一下，就是找到更详细的资料，也是别人的实践经验，简单的拿来用也是不行的。一切要靠毛泽东思想，阶级斗争，科学实验都是一样。实践的过程是最重要的，最有用的，有了实践经验再加上到先进单位学习、取经，才是解决提高工作效率的根本办法，因为问到我，我不能偷懒，写点，表示可能做到的一点关心吧。

资料，你可以用你单位的名义咨询：1.成都铁道兵部西南隧道研究所直接要"隧道工程手册"、"隧道快速施工经验集锦"有你要解决问题的专题资料。2.冶金部技术司；3.煤炭部技术司（并请他们介绍有资料的单位）。

信没有署名，也没写时间，是用圆珠笔写了满满四页纸。内容写得具体详细，而且很专业。

叠着夹在一本《隧道快速施工手册》里。这本手册是西南铁路建设技术委员会编写，作为内部资料。油漆布面，已经磨损很旧。于平生在书的内封上标的时间是"1968.10.4"。可以看出彭敏写了信后，因为手边没有书，他从西南回来是两手空空的。他为更好地帮助于平生，可能从别处找到这本书，准备一并寄去。正好于平生来北京出差，便将信和书一起交给了他。

于平生这孩子他很熟。在武汉时，彭勃、于平生、段永延三个同学常到汉阳凤凰山的家里玩，彭敏还曾带他们在长江上，坐汽艇上到没建好的长江大桥桥墩的平台上参观大型管柱的施工。

于平生来信跟他讨论一些工程上的技术问题，正是他有兴趣的事，使他很愉快。彭敏常说于平生是个好孩子，也许是因为有共同语言。

彭敏从高度紧张的西南铁路施工现场，闲赋在家无所事事，这个落差太大了。他放心不下西南铁路建设，惦记着他亲手组建起来的61个技术攻关战斗组，惦记着正在热火朝天施工的成昆线、焦枝线上的座座桥梁，还有马上要动工的襄成线的隧道。每天都在想，但他能跟谁说呢。

送给于平生的《隧道快速施工手册》是彭敏在西南铁路建设指挥部的技术委员会时，让隧道专家潘明德撰写的。潘明德1933年生，年轻有为，唐山铁道学院毕业。因为学习好，学校想留他当教师，他不肯，两年研究生读完之后，学校还想挽留他，潘明德说搞隧道不接触实际不行，坚决下现场，就在铁二局隧道处任主管工程师。彭敏从铁二局把他挑选到西南三线修铁路。这里全是隧道和桥梁，真是可以大显身手了。因为小潘在1958写过一本《隧道施工》的书，彭敏看到了，让他尽快撰写一本《隧道快速施工手册》为工地上施工用，1965年5月就印出来，有40多万字，对施工有很大指导意义。潘明德经常去隧道里施工现场，他的头和腰被塌方的石头砸伤过，但对于自己的理想和信念从未后悔过。

9.一句道歉刻骨铭心

彭敏从西南三线铁路建设工地回北京后，在家待命。后来常被通知到国务院参加一些会议。在1969年的一天，彭敏从国务院开会回来，他情绪很好，对倍勤说："我现在到上面开会都是往后坐，进了门就坐在后排的椅子上。今天我进去刚要坐下，就听前台有人喊我的名字：'彭敏同志，不要坐到那么后面，坐到我这里来嘛！'"彭敏抬头一看是李先念副总理在叫他，并用手召唤，彭敏就过去了坐在李先念旁边。李先念副总理对他说："彭敏同志，当年在武汉长江大桥对你的处分是不对的，我有错。"彭敏接着说："先念的话一字一字，我听的是真真切切，心中一振，但当时只是点点头说：'那已是过去的事，处分早已撤销了。'"

李先念副总理亲自对彭敏的一句道歉，彭敏深受感动，回到家里越想越激动。不仅和自己家里的人说了，还忍不住又将此事说给原在大桥局工作过的老朋友朱世源、刘麟祥、张虹村等同志们听。

他们有的说："啥年月了，斗也斗了，批也批了，认倒霉吧！"也有同志戏谑地逗他："嗨嗨，依我说当年李先念说的对，'都是你的错，你要认错，给你处分是对的，给你撤销处分也是对的。'你呀太不会顺应形势了，活该！"说完大家都笑起来。也有个同志对彭敏说："这不能怪先念同志，在那种政治形势下，先念副总理只能那样做。"彭敏思来想去说："是啊，不道歉也没人怪他，那他为什么道歉呢？先念副总理是很诚恳的，他说自己处理这事有过错，是不是明知我没错还要处分我的意思吧？难得的是他这样深明大义，坦荡无私，而且还能实事求是地敢于认错！"他确确实实被李先念副总理的高尚的人格深深打动了。

铁道部给彭敏处分，也许是做给全国有苏联专家的单位部门的干部看的，这是政治大气候，时代的烙印，李先念副总理也没办法。

科学的东西来不得半点虚假，但要让人们都认识到什么是正确的、什么是错误的，必须付出代价，至少是时间的代价。当年奥尼斯阔夫和陈昌言工程师的矛盾，从纯技术的角度牵扯到一个"苏联的打桩公式"。陈昌言说："那个公式不一定对"，到1990年终于得到证明，经历了36年。

据说陈昌言总工程师，在1956年在某专业杂志发表过一篇关于打桩的承载力方面的论文，但已无从寻找。在大桥局的奇才工程师曹桢生平简介里，记载曹桢一生的研究成果，其中有项研究与他们的争论很相像。其内容是这样描述（摘要）：

"1974年，上海兴建金山化工总厂要修建金山铁路支线上的黄浦江第一座大桥。曹桢提出使用施工速度快的大型钢桩方案。国内外普遍采用的是苏联的格尔塞凡诺夫公式和美国的黑莱公式。按照《施工规范》所遵循的这个公式计算承载力不超过195吨。曹桢认为公式本身不合理。当场决定试桩，静载试验证明桩的承载力达到500吨。远远大于公式计算的195吨。施工因此顺利进行。曹桢是第一个推翻传统公式的人。1990年4月，在中国土木学会桥梁及结构工程学会第九届年会上，曹桢以新公式为题的论文被评为优秀论文。1991年，一个纳入各国建筑规范的更准确更简便的打桩动力公式诞生了。"

曹桢研究结果与陈昌言所说："苏联的公式不合理"是一致的。说明了当年陈昌言在实践中，已发现苏联传统公式不合理；苏联专家虽然工作认真但有时教条脱离实际；彭敏凭个人的实践经验判断是正确的。这个结果不知彭敏后来知道不知道。

第8篇

解决坦赞铁路的难题（1970～1973）

一、暂时的平静

1.从"五七"干校到二七机车车辆厂

彭敏从西南铁路建设工地回北京之后，那是在1967年底。中央领导同意他在家待命。这段时间恢复身体健康，基本赋闲在家里。他哪里是能闲得住的人，又跟中央有关领导报告说不能老闲待在家里，得到答复说："那好，去单位参加运动吧！你看是去国家科委还是铁道部？"彭敏说："我去国家科委吧！"因为想到国家科委对他在成昆铁路的工作很支持，而西南铁路上两派正在武斗，不愿去铁道部惹麻烦。

到了国家科委，那里也在搞"文化大革命"。他是"当权派"，自然是"斗批改"的对象，分在一个班组里。"文革"前他在国家科委机关的时间短，群众对他还客气。年轻的组长对大家说："老头子的字写得不错，让他抄大字报吧！"于是彭敏每天用毛笔抄写大字报。他回到家里叹道："现在只是用了我最初级的能力。"因为他很不情愿如此浪费生命。

他在外贸部有个朋友高首善，是在山西抗日时期的战友，一天他们一起聊天。这位老同志很有些墨水儿，文笔、书法颇有研究。他对彭敏说："你的字与赵孟頫的字体很像，我这里有本他的字帖，你可以拿去临摹。"彭敏是个认真的人，他竟一字不落地临摹一遍。送还字帖时，将自己模仿写的字拿给高守善看，和字帖上的字一样大小，订成册子与字帖一样大。老高前后看了几遍，说你写的真是绝了，竟挑不出一点瑕疵，赞叹不已。彭敏说那就给你留下做纪念吧。

"文革"中大批机关干部轮流下放到"五七"干校参加劳动锻炼，尤其是"走资派"和知识分子"臭老九"。轮到彭敏的部门下乡了，他卷个行李跟着去了国家科委的"五七"干校——江西的农村。分两个队，自愿报名，一个是重体力劳动队，多是青壮年；一个是轻体力劳动队，多半是妇女和老人。彭敏主动提出到重体力劳动队，因为根本没觉得自己已老朽需要照顾。他的斗志还没泯灭，西南铁路建设正干得带劲，以自己的感觉，还可以干很多事。重体力队的活确实重了些，但他在那里年龄最大，反倒很受照顾。收工的时候，他爱到河塘里游泳洗澡，队里年轻人也喜欢游泳，愿意和他在一起，常高兴地对着他喊，"嘿，老头儿！给我们漂一个！"彭敏就给他们表演，平躺在水面上漂一会儿。一次躺得时间长了，腰上系的毛巾被水冲走了，正有点遗憾，立刻有人送给他一条毛巾，说是多带的，很爱护他。他和大家在一起很愉快。

到了1967年7月，根据周总理指示和国务院业务小组的决定，"西南铁路建设任务交由铁道兵领导"，成昆铁路恢复了施工。1969年8月中央通知撤销"西南铁路工地指挥部"，于是彭敏在西南铁路工地指挥部领导身份也就不存在了。1969年9月初，"西工指"的铁路干部全部集中在北京铁道部会议楼，参加为期一年的学习班。于是彭敏从江西"五七"干校回到北京，参加了学习班。

"文革"中的学习班就是清除派性、自我总结、经验教训、斗私批修、"清理阶级队伍"、清查经济等。人员分三个组，成立三个临时党支部。书记由铁道部机关的人担任，领导全班工作。彭敏虽然也算是支部委员之一，但也只是听从安排。这时铁道部与交通部、邮电部合并，且被军管了。彭敏每天背个军用小挎包，早上来上学，晚上放学回家。彭敏的秘书李本深也在其中，看着昔日叱咤风云、指点江山的彭敏、黎光副总指挥也和他们一起，像小学生一样学习讨论，心里总感到不是滋味。当年学员们被抽去参加西南铁路大会战时，个个都是组织上挑选的各单位优秀人员，现在却在这里接受批判。也有接受不了的，发生过多起跳楼自杀和自杀未遂事件。

不到半年，军管会决定彭敏、黎光两人提前毕业，到二七机车车辆厂劳动。大家知道这是"被解放"的前奏，都为彭敏和黎光两位老领导高兴。到了二七车辆厂，彭敏见到很多认识的老干部。劳动学习的过程还算轻松。那时候彭敏对国际形势知道不多，也不清楚党中央和毛主席从1965年起就在积极筹备援建坦赞铁路的事。

2.宁可自己不修铁路也要帮助你们

赞比亚是世界上著名的产铜国，世界闻名的"铜带"就处于赞比亚的北部，蕴藏着占世界总量15%的铜矿。坦桑尼亚、赞比亚两国独立以后，十分急切地需要从坦桑尼亚的海滨到赞比亚的铜带地区用铁路连接起来。

坦赞铁路起自坦桑尼亚首都达累斯萨拉姆，由东北向西南走向，与赞比亚的既有铁路线上的卡比里姆博希站接轨，全长1860公里（其中坦段977公里，赞段883公里），是连接东非和中南非的重要干线。建成后，将为赞比亚提供一条重要的进出口通道，对于促进坦、赞两国国民经济的发展，促进中南非洲的民族解放运动，意义都很重大。

坦、赞两国曾寻求世界银行贷款。世界银行认为：修建这条铁路是不经济的，没有必要修建这条铁路。坦、赞两国总统又先后找了英、法、原西德和原苏联等国家，要求提供援助修建坦赞铁路，但有的予以拒绝，有的反应冷淡，坦、赞两国修建坦赞铁路的愿望遇到了困难。美国以"没有充分的经济和技术理由支持修建这一项目"为由，同样回绝了赞比亚的请求。

正是在这种形势下，坦桑尼亚总统尼雷尔萌生了寻求中国帮助修建坦赞铁路的想法。1965年2月19日下午，毛泽东在人民大会堂会见坦桑尼亚总统尼雷尔及其随行人员。刘少奇、周恩来、陈毅、方毅等在座。当尼雷尔谈到希望中国援建铁路时，毛泽东指出："你们有困难，我们也有困难，但是你们的困难和我们的不同，我们宁可自己不修铁路，也要帮助你们修建这条铁路。"坦赞铁路的原则意向就这样达成了。1965年11月，中国正式向坦桑尼亚派出了综合考察组。综合考察组由铁道部第二设计院院长黄悦平带队，有贾毅等十余位专家组成。主要对坦桑尼亚境内的铁路做了基础性考察。

1967年毛主席会见赞比亚总统卡翁达时说："你们修建这条路只有1700公里，投资也只有一亿英镑，没有什么了不起嘛！""要下决心干，开始干就好了。"1967年9月，坦桑尼亚、赞比亚组成了政府代表团来到北京，与中国政府代表团举行了会谈。这就是被称为援建坦赞铁路的"三国第一次会谈"。签订了"修建坦赞铁路的协定"。1968年我国又一次实地考察并做出了结论，国内安排力争六年至七年全线修通。

毛主席从世界革命的战略高度考虑，是不允许拖延的。毛主席问周总理："准备几年啊？"周总理说："计划六年，希望能够缩短，问题是他们的劳动力需要逐步学习技术。"毛主席仍嫌太慢说："我们铁道部它就不考虑政治。"因此各部委加快了研究速度。1969年1月29日，毛主席亲自批准了铁道部、外经部关于修建坦赞铁路的报告。

3.预感有艰巨的任务等着他

1969年年底，彭敏还在二七车辆厂劳动，常常被国务院通知去出席周总理召集的会议，有时也参加接待外宾，于是交通部副部长的身份随之自动恢复了。

讨论的议题主要是坦赞铁路的问题。这时彭敏看到了坦赞铁路的勘测报告，一些资料和设计方案，以及毛主席多次对坦赞铁路的指示，特别是听到说："我们宁可自己不修铁路，也要帮助你们修建这条铁路。""我们铁道部它就不考虑政治！"的话，对他震动很大。他听出来主席重视这条铁路，主席是从国际政治的考虑，对建成时间一再要求缩短，时间非常紧迫。这条铁路对中国的政治意义堪比西南三线铁路，而且还重大。

坦赞铁路一是远在陌生遥远的非洲，二是修路时间限制在六年之内，他就知道这个工程不好干。彭敏是明白人，预感到有艰巨的任务在等着他了。

要给国外修铁路，就必须修一条好的铁路。一条"好"的铁路，"好"本身是一个抽象的字眼，不具体。具体地说就是要修一条符合坦赞两国所需要的、配套齐全的、可以立即投入使用的、具备一切运营条件的铁路。

彭敏知道我国铁路的当前水平，刚解放时实际上还处于半殖民地铁路状态，比非洲强不到哪里。解放后的前14年及西南三线铁路建设，铁路有了重大进步。但世界先进国家由于采用新技术而发展得更迅速，我国与世界水平相比还有一定距离。对外援建铁路必须符合对方的要求。比如对方提出用先进的重型钢轨、有的车站要求薄壳屋顶、栈桥的建筑型式等，而我们国内还没有广泛采用，甚至轨距还是苏联的落后标准。那时我国普遍还是蒸汽机车，内燃机车很少使用，对制动方式赞比亚要求真空制动，坦桑尼亚要求空气制动，我们只好同意综合两国的意见，采用双制动来解决。配合钢轨，使用的钢筋混凝土轨枕、工字梁钢板梁、结合联、桁梁、道岔等，还有轨距的要求、车站地点的要求都需要按照对方两国的意见办。

实地考察的结论说明：坦赞铁路无法避开极难逾越的地球伤疤之一——"东非大裂谷"；坦赞铁路的轨距必须采用与南部非洲铁路系统相同的1.67米轨距，以避免换装，实现联运；坦赞铁路的起点应当是坦桑尼亚的达累斯萨拉姆，而不是第一次会谈商定的与东非铁路接轨的基达杜，这样铁路的长度又增加320多公里。

彭敏看过设计施工方案。《施工部署》（草案）的要点是：遵照周总理的指示"计划六年，希望能够缩短"。

当时负责勘测选线、设计的总工程师陆大同认为："切合实际并可以实现的是六年、八年、十年三个方案。六年方案，感觉到比较紧张，困难比较多一些；基本倾向八年方案，时间比较适中。六年方案不是说不可以，但是需要采取比较紧凑的工程施工组织措施。"上述方案经上报后，周恩来总理选定为六年工期方案，并希望能够缩短。这就是号令，为此事陆大同还向有关部门打报告说明情况，结果是"六年工期只能缩短不能延长"。于是，各方面立即开始了按六年工程建设工期方案进行各项施工准备工作。

1970年10月开工，1974年年底全线铺轨通车，以1975年的一年时间配套，年底达到移交程度。全线分为五段，各段竣工时间：达姆段1970年10月开工，1972年6月铺轨通车（达累斯萨拉姆至姆林巴）；姆马段1971年4月开工，1973年3月铺轨通车（姆林巴至马昆巴科）；马求段1971年7月开工，1973年12月铺轨通车（马昆巴科至求仔）；求姆段1972年6月开工，1974年10月铺轨通车（求仔至谦比西姆卡）；姆卡段1972年6月开工，1974年12月铺轨通车（谦比西姆卡至卡比里姆波希）。

二、情急之中想到彭敏

1.快速修通"502"

坦赞铁路五个地段中的首个区段是坦桑尼亚的达累斯萨拉姆海岸城市至姆林巴（即达姆段）有502公里，是全线最长的一段，简称"502"。全线工期要求越来越紧，怎样才能有效缩短工期，我援外坦赞铁路工作组逐渐都认识到快速修通"达姆段"是一个关键。于是在1969年11月，工作组为了缩短工期，提出改变原施工安排，提前半年于1971年底铺轨修通达姆段的建议。

这是个好建议。达累斯萨拉姆是海边港口城市，快速修通"502"，第一个优点是可以利用自己修通的达姆段铁路从港口向内运送施工机械、物质设备，使施工尽早进入到坦赞铁路最困难最复杂的姆马地段。若没有这段铁路，原计划依靠东非铁路运送物资到姆林巴，是没有十足把握的。施工用的器具、设备等物质也可通过非洲大北公路运输过去，但那是一条蜿蜒的山路，我们的运力跟不上。我们国产解放牌大卡车载货只有3吨，无法和国外载货60吨以上的大马力柴油机大货车相比，运送大型施工机械很困难。第二个意义在于通过"502"的施工可以摸索一些国外的复杂地质、地貌施工的经验，为后面施工做准备。第三可以奠定坦桑尼亚和赞比亚国家领导人对中国人帮助修建铁路的信心和决心。

提前修通"502"这件事本来只应自己内部知道，给自己留点空间，结果有人过早地说出去了。坦桑尼亚政府立即向全世界宣布了，造成我国被动，快速修通"502"成为我们必保完成的政治任务。

原计划达姆段1970年10月开工，1972年6月铺轨通车；提前半年，就要在1971年底修通。时间已到了1971年4月份，外经贸部、交通部眼看着按照当时的进度至6月底，也仅能完成达姆段工程量的五分之二，大大落后于计划。于是在4月21日，正式通知援外坦赞铁路工作组：必须确保达姆段按期（即年底）铺轨通车，并强调"这是关系到落实伟大领袖毛主席的重要指示，关系到祖国的对外声誉，关系到全线施工部署的大问题"。

而国外的情况确实很困难。因为部署改变了，施工队伍和设备都要转移，加之非洲雨季对施工有严重的影响。

在赤道边上的坦桑尼亚，每年11月到5月是雨季，气候变化无常。晴朗的天空一瞬间变阴暗起来，乌云滚滚，倾"缸"大雨向大地猛泼，干涸的河床顿时波涛汹涌，低洼处一片汪洋，千万条闪电和接连不断的霹雳在房屋上空炸响，发出一团团火光，一日数次。雨季前，当地的居民甚至动物都要搬家，雨季严重影响施工，而我们援外的职工仍顽强坚持生产不停工。

已经到了5月份，还有几个月就到年底，通车的期限越来越近，若年底"502"不能修通，就在世界人们面前丢脸。上级越强调，下面越乱了阵脚，人心不稳定了。工地上车祸频繁发生，进度也上不来。还有很多事，如石碴生产、土石方工程和铺轨用机车的生产、轨距挡板的生产和运输问题还没着落，也不知如何去解决。

那时还处于"文化大革命"之中，很多事情不能拿到桌面上。如国内工厂的生产不能保证按期完成；一些专家、技术人员的政审难于通过，工地上的技术人员和工程师不足；坦赞铁路工作组的干部还有极左思想、不够团结等。

其中工期是主要的关键。假如工程建设工期较宽余，对于施工的组织就比较好安排。但历史是没有什么"假如"，事实上就是工程的建设工期过短，工作难以安排调配，比如人员、物资、器材等方方面面，干部之间容易发生争执和分歧意见，使援外坦赞铁路工作组手足无措。

于是，国内有关领导萌生了"选派一名得力的干部前往解决问题"的想法。当然这个人必须有铁路施工经验，必须具有处理复杂问题的专业技术水平，必须有统帅全盘的较强组织能力。大家自然想到了彭敏，人们对他在武汉大桥、南京大桥、成昆铁路建设中的突出表现，还记忆犹新。

事不宜迟，1971年5月10日，外交部、外经贸部、交通部三部联合向国务院提交了《关于派工作组赴坦、赞帮助检查铁路工作的请示》。其主要内容是"坦赞铁路达累斯萨拉姆至姆林巴段502公里施工已全面展开，最困难的姆林巴至马昆巴科段的施工也作了必要的准备。为落实总理'计划六年，希望能够缩短'的指示，拟于5月下旬由交通部、外经贸部派一工作组，赴坦、赞帮助检查铁路工作；该组由10名同志组成，交通部副部长彭敏任组长，核心组成员（军管会代表）张彭寿和援外办公室主任李轩任副组长。在外工作时间约两个月"。

5月15日，援外坦赞铁路组向部党组汇报情况，无论怎样避重就轻，也难以掩盖其困难情况。27日上午，得知检查组要来，坦赞铁路工作组在达累斯萨拉姆紧急召开会议，布克主持，各组组长参加，传达国内检查组要来坦检查工作，准备汇报材料。彭敏率检查组在当晚11点到达。

彭敏就这样远渡重洋，肩负着迅速解决铁路施工受阻的艰难重任，而且又是在"只能成、不能败"的要求之下。

2.抖擞精神厉兵秣马

5月29日，中国坦赞铁路临时检查工作组赴二机队施工现场检查工作。下午，到奎夫鲁烈士墓地凭吊牺牲的同志们。

经过20多天的考察，6月26日，彭敏副部长等在坦赞铁路工作组全体大会上作动员报告，要求同志们发扬雷厉风行的工作作风。在会上彭敏副部长做了几个决定：第一，达姆段10个质量不好的工程的局部要推倒重建；第二，加强调度指挥，包括在印度洋中航行的船只，每天的坐标都要汇报，一船一船的安排，到了达累斯萨拉姆港后，一天也不准耽误；第三，铺轨由两头进行。在1971年底以前大致在瓜塔接轨，也算达到姆林巴。如果时间还能提前，年内再向姆林巴铺30公里，就是名副其实的铺通"502"达姆段了。听到这里，大家都从心底佩服彭部长，判断准确，处事果断，严肃认真的工作态度。加上他尊重科技人员，都希望在他的领导下"502"工程按期修通。

6月27日下午，召开达市地区全体援外职工大会，彭敏副部长、仲曦东大使在大会上作动员报告，要求全体职工要以战斗姿态做好坦赞铁路建设工程。彭敏报告的内容就是任务在即，抖擞精神，端正思想，改变作风，其目的就是稳定情绪和鼓舞施工队伍的士气。

6月29日，彭敏又率坦赞铁路临时检查工作组一行八人转赴赞比亚检查工作，靳辉副组长陪同前往。

3.到现场一个一个解决施工难题

坦赞铁路修筑难度确实非常大，美国专家甚至认为这条路不可能修得起来。高原区海拔近两千米高，九成以上为杳无人烟地带，是蚊虫散布疟疾、黄热病之地。加上食品短缺、气候炎热、缺医少药，非洲的雨季，天气古怪，变化之快，伴随着高温多雨，还经常发生台风。最初中国坦桑尼亚综合考察组在勘测途中，有位水利专家张敏才被毒蜂蜇得遍体鳞伤，不幸去世。后来又发生过勘测设计队员在野外勘测作业时遭野牛袭击，大腿三处受伤，出血很多，长时间昏迷不醒，后经抢救脱离危险。因此我国修建坦赞铁路是在极为艰苦的条件下进行的。

彭敏这次受国内特派来非洲督战坦赞铁路的"502"工程施工。援外坦赞铁路工作组领导派陆大同总工程师专门协助彭敏，全天候陪同做参谋和秘书性的工作，以便及时研究解决专业技术上、工程上的问题。也可及时向援外工作组反映汇报。陆大同总工程师原来在铁道部第三勘测设计院，参加过东北大森林里铁路的勘测设计，是很艰难的。1969年被任命为坦桑尼亚中国铁路勘测设计队副队长，并参加姆林巴至马昆巴科的大面积选线工作，任北线踏勘选线组组长，也参与了施工方案的研究。彭敏在"502"工地与大家同吃同住，尊重技术人员，在施工中遇到问题总是和大家一起商量解决办法，陆大同总工都有亲身体会。

　　在达姆段,从达累斯萨拉姆往下捋,一个一个解决问题。彭敏遇到的第一个问题就是鲁伊帕河桥的施工。鲁伊帕河桥是坦赞铁路全线最大的桥,有427.7米长,由15孔24米上承钢桁梁和一孔48米下承钢桁梁组成。桥墩多,桥虽不是很高,但工程量大。为保证工期,施工人员在雨季中坚持施工,发生了基础质量问题。当时钢梁供应没有赶上铺轨的速度,架设了临时便线通过。6号桥墩沉井发生偏斜,爆破下沉时,井壁又出现裂纹,位置也有较大偏移。通常采取把它炸掉,清理后再次下沉井的方法。为了即不误工期又保证质量,彭敏提出一个办法:再做一个大沉井,外径达14.6米,套在已完工的歪斜的桥墩和沉井外,让新沉井下到设计深度,再以砂石填充,用钢筋混凝土封顶,重新在此基础上灌注桥墩。于是施工人员白天黑夜加班,在雨季中坚持施工,耗时一个月建成。每个桥墩看起来笨点,外形粗壮敦实,但更能经得住雨季大水。陆大同总工表示赞同:"问题处理解决比较得当,工程质量安全,设计完美。这是彭敏副部长和我们一起亲自在工地研究解决的。"彭敏在做

◇1971年彭敏第一次来非洲,在坦赞铁路达姆段(502)工地现场留影。左起:张德顺、王瑜本、顾常仁(援外办主任)、彭敏、陆大同(总工程师)、俞乐观。(陆大同提供)

桥梁基础方面是拿手的。在后来的坦赞铁路全线施工过程中，出现类似问题也采用这种方法的地方有10处之多。

时隔不久，达姆段上的乞塔大桥又发生重大的质量事故。1号桥墩偏离正确位置，在问题未弄清之前又将1号桥墩灌注起来。这个节骨眼上遇到这样大的事故，坦赞工作组就急火了，要立即查原因追究责任，从而议论纷纷。认定这是施工前未对雨季前安放的护桩进行复测；沉井下沉过程中没有认真观测；以及发现桥跨有问题后未能想到沉井偏移问题等原因。通常遇到这种情况可以用炸掉重建的办法，但是没有时间了，已经临近"502"通车的时间了。

彭敏连夜召集大家进行研究，对大家说："不要急于追究责任，关键是如何解决。"他问陆大同："你有什么想法？"彭敏常愿意先听听工程师的意见。陆大同说："那我就说说我的看法。因为这个施工错误问题很具体，都带有数字和技术方面的事，依我看是由于施工中接二连三放错线，造成偏移，使线路两头对接不上。"彭敏说："那么说桥没问题，不用炸桥，那就好办。所以我要知道你的意见。"陆大同见彭敏这样问就说："我想有个办法不知能不能用？"接着就把自己在国内参加京包线的复线设计工作及在大同到包头铁路双线修建设计的经历简略讲讲。经大家仔细研究，一致同意采用陆大同提出的旧线改造的方法，把线路改造成一个符合应力标准的曲线，就可以迅速解决第二个桥梁施工中出现的问题，又不影响完工时间。于是让陆大同把施工中放错线的、放错位置的技术资料全部找出来，再全面做计算研究，设计出一条5000米半径的曲线铁路连接。这是彭敏迅速圆满处理好的又一个专业上失误的问题。

4.建议就地解决"轨距挡板"和"石碴沙石"

坦赞铁路"502"达姆段设计中，有一个车站叫曼古拉，地图上没有的地方。曼古拉距达雷斯萨达姆300公里，是坦赞铁路和东非铁路的交汇点。曼古拉原来并无居民，我们援建职工在这里建了一个大修工厂，生产轨枕、电杆的混凝土制品，施工中常用的黄河牌翻斗车的半轴易损，也在这里修理。厂长叫王成，他来坦桑之前是铁道部武汉工程机械工厂厂长。

在曼古拉这地方，中国援外职工较集中，有电务工程队、技术学校和工地医院，工作组的现场调度指挥部，这里集中了好几百人。为解决供水问题，厂长王成在山上筑坝围住溪水，用铸铁管把水引到曼古拉地区，水质也好。结果坦桑的居民纷纷迁过来。在这里建立了商店，有了市场。援外职工还用推土机在山坡上推出了一个足球场。

国内工作组派彭敏来解决"502"的问题清单里有"轨距挡板"和"石渣沙石"的问题。轨距挡板是连接轨排必不可少的配件，每根轨枕需要四个。对于修铁路来说这两个问题是常见的但并不难解决的事，但在非洲修铁路这些都成了难以解决的问题，还报到了中央。

报告上说："今年铺轨和其他工程约需石料100万立米，第一季度仅生产7万立米，与需要相差甚大。""达姆段铺轨共需轨距挡板350万个，由山海关桥梁厂负责生产。四月底仅完成108万个……"

彭敏带着检查组来到达姆线的曼古拉视察大修厂。彭敏的想法是"轨距挡板"和"石渣沙石"等问题要依靠群众，就地解决最好，如果这类最基础筑路材料也用海船运输，很不划算，费工费时，数量太大。在修武汉长江大桥时，在物质极为匮乏的情况下，急需威力巨大的震动打桩机，在国内、国外都解决不了时，就是通过自己努力制造出来的。

彭敏带着检查组一进厂门就看见厂长王成。彭敏对王成说："没想到在这里看到你。"彭敏和王成是老相识了，在武汉长江大桥架设钢梁时，王成曾到大桥工地上帮忙架设钢梁。王成没有文化，没有学历，工人出身，但有丰富的起重运输机械修理的经验和百折不挠的创造精神。在修建成昆铁路建设时，在彭敏的领导组织下，成立了新型架桥机战斗组，王成是组长，成功完成了130吨新型架桥机的试制任务，彭敏非常欣赏他。王成还是全国劳动模范，多次得到毛主席接见。

没等彭敏问，王成就对彭敏说："听说铺轨缺少轨距挡板，我就可以解决。"彭敏问："那你真没问题吗？"他拍着胸脯说："包在我身上，保证完成任务。"

　　听王成这么说，彭敏心里有了底，回去和坦赞铁路工作组的领导们商量讨论。彭敏说可不可以让王成担负一些任务，当时工作组的负责同志根本不相信王成的那个什么都没有的工厂能干啥，忧心忡忡说："我们让国内做，他们完不成责任在他们；若我们自己来做，完不成责任就在咱们了。"彭敏心里说："你这是什么道理，坦赞铁路完不成才是大事呢。"彭敏很了解国内的山海关桥梁厂，目前国内由于搞"运动"，生产是不能保证的，再者说远渡重洋的运输时间长，从出厂上船、海上航行、办理出入境手续，少说也要三四个月，坐等国内运来太不靠谱。彭敏耐心对他们说："我和王成商量过，他也接受了。这是两手准备，一方面国内积极组织生产发运；一方面在国外自己制造。今天就可以烧一炉试制一下，如成功，以后每天可生产两公里。以后这些事自己多做准备是有利的，成立个修理厂，国外缺啥就能生产啥！"于是在会上定下来。

　　王成接到任务，发动全厂干部职工，从市场上买来了废钢铁，比照实物模型，在很短时间内试制成功，随后立即投入了大批量地突击生产。在保证完成原来机械修理任务的同时，全厂抽出了力量，日夜三班，连续赶制。车间里温度高达40度，飞溅的铁水烧烂了职工的衣服，皮肉还常被灼伤，日夜不停，日产量高达1.25万个，解决了铺轨的燃眉之急。6月，坦赞铁路曼古拉工程机械修理厂建成并投入使用。

　　"石碴和沙子"问题也是意料之外的难题。修铁路需要很多石头，如打基础、修桥梁、涵洞、隧道需要石头，建房子、铺道床也需要石头。但是谁能想到，偌大的非洲连普通的石头和好沙子很缺乏。坦赞铁路工作组组织起来到处寻找石源。当地报纸对此还做了报道："中国人在石料上遇着了困难。"一建工程队的八名职工，在达累斯萨拉姆市郊区"挖地三尺"，在剑麻地里找到了奇形怪状的石灰岩。他们像从核桃壳里挑肉一样，从一米深的地下挖出这些石头，挑出来，洗干净，再破碎成标准建筑用石。采石场的工人工作每天在赤道火辣辣的太阳下，身上承受着灼热的气浪；地表滚烫，脚下穿着胶靴无法站立，只能往里灌水，脚都泡肿了。但石料的生产和沙源还远远不够。坦桑尼亚各地方政府也动员当地居民，四处寻找沙子和矿源，大人、学生都发动起来了，全线开设了11个大型石场，逐渐满足了工程的需要。

接着彭敏和李轩召集干部会议，及时指出要积极使用机械施工。彭敏说：很多事若在国内常常用大量民工就可以解决，但在非洲，不能再靠人海战术。周恩来总理一再指示要加强机械施工，但是由于中国设备落后，现在仍然大部分时间还是以"人海"战术取胜。在施工高峰时，工人达到两三万，这样下去是不行的。我们在国外，不可能要太多人，一定要充分发挥机械的作用。我们做干部的要正确解决几个关系问题。人和机械的关系，人的因素第一。采石场就有这经验，抓了人头，尝到甜头。还有机械使用和保养维修的关系，"磨刀不误砍柴工"；便道和正线的关系，便道要修好才能充分发挥机械施工的利用率；质量和数量的关系等。当然机械施工是快，数量大，但质量不如人工的细等都要注意。这些也都是彭敏在过去组织大型工程施工的宝贵经验体会。

5.仲曦东大使不放彭敏走

两个月很快就过去，彭敏的检查组该说再见了。这段时间彭敏就跟打仗一般，连续奔波，除了把达姆段的所建工程从头到尾理了一遍，彭敏抓紧雨季未到的有利时机，把下一步坦赞铁路最难的姆马段的路基、桥涵、隧道等工程施工做了前期准备工作，以便迅速全面大规模展开施工。

在8月7日开工作组党委会，彭敏让李轩组长把工作组的工作做总结交待，就可以返回北京。驻坦赞大使仲曦东头天因身体不好没参加会，第二天也就是8月8日，仲大使撑着有病的身体到党委扩大会上做了长篇的发言。中心意思："不放彭敏走。"他说："铺通'502'，有没有条件呢，群众是好的，信心十足的，是有群众基础的。我的身体不好，布克的身体也不好，我是半条命，布克比我好一点。因此，为了确保'502'，请示国内把'彭敏同志扣下'。领导条件变了，相信工作组领导会服从彭敏同志的指挥，我和布克、耿振林同志都谈过，他们表示一定听从指挥没问题。领导和群众相结合，就会产生物质力量。现在是既有群众基础，又有领导力量了，完成'502'有了条件。"之后仲大使又强调"502"完成任务的重要性，强调国际形势的严重性。最后他又再次嘱咐："希望你们的党委扩大会开成团结的会议，同心同德，同心协力，有彭敏坐镇，今年完成'502'，以后就能逐年完成任务。"

仲曦东大使是周总理为加强坦赞铁路的援外工作特别派来的干部。1969年6月，周恩来与陈毅再次商议，要派一个得力的大使去加强对施工的领导。陈毅提议让仲曦东前往坦桑尼亚任中国驻坦桑尼亚大使（任期为1969.6—1972.3），主持坦赞铁路施工建设工作。仲曦东1955年曾被授予少将军衔。解放前夕，他在烟台和美国人谈判时，把美国人"谈"得一筹莫展。新中国成立后，成为了一名"将军大使"。

◇左起：顾常仁、彭敏、李本深。（李本深提供）

对于彭敏的这段工作，仲曦东大使是非常满意的，相信只要彭敏在，坦赞工作组工作就会顺利，"502"就万无一失了。会议后8月13日下午，检查工作组军管会代表张彭寿、国内组长李轩等七同志乘飞机离坦回国。根据国内的指示，彭敏、顾常仁、李胜根三同志继续留坦工作。

仲曦东大使是有他的考虑的。因为坦赞铁路工程建设，国内调动人力规模很大。虽然周总理指示派出的人员尽量减少，大致还是选派了1.6万多人，多的时候有三万人。国内派到坦赞铁路的工程技术干部要精益求精，选了又选，层层把关筛选。铁道部下属的各单位基本上都选调了人员，包括各个专业的、各个铁路局的人员。选派来的管理干部的级别都比较高,科级、处级、局级干部的人员很多。国内一个组,是李轩负责;国外一个组是布克负责。副组长一大堆。单是正、副局级就有七位,资历、能力、经历都差不到哪里,互不服气,有时官司打到国内仍得不到解决。

彭敏受国内委派,作为副部级的领导,容易统一、化解干部的矛盾。在彭敏的具体指导下,有效解决了"502"线路出现的一系列问题,既迅速又保证质量。特别是像鲁伊帕桥6号墩、有些桥墩是否炸掉,以及乞塔线路改变的做法。彭敏与各级干部、技术人员们一起点灯熬油,仔细研究,反复推敲;对每个问题亲自紧盯,最后拍板敲定。他的实实在在工作态度和方式都令大家叹服。

仲曦东大使一再挽留,彭敏又再接再厉,马不停蹄,带着工作组的同志们,一步步把"502"段路的后续工作做扎实,如正线桥架梁、铺轨运输、502公里的主体姆绍勒瓦站至姆林巴站间的路基工程完工,正线铺轨281公里,坦赞铁路达姆段71座大中桥的主体工程全部竣工,二机队管内全部土石方主体完成。至9月底10月初,"502"工程段的下部主体全部完成,较原定计划又提前近一个月完成,这段工作有仲大使支持,彭敏心情比较轻松。

◇彭敏在坦桑尼亚巨大的陨石前。

彭敏在8月到10月前拼命把工作安排往前赶,真对了火候。国际形势正在发生巨大变化。

1971年10月1日,远在美国纽约,正在参加第26届联合国大会的坦桑尼亚驻联合国大使萨拉姆、赞比亚外长穆登达,为恢复中国在联合国的合法席位,赴沃尔道夫•阿斯托里亚饭店游说马来西亚总理拉扎克。10月25日,联合国对《联合国大会2758号决议》进行投票表决，坦桑尼亚的代表穿着中山装参加投票，除极少数国家外，非洲绝大多数国家都投了赞成票，中华人民共和国成功恢复了在联合国的一切合法权利。毛泽东说："我们是被非洲兄弟抬进联合国的。"我国用实际行动证明了中国人民才是非洲人民的真正的朋友。

6.在瓜塔举办"502"通车典礼

1971年11月10日，502公里的线路整体通车。通车典礼在达姆线中间的一个叫瓜塔的小站点上举行。瓜塔虽然小，但在施工设计的安排上是一个结构点。瓜塔离东非铁路终点基达图很近，与地图上没有的曼古拉也很近。坦赞铁路全线通车后，基达图站名改为基沙瓦莎瓦。

为了短时间修通这502公里铁路，中国建设者采取了许多措施，分三段进行施工铺轨。从瓜塔向东西两个方向施工，达累斯萨拉姆、姆林巴两个端点向瓜塔方向施工。姆林巴向瓜塔施工铺轨，由于地质复杂，困难多些，工程量大些。而从达累斯萨拉姆向瓜塔铺轨施工顺利些，只有一座隧道。两端逐步向中间点瓜塔这里碰头接轨，通车典礼就定在瓜塔。

接轨要求施工非常严密，一定不能出现差错。当时中国没有现代化的激光设备，完全是靠人工和测量手段在进行操作，凭借着手中摇晃小红旗找准。接轨是铺轨施工比较大的动作，如一旦有差错出现，就要返工。比如稍微放错线、尺寸稍有差错，就变成长短不一，对接不上，现场上要采取锯轨或其他补救措施。在这样大的场合上，有中国和坦、赞政府的官员和上千名百姓群众在场，若发生质量问题，影响很大，千万出不得任何差错。

电影《坦赞铁路在建设中》有专门的一组铺轨通车镜头，详细记录了瓜塔通车典礼的活动。此时，彭敏和陆大同总工程师也都在现场，但是都没有参加典礼仪式，李本深工程师参加了典礼，留下照片。虽然彭敏是专为"502"施工现场驻地指导工作，但不作为官方领导身份出现，与外方没有外事交往，于是通车典礼上他没有露面参加活动。陆大同工程师就一直陪同彭敏在铺轨衔接点附近的房子背后，静静地等待铺轨衔接的消息，也可观察到

◇1971年"502"段的铁路在瓜塔接轨，举行通车典礼。非洲群众击鼓表演的场面。（李本深提供）

◇非洲妇女跳舞庆祝。（李本深提供）

坦赞两国政府官员接轨铺通瞬间的表情，并随时准备处理接轨后的事情。

如果轨排两头衔接碰不上，距离出了问题，长了、短了、中间脱节，这就是大问题了。不过，彭敏和陆工都非常自信，设计施工每一项程序是很认真的完成的，应该没有任何差错。时间一分一秒地过去，传来了消息，线路顺利接轨成功，列车平稳顺利通过。这就意味着"502"公里全线全段建成通车。

彭敏听到消息后，望着陆大同看了许久后，对着陆工讲了一句话使他一直记得。彭敏说："这块石头总算落地了。"陆工接着说："500公里的铁路在一年内修完，在国内也属不易，别说在非洲了，几乎所有的物质都要从国内运来，太不容易了！"他们俩一直站着，说完才一起坐到了椅子上。

彭敏是专为"502"公里施工助阵来的，如果"502"公里修不通对他压力可想而知。彭敏接着深情地补充说："我来了以后，虽然这段线路的工程量不是非常大，难度也不是很大，但是终究这段路修建铺轨的时间很短，又出现了这么多的施工技术问题和困难，但是我们一件一件比较顺利地解决了，所以说我心里这块沉甸甸的石头总算落地了。"铁路接轨、桥梁合拢都一样，要求严丝合缝一次完成，对彭敏应该说是常遇到的、很熟悉的事。但这次不一样的是要在全世界人们面前展示，敌人和朋友都在关注，不免有压力。

瓜塔通车典礼后，彭敏一行该考虑回程了，但坦赞工作组仍不想让彭敏离开，总觉得有彭敏在，就有保证，心里就踏实，但这次再不让彭敏走，理由就不充分了，因为"502"已圆满解决了。于是要求彭敏再给大家鼓鼓劲，以利把下一个最困难的"姆马段"拿下。

11月15日，彭敏在坦赞铁路工作组召开了各单位负责同志工作会议，布置大战一百天，确保下一步"姆马段"工程施工计划安排顺利进行。"达姆段"各单位都纷纷表态说："要人给人，要物给物，全力保证'姆马段'工程施工顺利完成。明年一定要拿下'姆马段'工程，按时保质完成。"

11月19日下午3时，彭敏副部长、顾常仁、李胜根三位同志完成在坦赞铁路的工作乘飞机回国。

三、再次赴坦赞解决铁路受阻难题

1.最困难的地方哪能没有他

坦赞铁路分为五段，其中最艰难的是第二段即"姆马段"。这个地段处在东非大裂谷带范围里面，是世界最著名的三大裂谷带中最大的（另外的一是美国的科罗拉多大裂谷带；二是中国的西藏雅鲁藏布江大裂谷带）。东非大裂谷带其走向自非洲东北延伸至西南有数千公里。坦赞铁路也是东西走向，必须穿越此裂谷带，无法绕避。线路所经基本上是一个原始地带，地处高原丘陵区，是坦桑尼亚东部平原与西部高原的过渡带。线路标高由330米急剧上升到1200米，高差悬殊、降坡巨大，故多冲沟、椅塌、滑坡和错落现象。此外，前部的86公里（姆林巴至鲁阿哈段，约占全段的1/2）有大中桥29座；涵洞249座；隧道18座；还有100多处需要处理的"烂泥塘"，系指厚厚的呈饱和状态的腐殖土。因这里是高原丘陵地带，没有明显的水系，山上的泥水无处宣泄，长年淤积岩底而形成的。

在1971年，派彭敏来坦赞主要担负抢通"达姆段"即"502"的任务，目的是为修"姆马段"创造条件，因为有了"达姆段"铁路可解决大型设备、物质的运输问题。"姆马段"已按原计划1971年4月开工，准备1973年3月铺轨通车。

1972年3月25日凌晨1时，坦赞铁路"姆马段"四机队姆林巴隧道东进口处突然暴发山洪。咆哮的洪水夹带着岩石奔腾而下，冲进正在这里施工的中国、坦桑尼亚两国人员的宿舍、食堂、仓库和工棚……全体人员不顾一天的疲劳，立即与洪水展开了搏斗，抢救出绝大部分材料、工具和行李、物品等，但两名坦桑尼亚工人安诺奇切和安东奎希献出了宝贵的生命。同一天，姆林巴站东6公里线路被洪水冲出一个12米的缺口，迫使行车中断。

险情发生后，为保证完成当年的繁重任务，4月15日交通部二话不说直接向国务院打报告，请求派彭敏再次率检查组赴坦赞铁路工作组检查帮助工作，中央迅速予以批复同意。

5月5日，彭敏率领茅维诺、刘国修、唐振玉、李胜根一行五人到达坦桑尼亚达累斯萨拉姆。布克、耿振林前往机场迎接。

5月6日下午，坦赞铁路工作组党委常委向彭敏和检查组汇报工作。祖国慰问团的领导高震、宫铎参加听取汇报。祖国慰问团即中国交通部杂技团，从三四月份就准备来，一直拖到5月，比检查组早几天到达坦桑尼亚。他们在坦桑尼亚和赞比亚各个施工工地举行了多场精彩表演，深受中国来坦赞援外职工和非洲朋友的欢迎。

彭敏8日召集在机关的党委常委靳辉、王惠民、李金榜集体谈话："临来坦时，方毅部长对我说，毛主席对这条铁路很关心，希望今年计划内能完成得好一些。非洲形势和以前一样，我们的援外方针不变，搞项目不是目的，要在人民中产生深远的影响。"彭敏时时不忘坦赞铁路建设的目的。

彭敏接着说"对今年的任务，大使馆很重视。"李大使说"我记住'208'了，需要我们做什么就吩咐。""今年"姆马段"形势要比去年好，但不能麻痹。五机队缺口动用了六机队12台机械，动用就动用了，要早点下来。隧道队下来后怎么办要研究一下，"马求段"怎么搞要研究一下，"姆马段"如何保证，四机队如何加强，不必开党委会就要采取措施。你们计划8月1日铺轨，要提早铺，早修好一公里就铺一公里，能提前一天就提前一天，争取留有余地。"

5月13日下午，由大使馆领导主持，在工作组驻地会议室听彭敏报告，各单位专家组有100多人参加，铁路工作组50人参加。报告内容是传达全国计划工作会议精神。李耀文大使、张俊华参赞、王代表、商代处新来的江代表等领导同志都参加了报告会。

2.大战"姆马段"

坦赞铁路最困难的一段铁路"姆马段"仅有155公里，有大桥29座，涵洞249座，隧道18条，烂泥塘100多处。坦赞铁路"姆马段"的隧道鲁姆威1号、2号和全线最长的伊朗基2号三座已经开工。隧道工程是"姆马段"的控制工程，因此要提前开工，以保证按期打通"姆马段"。

1972年6月1日，坦赞铁路工作组副组长王惠民，在伊朗基隧道队队部主持召开坦赞铁路"姆马段"各施工单位领导干部会议和技术工作会议，研究解决该段100多处"烂泥塘"的施工技术问题。第三、四、五机械筑路队和隧道队的队长、政委、总工程师有张明德、朱明月、张锡九、练日新、徐宽福、陈英、周振云等出席了会议。彭敏在会上见到了很多参加西南铁路大会战的干部，对徐宽福说："这一下贵昆铁路的软土基滥坝经验可能用得上了。"

◇1972年彭敏在最困难的"姆马段"的隧道口和中非工人一起合影。左五李惠民（坦赞铁路工作组副组长、"姆马段"负责人），左七彭敏（检查组组长）、左八徐宽福（坦赞工作组生产组组长兼副总工程师）、左十一茅维诺（彭敏秘书）。

会议统一了认识、明确了方向，提出"姆马段"第一战役的战斗口号为"战三烂"。技术工作会议明确提出，工程技术人员必须与施工人员结合起来，通过实践摸索出治服"烂泥塘"的办法。"烂泥塘"不仅是修筑路基遇到的问题，而且有的桥要建在"烂泥塘"里，有的隧道洞门要开在"烂泥塘"前，形成"烂路基"、"烂桥基"、"烂隧道"，故称"三烂"。

最后，通过了实践摸索，借鉴国内贵昆铁路（水城滥坝）处理软土路基的经验"深建桥，浅筑挡，两米换片石，平地打沙桩"的综合治理方案。路基采用"打沙桩"、"做盲沟"的方法，桥基采用加大沉井壁厚度等方法并有所发展，终于战胜了"三烂"。

"烂泥塘"是非洲特有地质。这里山不成脉，水不成系。每年从山坡倾泻下来的泥水无处宣泄，淤积在谷底，年复一年的沉积，形成了厚厚的呈饱和状态的腐殖质黏土层。铁路要从这里通过，但这里根本无法修筑路基。浅层的淤泥可以人工清除换成好土。因机械下不去，只能用人力挖掘。中、坦、赞三国的工人只能站在这样的烂泥塘里一锹一锹地铲除。在地表的硬层打开后，下面是散发狐臭味的黑色液体，在高温的作用下开始挥发，既热烫又难闻；较为深层的淤泥就采用打沙桩的办法，用沙筒灌进沙子，做成一个个沙桩，打在黑泥浆里，把水挤出来，水通过"盲沟"排出去，这就是在国内治滥坝的方法；至于更深的淤泥，沙桩的办法也不灵了，采取了"柴排"的措施。将一根根二十米长的原本拉到路基基底，进行纵横排列、固定，上面依次用片石、填料将整个巨大的柴排压入淤泥塘里，以扩大受力面，增加路基的稳定性。

各国来参观的人很多，他们对集中而壮观的20多座桥梁、近20个隧道赞叹不已，他们哪里知道最难的是在"烂泥塘"里修路基。

坦赞铁路还有一段难修的路，是姆瓦纳至马坎加之间，有23公里蒙脱土性质的黑土地段。这种黑色黏土在烈日下收缩干裂，坚硬无比，到了暴雨肆虐的季节，又极易膨胀，成为稀泥，人一踏进去，就没到膝盖。按原设计，全部清除换填新的路基填料。填料要用汽车从远处运来，因工期不能保证也很不经济，修改了设计，成功解决了问题，连坦赞联合机构的外国工程师都很赞赏中国的工程技术人员的聪明才智。

中国的铁路工作组在这里集中了三个机械化筑路队、一个隧道工程队，调动了2.4万名中、坦、赞三国职工，开动了上千台机械、设备，分布在几百个施工点上，昼夜不停地进行施工。这里原来是杳无人烟的地方，现在都灯火通明：在几十米深的沉井里，在几十米的高坡上，在山体隧道中间；探照灯光，点焊机的电弧光，几百辆工程汽车行驶在蜿蜒曲折的公路上，车灯、信号灯、刹车灯光连成一片；各种机械的声音如：电焊机、发电机、卷扬机、推土机、铲运机、搅拌机、碎石机，还有不间断的风钻轰鸣声，加上不时的爆破和汽车的喇叭声，组成热闹非凡的夜景。彭敏看着这些心里很舒爽，好像看到武汉长江大桥建设时的夜景，那时是在水面上，这是在山洼里。

3.彭敏是怎样鼓舞士气的

彭敏两次来坦赞，常常思考在国内很少看到赞美描写我国修建铁路建设大军的书籍和文章，而美国人在朝鲜战争中倒是真正体验到了一把，承认中国共产党领导下铁路的筑路大军是："世界上最坚强的修筑铁路的人！"在新中国成立初期，尽管一穷二白，这个筑路队伍经历了赶超世界强国艰苦奋斗，又经历了创造出人类征服大自然的奇迹"成昆铁路"之战，现在他们又在赤道上修筑铁路了。有了这支筑路队伍，还有什么样的铁路修不成呢！这是多么值得赞叹的劳动大军。

彭敏没有三头六臂，他来非洲指导工作的制胜法宝是他一贯的思想："依靠群众，发挥群众的积极性，生产和教育相结合，不断提高技术水平。"他在《组织大型桥梁高速施工的基本经验》一文中说过："施工中主要的是人，是人在使用机械，运用技术，是人在劳动，在创造……"他强调，"群众是世界的创造者的大道理。要使每个人都是工程的主人，就是这个工程高速度进行并胜利完成的力量源泉。同时加强劳动组织，有纪律，有民主，这样的集体就能克服任何困难，完成任何复杂艰巨的任务，实现一切组织措施和技术措施；同时，在工作中不断地注意提高技术水平，掌握新技术，并不断发展创造"。

彭敏6月26日给全体职工做动员报告，讲话很直率，全然不顾及现在还在"文化大革命"中，处处还有极左的倾向。他强调实事求是的作风，反对并厌恶那种空喊口号不干工作的不正之风。

他说："有些人虽然也讲大批判，但空洞无物。这些人高喊'千里霹雳开新宇，万里东风扫残云''我们无产阶级革命造反派在疾风暴雨中诞生了！'等豪言壮语震天响很可笑。"他说："我们的任务是很重的，是援外工作中最大的一个项目，这样大规模的援外工程在历史上是罕见的，搞得好不好是会有很大影响的。我们每个同志都应当把在国外工作的过程当作对我们考验的过程，考验我们国际主义、共产主义觉悟的过程，要与白求恩比较一下，我们这种精神够不够强。"

他鼓励施工队伍加强学习，把眼光放远点。他说："我们出来的队伍在国内都经过很多艰苦的考验。我们铁一局的同志有很多的经验，修了兰新铁路，出了玉门关，但和现在国外的情况也不一样。铁二局的同志也有许多丰富的经验，他们现在遇到了'烂泥塘'，也是'恶泥'啊！铁三局的同志过去在东北大森林里，在零下40度的环境中工作是很艰苦的，来到这里环境也是新的。新的环境、新的问题，就需要我们很好地学习。不学习，回国以后，除了谈一些'海外奇谈'外，其他就不行了。我们要在这次施工中取得成套的经验，不仅是完成这次援外工作需要。我们的朋友遍天下，将来援外任务越来越多，因此也是援外任务日益扩大的需要，是贯彻毛主席革命路线的需要。人类一天没解放，我们的国际主义义务就一天也不能停止。"

他也提醒大家注意防止在援外工作中的大国沙文主义，无论群众还是干部都要树立在全世界建立反帝反修的统一战线、解放全人类的思想，要处处当心，慎之又慎。他举自己亲身经历的例子对大家说："过去白人殖民统治者把我们中国人也列为劣等民族，我们独立才几天啊。我在上海的时候，白人殖民统治者就在公园门口挂着'华人与狗不得入内'的牌子，如果我们把20年前白人殖民统治者对待我们中国人的做法去对待黑人兄弟，是非常错误的。"因为他说得生动，大家都记住了。

针对有一些人不愿意在国外工作，闹休假、闹回国、泡病号的问题，彭敏让大家学习白求恩，学习我国公路工程公司的许多同志在也门一干就是五年的精神。他从正面教育做思想工作，完全是对自己人的态度，爱护关心他们，而不是"扣帽子"、"打棍子"，很快稳定了队伍的思想情绪。他这样做的目的就是鼓舞队伍的战斗士气。

会下，彭敏和徐宽福好好聊了会儿，好像有好多话要说，但不知从何说起。徐宽福说："70年初，通知我去北京筹备援建坦赞铁路，我不愿去，因为从1966年到1969年，我受了批判，戴了不少帽子，这些问题未说清楚就去援外，心里不踏实。军管会说这是组织上决定，1971年出国，给我任隧道队政委，后来又当生产组长和副总工程师，就这么来了。"彭敏说："咳，我也是刚从学习班里出来。也是军管会说的：'已经过去了，都不说了'。""工作组组长布克不也是在'五七'干校受批判的嘛！都不好受。"彭敏心里感动："共产党领导下的铁路筑路大军太可贵了，累不怕，苦不怕，还要加上冤枉和打击都不怕！"

徐宽福对彭敏说："开始来，生活很困难。中国工程技术人员，自己修路、盖房、找木材、沙子、石头。开始只有米、面，我们自己种菜、养鸡养猪，减少国内物质运输压力。语言不通我们培养土翻译，再加上三话：中国话、当地话、手比划。"彭敏听了咧开嘴直笑。徐宽福还说过节时我们和黑朋友同桌吃饭，他们很感动，含着眼泪激动地说："过去别国人不把我们当人看，干活还打骂，你们把我们当人看，同桌吃饭。"彭敏和徐宽福之间毫无嫌隙，在工作忙的时候，彭敏就在徐宽福那里躺下就睡，与在成昆线时一个样。

李本深见到彭敏更是高兴。去年彭敏太忙，没有顾上多说话。这次见面说起来没完，把非洲的新鲜事和施工中如何解决问题都说给彭敏听。李本深现在已是施工工地的工程师了。他嘱咐彭敏的新秘书茅维诺如何照顾彭敏，如何写汇报。当年底在李本深回国休假之前，茅维诺特地问李本深"还有什么要交代的？"李本深交代两件事，一是汽车在国外是左向行驶，车速快，应多叮嘱司机注意行车安全，不要出事。二是彭敏有个周期性休克的病，9～10年一犯，明年1973年又进入新周期了。万一发病也不要紧张，躺几天自然会好的。

有一天，有个工人来到彭敏的驻地，在门口外蹭着不走，站了半天。他要找彭部长，说"你跟彭部长说我叫'老保'，他就知道了"。秘书

◇彭敏在"姆马段"蹲点时住的茅草屋。

茅维诺问彭敏："你认识一个叫'老保'的人吗？"彭敏出来一看就想起来，在西南喜德工地的工棚里的那个职工，不吭不哈老实巴交默默地帮他买烟和茶叶。他样子没变，就是脸黑多了，可能是非洲太阳晒的。问他有什么事？他对彭敏说，他家里实在有困难，想回国，能不能帮他解决。彭敏把他的名字记下来，说问问看。后来那个职工回国了。

4.全线反复视察蹲点"姆马段"

◇在赞比亚大使馆前，彭敏与赞比亚大使、军管会领导、援坦赞铁路工作组领导及交通部文工团部分演员合影。后排左四彭敏、右二茅维诺，前排左二刘淼、左三刘章枢、左四刘梅。（刘梅提供）

彭敏1972年10月31日回国，在11月9日把在坦赞的工作情况给交通部写了一个汇报。

彭敏在汇报中说："今年五月到坦桑和赞比亚帮助工作。半年来，在沿线调查了解现场工作三趟，重点地段像'姆马段'蹲了点；参加了铁路工作组党委扩大会以及常委、干部会，向坦桑、赞比亚使馆汇报、商谈了一些问题。这次主要抓了进度、质量安全和增产节约。"

彭敏和去年一样，马不停蹄地在工地上视察，时间安排非常紧凑。从1972年5月16日起，彭敏及随行人员11人下飞机，从达累斯萨拉姆乘上火车，沿"502""达姆段"铁路，视察铁路施工情况，当晚宿营在171石场工地。王惠民、王学杰及设计队、临管队有关人员陪同前往。17日到达曼古拉机械修理厂、成品厂检查生产情况。5月25日，彭敏等一行五人乘飞机赴赞比亚检查工作。晚上，中国交通部杂技团在赞比亚举行首场慰问演出。

彭敏这次来坦桑，首先看"502"工程质量。"502"收尾工作正在积极进行，初步统计新增中桥1座，涵洞3座，路基、路面、侧沟和边坡需要处理或加固的工点188处，主要工程数量有土石方30万方，圬工6万方，种草皮41万平方米。针对有人提出质量问题，彭敏说："502"去年是作为政治任务完成的。赶时间赶速度，收尾工作量较大，很正常。"不论在政治上、工程上都是成功的、胜利的。有缺点，但是没有致命的病害，有三段，施工没有夯实，造成翻浆冒泥，准备彻底整治，提高质量不留后患，在雨季中没有断道。"他鼓励干部和职工，"502"一年修通，质量上没有大问题，在国内也是少有的。

由五机队和临管维修队负责"502"收尾，前300公里及新增桥涵由五机队施工，后200公里由临管维修队施工，今年多作一些重点病害工程，雨季种草皮，明年全面施工作好、作完。配套工程：房建，预计年底累计完成12.46万平方米，占总重85%；除姆林巴和达市客站、总局、分局房建外，其余均可全部完成，并移交临管使用；姆林巴站明年全部完成。通信，电线路年底可以全部完成，通信设备安装完成五个站，其余计划在明年完成。信号，预计在今年可完成小站信号站17个，其余及大站的电气集中计划在明年继续完成。给水，已基本完成四个站，正在施工的基洞达和姆林巴两个站，要在明年完成。

彭敏在重点地段"姆马段"蹲点。他在汇报里写道：姆马段收尾工程比较艰巨。姆潘加—马坎巴科今年可以基本完成，姆林巴—姆潘加还要剩一部分。明年计划完成工程量有：圬工2.6万方，种草皮49万平方米。配套工程已开始进行，鲁盖马、基姆贝、姆潘加的房建工程正在施工；通信电线路准备架到鲁姆威；信号也开始在搞。明年基本作完。

为了搞好已通车地段的收尾配套，成立了"660"收尾配套指挥小组，由赵文普挂帅，吸收临管、五机队、铺轨队、房建队、电务队、设计队等单位参加，互相配合，协同作战，争取在大雨季节之前作好通车工程，尽快作到标准。

他在报告中赞叹："广大职工一连几个大战100天的施工高潮。出现很多好人好事，许多可歌可颂的事例。发扬了一不怕苦，二不怕死的革命精神，在连日阴雨，毒蛇猛兽，荒山野岭的困难地段里战斗，千方百计保证完成任务。特别是在我去了之后，'姆马段'的有些单位半年多没有休息节假日，领导干部带头，同志们泡在乌黑的烂泥塘里工作十几个小时不下火线。成绩就是这样取得的。五机队质量优良，在国内铺轨前的工程做到那么标准、美观都是少见的。今年（1972年）狠抓了铺轨质量，铺轨前先上好底碴，铺轨后紧跟着上第一遍碴，并正道，没有发生过掉道事故，行车速度也较快。安全有所好转，事故逐渐减少。汽车一队自9月15日以来，45天没有发生任何事故。"

"马求段"是坦赞铁路的第三段，从坦桑尼亚的马昆巴科到赞比亚的求仔，有300多公里长。工程任务完成不够理想。二机队位于马求后段，工作比较主动，经过努力，任务可以按期完成。七机队位于马求中段，工作安排较好，但由于地质原因碰到难题。这就是前面谈到的在坦赞修铁路还有许多特别之处：要考虑到特大暴雨的冲刷，细致考虑排水、分洪，以及野生动物园动物翻越路基等问题；设计电缆要考虑到白蚁的危害；设计架空明线，要考虑非洲长颈鹿的高度，让长颈鹿自由通过，等等。

在"马求段"遇到的是一段火成岩地区，有12公里长，从乌约来至姆贝亚。地质复杂，一层浮石，一层粘性粉砂（简称芝麻酱），含水率高又不能排水，施工非常困难。美国人在非洲修的大北公路，也遇到这种地质。他们的技术人员还对中国的技术人员说，他们在这里跌了跟头，你们要什么技术资料可以供给。但我们的技术人员有信心自己解决。采取的办法是：少挖多填；换填好土，必要时加水泥，黏土垫层。工作量约十万方，运距十多公里，计划全年内作完，是否成功，有待雨季考验。一机队位于全年铺轨终点，明年铺轨大门（坦赞边境），问题较大。要求工作组在11月上旬，召开支援"马求"会议，组织力量支援。年内铺轨地段已接近完成，但质量较差，尚需洒水、压实、整修，底碴也未备好，准备在马坎巴科停铺一月，要一机队本身努力，并组织友邻部队大力支援，以保证铺轨到鲁杰瓦。

7月25日，中国交通部杂技团由二机队转入七机队，在七机队驻地进行慰问演出，姆贝亚省长、坦桑尼亚联盟党主席应邀一同观看。

进入到赞比亚境内，两段铁路，"求姆段"（求仔至谦比西姆卡）和"姆卡段"（谦比西姆卡至卡比里姆波希），赞比亚的工程因为地质条件好进展较快，由六机队，八机队，三、四机队进行。

◇交通部文工团在坦赞铁路工地上给中外铁路工人做精彩杂技表演。（刘梅提供）

9月25日，也就是彭敏的车队发生事故的第二天，坦赞铁路"马求段"（马昆巴科至"杜马段"）第二机械筑路队管段，即姆劳沃至乌瓦瓦之间发生大坍方，3000多立方米土石将费尽千辛才在"烂泥塘"里修筑起来的路基吞没。面对突然降临的灾害，二机队的援外职工和当地朋友，奋战20天，终于清除了坍方，稳固了山体，并于铺轨前恢复了路基，完成了护墙基础混凝土的灌注工作。彭敏对二机队的抢救工作是满意的，称他们"工作积极主动，经过努力，任务可以按期完成"。

其他全线配套工程：房建工程、通信信号工程；采石工程；还有一些设计和施工人员的纠纷；工程的技术问题等，彭敏都组织调配人力，发动群众，一一妥善解决。

直到临离开非洲之前，检查组把各项工作又妥善安排一遍。10月22日，彭敏等一行由赞比亚回到姆贝亚。他主持召开碰头会，相互介绍一下近期工作和下面工程施工情况。王惠民、李金榜副组长和各业务组的有关领导参加了会议。

随即检查组分两路，彭敏离开工作组再赴设计队检查工作。徐建基等一行由赞比亚回到姆贝亚。徐建基又主持召开碰头会，王惠民、李金榜副组长和各业务组的有关领导参加了会议，分别谈谈在赞比亚检查工作的情况。当晚援外铁路工作组为检查组一行回国举行欢送晚宴和电影晚会，彭敏没赶上参加。10月26日，徐建基离开工作组赴设计队与彭敏会合同车去五机队，随后换乘火车返达累斯萨拉姆市，一起回国。

彭敏在会上多次指出使馆领导认为"铁路工作组人多就可以不照顾"，这种观点是不对的，彭敏说："人多也应该照顾，要有公平合理的待遇。使馆的人把生活标准和国内比较，还说他们应该有所满足。我说这是国家给他们的待遇，应该照援外标准办理。""总不能叫工人穿着漏脚趾头的鞋看电影吧！""还有看报纸，连铁路工作组的领导都没有，这很不应该嘛！"在铁路工作组领导开会的时候，彭敏还多次提到职工休假问题和牺牲同志的安葬问题，并且提出解决的意见和办法。他建议一定要想尽一切办法尽可能地帮助职工解决实际问题。坦桑尼亚大使馆在达累斯萨拉姆，赞比亚大使馆在铁路线都通不到的卢萨卡。两地相距很远，交通不便。他看到援外工作组任务那么紧，而且两头受气，日子难过。援外坦赞工作组面对坦赞两个国家使馆的领导，常被呼来呵去训一顿，中间还加着一层"文革"中特有的组织军管会。彭敏在干部会上，回国汇报时也顺便提出来希望中央领导帮助解决。

因为重点段"姆马段"修通，其他路段包括赞比亚的工程就没什么困难了。"明年（指1973年）计划的特点是土石方、圬工数量少，铺轨、收尾、配套任务大，重点是抓质量、安全，抓节约，只有提前把路基做够标准，提前把钢梁架好，铺轨任务再大，也能保证。完成了明年的计划后，到1974年底，全线可以铺通，再有一年半左右的时间配套，就可顺利达到'计划六年，希望（能够）缩短'的要求"。彭敏把坦赞铁路工程进展和今后几年的工作都详详细细地作了安排。

12月底，彭敏与外经部、外交部有关领导研究讨论援建坦赞铁路有关问题。彭敏主持讨论会，把后几年的工作安排共同商量后，给国务院写了全面报告。彭敏的汇报可以看出坦赞铁路的困难阶段已经过去，剩下的事情是收尾和配套的工作，开通车典礼。坦赞铁路可以按时保质量地完成，他心里是一阵轻松和愉快。

5.想想牺牲的同志你就平静了

由于胜利地解决了坦赞铁路的大难题，彭敏以为大家都会和他一样高兴。绝大多数人是高兴的，也会有些人不高兴，特别是当时仍处在"文革"之中，彭敏虽处处小心，步步谨慎，不该发生的事还是发生了。

1972年9月24日傍晚，在坦桑尼亚阿鲁沙，彭敏的车队发生了一起事故。因为路上沙尘很大，前后车辆离得很远。在他后面的一辆车咯噔一声感觉压了个东西。司机向彭敏汇报，说车子好像压人了，也说不清，是不是回去看看。彭敏车上的外事人员没让彭敏回去，因为彭敏没有对外身份，不能对外处理事务；二是当时国际形势很复杂，有些不友好国家故意挑衅，正在刺探情报，中国是否来了高层的人；加上天色已晚，从当时情况可能是野生动物在晚上出来，也许是有人故意把死人放在路中央，司机没看见……决定明天派人再去现场看看。回使馆后，司机向使馆的军管组做了汇报。第二天使馆派人到当地警察局报案，当地警察局说没有立案，现场上什么也没有了。当地政府也没有提出任何外交交涉。

9月27日，我使馆未做认真调查，向外交部提交《关于交通部赴坦赞铁路检查组在阿鲁沙发生交通事故处理情况的报告》。

之后，在1973年2月28日我使馆先后又向交通部的核心组和外交部提交事故的经过和对该事故处理不妥的自我批评。中央在有关报告上批示指示指出："这是严重违反政策的大国沙文主义错误"。

彭敏明知委屈，但他曾对家人说："无论遇到什么难事，你想想那些牺牲的同志就会平静了。"受冤枉、被领导误解，这点个人的得失算得了什么？胸怀要坦荡，无私才能无畏。问心无愧，淡然处之。坦赞铁路成功修建就是最大的事，自己成绩越大，越需要谦虚谨慎才对。

后来见到李本深，彭敏若无其事地对他说："你在非洲说的两件事都应验了。在非洲公路上我的车队出了车祸；再就是我又一次犯病了。"李本深看着彭敏半晌说不出话，只有他最明白老领导又承受了"什么样"的压力。他和彭敏一起工作过，知道彭敏的特点："彭敏正派，是个好人，从来不整人，也从不拉帮结派。在他下面工作的同志，都不担心他会整你。但他也有弱点，就是不会保护自己，不会防小人背后暗算。"彭敏最多只是回避而已，避免不必要的麻烦。因为他是有理想有抱负的人，凡事以事业为重，不在这些事非上浪费精力。

坦赞铁路经过五年多的艰苦努力于1976年5月完成了全线工程收尾和设备安装配套等工作。1977年7月，在运营一周年时举行了一系列的庆祝活动，彭敏都没有参加。不过每当非洲各国总统来中国友好访问，开展各种外交活动时，像坦赞两国总统尼雷尔、卡翁达，友好邻国如扎伊尔总统蒙博托、博茨瓦纳总统赛雷茨·哈马等来中国访问，均请彭敏出席见面会。

第9篇

改变港口面貌及其他（1973 ～ 1985）

一、参与新中国成立后第一次大规模港口建设

1.转战港口建设

1972年第二次去坦赞的时候，彭敏曾在大会上鼓励全体职工努力干好工作，要把眼光要放远点，看到全世界，我们要走遍世界，不只修这一条铁路。他说："我们要在这次施工中取得成套的经验，不仅是完成这次援外工作需要。我们的朋友遍天下，将来援外任务越来越多，因此也是援外任务日益扩大的需要，是贯彻毛主席革命路线的需要。人类一天没解放，我们的国际主义义务就一天也不能停止。"他说这番话是基于对革命发展形势和规律的认识理解，并非知道中央的具体打算。

1973年2月，周总理提出："三年改变港口面貌！"于是新的、巨大而艰难的任务，又落在彭敏的肩上。

也就是春节之后，国务院正式通知他到京西宾馆开会。开会后才知道这次给他下达的任务比坦赞铁路的分量和意义更重，工期更紧迫。因为他是组织建设实干的人，立刻能估量到这个工程的巨大，庞杂、广泛和分散性。想到

这里他不禁一阵苦笑:"彭敏啊,你总有干不完的活,闯不完的关卡,你是属什么的?属马的,真是劳碌的命!"但他的内心轻松了,中央领导对他依然是那样信任。

1973年2月27日,周总理与建委主任谷牧谈了一次话,指示:"过去没有把港口建设提到议事日程上来,现在到了非解决不可的时候,要在三年之内改变港口面貌。"中央成立了以粟裕为组长、以谷牧为副组长的国务院港口建设领导小组,彭敏是领导小组成员之一。

谷牧对彭敏的了解是基于在西南铁路三线建设时,特别是在1965年初谷牧与中央主管经济建设的领导同志提出在工业体系搞设计革命运动,西南铁路建设总指挥部积极响应。还有几次铁道部向国家计委、国家建委汇报新线铁路建设和改造时,谷牧也对彭敏有很深的印象。尤其是彭敏撰写的《铁路勘测设计条例》,既有思想深度和发展眼光,又符合铁路工程的专业要求。谷牧组织建港领导班子时考虑了很多人如彭敏、郭洪涛、谢北一等。他把彭敏放在了重要的位置上,即国务院港口建设指挥部副总指挥兼办公室主任,也就是主要业务的负责人。领导小组下设办公室,由彭敏和肖桐为办公室正、副主任,从国家建委、交通部、海军航保部等单位抽调了八名干部,如交通部计划局局长卢希龄等。国务院港口建设领导小组的成员都是各部委领导兼职的,只有彭敏和肖桐两人是专职的。

谷牧跟彭敏谈了周总理与他谈话的内容。我国一直很重视发展铁路,但对建设港口和发展海运方面,由于帝国主义封锁,特别是台湾海峡的紧张局势,一直都很难摆到突出位置。现在国际环境有些变化,要抓紧赶上。我国有1.8万公里的海岸线,万吨级以上的泊位只有几十个,太少了。交通要先行,港口这样落后,显然很不适应,现在沿海港口压船压货很严重,足以说明问题。

彭敏也听到过有外国船长由于长时间进不了港,急得跳船自杀的事。当时每天在我国港的外轮和远洋货轮有200多艘,只有三分之一靠泊作业,三分之二在锚地等待装卸,出现港口堵塞。根据1972年底的统计,沿海15个港口,只有36公里码头岸线,286个泊位,其中万吨级泊位只有92个,外轮和远洋国轮到港都要排队等泊位；装卸机械少，机型陈旧，不少港口仓库是老建筑，门小，柱多，净空低，不配套，不适合机械操作。特别是缺少大型专用机械，且技术落后；库场堆存能力不足；外轮供油、供水、临时修理得不到保障。

周恩来和谷牧的话提醒了彭敏，美国总统尼克松访华、我国正在修的坦赞铁路、联合国承认中国的合法地位等这些事件说明我国在国际环境上发生了可喜的变化，这个时候提出"三年改变港口面貌"多么及时。中国要站起来了，要走出国门，走向世界。现在干的事正是自己想要干的，是努力的方向，其他都不要再多想。

2.三年改变港口面貌不是空话

国务院港口建设领导小组成立后的第一件事，是细化明确三年改变港口面貌的任务。周总理提出"三年时间改变港口面貌"，并没有具体指标，但是担负起这项任务，必须定下具体实现怎样的目标，才能满足日益发展的海港进出口需求。领导小组的成员都是各部里主管经济的负责干部，都表示必须调查后再讨论，这是惯例。

为了进一步弄清各旧港口和新建港口情况，1973年四五月间谷牧带领工作组到大连、天津、秦皇岛、烟台、威海、青岛、连云港、上海、南通等地视察，转了两遍。六七月间，粟裕带领工作组到北海、防城、海南岛、湛江、黄埔、马尾、厦门、广州、乍浦、江阴、无锡、镇海、南京、连云港、宁波、杭州、上海等港口开展调查研究。几次出行彭敏作为办公室主任都参加了。工作组与各省、市领导同志交换意见，在充分调查研究的基础上，召开港口建设工作会议。

经过充分的讨论，会议统一了认识。初步定下几个大方面，如沿海港口吞吐能力；外轮和远洋国轮平均停港时间；保证外轮和远洋国轮的供油供水，并为外轮临时修理和船员生活服务提供必要的条件；适当改善客运条件。再确定具体建设的任务和要求，包括：新建深水泊位51个，三年内建成投产40个；扩大吞吐能力每年3000万吨；建设供油罐26.5万立方米，增加供油船22艘，供水船23艘及相应设施，达到年供船用燃料油210万吨，供水350万吨的能力；有重点地疏浚长江口航道、天津新港航道、黄埔港航道等；新建船坞15个，修船码头28个，增加船坞年修万吨级船达250条的能力；扩大港机制造和修理能力等。

这是新中国成立后第一次大规模进行港口建设。彭敏的工作重心从交通部移到国家建委。他接触到了很多老交通部的干部、各地方经贸委的干部，以及交通、航运、港口方面的技术专家。

沿海省市都先后成立了港口建设领导小组或建设指挥部，加强了对港口建设的领导。当时港口和航运部门的大部分干部尚在各地"五七"干校，于是交通部从直属港航单位和各地港航部门抽调了大批干部参加港口建设。有些较小的港口也闻风而动，主动要求承担建港任务。

具体建设由港建领导小组及办公室安排。彭敏作为港建办主任把工作分两个阶段：

第一阶段，确定了北方沿海以天津、大连港为骨干，相应建设秦皇岛和烟台港；东南沿海以上海港为骨干，加强建设连云港和宁波港；华南以黄埔港为骨干，积极建设湛江港；同时开展闽、湘、桂三省区和长江下游新的港口布局。并明确了要以改造和扩建原有的沿海外贸港口为主，大中小结合，远近结合；岸线要深水深用，浅水浅用；港口建设要包括配套的辅助设施，要同内陆运输相衔接，要同城市规划相结合等原则。据此规划，在各省区市编报了建设项目的计划书后，交通部集中力量在1973年完成深水泊位的扩大初步设计，并在各泊位动工建设的头一年9月以前审查完毕，为第二年工程建设列入国家年度建设计划，组织成套供应材料物资创造条件。

第二阶段是1974年到1975年，这两年要建设40个新泊位的主体工程，这是一场关键性攻坚战。港建办采取了种种措施，集中力量全力以赴。在每一年的第四季度前就开下一年的港建工作会议，安排来年的建设任务。具体安排一直落实到每一个项目，每一个环节。而且，在执行中又随时注意动态，及时了解情况，掌握进度，解决关键问题。

事实证明，三年间港口工作取得比较显著的成效，和彭敏这个从实际出发的全面规划及明确的建设方针是分不开的。总之，抓得实实在在，毫不放松。尽管三年港建是在"文化大革命"之中开展，当时计划的项目基本上都完成了。

三年内国家共投资23亿，由办公室调配。全国港口建设进展顺利，很见成效。到了1975年，新增万吨级以上的深水泊位48个；增加舱口作业线143条；港口供油、供水设施有了改善；还对长江口和珠江口航道进行了初步整治，新建船坞7个；新增年坞修能力110艘次，港口综合吞吐能力新增5500万吨，比1972年增长50%，实现了"三年改变港口面貌"的既定目标。

谷牧对彭敏的工作十分满意。后来，他曾赞扬彭敏："为完成周总理提出的沿海港口三年改变面貌的指示，彭敏同志是具体组织者、指挥者、实施者，考察沿海港口，对大型港口的选址做出决策，为改革开放的蓝图提供了决策依据。现在黄埔、湛江、上海、厦门、秦皇岛、连云港、天津、大连、北仑等港口已经成为我国对外开放的重要口岸，为改革开放打下重要基础。"

3.黄埔港要建成三万吨级的深水码头

当时在广东省计委工作的张烈负责港口建设，省革委会副主任刘田夫是省港建工作领导小组组长，张烈是二把手，还年轻，刚40出头。张烈性格很像他的名字，敢说、肯干，彭敏很喜欢他。他经常来北京向彭敏汇报工作，就和彭敏熟悉了。彭敏给张烈的感觉是这个主任很会工作。每次他上午到北京，下午彭敏就能听他的汇报都特别认真仔细，具体给他出主意想办法，因此张烈特别尊重彭敏。

1973年是起点，"三年改变港口面貌"初期办事很困难。广东省的港口建设各种物质都缺，主要是缺水泥。生产水泥的工艺大家都知道，并不复杂。用石灰石和黏土经过破碎、配料、磨细制成生料，再在水泥窑中煅烧成熟料，加石膏等磨细而成。广东有生产水泥的石材，但广东省历来缺能源，特别是缺电。大量生产水泥就有困难。有煤，才能发电。煤是重要能源，由国家管控。因此为了找煤，张烈三次到北京，终于找到计委的领导，张烈不客气地说："你给我一万吨煤，我就可以发电，做三万吨水泥。你不给我，我就去山西，天天给他们扫地，也要扫一万吨煤渣。"计委领导说："你还挺有干劲！"

他让张烈去找煤炭部,"不行再找我。"煤炭部起初没有答应,张烈在那里给计委领导打电话,这样才同意把北京的电力用煤给广东拨一点。有了煤,还要运回去。张烈又去找铁道部调车皮,因为彭敏在铁道部待过,大家都买彭敏的账,照顾得有头有尾。第二次张烈又去煤炭部,那些人见到他,"哈,好家伙又是你,有来头哇!"这次要二万吨煤,很顺利。广东省长刘田夫正在北京,张烈问要不要表示感谢?刘田夫说:"不用,这是正事。"

煤解决了,广东英德水泥厂还缺发电机组。张烈听说西藏有,可以借用,就派人去要。一打听那边说是上海的姚文元已经定了要借走,张烈就去和他们讲:"周总理要三年改变港口面貌,需要大量水泥,你们是不是支持一下!"他们就让给广东了。广东的问题解决了,但张烈惴惴不安,是不是把姚文元给得罪了。

建港还有大量的事要做,比如征地、购地、搬迁等等难度很大,张烈想想就发怵,跑断腿也办不完啊。这不是能拖拉的事,就去找彭主任。彭敏建议他请广东省委书记出面,给广州日报社长、记者找来,交代他们,要大力宣传建港意义,带他们参观沿海各县,指示他们坚持宣传,每天都要有港口建设的报道。这一招真见效,《广州日报》天天都有港口建设的报道,大家都了解港口建设的重要性,省、市各部门都帮助,港口的事情好办多了。

工程上也不断出现问题,一次是黄埔港的水下挖得太深了,挖到15米,超过了3米,设计的深度仅12米。结果海边淤泥迅速涌入沟里。张烈没搞过大工程,又犯了难,向彭敏汇报。彭敏帮他把全国港口方面的工程师都请来。当时还在"文革"期间,高级技术人员怕担责任,不敢说话拿主意。只说有两个办法可用:一是高压水冲,一是抛石头。张烈问:"到底怎么办,你们说呀!""你们都敢不说,我就说:两种办法都用。"就采取一边用水冲,一边抛石头,这样就解决了。马上就要过春节了,张烈想:"我要一离开,大家就都走了,工程就前功尽弃,这活算白干了。"他做出决定:"春节先不放假,大家一鼓作气,坚持把活干完,一直干到码头的桥吊安好,其他事都办妥再散,回家过中秋。"那时候大家觉悟都很高,干完后才回家。

张烈因为向西藏借发电机组的事,得罪了上海姚文元,张烈也担心怕挨整。但他运气好，很快迎来"四人帮"倒台的消息，还是粟裕的金秘书最先悄悄告诉他，他才放下心来。

到了后来，1979年7月起中央、国务院决定加快广东的建设。其中有全国重点的京广铁路复线衡广段、黄埔港、湛江港、云浮硫铁矿等。正在建设中的黄埔港、湛江港加紧了施工步伐。粟裕、谷牧等领导经常来督促，还有中央的领导人、各部部长，军队的领导也常来检查指导。

彭敏不止一次地对张烈说："你一定要仔细、认真做好老港改造、新港建设，宝钢的搬迁要和湛江港合作好，要先发挥作用，要把广东做得有声有色。"广东省的建港任务有：黄埔港三万吨级码头；湛江港要建十万吨级码头，给宝钢搬迁留用；还有汕头港、海口港、八所港、三亚港等，这些港口有新港，也有旧港改造，提高吞吐量。设计和资料，工程进度，彭敏都仔细看过，支持和指导张烈的工作。由于广东的港口建设进展很快，在全国带了头，于是决定把全国的建港会议安排在广东召开。

4.唐山大地震引起思考

1976年7月28日，唐山发生了7.8级大地震，极震区烈度为11度。市区各种建筑普遍倒塌和严重破坏，其中一般民用建筑震毁94%，工业建筑倒塌和遭受不同程度破坏的达90%；市政公用设施遭受严重破坏；全市供电、供水、通讯和交通全部中断。北京、天津及河北多地均有不同程度震灾。

国务院派出一支驻天津抗震领导小组，由彭敏带队为组长，还有几个部委的领导参加，如冶金部、化工部的副部长也在其中，还有一些专家共八九个人。他们自带行李、帐篷、工具，冒着余震的危险，先赶到唐山视察地震情况，后又转到天津安营扎寨，在帐篷里办公。

国务院在1973年开始从国外进口价值达43亿美元的成套设备和单机。这是一次大规模的引进，包括13套大化肥、4套大化纤、3套石油化工，1个烷基苯工厂，43套综合采煤机组、3个大电站、武钢一米七轧机等项目。因为很多项目设在天津，天津港口也是重点项目，如大化纤、石油化工等大型企业都在天津，国务院需要了解受地震影响的情况，故派彭敏带队前往天津调查。8月31

日，彭敏从天津给谷牧副总理打电话，反映天津不同意缓上大化纤等情况。

由于彭敏是国家建委副主任，在天津还同一些有关干部和专家一起帮助制订重建唐山市的城市总体规划，并根据唐山地震对建筑物的破坏程度，10月提出了城市总体规划方案，1977年5月中共中央、国务院批准了这个规划。新唐山建设的各种工程设施都严格按照国家规定的标准进行抗震设防，对生命线工程设施还适当提高了设防标准。

事后彭敏回到北京，与以前在大桥局的老同事刘麟祥和张虹村见面时仍不忘谈起工作。彭敏说："我们在唐山大地震的时候搞了个东西，很重要，按照京津唐地震实际情况，对建筑物按照安全等级和抗震烈度设防规范适当地做了些修订。你们可以拿回去看看，把你们修建的桥安全等级联系该地区抗震等级比对一下，是否达到要求。"后来他们再见面时都说，这个东西太有用了，不论搞什么工程建设都应遵守才行，这是对子孙后代负责任的事。曾参加修建南京大桥的张虹村说："南京大桥那时候正遇到困难时期，严格地说就没有达到这个标准。那是历史原因没办法。重点工程、重点城市应提高设防标准很重要，若都对照这个标准搞建设，再遇着地震损失就小了。"刘麟祥也说："只怕很多建设部门不照办，不重视安全的人太多了！"彭敏说："因此必须制订在国家城市建设规范里，不执行那就是违反规定，就是违法的，等到造成人民生命和财产的损失那就晚了。"因为他知道，作为建委副主任，建筑物要保证人民的生命安全是他应负的责任。

5.从来没忘大桥局

自打港口建设一开始，彭敏就有个想法，想把大桥局创造的管柱钻孔法和沉井法等新方法经验在港口施工中应用一下。在武汉大桥建好之后，他说过"新方法不仅在桥梁工程有远大的发展前途，在其他水利工程、海港工程、煤矿竖井、工业高炉基础方面都可广泛运用。"在视察港口时，特意留心各个大型港口的特点。

大桥工程局从彭敏离开后，没有辜负老局长的期望。1964年西南三线铁路中，承担了修建三堆子金沙江桥、宜宾金沙江桥、渡口雅砻江桥、乌斯河大

渡河桥、米易安宁河1～6号桥和枝城长江大桥的工程任务，1968年，虽然受
到"文革"的干扰，仍然完成了南京长江大桥的建设。"文革"之中，又完成巨
流河辽河桥、连地黄河桥、洛阳黄河公路桥等十多座桥的建设。但有一段时
间，出现了指令性任务日渐减少，经济上徘徊不前的局面。局里采取"广揽外
委，找米下锅"的应变措施。正好碰上总理提出的"三年改变港口面貌"的要
求，彭敏具体主抓港口建设。彭敏遂把连云港、天津港、宁波北仑港等的建设
任务交给大桥局，他对大桥局的勘测设计水平和施工力量是知根知底的。

◇ 彭敏在天津塘沽海门开启桥工地。正中穿军大衣是彭敏，左边是大桥局第三任局长
池涌波，右三副总工刘曾达。

　　连云港码头修建和扩建的两座突提式码头的扩展部分，每侧又有两个万
吨级泊位，伸出长度为400米，并铺有双轨铁路，包括港区跨线公路桥。码头
结构下部为钢板桩岸壁，上壁为预制钢筋混凝土板墙。该工程由大桥局四桥
处担任施工，1974年3月开工，1976年10月全部建成。该工程四桥处首次担任
海港码头建造任务，施工中克服了海潮的影响，顺利完成。后来，1981年大桥

◇彭敏在天津塘沽海门开启桥上。

局一桥处还承建了天津永和斜拉桥的任务，1982年承建天津塘沽海门开启桥的任务，以及配合宁波北仑港的施工任务。1991年5月到1993年3月，大桥局又接受了天津港第一港埠公司码头改造工程，把老码头的五个泊位改为四个万吨级泊位。该工程由大桥局勘测设计院设计，一桥处总承包。此施工工艺采纳了许多大桥局的新工艺：如新港码头在原码头前沿深水中采用吊箱钢围堰水下封底抽水施工工艺，是新港建港首次采用，有独到之处。

彭敏一直对大桥局有这样的要求："保持住武汉长江大桥建设敢想、敢做的精神；不断推广和发展新的施工方法，向保守思想和片面观点作斗争，在我国大江大河，一切需要桥梁的地方架起桥梁，使铁路四通八达。"

因此，从1978年后，大桥局进入新的发展时期，创造性地使用了大量先进桥梁技术，修建了一批结构新颖、造型别致、各具特色的桥梁。代表性的有：杭州钱塘江二桥、九江长江大桥、武汉长江公路桥、汕头海湾大桥、西陵长江大桥等。

6.让山海关桥梁厂承担重任

钢梁是我国建桥工程中的一个薄弱环节，从武汉大桥、南京大桥的经验来看，钢梁都几乎是卡脖子的事，因此彭敏一直没忘记山海关桥梁厂。这个厂与他的桥梁工程项目总是关联密切。1965年之后，西南三线修铁路，彭敏奋力推进从铆接梁到栓焊梁，山海关桥梁厂也跟着经历了10年到30年研制的磨砺。1970年坦赞铁路轨道上很多金属件，如：大量的轨距挡板、道岔等也要由这里生产。在特殊困难时刻，干部们、工人们从不计报酬，不计时间，克服各种困难，"急三线建设所急，一切为大桥生产大开绿灯"。因此这个厂在"文化大革命"中也没有停止生产，培养和历练了一支坚强的工人队伍和干部骨干。

为了完成"三年改变港口面貌"的任务，1973年开始新建、扩建的大型港口急需许多大型机械设备，像起重机械、挖掘机、卸煤机、大吊车等，这些为港口配备的机械设备也要有计划的生产。彭敏把试制十吨门座式起重机的任务下达给山海关厂，他相信该厂一定能完成此任务。

港口建设的任务也大大促进了该厂发展。由国家投资，工厂新建了门机车间，装备了加工设备，购进了我国少有的五米滚齿机等主要设备200余台，为以后开发挖掘机、卸煤机等新产品打下基础。在这个期间，工厂做了大量调查研究，积极配合试制工作，促进了批量生产。他们共生产了门机146台，为港口建设出了一把力，为国家节约近二亿元外汇。

进入改革开放新时期，党和国家把工作重点转到社会主义现代化建设上来，并对国民经济再次进行调整，提出对内搞活经济，对外实行开放的方针，对工厂的发展起到推动作用。他们新开发了一立米全自动液压挖掘机、卸煤机、装砂机和五吨集装箱产品的生产，新建了齿轮车间和卸煤机车间，工厂已成为初具规模的金属结构、道岔、集装箱和机械产品加工的综合性企业。此后，他们为港口建设的第二次高潮生产出了40米钣梁、锰中心、20吨集装箱、九江长江大桥钢梁、百吨吊、锰岔产品，等等。

山海关桥梁厂在特殊时期为国家做出了特殊贡献，是内外各种因素促成的。其中一个重要因素是工厂得到了各级政府、军队、地方的有力支持，这些都记载在厂志里，而列在第一位的正是彭敏负责的国务院港建办公室。

7.忙里偷闲去游泳

自从接了港口建设的工作，彭敏的工作都扎在会议中，那时候说"文山会海"对他来说不过分。因为港口遍布全国沿海大中小城市，又涉及铁路、矿山和城市的发展，就有轻重缓急等各方面，还有大量的物质调配的问题，这些还不是彭敏头痛的事,还有其他干扰,如开始时,"文革""四人帮"的干扰,"文革"之后人们还有极左思想、极右思想等,都不是他能左右的事。每天大会小会,有时开到深夜,星期天也如此。

有个星期天,他对出差临时在家的倍勤说:"我去游泳,如有电话找我,就说不知道,其他什么都别说。"他自己就去玉渊潭游泳了,也是为散散心。过了一会儿,电话铃响了,倍勤接电话,是秘书赵云栋,果然是找彭主任。问他在不在,到哪里去了?倍勤有了指令,只说不知道。赵云栋转了一圈,又打回来,问:"你到底知不知道?!"又过了一会赵又打来,问"是不是去游泳了?"倍勤平时跟他也很熟,有点同情他,笑着回答他"你怎么想你就怎么去找嘛!我只能说不知道!""你呀,我回头跟你算账!"赵云栋放下电话。

彭敏经常忙里偷闲去游泳,赵云栋是知道的。有时赵也主动表示愿意和彭敏一起游泳。有个星期天,赵云栋和彭敏从玉泉山那边出发,顺流而下。彭敏游得快,赵云栋游得慢,游一段,彭等小赵一会儿。司机小胡开车把衣服带到八一湖,在那里等他们。这是赵云栋有生以来游得最长的一次。小赵也找理由为自己解释,"是你懂得利用水势,游在河中间,水流冲得快,我是由于胆子小,只在边上,游得费力而且慢。"

还有一次,彭敏游泳被小偷盯上了,他在水里看到一个小伙子坐在他的衣服边,只想多注意点就行了,没想到把头钻进水里,再一抬头,坐着的人不见了,他的衣服也不见了,赶紧上岸,他的衣服和包没了,还好鞋还在,只好光溜溜穿着游泳裤走到大街上,回到办公室。赵云栋忙着给他找件衣服穿。他丢的包里有点钱和烟、打火机,还有证件,就报了警,没过两天派出所的民警就把在玉渊潭的干涸的水沟里找到的空包和证件送来了。

二、港口、铁路和桥梁要一并考虑

1.德方全体人员起立鼓起掌来

1978年前后,为了学习外国先进技术,改变中国的落后面貌,全国掀起了

◇1978年彭敏（二排右一）陪同谷牧副总理（前排正中）五国行。

◇彭敏在哥本哈根。右一彭敏、右三钱正英、右四方毅。

一股出国考察热潮。经党中央批准的国家级政府经济代表团有四个，分别赴西欧、东欧、日本和中国港澳地区访问。在四个考察团中，西欧五国团最引人注目，这也是新中国成立后中国首次向发达资本主义国家派出的国家级政府经济代表团。西方经济的自动化、现代化、高效率，中国与发达国家之间的差距之大，给中央决策层以很大震动。正是这次"睁眼看世界"，促成了中国实行对外开放政策。

1978年，以国务院副总理谷牧为团长的代表团赴西欧五国（法国、瑞士、比利时、丹麦、西德）访问。谷牧是国务院分管经济工作的副总理，团员包括水电部部长钱正英、农林部副部长张根生、国家建委副主任彭敏、北京市革委会副主任叶林、北京市主管工业的书记严明、广东省革委会副主任王全国、广西主管工业的省委书记朱广权以及山东省革委会副主任杨波等20余名从事经济工作的中央和地方各级领导干部，彭敏是代表团的秘书长。赴西欧五国团于5月2日出发，6月6日回国，行程36天。这是改革开放前夕一次重要出访，不单是外交事务，更是了解西方经济发展情况、探索经济技术合作新方式的极其重要的考察交流活动。上述五国对考察代表团亦十分重视，给予热情接待。访问中，中国代表团提出的各项参观要求，五国都作了周到的安排。五国工商界人士都争着同中国代表团接触，普遍表示希望中国很快强大起来，愿意同中国发展合作，在经济上扩大贸易往来和科技合作交流。

中国代表团还在回国途中，就开始热烈讨论起考察报告该如何撰写了。回到北京，在谷牧的亲自主持下，经过全体团员的认真讨论研究，向中央写了一份考察报告，详细报告了访问情况，提出了值得我国学习借鉴的经验和改进我国的经济工作、科技工作和对外工作的建议。以后的实践表明，这些具体建议大都被中央采纳了。

彭敏回国后对家人谈起这次出访，他说去德国期间，当介绍到"这位彭敏就是当年修建武汉长江大桥的领导者"时，在场的德方人员全体起立鼓起掌来。彭敏也没想到，吃惊不小。可见他在武汉长江大桥做出的成绩，得到了广泛的认可，他的名字已和武汉长江大桥紧密连接在一起。

◇1980年彭敏（前排正中）去日本访问。前排右三刘麟祥（铁道部基建总局局长）、右一赵云栋（秘书）。（刘麟祥提供）

后来出国访问的事逐渐增多。1980年6月，铁道部基建总局局长刘麟祥陪同彭敏去日本访问。

2.坚持长隧道的最后胜利

敢不敢修长隧道，这个较量在西南铁路大会战修襄渝铁路时就已存在，只是由于"文革"内乱，长隧道方案没进行。以那时候我国的经济实力和技术力量，彭敏和谭葆宪敢于叫板大巴山"20公里长隧道"，他们的学识和胆量也可见一斑。

在襄渝线彭敏敢于接管修长隧道，他就已经过深思熟虑，全面的技术分析，设备配套，各种情况的准备。后来由于"文革"，他无权过问襄渝线的建设。但他认定，在我国崇山峻岭上修筑铁路，长隧道是前进的方向，是他坚定不移的目标。

1978年国家实行改革开放，推动了沿海经济发展，京广铁路衡广段复线工程启动了。在衡广二线坪石至乐昌段就出现了修长隧道难题。

铁道部第四设计院设计的大瑶山长隧方案原有两个比较方案：一是两跨武水即长隧道方案，另一是四跨武水即沿武水方案，这两个方案曾有多次争论。因为长隧道截弯取直，既安全，标准又高，避免沿河崩塌病害以及施工对既有铁路的干扰，且线路还缩短16公里，特别还给广东省保留了一个淹地面积最小的水库，优势明显。但反对长隧道的人也不少，主要是怕施工没把握。

这时彭敏已是国家建委副主任，在他的积极支持下，由铁道部部长郭维城、基建总局总工程师谭葆宪主持技术设计鉴定会，审核同意了为期七年的大瑶山双线电气化铁路隧道设计方案，全长14.295公里，这是当时国内最长隧道。为了有更充分的把握，彭敏建议派谭葆宪参加访问瑞典的铁路代表团，实地考察隧道施工机械和作业技术，坚定在大瑶山开凿隧道的决心。回国后，经部长批准，一方面向国家申请外汇引进瑞典施工机械及技术；一方面调集全路隧道精锐组建隧道工程局迎战。最后铁道部将方案报国家建委，由彭敏、谢北一力排众议，拍板定案，通过了14.295公里长隧道方案。在中国山区修铁路，长隧道是当年西南铁路建设大会战时领导者共同的决心，郭维城为能定下大瑶山长隧道方案感慨万千，还赋诗一首。

◇1987年靳林等人在大瑶山隧道口。左起：蔡卫君、靳林（衡广铁路指挥部副指挥长）、刘大椿（副指挥长）。（靳林提供）

衡广铁路二线的大瑶山双线电气化铁路隧道是我国在改革开放中获得第一笔外国政府长期低息贷款的重点项目之一。1981年开工，靳林、刘大椿均为铁道部衡广铁路副指挥，参与了工程的组织施工的建设。在修建成昆铁路时彭敏为了广泛地采用和发展新技术，在成昆线搞了61个技术攻关战斗组，靳林非常赞同这一做法。他说，成立战斗组并且给予各级技术人员以全责、全权，实行"研究、试验、设计、制造、检验、安装、使用"七事一贯制，是个了不起的创意。它正确执行了党的知识分子政策，使科技人员有职有权，充分依靠和信任科技人员，调动了他们的积极性，才取得成昆铁路的成功。为此衡广铁路指挥部仿照成昆线新技术战斗组的形式，与铁道部科技局共同组织了钻孔爆破、喷锚支护、复合衬砌、地质监控、机械配套与管理、施工通风、注浆防水、新型轨下基础八个科研项目攻关组，深入工地指导施工，战胜了大量涌水及断层岩溶等困难。1992年大瑶山隧道工程被评为国家科技进步特等奖。

大瑶山隧道的建成，实现了彭敏长久的理想："修建长隧道，才能获得自由"。从1966年到1987年彭敏一直坚持隧道工程的技术进步，历经20多年，矢志不渝。

3.巧妙支持九江桥采用栓焊钢桥方案

成昆线栓焊桥成功后，一般的铁路桥都无一例外地采用栓焊结构了。但西南铁路栓焊梁最大跨度也只在80～112米之间，而在我国大江、大河上建桥还没有采用。承担大江大河施工任务的主要是大桥局，还是不愿意采用栓焊桥。一个原因是不敢用，怕不可靠，另一原因是我国没有合适的钢料。

当时无论栓焊钢梁桥、铆接钢桥的制造材料都是16锰桥梁钢，板厚只能用到24毫米。若超过24毫米，钢的强度与韧性就急剧下降，达不到铁路桥梁要求，因此必须研制新的高强度钢材才能建造大跨度栓焊钢梁。彭敏派赵燧章、潘际炎工程师到冶金部，请冶金部提供高强度桥梁用钢，并提出钢的力学性能要求。冶金部将此任务交给鞍山钢铁公司，鞍钢钢研所研究后建议采用15锰钒氮桥梁钢，正火钢，就是在16锰桥梁钢的基础上加入钒与氮元素，经热轧后正火。为此，铁道部与冶金部协商研制高强度15锰钒氮新钢材。

1966年焦枝线开始修建枝城长江大桥，为了进一步推进栓焊钢桥的进步，彭敏把枝城长江大桥建造栓焊钢桥研究任务交给西南铁路工地栓焊钢梁战斗组负责。铁道部基建总局令大桥局把枝城桥的资料送给潘际炎的战斗组。大桥局遂派叶启洪、张辛泰等带资料参加战斗组。

正当枝城桥的栓焊结构设计与高强度钢研究工作开展起来，不到半年，由于"文革"的影响，战斗组成员纷纷返回本单位闹革命，战斗组被冲散了。因此枝城桥的研究设计任务中断，战斗组把资料交还给大桥局。后来，该桥的铁路主梁仍是铆接梁，只在公路连接系上采用了栓接结构。

而铁科院人员与鞍钢的研究并未停止。1973年鞍钢实验室对15锰钒氮桥梁钢研究完成，可以投入生产。沙通线的"白河桥"是试验工程，首次使用15锰钒氮桥梁钢，跨度达128米。试验取得了很多经验，但结果不很理想，部分强度和焊后韧性没有达到预定的要求。于是有人当着潘际炎的面讥笑他研究"完蛋钢"。

1973年，即将开工的九江长江大桥上部结构设计方案有两种意见。一种是原设计意见，仍照武汉桥、南京桥修建米字形铆接连续桁梁，另一种意见是要采用国产高强度钢建造栓焊新型结构钢梁。

负责研究栓焊梁的"秀才"潘际炎知道这是个关键时刻，询问在铁道部科技委的主任武可久怎么办才好。武可久是铁道纵队最早的总工程师、资深的老桥梁专家。他说："要我说，简单、稳妥的话就是使用老办法。"潘际炎着急了："你是老专家，一定给我出主意……"武可久笑笑说："嘿，这个我当然知道，要想采用栓焊梁的话，你必须强调'高强、大跨、轻型、整体'这八个字。由于九江桥的钢梁主跨跨度达到了216米，比南京桥的160米大大增加了。九江桥的长度和工程量从客观上说采用栓焊梁最能突显其优越性。"实际上，铁道部基建总局设计处李福康工程师、工程处张扬生工程师等以及武可久都是坚决赞成栓焊结构方案的。

在铁道部原科技委、基建总局召开的会议上两种意见争论不休，只好上报原铁道部副部长彭敏。彭敏已是国家建委副主任，召集铁科院与大桥局同志在铁道部开了一次辩论会，会上两种意见各持己见，辩论很激烈。

彭敏对两方面意见心知肚明。一方是承担建造九江桥的铁道部大桥局，其局长、专家都是他的老部下。他们把采用大跨度栓焊钢桥方案的困难考虑得非常多：对解决力学性能、焊接制造性能良好的钢料与大直径高强度螺栓确实没有把握，因而情愿驾轻就熟沿袭铆接连续梁的老方法。而另一方是栓焊梁新技术战斗组为主的研究单位。采用新技术是彭敏的一贯指导思想，我国的栓焊钢梁历经十年的研究，已经取得了很大进步，但不能止步于大江大河之前，必须坚决支持栓焊梁的研究与实践，直到取得最后成功。白河桥试验不完全成功是前进中问题，是可以解决的。西南铁路建设在桥梁工程中采用多项新技术，其中栓焊钢梁和预应力箱形梁较为突出。栓焊钢梁与铆接梁相比，可以节约钢材10%～15%，且便于制造、安装和维修，有利于发展新型结构。

从1965年支持成立栓焊梁战斗组开始，新旧方法的争论不断。彭敏在成昆线第一次新技术会议上就指出："我们现在要走条新路，这条新路要一些'闯将'来走。往往我们有些同志，对旧的东西他可以接受，对新事物则吹毛求疵，新东西出点事就大惊小怪。新技术不可能没有一点缺点，对它要采取欢迎支持的态度，有缺点在实践中改进，而不是站在一边指责。现在我可以回答：搞新技术是'有把握'的，但'把握不多'。新东西把握会少一点，没有'把握'的东西，坐在屋子里等，不去实践，'把握'不会增加，就要不断实践，我现在就是这个主张……特别是修铁路，不论是焊接钢轨还是整体道床，出了点毛病就不行？栓焊梁有些裂缝，火车就会掉下来吗？我看没那么回事。"为此，彭敏对九江长江大桥做出硬性决定："采用新钢种栓焊结构方案。"

因为还在"文革"期间，人们还受极左思潮影响。彭敏接受以往的教训，采取策略：当场不直接做结论，而是上报由领导批复。会后1974年由国家计委、国家建委、国家科委批复："九江桥采用新钢种栓焊结构方案，新钢种和大直径高强度螺栓请冶金部协助解决。"彭敏的身份很特殊，他是原国家科委副主任兼铁道部副部长，现国家建委副主任。报上级领导批复，既走了程序，又巧妙地支持了"九江桥采用栓焊结构"的意见。

为了按照批复的意见办，铁道部采取了几个关键步骤。

1975年，铁道部科技委、基建总局先召集大桥局、铁科院、山海关桥梁厂讨论正式决定采用50毫米～60毫米厚的15锰钒氮桥梁钢制造九江桥，并进行厚板工艺试验。

1976年，铁道部科技委主任武克久率领铁科院潘际炎、大桥局邵克华和方秦汉、山海关桥梁厂安定国等到鞍钢，按双方研究制定的标准制造试验钢料500吨。武可久亲自带着潘际炎，请鞍钢总工程师龙春满亲自出马，下决心克服任何困难也要把它炼出来。冶炼时，龙春满总工程师真不简单，一直在炉前盯着亲自指挥。当时鞍钢的轧钢机小，厂房也不够大，16米钢梁太长，不得不把厂房的墙开出个大洞。

铁道部为了统一大家对九江桥建造的思想，于1976年组织桥梁考察团到日本进行桥梁考察，团长为基建总局副局长赵锡纯，设计处李福康工程师是具体组织人。成员有大桥局的王序森、闵之奇，铁科院的潘际炎，山海关桥梁厂的安定国，铁道部专业设计院的王作声。在日本参观了很多大桥，全都是栓焊结构，其中包括当时刚完工的大阪公路大桥和即将开工的本四大桥。他们带回了三把高强度螺栓电动扳手和好几种混凝土参和剂样品，这些都是在我国工程施工中急需的。

参观团回国后，1978年8月铁道部组织在山海关桥梁厂召开了九江长江大桥钢梁栓焊工作会议，会后大桥局特向铁道部进行汇报。报告中本着对九江长江大桥钢梁高度重视的精神，针对钢梁焊接和栓接有关技术问题和试验研究工作充分讨论协商，取得了一致意见。成立试验组，试验工作由大桥局归口，潘际炎任试验组长。

1978年至1981年在山海关桥梁厂进行九江桥的焊接试验工作，几经反复，试验结果终于达到了预定优质要求，定名为15锰钒氮桥梁钢-C，钢梁由工厂焊接，完善了栓焊钢结构在大跨度结构中的应用，填补了焊接用钢的空白；与此同时铁科研院、大桥局和上海先锋螺栓厂协作，共同研究出连接采用的大直径高强度螺栓。

这样我国用国产高强度钢材建造大跨度栓焊钢桥在材料、工艺、理论方面都没有问题了。1986年武克久和冶金部轧钢司司长张乃平率领潘际炎、方秦汉、安定国及铁道部物质局订货的同志一起到鞍钢，为九江桥订货。

1987年至1993年，经科研、设计、制造和施工单位的艰苦努力，建成了九江长江公铁两用大桥。大桥局的建桥职工顾全大局，长时间驻守在桥址两岸的九江市和黄梅市工地上，整整度过了21个春秋。这一整套先进技术，除日本外，其余发达国家都未能采用，达到了世界先进水平。

◇1990年彭敏看见九江长江大桥开始架设钢梁，脸上露出发自内心的微笑。左起：邱长庚、彭敏、李永平。（邱长庚提供）

九江长江大桥正桥钢梁全长1806米，主跨是180米+216米+180米的刚性梁柔性拱。桥式类似于1958年南京大桥总工程师梅旸春设计的方案。九江桥的外形新颖，钢架结构雄伟壮观。大桥采用厚板栓焊钢梁新结构推动了我国栓焊梁技术的发展，成为我国建桥史上里程碑。1990年底，彭敏去南京看望大桥局的建设者之后，特意到了九江市。当时九江长江大桥正在架设钢梁。从70年代起彭敏就力主开拓栓焊钢梁的进步，历经近20年，照片上看出彭敏内心充满成功的喜悦。这张照片是在九江桥南岸边向北岸照的。

九江长江大桥是继武汉长江大桥之后我国长江上建造的第八座大桥，也是当时我国最长、工程量最大的铁路、公路两用桥。它的建造时间最长，通航跨度最大，耗资为当时之最。九江桥在建造初期适逢国家三年困难时期，建设资金相当困难。直至1973年12月才正式开工建设，又遭遇"文革"期间，工程几近停顿。改革开放后，"小京九"变"大京九"，大桥工程才顺利进展，终于在1994年初公路、铁路全部修通。由于九江桥的材料、结构、工艺采用了大量先进技术，其中有不少首创的施工工艺与重大的创新项目，反映了我国当时最先进的建桥水平，荣获了1998年国家科技进步一等奖及其他多种奖项。

改革开放后，国家进口了很多先进的炼钢轧钢设备，钢铁工业冶炼、轧制技术取得了很大的进步，有真空制锭、炉外精炼法，连续铸造法等，为钢材降低碳和减少硫、磷、有害杂质提供了条件。武钢新进口的1.7米轧机，作为国家重点项目的河南舞阳钢铁公司自行设计、制造和安装了4.2米轧机，解决了轧制最宽最厚特种钢板的问题。后来又在九江桥15锰钒氮桥梁钢研究的经验基础上，铁科院、大桥局与武汉钢铁厂、舞阳钢厂联合研究冶炼轧制成14锰铌桥梁钢，用此钢建成芜湖长江大桥。14锰铌桥梁钢解决了15锰钒氮桥梁钢焊接困难的问题，品质更优良了。从此以后我国大大小小的铁路桥梁都采用栓焊结构，铆接桥梁彻底退出了历史舞台，完成了铁路铆接钢梁向栓焊钢梁过渡。

从成昆铁路开始研发的栓焊钢梁，结束了我国铆接钢梁100年的历史，开创了我国栓焊钢桥的新纪元。以"秀才"身份挂帅的铁科院工程师潘际炎，被破格晋升为研究员、博士生导师，栓焊钢梁新技术战斗组，经历了30年终于出色地完成了这项研究。潘际炎研究员回忆说："成昆铁路栓焊钢梁研究建造成功，是全体科研、设计、制造人员奋斗努力的结果，很重要的也是吕正操、彭敏、谭葆宪等同志的正确领导和支持的结果。"

彭敏最解其中滋味。他一生中接手的大型工程、各项任务，硬骨头很多，但桥梁钢的进步是最硬的骨头，因为它涉及国家的工业基础、各个专业、经济实力，任何一步若退缩心软，不去坚持，都能找到充分的理由，但是彭敏仍坚持不动摇，这是他成功的法宝。

4.他心痛屡屡被撞的大桥

武汉长江第一桥自从建成之后到2012年，被过往船只撞击达70多次。

1982年11月7日，一艘1000吨打桩船在二艘900马力拖轮的顶推下，向上游过桥。当时汉阳岸桥头晴川阁正在修楼，船上的领班转头看高楼，没想到船上的架子太高，高过大桥钢梁2.5米，打桩的重锤一下子撞在钢梁上，导致武汉长江大桥的第四孔钢桁梁下弦杆受重撞变形。京广铁路被迫中断。

当时铁道部部长陈璞如很重视，来到大桥局，责成刚从大桥局调任工务局局长的张虹村全权处理此事。张虹村让大桥局设计处探察撞伤情况，设计并修复。设计处的钢梁结构专家曹桢工程师和工务局的钱士键工程师主持办理这项修复工程，还有大桥局杨进工程师和肖永福工程师参与设计。他们看过之后，曹桢拿出一个方案，用平衡顶的方案对受伤部分进行矫形，使其恢复到平整的状态，对行车和安全等影响较小，工程规模简单，耗费不多，铁道部批准采纳此方案。设计师杨进完成设计、画图和修复和加固工作。

由于要求维修期间不能停止铁路运输，而通过车辆应当控制多大时速呢？要进行动态测量和静态测量。没有测量设备，只好自己计算，那时还没有电子计算器，只能通过手拉计算尺和手摇计算机计算。曹桢工程师全凭自己进行理论分析和实际计算。根据计算结果，限定时速为40公里。而运输部门嫌太慢，提出能否把时速提到50公里，经曹桢工程师计算后，指出这个速度正好产生共振，破坏性无限大。由于他精确的力学计算，无形中避免了更大的事故。

彭敏比谁都心痛大桥。在武汉大桥建成时就已考虑到日后船只撞桥的问题，60年代初曾责成殷万寿工程师兼顾研究桥墩防撞。1973年彭敏任国务院港建办公室主任时，也要求上海港口建设局研究所的研究人员不仅研究船只防撞还要考虑大桥防撞的问题。

1982年11月那次大桥被撞前不久，彭敏在国家经委任副主任，铁道部正好请他代表国家去验收湘桂线上红水河斜拉桥。该桥是我国第一座铁路预应力混凝土斜拉桥，居世界第四位。彭敏与铁道部的总工程师谭葆宪、铁道部科学研究院院长程庆国准备一起南下，因为该桥设计负责人就是程庆国。正好铁道部负责处理武汉桥被撞事故的工务局局长张虹村也要去武汉，于是两伙人一道乘公务车，车上还有大桥局的副总工程师殷万寿、林荫岳。他们决定先去武汉长江大桥，之后再去红水河斜拉桥。这些人和彭敏十分熟悉，一路同行说说笑笑都很随便。

一路上大家议论大桥被撞之事。火车过桥，在武汉长江大桥上向长江下游望去，刚好看到停靠在岸边那条被撞坏的打桩船。铁道部总工程师谭葆宪说："你们看看，桥墩把船撞成这个样子！"曾在大桥局任副局长的张虹村有些不悦，说："老同志，桥是静止不动的，是船撞到我们的桥上……"还没说完，彭敏就从背后拉他的衣服，不让他说下去："说话要客气点，要尊重老工程师。"谭总工程师接着说："这么严重，你们怎么不想想办法呢？"彭敏对谭总工程师说："嘿嘿，谁说没想办法，你问问他。"他指了指旁边坐着的大桥局副总工殷万寿。殷万寿笑着说："咱们老局长从修建大桥开始就给我这个任务，要我研究桥墩防撞的办法，只不过到现在还没有什么更好办法！"谭葆宪年龄比彭敏年长八岁，是资深的老专家，彭敏很尊重他。

据说桥墩防撞的问题最终还是解决了。采用一种特种材料围在墩身水面下，这种防撞材料还能随着水面涨落，不会露出水面。这种防护装置已在南京长江四桥、大胜关长江大桥、浙江嘉鱼长江公路大桥的桥墩上加上了。

武桥重工集团（原大桥局机械经租站）与武汉理工大学合作成立了国内首家桥梁防撞装备研究中心，也研制出一种桥梁"防撞衣"。武汉航道部门给武汉附近一些桥梁桥墩都穿上了"防撞衣"，叫可浮式截面柔性防撞装置。如天兴洲公铁两用大桥、汉宜铁路大桥、武广客运专线北江特大桥、夷陵长江大桥等，唯独没给屡屡受撞击的武汉长江第一桥穿上这种新材料。其原因竟是由于它"太结实了"，耐撞。理由是武汉长江第一桥是苏联参与设计的，用的材料是最传统的，桥墩建得非常结实、耐用，最能抗撞，一般船只的碰撞事故对它的安全没有影响。另一理由似乎有些道理，就是武汉长江大桥桥墩多，跨度较小，通航空间有限，若再穿上"防撞衣"，会使航道变窄，影响船舶通行。

在外人看来，轮船过桥，就是把船开过桥的轻松之事。事实上，轮船过大桥，有很多规定，不管是上水船，还是下水船，都要先跟大桥监督站联系报关，发出过桥请示，得到批准后方可过桥。船要过桥，船上的人必须集中精力，看准航标过桥。武汉长江大桥处江面窄，长江水深流急，水量又大，过往船只必须严加防范，提高注意力，摆正船头，要严格按照航标行驶，避免撞桥。长江第一桥的桥墩确实很结实，但再结实的桥也经不起反复冲撞。在此之后大桥又被重撞两次。1990年7月28日，一只重达900吨的吊船正面撞上武汉长江大桥，而且撞击得很严重，为此维修了一个月。这只吊船过江之前，已联系监督站，监督站指示它把老吊长臂降下来，没想到老吊放下后却翻倒了，老吊长臂后面的平衡臂翘起来了，船头偏斜，正撞到4号墩上。2011年6月6日，一艘万吨级油轮撞在7号桥墩，这是最严重的一次。《中国铁路桥梁史》记录了新中国成立以来历次船舶碰撞桥梁事故。

武汉长江第一桥的设计在1953年，受那时候的国力和材料的限制，用了8个墩，跨度是128米。南京长江大桥的跨度是160米，九江长江大桥最大一跨是216米。彭敏希望随着科技的进步，国力的增强，大桥桥墩的防撞技术还会提高，把武汉长江第一桥也防护起来。但更好的办法是少设桥墩，增大桥跨，大大减少由于桥墩过多造成对船只过桥的碰撞概率。

彭敏这次去南方，是为验收湘桂铁路红水河第二线桥。这是我国第一座铁路斜拉桥。斜拉桥结构合理，能充分发挥材料的效能，跨越能

◇1982年彭敏在湘桂铁路红水河第二线斜拉桥上。中间是彭敏，后是张虹村（铁道部工务局局长）、谭葆宪、程庆国、殷万寿、林荫岳等人。（张虹村提供）

力大，适用范围广，是现代桥梁的发展方向。此斜拉桥的建成，标志着中国铁路桥梁技术的新发展，这是彭敏很关心的事。后来在2013年开始修建的鹦鹉洲长江大桥（公路）采用了悬索桥新技术、新材料。大跨度，只有三个墩，几乎四跨过江，有效地降低了桥梁被撞的概率。

武汉长江大桥建成已近60年中屡屡被撞，不仅是像彭敏这些建设者十分心痛，国人听到见到也非常关心。但大桥虽然多次受伤，都经受了考验，依然雄伟壮观，成为人们热议的话题。尽管全国的江河上已有许多更富梦幻般的现代型桥梁，人们仍觉得它是最美的桥梁，对它的爱有增无减。

武汉长江大桥对于国家的精神意义更为重要。2013年5月国务院核定《第七批全国重点文物保护单位》时，将武汉长江大桥作为"近现代重要史迹及代表性建筑"入选，也表达了全中国人民，特别是武汉市人民对武汉长江一桥的无比珍惜和依依深情。历史学家称它的价值表现在五大方面：见证新中国建设成就的历史价值；凝聚无数国人征服长江天堑梦想的精神价值；贯穿祖国大江南北的实用价值；体现当时中外桥梁建设最高成就的科学价值以及融合东西方建桥文化精髓的艺术价值。

◇1982年11月，徐宽福与彭敏（右）在枝柳铁路石门站验收现场。（徐宽幅提供）

5.贫困山区的枝柳线和渝怀线

枝柳线花了12年建成，于1970年开工，1983年才建成通车。1982年，国家经委副主任彭敏作为枝柳铁路国家验收团负责人，与枝柳线铁路施工方铁二局负责人徐宽福在石门车站见面了。两人见面有好多话要说，但在那个场合，不便叙家常，彭敏只问："你还好吧？"徐忙说："还好，还好！"当年徐宽福被派去支援坦赞铁路建设，任副总工程师。彭敏去坦赞解决铁路建设受阻的问题时，两人见过面，十分亲切。徐宽福从坦赞回国后，参加了一段湘黔线的建设，后来参加枝柳线修建，同样都是难啃的骨头。

彭敏在国家建委时就听铁道部部长吕正操说过："焦枝线、枝柳线两条铁路都修了十年多了，长期不能发挥效益。"枝柳线是路网中重要的铁路之一。枝柳线起自湖北的枝城，经湖南的石门、慈利、大庸、古丈、吉首、麻阳、怀化、会同、靖县，至广西的八斗、融安、洛满、与黔桂铁路接轨，然后再经柳江至柳州，全长886公里，有桥梁476座、隧道172座，沿线丘陵绵亘，山势陡峻，地质复杂，有多处高填深挖工程，桥隧相连，施工难度很大。

徐宽福对彭敏说："这条线周期长，历时12年。因为'文革'的干扰，施工机构几经变迁，而且路基防护工程多，病害整治花了很大力气。湖南古丈一带是湘西革命老区，贺龙就是湖南桑植人，滕代远就是湖南麻阳人。这里又是蛇区，专设研究所，有各种毒蛇，曾咬伤不少人。湘西和桂北山区都是少数民族聚集的地区，又是当年红军活动的地方，生活极为贫困，很需要铁路，通车后会好起来。"他还说"我修西南铁路快30年了，几条铁路都已电气化，运输能力大大提高，但仍不能满足经济发展的需要，所以西南正在建设入海通道南昆线，有的还要修复线。现在四川省又提出修重庆至怀化的铁路，可代替原设想的川汉线，走长江南岸出川。"

彭敏听他介绍，特别是他提到四川省要求修从重庆至怀化的铁路。这条铁路正是在西南铁路大会战的初期，吕正操、彭敏考虑到当时国力不足而建议缓修的川汉线。这条铁路途经酉阳、秀山、黔江、彭水等地至怀化（渝怀线），是当年彭敏向毛主席保证过的，现在已被提上建设日程，太好了，了却彭敏的一桩心事。他更深刻理解毛主席当年为什么在那么困难时期提出修该铁路，特别指出要通过"酉、秀、黔、彭四地"，因为这条铁路不仅是四川的通道，而且是他老人家关心的西南革命老区、少数民族地区通向幸福的重要之路。

6.考察青藏铁路，决定暂缓修建二期工程

1977年彭敏代表国务院工作组为修建青藏铁路去青藏高原考察，正逢国庆节。彭敏在关角隧道口和铁道兵十师官兵留影纪念。

◇1977年国庆节国务院工作组去青藏线视察，在关角隧道口与铁道兵指战员合影留念。二排左四彭敏（国家建委副主任）、左二潘田（铁道兵副参谋长）、一排中间姜培敏（铁道兵十师师长）。（铁道兵纪念馆提供）

这是修青藏铁路西宁至格尔木段，全长845公里，是计划修建青藏铁路的第一期工程。这里位于"世界屋脊"的青藏高原的北面，是国内海拔最高的铁路。铁路沿线有高山、沙漠、戈壁、草原、沼泽地，还有盐湖、盐渍土等特殊地质地段。穿越关角的隧道长达4010米，海拔达3690米。关角隧道历时五年零八个月，修建过程中共战胜大小塌方130次，是建成的中国海拔最高的隧道。西宁至哈尔盖段由西宁、兰州铁路局等单位施工。哈尔盖至格尔木段是最艰苦的地段，有683公里，由铁道兵第七、十师来修。青藏线从1959年修到1974年，其间三上三下，停了很长时间。这段铁路于1974年开始大规模建设，主要是铁道兵十师继续施工，1979年9月铺轨到格尔木，并向前修建31公里到达昆仑山下的南山口车站。

青藏铁路一期工程（哈尔盖至格尔木）之后，决定是否继续修青藏铁路还是修滇藏铁路、川藏线拿不定主意，为此国家计委派彭敏再次去青藏考察。

80年代初，由国家建委副主任彭敏牵头，组织中国科学院、国家地震局、地质总局等单位组成国务院专家组去青藏线考察。陈嘉珍是原铁道兵的总工程师，因此决定由他陪同彭敏前往格尔木。陈嘉珍1933年出生，唐山铁道学院毕业。六七十年代铁道兵在东北修铁路的时候，他看到过老档案里有彭敏写的《津浦铁路淮河大桥》，还是蓝色油墨打印的材料。铁道兵的老工程师都知道彭敏，是铁道兵的老资格。陈嘉珍此次陪彭敏考察是在1984年7月，在青藏铁路通过国家验收交付运营之后。原铁道兵一起去的有潘田工程师，是与彭敏非常熟悉的老战友，还有原铁道兵司令部作战处参谋王国卿、李世训也在专列上。车上王国卿常陪彭敏下棋，打发难熬的时间，克服身体对高原的不适，毕竟彭敏已是60开外的老人。彭敏和他们为了青藏铁路也不止一次上高原。

原铁道兵工程师们与国务院的专家组一起对青藏线建设运营情况进行了综合考察。考虑到青藏铁路一期工程的代价太大，这个代价主要指几个方面。一是人员伤亡的代价，由于高寒缺氧，医疗设备及生活准备不足；二是设备、机具跟不上，很多一流的大型机械设备像推土机，拿到那里，由于环境影响，功能下降，无法发挥作用，损失大；三是投入费用太高。彭敏还说最关键是因为"冻土"的问题没解决，因此初步鉴定结果：暂缓修建青藏铁路二期工程。

7. 兖石铁路上喜相逢

1985年位于山东南部一条308公里的铁路修通了。该铁路西起津浦铁路兖州以南的程家庄站，东至黄海之滨的石臼所港。国家计委报请国务院，建议成立兖石铁路国家验收委员会进行国家验收。国家验收委员会拟由国家计委、国家经委、铁道部、经贸部、山东省等部门同志组成，国家计委派一名负责同志任主任委员。经国务院同意，派彭敏为国家验收委员会主任前往山东进行验收工作。

为什么一条连地名都很生疏的铁路受到如此高度的重视呢？这条铁路和石臼所港的建设同步进行，对山东省的经济建设有重要意义。它是兖州煤矿和滕枣煤矿，也是山西煤矿的出海通道。

港口建设初期考虑到中国出口煤炭、进口铁矿的发展前景，认为有必要在沿海选点建10万吨级以上的泊位。1978年交通部组织20多位专家教授考察了连云港、岚山港、石臼所港等，研究在何处建造10万吨级煤炭出口码头为宜，争论激烈，两个省都争着上这个项目。经多方评估，采纳赵今声专家的建议，在石臼所建港，认为石臼所位于钩形海湾顶部，没有回淤，深水海岸长，岸上作业场地宽阔，靠近煤炭资源（山西）的优点，差的是没有铁路。石臼所港是一个深水大港。年吞吐量扩大1880万吨。第一期工程包括一个10万吨、一个2.5万吨和一个万吨级泊位，设计年输出煤炭能力为1500万吨，成为全国最大的深水泊位的煤炭专用码头。

兖石铁路通过兖州，西连菏泽、新乡、焦作及太焦铁路，东结石臼所港，构成了晋煤外运的南通道，同时也为山西、河南的经济发展增加了一条大动脉，多了一条出海口。

国家高度重视。1979年，谷牧副总理做出决定，中国借用日本政府海外协力基金贷款，这是我国在改革开放中获得的第一笔外国政府长期低息贷款，用于安排石臼所港口、京秦铁路、兖石铁路、秦皇岛港口二期工程、衡广铁路大瑶山隧道和五强溪水电站这六项基础建设。并指示加快两港（石臼所

◇1985年12月，刘居英陪同彭敏验收兖石铁路。右一罗有志（中铁建十一局局长）、右二彭敏（国家计委副主任）、右三刘居英（原铁道兵副司令员）、右四宋一民（山东省副省长）、右五尚志功（铁道部副部长）。（铁道兵纪念馆提供）

港、秦皇岛港）两路（兖石路、京秦铁路）建设的决定，限期在1985年建成。

彭敏带领着国家验收委员会的人员来到现场。"彭敏！"彭敏一眼看到这位老战友，身材高大，神采奕奕。"刘居英！"刘代表施工方，是原铁道兵副司令员。两人一见面非常亲热，相互握手"没变，还是老样子！"这两人是1948年东北哈尔滨铁路局正、副局长，一个管运输，一个管修建；1951年到了朝鲜铁道军事管理总局，一个管抢运，一个管抢修；现在一个代表国家施工方，一个代表国家验收方。"哈哈哈！"两个老朋友谈笑风生。但也不误国家大事，严格进行了验收程序。从兖州上了火车开到临沂，彭敏和刘居英坐在公务车的尾部，可以直接观察火车行驶和铁轨路基等情况。他们都是老铁路，都会开火车。新线开通，兖石线按标准初验时已通过40万吨运输，此时列车按45公里时速前进。彭敏说："你若不跑80公里，我就不验收了！"因为彭敏是内行，这条铁路按单线I级干线设计，跑80公里应没问题。刘居英不示弱，"行，就给你跑个80公里！"铁道部十四局闫九江局长一听急得头上直冒汗，赶紧通知所有交叉路口都封闭，并派人看守。彭、刘二人开始卡表，列车平稳快速行驶。这条路在修的时候为满足将来运输的要求，采取了许多技术措施，又有中央提供贷款条件，解决薄弱环节，如道岔等问题，路基道床全都用压路机压过，质量是放心的。

在签写验收报告时，铁道部工程指挥部（原铁道兵）的副指挥陈嘉珍在现场。他说，一般情况在验收时都常发生扯皮现象，主要是因为"钱"的事，而这次很痛快。彭敏说："都开到80公里了，还有什么问题！"这个内容被写在验收报告中："在这次验收中，对巨峰至高兴区间线路质量进行检查，行车速度达到每小时八十公里，列车运行平稳。"

签字后，彭敏在兖石铁路签字仪式上讲了话，代表国家对参加兖石铁路建设的铁路职工和原铁道兵指战员、沿线民工表示感谢，对给与建设大力支援的有关部门和各级地方政府及群众表示感谢，特别提到感谢沂蒙山区的老区人民以支援解放战争那样的革命热情来支援建设，也许是因为他回忆起当年抢修津浦线铁路时，老乡们赶着牛车、马车运送铁轨和枕木的长长的队伍。

1987年日本海外经济协力基金先委派监理部武田课长来华,后又派监理部评价课经济专家和技术专家来华对兖石铁路实地考察,评价"印象极佳,认为是一个优良项目"。

8.京秦和大秦铁路是解决晋煤外运的通道

京秦铁路、大秦铁路和兖石铁路一样,都是中央指定的日本海外经济协力基金六大项目。1975年1月,全国人大四届一次会议决定交通部划分为交通部和铁道部,任命万里为铁道部部长。

在1978年党的十一届三中全会之后国务院批示给铁道部的十大会议纪要有七项都与港口建设密切相关,彭敏代表国家建委、国家经委参与研究决策国家交通能源重点项目。把铁路建设重点放在晋煤、豫煤外运能力

◇1986年底在山海关召开京秦铁路国家验收会议。彭敏(左四)和邓存伦(左五)一起参会。

和加强港口后方铁路运输能力上。铁道部副部长邓存伦配合国务院这一决策，主抓京秦铁路和大秦铁路。邓存伦生于1914年，是1929年参加工农红军的老革命。

京秦铁路起自北京枢纽的双桥车站，终点到达秦皇岛东站，是晋煤外运的重要通道，对促进沿线工农业生产的发展，缓和华北地区铁路运输紧张局面和加快出关货物运输有重大作用，也是中国铁路首次部分利用外资修建的双线电气化铁路干线。大桥局承担了京秦线上滦河大桥和青龙大桥的任务，都提前完成了任务。

大秦铁路是以运煤为主，开行重载单元列车的双向电气化铁路，俗称"重载大运量"，是从大同修往秦皇岛行程653公里的运煤出海通道。彭敏一贯主张港口必须与铁路相联系，并且要实现现代化运营，以便进出货物通畅，消化和吸收快速。为适应年运量1亿吨和开行万吨重载单元列车的要求，在机车、车辆、通信、信号、工务、铁道供电、运营管理等方面，采用了大量以广泛使用微机为特点的91项先进技术和设备。在秦皇岛港三期煤码头处设有环形卸车线，有两台不摘钩连续翻车机。翻车机前方设有解冻库，冬季列车通过解冻可达到不摘钩整列卸车。

京秦、大秦铁路终点都是秦皇岛海港，共有万吨级及以上的泊位14个，包括与京秦铁路建设同步扩建的深水泊位，能停10万吨级货轮，吞吐能力达到5000万吨。与之相配合，铁路的原秦皇岛老站改为秦皇岛南站，新建了秦皇岛站作为港口服务的工业站，并修建了一些联络线和码头线。同时还修建了一些必要的立交疏解进路，保证了运输通畅。1986年12月，在山海关举行了隆重的京秦铁路国家验收会议，由彭敏代表国家计委，邓存伦代表铁道部，北京市领导、秦皇岛市领导及参加港口建设的单位近百人参加了会议。

从秦皇岛港口建设开始，谷牧副总理在建港领导小组首先提议并研究，提出从港口吞吐的每一吨货物中收取一元，作为港口建设的配套费。这个办法商得国家计委、财政部同意，先在秦皇岛实行。这样算下来，秦皇岛每年可由此筹资几百万元，很能办一些事情，秦皇岛市政建设得以大大改善。这个搞活经济的做法对以后全国的港口建设起了巨大的推动作用。

三、一桥一路都荣获国家科技进步特等奖

1.含泪写下的序言

在为一本即将出版的书写序言的时候，特别是给一部伟大的工程总结写序言时，一般人应当为此作品欣喜万分，不免有许多赞美之词洋溢在其间，充满庆贺之意。然而看到彭敏1982年10月给《南京长江大桥技术总结》写的序言，却感觉在字里行间饱含热泪，是喜、是悲、是颂扬、是遗憾，各种情感交织在一起，复杂、激动，又难于表达。

南京长江大桥是从1958年9月开始筹建，1968年9月建成通车。这部技术总结1982年完成初稿交给他，铁道部大桥局请他为此书写个序言。他写道："披阅之下，感慨万千，也非常欣幸"可以看出他读到这部书稿时的心情是波澜起伏，难以平静。

他欣喜，喜的是千难万难这个桥终于建成了。在序言一开始，他就抒发了他的心情："南京长江大桥毕竟是我国最大的、最复杂的、能够标志着我国桥梁工程水平的一座桥；它是我国劳动人民——工人、工程技术人员、科学工作者及工程组织者的心血结晶和劳动成果。是新中国建设中一个举世瞩目的巨大工程。"

南京长江大桥的建成本身就是令他最欣慰的一件事了。在他领导修建武汉长江大桥的同时组建了一支建桥队伍。这个队伍在建设武汉长江大桥的基础上，在桥梁工程技术工程组织上又提高了一步，是一个新的开端。不论在深水急流中的基础设计和施工；大跨度钢梁的设计、制造和架设；桥梁机械的制造和发展；以及这种特大型工程的科学组织和管理，都取得了一定的经验。后来在长江上游、黄河、淮河、湘江、珠江又修建了很多桥，而建设这个队伍的主要目标是南京长江大桥。因为南京所处的长江段，水更深更阔，技术难度更大，是过去从来没有人敢于设想和尝试修桥的地方，而我们的建桥队伍突破了。不论在设计、施工、组织管理的水平都比武汉长江大桥显著地提高一

大步。

在1960年7月彭敏因工作调动离开大桥局时，临行嘱托：一定要"把这只建桥队伍建设成为一支在党的绝对领导下的战无不胜攻无不克的精兵。"南京长江大桥的建成让他体会到了他亲手培养的这支队伍已经具备强大的实力。他的这个理想实现了，这支建桥队伍，也在一代传一代地接续下去。

彭敏对这部技术总结也给予了充分肯定："这本技术总结的出版是迟了，但还是有意义的。对今后桥梁事业、桥梁工程技术的发展，对'四化'的建设还是有用的，是一个有益的贡献。""这些资料经过了十年的浩劫，竟能完整地保存下来，也是我没想到的。"

再往下看，感到他的悲愤和痛心，他是饱含着泪水写下去的。他痛心的是建这个桥竟然花费了10年时间，而写这份技术总结又用了14年。

武汉长江大桥建成通车，大桥局集中力量用了半年时间编写了武汉长江大桥技术总结。那是在长江上修建的第一座桥，是第一个桥梁建设的技术总结，是有一定难度的。但他仍嫌用了半年时间太长。他在武汉长江大桥技术总结的序言中说："迟到半年，这部总结才算编出来！"实有责备之意。可以想象他那时的心情多么迫切，期望社会主义建设事业能一日千里地发展前进。他还说："这不过仅仅是开始，在我们的长江上将不是一座桥，而是要有许多桥。"他要总结经验，正是为继续修建南京长江大桥之用。一个桥建成，迅速地转入下一个战场。他在序言上为之感慨，写道："24年这一段历史是过去了，而桥却与它脚下的滚滚江流常在，逝去的是时间，而不是人类的创造；逝去的是水，而不是长江。"他说桥留下了，损失的是时间，而他心里最珍惜的就是时间，他一辈子都在抢时间，不为别的，只希望自己能为人民多修些桥。令他没想到的是用十年时间建成南京长江大桥，超过计划安排的时间一倍以上。"可是从具体的历史条件来说，南京桥能坚持建成已属不易，没有周总理的支持也是不可能的。"

他为建桥的广大职工作了解释："用了这样长的时间，不是建桥广大职工的错，他们日日夜夜在滚滚波涛上出生入死，艰苦奋战；不是勘测设计出了什么差错，勘测资料是完整准确无讹的。设计方案是精心创作的，经过三次全国性技术协作会议的研究讨论和严肃认真地审查鉴定，是正确的、优秀的、有创造性的，也是经过施工实践的检验，现在说已经过了14年运行的检验；也不是施工组织的失误，在施工中严密协调的组织工作，以科学的态度从实际情况出发，解决深水急流中定位、下沉，克服摆动等一个又一个工程技术上的难题，没有发生大的事故，确保了施工安全。"

他最遗憾没能亲手把南京长江大桥建成。作为一个搞建设的人来说，是不情愿在没完成的时候离开，而且是在最困难的时候。他是无可奈何，但必须服从命令。他遗憾地对大家说："我回部里，虽仍主管建设工作，已不能和现场的同志们风雨同尝艰苦与共了。"

令他最为悲伤的事就是大桥局的职工又经历了"文化大革命"的磨难。虽然在周总理的支持下，于1967年8月钢梁架通，1968年9月铁路通车，12月公路通车。在"文革"中，很多大桥局的领导干部和工程技术人员、职工被打成失去自由的"囚徒"，但还是怀着对党和人民的无限忠诚，艰难地把钢梁接通，完成南京桥的建设，这些情景总是令他悲切不已，扼腕痛惜。

那些在南京长江大桥建设工作中有卓著贡献的同志，如已故的总工程师梅旸春同志、工程地质学家谷德振同志以及王治平、杜景云、杨在田、周永生等同志，也常常引起他深深地怀念，时时梦牵魂绕。他想起明代文学家杨慎的名句："滚滚长江东逝水，浪花淘尽英雄"。他们都是建设南京长江大桥的英雄。

2.南京长江大桥评奖后面的故事

南京长江大桥的成就获得了党、国家和人民的肯定与嘉奖。1981年6月27日，中共十一届六中全会通过的《关于建国以来党的若干历史问题的决议》，把南京长江大桥作为一项重要成就记入。1999年新中国成立50周年，南京长江大桥与第一颗原子弹和第一颗氢弹一样，被列入国家重要成就项目之一。1978年获全国铁路科技大会优秀成果奖与全国科学大会奖；1985年9月，南京长江大桥建桥技术获得国家科学技术进步特等奖。

以梅旸春为首的七位总工程师获得个人奖，梅旸春已于1962年去世，其余六人是王序森、刘曾达、陈昌言、曹桢、殷万寿、邹义章。他们都是做出很大贡献的人，其余还有许多的获奖人员没写在名单里，分别拿到获奖证书，大家也心服口服。周璞回忆说自己是排在第20名。这是国家首次设立的奖项，而且是特等奖，对于大桥局确实是很大的荣耀。

随着时间推移，又过了20年，事情逐渐淡忘了。2015年，因为被问起南京大桥获奖的事，大桥局的老工程师周璞为了说明白，去翻找在办公室存放的资料。他看见当年上报的全部材料，但发现上报的主要人员名单与实际公布的获奖人名单并不一致，非常惊讶。

有一张油印的表格，《对本项目做出创造性贡献的主要人员情况表》名单是八个人，第一名是彭敏。但后来国家批准和公布的名单只有7人，唯独没有了彭敏。彭敏的名字是如何被去掉的，就有了疑问。

在大桥局负责上报科技进步评奖项目的是大桥局总工程师王序森。王序森自始至终参与了其中的工作，他历来极为严谨而认真。他记得，对于上报彭敏的名字，大家是心悦诚服的。

对此，周璞说那只能有一个解释，这是彭敏自己去掉的。因为评审时彭敏是国家计委副主任，他有这个条件看到上报材料，并划掉自己的名字。周璞说也许是彭敏认为"自评不妥"吧。

对本项目做出创造性贡献的主要人员情况表

姓名	性别	年龄	职务、职称	工作单位	参加本项目起止时间	对本项目做出创造性贡献的内容
彭敏	男	57	局长	铁道部大桥工程局	1958~1960	组织、主持和推进全面设计科研工作
刘曾达	男	72	代理总工程师	铁道部大桥工程局	1962-完工	负责后期全面技术工作
王序森	男	72	副总工程师	铁道部大桥工程局	1958-1967	局体系量，主持上部结构设计施工
陈昌言	男	75	副总工程师	铁道部大桥工程局勘测设计处	1959-完工	主持前期北半岸施工及后期全桥施工
曹桢	男	71	副总工程师处长	南京长江大桥工程局指挥部设计处	1959-1965	主持下部结构及钢梁安装设计
殷万寿	男	64	总工程师	铁道部大桥工程局第二桥梁工程处	1959-完工	主持南半桥施工
邹义章	男	64	总工程师	铁道部大桥工程局第四桥梁工程处	1959-完工	主持北半桥施工
汪菊潜	男	已故	总工程师	铁道部大桥工程局	1958-1962	负责前期全面技术工作

◇南京长江大桥申请获奖上报的"对本项目做出创造性贡献的主要人员情况表"。（周璞提供）

彭敏对于南京长江大桥的成绩早已做出自己的评价。他在1982年给《南京长江大桥技术总结》写序言时说"南京长江大桥是在武汉长江大桥之后集中精力奔赴的主要目标。它的水更深更阔，技术难度更大，是过去从没有人敢于设想和尝试修桥的地方。而我们要去突破它，也突破了"。同时列举了南京桥的各项技术突破的内容。他当时就肯定地说："南京长江大桥是一个具有世界水平的大型工程。"对这个成就是所有献身祖国桥梁建设的工人、工程技术人员、科学工作者、组织者的共同业绩。

他从未把南京长江大桥当做自己的成绩和贡献。荣誉是灿烂的、光彩夺目的,是很多人向往的。彭敏对于荣誉有自己的认识,是否把自己列入主要创造性贡献的人名单里不是最重要的。时间会不断流失,人都会老去,"而桥却与它脚下的滚滚江流常在"。南京长江大桥获得国家科技进步特等奖,他就欣慰和满足了。

他把人生看得明白。在"文革"中,中央把他从四川喜德县护送回北京,他曾说过:"在喜德县公安局的监狱里,每天什么事也没有,我把自己的一生从头到尾想了一遍,酸甜苦辣人生百味,我都体会到了,'悲欢离合,生老病死',现在除了死以外,其他不缺什么了。"

特别在坦赞铁路车祸事件发生后,想到那些为革命建设而牺牲的人,他们得到了什么?彭敏更是把追逐名利与地位看得淡泊、虚无。他把自己定格

◇彭敏离休后带着孙女和外孙女出门。(刘麟祥提供)

在副主任的位置上，一干就是30多年。他说："这个位置很好，全国的基本建设能看得见也能摸得着，能干实事就可以了。"几次组织上建议他去到某某部委当一把手，他就建议从基层提拔年轻人或者推荐别人。到了80年代后期，他便主动申请从一线退下来，能与孙女、外孙女其乐融融地在一起，在他一生中是不多见的。

3.成昆铁路建设也获得此殊荣

1985年首次设立国家科技进步奖。因过去从未评过，当年共评出23项特等奖，其中"南京长江大桥建桥技术"与"在复杂地质、险峻山区修建成昆铁路新技术"双双获此项殊荣。

1986年5月，谭葆宪作为成昆线的代表出席在北京人民大会堂隆重举行的全国科学技术奖励大会，捧回了国家科学技术进步特等奖奖杯和奖状。

中国铁道出版社把谭葆宪列入《中国科学技术专家传略》（工程技术篇

◇这是1987年广茂线肇庆西江大桥工地，照片上有彭敏很尊重的老工程师谭葆宪，其他人是大桥局和铁道部同志。左起：邹义章、李轩、张辛泰、邱鸿华、张虹村、郭先涛、谭葆宪、方毅、刘麟祥、李待福、江保生、孙信。（张虹村提供）

交通卷）一书中，谭葆宪要求编写者一定要把彭敏在成昆线发展科学技术所做的决策和措施写在文章里，是他所作贡献的前提。谭葆宪豁达大度，虚怀若谷，是彭敏非常尊重的老专家。谭葆宪2000年9月去世，把自己的全部财产30多万元赠给了四川西昌的一所铁路技术学校，以示他对西南铁路建设和我国的铁路事业的热爱。该学校就在原西南铁路工地指挥部所在地，成昆铁路建设的指挥中心，当年他和彭敏倾注心血奋战的地方。

◇2013年彭倍勤采访四川西昌铁路技术学校。站在两边分别是学校的校长、教导主任，正中间是原铁二院院长赵暑生。后面的房子在西南铁路大会战时作为铁二院设计人员的现场办公楼。

彭敏对于成昆铁路获奖心里有数。在1965年9月彭敏在西南铁路第一次新技术会议上说："成昆线修成以后，我国的隧道数量就上升到世界第三位。修完川汉线后，就上升到第一位，没有几个世界纪录是说不过去的。""我们要赶超世界水平，历史的发展总是后来者居上，我们应当有这样的雄心壮志。"

在荣誉给谁的问题上，他也早已讲明："几条铁路建成了，总结中三十万大军的努力这一条是跑不了的，我们要尽量把这个荣誉让给其他协作单位，这样别的单位就不会这样顾虑了：到这里来，是算我的科研项目完成了呢，还是算你们的科研项目完成了呢？今后规定一条，只要是科研单位来西南参加工作的，研究项目完成了都记在来参加单位的账本上。"

他就是这样团结了来自各行各业的1200名科技人员参加到西南铁路建设上来。组织了41个战斗组，其中隧道专业12个，桥梁专业8个，线路路基专业6个，通信信号9个，其他专业6个。战斗组就是采用和发展新技术的核心小组，他给科研人员有职有权，要求战斗组打歼灭战，一定要把本战斗组的项目搞成功，完成了成果都记在来参加单位的账本上。他了解这些科研人员、知识分子里有许多是精英，是我国的顶尖级专家，普遍对于科研成果看得比生命还重要。这次来西南铁路搞协作就给他们创造机会，实现人生价值，同时他们也为祖国和人民的铁路做出贡献。61个战斗组的科研攻关项目，据说有12项超过或达到世界先进水平，31项超过和达到国内先进水平。获奖单位有：铁二院、铁二局、原铁道兵1师、8师、10师、西南铁路工地指挥部、铁科研。主要完成者：谭葆宪、郝昭骞、许志仁、罗有志、曹志道、李国华、程庆国。还有很多为主要参加者，他们都是创造性科研的佼佼者。

彭敏已给自己摆好了位置。他说：谁是主角？人民是主角，从个人来说都是配角，要是和人民在一起都是主角。"在历史的舞台上，任何英雄人物都只是一个配角。"他和人民在一起，是30万建设大军中的一个，包括那些牺牲了的人，是建设成昆线的主角。

第10篇

路桥情缘未了（1985～2000）

一、情感的回顾

1.请老局长写一幅字留念

邱长庚是1955年7月从广州铁路局调到武汉长江大桥局工作的，当时才20岁出头。他话语不多，为人忠厚，办事很有原则。彭敏开始时有个秘书王昌骅，后来调到计划处了。邱长庚自从调来大桥局，就在办公室秘书处工作，处理安排领导日常事务，主要是在彭敏身边。彭敏日常业务很多，在文件和技术方面另有专门的秘书，彭敏在办公室、工地、外地出差，开会、对外接待、上下奔波，都是邱长庚来安排，跟他关系最密切。彭敏离开大桥局后，邱长庚就跟着第二任局长宋次中，宋之后又跟着池涌波局长，一直到退休都是做局长秘书这个工作。因此担任办公室主任的于障东，退休时请大家吃饭，称邱长庚是"终身秘书"。邱长庚明白这一"美称"有两个含义，一是局长换了好几位，而他在这岗位上一直没变。二是彭敏离开大桥局以后，彭敏很多事都把他叫到身边，仍然找邱长庚来办，对他的信任一直未减，关系如前。

在武汉邱长庚家里客厅墙上的显著位置有个相框。他常常指着墙上的镜框对客人们说："这是彭局长亲自给我写的，我非常珍惜呢。"邱长庚每逢到北京办事，总要到几个同事家里走走看看，他们都是从武汉大桥局调到铁道部的干部。80年代初的一天，邱长庚在副局长朱世源家里看见彭敏给他写的一幅字，很羡慕，转而对彭敏说："老局长，写诗麻烦点，你也给我写一幅字吧！"彭敏很爽快地答应了。

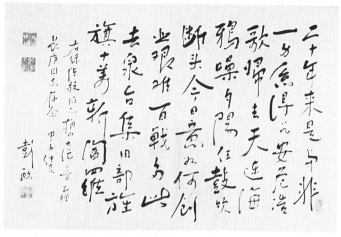

◇1984年夏，彭敏手书陈毅诗一首，送邱长庚留念。

仔细看是彭敏书写陈毅的一首诗。彭敏的字，自由潇洒，颇有赵孟頫书法的特点。

二十年来是与非，一身系得几安危，

浩歌归去天连海，鸦燥夕阳任鼓吹。

断头今日意如何，创业艰难百战多，

此去泉台集旧部，旌旗十万斩阎罗。

右录陈毅同志梅山七绝一首长庚同志留念　甲子仲夏　彭敏　盖章

甲子仲夏，即1984年夏天。邱长庚说："老局长给我写这幅字还有点曲折呢。当时他问我写什么好，我说就写主席的《咏梅》吧，后来他给我回了封信。信上说：'长庚同志：书五本及照片均已收到，谢谢！所嘱书《咏梅》事，已试数纸，均不称意，事烦心不凝，拟稍加些时日，当以奉报。祝近好！彭敏四月二日'

时隔两个月，他书写了陈毅的诗送给了邱长庚。或许他感觉陈毅的这首诗更符合他的心境。

邱长庚还有两张珍贵的照片，他说："好像是1990年

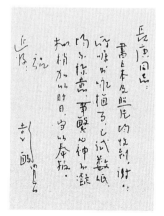

◇彭敏给邱长庚的信。

8月，彭敏去上海和秘书李永平一道，是为宝钢的事去的。我们在衡山饭店刚坐下准备吃饭，上海市委书记朱镕基来了，直奔我们的餐桌前，他是来看彭敏的。李永平反应快，立刻站起来到一边去了。服务员过来问，是不是把东西撤掉，换一桌新的，朱镕基连说'不用不用，我来看看彭主任，坐一会儿就走。'朱镕基和彭敏说了一会儿话，我没法离开，坐在中间，李永平给我们照了两张相。"邱长庚一直珍藏着照片。

2.路桥的情深谊长

彭敏虽离休，仍在国家计委任顾问。他没忘记桥梁和铁路，而桥和路也没离开他。彭敏每年都要到外地转一转，特别是他主持工作期间修建的大型铁路桥梁项目，关注其设计方案、施工准备、施工情况。

新乡至菏泽铁路向东接济宁铁路，进入兖石铁路至黄海之滨，是国家南部运煤通道，1986年4月建成。长东黄河大桥是新菏铁路的关键工程，是彭敏参与决策的工程，被列为国家"六五"计划里后三年的重点建设项目。长东黄河大桥位于长垣于东明间的黄泛区，由于历史上黄河多次泛滥改道，河身已高出地面，形成悬河，河滩高差一般在二米以上，滩面与堤基之间形成斜坡。河面宽阔，必须修筑较长较高的桥梁，才能满足运输条件。因此该大桥全长10282余米。十多公里长是当时我国已通车的最长的铁路桥，大桥上还设有长1.24公里的会让站，也是前所未有的。

铁三局接管大桥后发现，大桥钢梁上的钢轨爬行（纵向移动）严重。在运量不大的情况下，向东爬行量达320毫米。按过去的"桥规"是不允许在钢梁上安设防爬器的，若要安装，必须报请国家计委批准。

铁道部基建总局副局长练日新上报国家计委，特请顾问彭敏一同赴工地处理钢钣梁上钢轨爬行问题。彭敏和李本深坐上从郑州至菏泽的公务车，直达长东黄河特大桥。该桥由大桥工程局四桥处和五桥处联合修建。大桥局是彭敏的老家，干部们都认识彭敏。他们向彭敏作了详细的汇报，经分析研究，彭敏同意立即在钢钣梁上安装防爬器。很快长东黄河特大桥安装了防爬器，钢轨爬行问题基本得到了解决。

这趟工作竟让彭敏在三个不同时期的秘书不期而遇：大桥局的邱长庚、西南铁路的李本深、国家计委的李永平。他们一直保持很好的联系，每年彭敏和他们都要聚一次，视察一些新建桥梁。他们在一起的时候心情是轻松愉快的。为记住此次难得的见面，他们四人在大桥下照相留影。

◇1986年4月，彭敏（右二）和三个秘书在长东黄河大桥。（李本深提供）

1987年4月，应大桥局原局长池涌波的邀请，彭敏到桂林雉山、虞山两桥工地参观考察。雉山漓江大桥是在岩溶发育地区修建的深基础大桥，可为深水施工积累经验，值得一看。大桥位于风景秀丽的漓江，美丽的桥型又增添了一处景观。此时彭敏是中国施工企业协会会长，正在桂林召开中国施工企业

◇1987年4月，彭敏（前排左三）和大桥局第三任局长池涌波（前排左二）在桂林以北兴安县灵渠景区。（卢秀珍提供　任发德拍摄）

年会，池涌波陪同彭敏一道参观了桂林以北兴安县的灵渠风景。

3.三碗"魁元面"

1990年8月，彭敏带着秘书李永平先去上海，在衡山饭店住下。办完事，彭敏把邱长庚从武汉招呼过来，李永平有事先离开了。

彭敏和邱长庚一起去杭州。这里离钱塘江二桥很近，邱长庚找到孙信，

说彭敏要参观钱塘江二桥。孙信正在钱塘江二桥领导施工，他已经是四桥处处长。孙信说："正好西林也要来，你们可以一起参观。"彭敏说："别，不要跟他们打招呼，西林一来，省里、市府里一大堆人跟着，不如自己单独转转、看看更好，西林我和他在北京怎么都能见着。"彭敏从来不喜欢大家对他前呼后拥的那一套。

孙信一听就明白彭敏的意思，就说："咱们先去吃饭吧，老局长你会吃，你说去哪里？"彭敏说到了杭州要吃它的特色"魁元面"，这是个老字号的名吃。大家就座后，点了三碗面，几个小菜。面的味道很鲜美，是用鳝鱼做的，孙信和邱长庚都没吃过。孙信去结账，一报价格，吓了孙信一跳，每碗60元加上小菜200多元，孙信身上还没带那么多钱，跟邱长庚借了点，算是结了账。那时候大家工资都不高，这200多元还是不少钱呢！彭敏爱吃，也会吃，是很有名的，为此在"文革"时也受到批判，但他都是自付账，从不占公家便宜。

第二天，他们去参观了钱塘江二桥。桥位于杭州的四堡，是一座公铁两用大桥。铁路桥连接沪杭及浙赣两大铁路干线及杭甬铁路；公路桥连接沪杭、杭甬高速公路，是世界上第一座建造在强潮河段的特大桥。这桥由大桥勘测设计院设计，大桥局二、四桥处施工。看到彭敏心情很好，邱长庚建议，现在正是钱塘江观潮时候，可以顺便看看。

邱长庚安排彭敏在最好的位置观钱塘江潮，之后从杭州出发又去了南京。

4.专程回南京看老战友

彭敏和邱长庚来到南京，这是1990年11月10日，彭敏专程去看望南京长江大桥建桥的老部下。彭敏从1960年7月调离南京，也来过南京很多次，但都是工作在身，来去匆匆。这次不一样，这是离休后专程来的。得知老局长回来看大家，大桥新老职工纷纷赶到浦口四桥处。就在原处党委简易楼房底层的小会议室里，处领导扶着彭敏坐在特意搬来的一把藤椅上。会场不大，人越来越多，一会儿挤满了，都往前涌，想离彭敏近点，看得更清楚点。

邱长庚只好站在会场前面指挥，他大声说："年纪大的同志坐前面！"而大家的岁数都不小了，还是都往前挤，邱长庚只好说："白头发的坐前面，黑头发的坐后面！"他一眼看到老工程师李曙明，补了一句："李工，你虽然岁数大，但头发黑，只好委屈你坐后面。"大家都哈哈笑起来。

　　会场上，一开始彭敏就让参加过武汉大桥建设的同志都站起来。老局长彭敏挪挪身体想站起来，好好看看当年的老部下，却没站起来，嘴里不住地说："不多了！不多了！"又顿了一下，"我今天来主要是看看大家，不讲什么话了，谢谢大家。"大家都站起来，目送着他慢慢地走出小会议室。

　　彭敏的老警卫员熊兆康赶紧挤到彭敏旁边，让摄影师给他和彭敏照了张合影，高兴得不行。回家放大了一张放入镜框，一直挂在家里墙的正中央。

◇1990年11月，彭敏（右）和熊兆康合影。

◇1990年彭敏（左）和王弢合影。（王绳祖提供）

427

这是一张我们全国无助「省任彭敏局长于1960年11月10日来南京看谁老部下的照片，背面我写了襄昔战武江城，今朝策马到南京八千弟多银发，老帅萦怀旧日兵"。

驰修完武汉桥后调离大桥局，最后任国家建部长。在北京居任劳四等年多是常卧席又长设置院向京南事生昔老部长，老的是笔习旧喓高敍新化，问寒问暖，向病向善，就这回然老兵哈依小平术新影向到渴涕心长地说"是一弟一为弟了，一个干帮子"引老千军敬悄意和澜，很通通。

最右在"健康长寿"的时声声平乘平福，衷云温来的是尊敬是恭和那永千行的是切文心。

◇李宗达珍藏的彭敏（右一）和李宗达（左二）、李洙（左三）等人的照片和他书写的诗。（李宗达提供）

会场上老工程技术人员李宗达、王弢、李洙等和彭敏也照了几张照片。最后大家要求在外面和老局长集体合影。大家都到了外面，一边和老局长聊天，分别又照了许多照片。

留美学者老工程师李宗达非常尊敬彭敏。他到大桥局较晚，1958年铁道部决定部设计院大桥设计处和大桥工程局合并组成大桥勘测设计院时才过来的。在讨论长江三大桥会议中，他作为总体设计组组长担负大会秘书处工作。在会议期间直接接触彭敏，对彭敏的工作作风和人格魅力感受颇深。这张与彭敏的合影珍藏至今，相片下面还赋诗一首："曩日挥戈武汉城，今朝策马到南京，八千弟子多银发，老帅萦怀旧日兵。"

1997年左右，彭敏再次来到南京，未做声张，只去了老处长老工程师王弢家，只为道别。两位老人抱头相拥，老泪纵横。王弢说前不久刘麟祥和赵树志两口子也来过，感情至深，难以言表。王弢深情地说："彭局长你对我的信任，永远铭刻在心！"彭敏也十分怀念这些在武汉长江大桥风雨与共的老战友。

5. 和彭伯伯对弈

彭敏和赵锡福的感情很深。赵锡福1929年9月出生，山东省平度县人。1947年赵锡福进入东北铁路学徒，学会开汽车。1948年参军入伍，成为第四野战军护路军司令部司机。彭敏到哈尔滨之后，他常给彭敏开车。彭敏胆大，学开车，竟把车开到沟里。政委徐斌和司机赵锡福看见了，都被吓得不轻，幸好人没事。从那时以后，赵锡福一直跟随彭敏当司机兼警卫员，参加三大战役抢修铁路桥梁。从东北一路南下，抢修了哈长线、津浦线、陇海线、湘桂线，全国解放后到了北京。1950年底，朝鲜战争爆发后，赵锡福又随彭敏奔赴朝鲜参加抗美援朝抢修铁路，担任彭敏司令员的专职司机。给彭敏当司机可是个苦差事，经常在白天、夜里，晴天、下雨，天寒地冻，奔波于各个施工现场。为躲避美机的追击，东躲西藏，夜里不能开灯，冒着生命危险开车，全仗着自己年轻，技术好，反应快，每次都躲过了险情。

彭敏受伤那次翻车是因为车轮开到冰坨上，车轮打滑，汽车翻到山坡下。这次不走运，彭敏一只脚被压在车下，负了伤。但彭敏没有一点责怪，反而问赵锡福伤着没有。多年来赵锡福心里始终内疚。自从跟着彭敏，他打心眼里敬佩这位老首长，无论在解放战争还是在朝鲜，他说过："我一生最尊敬彭敏，他在我心里就是一个传奇人物。没有什么事情能难倒他的，多严重的轰炸，桥毁路陷，都能想出办法来，他像一个战神，干部和战士都敬佩他。"

赵锡福却很少在家人面前讲彭敏的事，也许这是纪律。20世纪80年代末，赵锡福离休了，孩子们也长大了。每次谈家常的时候，都会提到老首长彭敏，他说在朝鲜和彭敏生死相依。他们曾冒着敌机扫射和轰炸的危险，不断地在铁路和桥梁的施工现场跑来跑去，全都置生死于不顾。这样建立起来的私人感情别人理解不了。

赵锡福家和彭敏家有一个外人不知的传统，这个传统一直延续到最后。20世纪60年代每次出差去北京，赵锡福一定会去看望老首长，临别时彭敏拿出100元钱，并嘱咐给孩子们买点东西。赵锡福感慨地说：60年代100块钱是什么概念？这100块钱解决了家里的多少困难呀。赵锡福家里四个孩子，生活困难全单位都有名。70年代、80年代、90年代都是如此，既没有增加也没有减少。

赵锡福最后一次见彭敏是在温恩梅生病以后。那是80年代末，赵锡福一连接到彭敏的两封来信，说温阿姨病了，家里很乱，彭敏心情很不好，要赵锡福马上到他那里去。第二天，赵锡福就到北京去了，这一去就是一年多。直到温恩梅去世，赵锡福提出想回武汉，彭敏不让他走，只好继续留下。这期间，彭敏还到澳大利亚考察，把赵锡福一个人留在家里。之后又过了几个月，赵锡福看彭敏心情和身体已经恢复正常，再一次提出回武汉，这一次，彭敏没有阻拦，和往常一样拿出100块钱，一边笑着说："现在100块钱不值钱了，孩子们也都长大了，自己看着办吧。"

他有几样东西始终珍藏在身边。他参加革命后历次荣获的奖章。还有就是

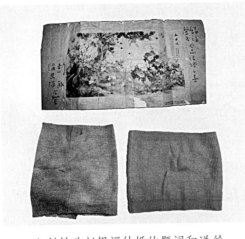

◇彭敏为赵锡福结婚的题词和送给他的两个日本军用羊毛肚兜，一直珍藏在赵锡福家中。（赵宁阳提供）

彭敏送给他的几样东西。一件是在朝鲜时，彭敏曾送给他的两个日本军用羊毛线织的灰色肚兜；一件是他结婚时，彭敏与温恩梅题赠的贺卡，时间长，都很破旧了。警卫员熊兆康家也有一幅同样的题匾。在彭敏年老病重的时候，赵锡福不顾自己身体有病，还到北京亲自照顾老首长。离休后，直到1999年去世，念念不忘的就是彭敏，赵锡福和彭敏有张合影，是在武汉长江大桥铁路桥栏杆边，虽然照相质量太差，却一直保留着。

1992年赵锡福儿子赵宁阳出差去北京，出发前，赵锡福把彭敏家的电话号码和住址写在一张纸上交给他，并再三叮嘱：不要太多打搅。彭敏知识渊博，什么都懂，在他面前不要乱说话，懂就是懂，不懂更不要装懂。彭伯伯是一个喜欢挑战的人，他喜欢下棋，到北京后去看望他，你可以陪他下下棋，下棋的时候你既不能总赢，也不能总输给他。如果总是输给他，他就不和你玩了，他喜欢和强者玩。

赵宁阳到北京以后，登记了酒店，工作也联系上了。吃完晚饭以后，天快黑了，路灯已经亮了，拿出父亲给他的字条，找到彭伯伯当时居住的位于北京琉璃厂的一个四合院。

彭敏站在门口向他一边招手一边说："快进来，快进来。"老人家那天好像很高兴，面带笑容从东卧室出出进进的，小赵跟进去看了一下，老人家已经把床铺好了，并且从上面的柜子里把被子也拿出来放在了床上。老人家什么都没有问，今晚就让他留在这里了。赵宁阳从卧室出来的时候，见老人家已经把象棋摆好了。彭敏点燃一支烟，边抽烟边说："你爸爸的棋下得好。"

很快他们就进入了对弈，也许是小赵还沉浸在见到彭伯伯的兴奋中，第一盘就像江河日下，输了。第二盘小赵静下心来，步步为营，稳扎稳打，赢了。第三盘的时候，已经是晚上10点钟了，小赵担心老人家的身体就问了一句：

"您该休息了吧。"彭敏挥了挥手说："再来。"进入第三盘，双方基本上了解了对方的棋路，举棋更加谨慎，经过一番苦战下成了和棋。这时双方都忘记了时间，进入第四盘，残棋阶段彭敏的一招弃子抢先的险招，让赵宁阳丢了这一盘。第五盘开局阶段谁也没有占到便宜，进入残局，双方都已无车，小赵不敢冒险，在多吃一个马的情况下，占有优势，以双卒、连环马、一炮取胜。彭敏投子认输并开怀地笑起来，各赢两盘、输两盘、和一盘，老人家很开心。看看时间，已经过了午夜12点，约定第二天晚上再来。

第二天早上，司机胡绍友来了。胡绍友对赵宁阳说：部长说了今天车给你用一天，想去哪里都可以。彭敏站在客厅门口的台阶上说：去长城看看吧。在去八达岭长城的路上，胡绍友说：你父亲和部长的感情很好，我们都很羡慕。

第三天，赵宁阳签好回武汉的火车票，向老人家辞行。彭敏进到卧室，出来的时候，手上拿着一张一百元的钞票，叫赵宁阳拿着，赵宁阳也没有推辞，接过了钱。彭敏拉着宁阳的手说："问你爸爸好，什么时候到北京来，就到我这里来。"

6.对温恩梅的深刻遗憾

1991年3月，温恩梅病逝。彭敏给李本深去信，说他心情不好，身体也不太好，想到他那里住些日子。

李本深知道这个情况后很着急。这时的他在郑州局基建处要退休了，于是借此机会特请彭敏来焦枝铁路复线的留庄站视察洛阳黄河特大桥。因为他知道彭敏一生最关心的就是大桥、铁路的建设，请他来这里最能分散他沉痛的心情。10月，李本深把彭敏接到郑州铁路局。彭敏对李本深说了心里话："恩梅在世时，工作忙，没有照顾好她，现在才想起来，有很大的遗憾。是恩梅最大的支持了我，从未给我找过麻烦。现在她走了，我活着也没啥意思了。"小李是最重感情的人，眼泪唰唰直落下来。彭敏是个硬汉，一生中从未对任何人说过一句软话，也很少对人倾诉感情，这次他主动说起对温恩梅的思念，是动了真情。勾起了李本深多少年想对彭敏说而没说出口的心思。当年在西南铁路工地指挥部，他多么想让彭敏把他爱人调到技术委员会工作，解决他们夫妻长期两地分居的困难。他爱人是科班的大学生，桥梁专业毕业。只是彭敏不愿意要女同志，怕女同志惹麻烦。这是李本深对彭敏唯一的意见。其实夫妻两地分居是铁路建设者这个行业的共同问题。但在彭敏那里更为突出，他只关心事业，而置家庭、孩子于不顾，现在才想起来已晚了。

郑州局王振秋局长接待了彭敏一行，并交待李本深要照顾好老部长。他们把彭敏安排在郑州局招待所休息。李本深心细，特地找了唐万章、陈慰慈几个老同志，陪彭敏打了几场桥牌。10月10日是彭敏的生日，三个秘书邱长庚、李永平、李本深加上郑州局的马柳村、苏泽平五人在铁路局对面饭馆里点了几个菜，吃长寿面祝贺彭敏生日快乐。万没想到三天后，彭敏和邱长庚、李永平在大桥局一桥处驻地门口的饭馆里安排了一桌饭，还摆上生日蛋糕，来了个突然袭击，专为李本深过生日。原来彭敏也没忘记李本深的生日，他的眼泪顿时又充满了眼眶。

在重游了开封市后，彭敏一行四人赶到了洛阳，会见了铁十五局、隧道局的领导，参观了洛阳新客站、洛阳枢纽工程后，

◇1991年彭敏（右三）视察位于留庄的洛阳黄河特大桥。（李本深提供）

重点视察了由大桥局负责施工的洛阳黄河特大桥工程。

焦枝铁路复线月山至襄樊段是国家重点项目，该特大桥是该铁路线跨越黄河的控制工程。桥的全长2802米，桥跨布置由北岸起6孔32米预应力混凝土简支梁，51孔50米预应力简支梁。特别是50米预应力简支梁，全国首次设计、试制、使用。该工程也是由大桥局来施工建造，于1991年4月筹备，8月27日钻孔灌桩开始施工。

大桥局项目经理部的老局长、老处长高兴地接待了大桥局的这位老领

导,详尽地向彭敏汇报了设计、施工、架梁方案。彭敏很感兴趣,这也是彭敏战斗过的地方,当年在洛河抢修便桥,现在面貌全变了。他参观了全部大桥工地,并在工地与建设大桥的职工合影,共进午餐。

在龙门石窟参观时,铁十五局、隧道局的领导向彭敏汇报新龙门隧道建设受干扰的情况。彭敏最能体会施工单位的窘境,表示回京可以代他们向有关主管部门反映,力促这个贯通焦枝铁路复线电气化的工程施工顺利进行。

7.做梦经常梦见彭敏

王强参加革命时年龄很小,跟着彭敏在山西一起打日本鬼子,打了好多漂亮仗,对彭敏很敬佩,很有感情。到了延安,领导几次都要调他去中央警卫团,他不愿离开彭敏。抗日战争胜利后,跟着彭敏来到了东北,王强从北安、绥化护路军,后来到了铁道纵队,当了铁道兵,在4支队当教导员,和彭敏分开了。在朝鲜战争中,他在铁道兵团3师任15团政委,最后在石家庄的铁道兵学院任副政委直到离休。

◇1993年在石家庄鹿泉市"抱犊寨"景区门口合影,彭敏(中)与王强(右二)、蔡报瑗(右一)、许焕馥(左二)(蔡报瑗提供)

　　1991年彭敏在老伴温恩梅去世后思念之情难以排解，时时想起山西的战斗岁月，自然想起老战友王强，遂决定去石家庄看看。1993年由胡绍友开车，从北京到石家庄。那时王强的身体还好，约上铁道兵学院的老教授、隧道专家蔡报瑗夫妇，王强和老伴许焕馥6人一起去了石家庄市西面的一个景点"抱犊寨"，坐了缆车，山上山下转了一大圈，在门口照了一张相留念。

　　彭敏对隧道专家蔡报瑗也不陌生。蔡报瑗在西南铁路大会战时是从铁道兵调过来的工程技术人员，在工地指挥部里谭葆宪是总工程师，蔡报瑗任副总工程师，负责施工的技术工作。彭敏是他们的上级领导。蔡报瑗在西南铁路建设中与彭敏接触很多，也很了解彭敏，从彭敏的办事能力和为人处世上很尊重彭敏。

　　王强的老伴许焕馥是原来铁道兵团三支队的战士，做宣传工作，和彭敏及温恩梅都很熟悉。只是后来在石家庄工作，见面少了。彭敏和王强之间的默契，是别人无法想象的。彭敏这次来看他，两人默默坐着就是安慰。王强人实在，心里明白，他不善言辞。

　　回想起来王强觉得有一点对不住彭敏，在东北北安铁路护路军时，有一

◇2015年5月，作者彭倍勤和于平生采访王强。

次打土匪缴获了两条日本的顶球牌香烟，他劝彭敏吸，说可以解乏。彭敏原来不抽烟、不喝酒，从那时起学会抽烟。从此彭敏一辈子没断烟，烟瘾还不小，后来知道他肺里得了病，每每想到这点，王强心里很内疚。

　　王强很高兴回忆抗日历史，他说："我和彭敏是生死之交，后来工作虽分开但心都连在一起，现在还经常做梦梦见彭敏。"

8.再回武汉看看老战友

◇1993年4月，彭敏重访大桥局。左起后排：苗凤矞、□□、陈书梅、李瀛沧、戴尔宾、邱长庚、王序森、王□□、池涌波、刘曾达、彭敏、邹立中、宋次中、李春轩、杨海峰、殷万寿、周璞、曹桢、□□、于障东、赵锡福、陈守容、李永平，前排左起：赵秀英、徐登青、魏立、卢秀珍、赵秀云、李玉书、郭子春。（中铁大桥局提供　任发德拍摄）

◇在彭敏身边工作的大桥局的亲密战友。左起：李春轩、郭子春、邱长庚、彭敏、于障东、赵锡福。（中铁大桥局提供　任发德拍摄）

1993年4月28日，彭敏应邀参加大桥局建桥40周年庆祝大会。彭敏是第一任局长，是创始人。邱长庚最先知道信儿，大桥局的老干部、老工程技术人员都聚集在大桥局办公楼前，人越集越多，像过节一样。四十年了，老局长虽然也多次来武汉，但每次都来去匆匆。这次彭敏是专程回武汉看大家的，在大楼前照相。全体人员合影一张，之后邱长庚说："和老局长直接工作的同志再照一张。"像司机赵锡福、办公室主任于障东、警卫员李春轩等都站到那里。原来也给彭敏当过秘书的郭子春，悄悄地问邱长庚："你问问彭局长，我能不能也跟老局长一起照相啊？"邱长庚奇怪地说："为什么不能？"郭子春有点不好意思说："'文革'的时候，我说过彭局长里通外国……"办事一向讲原则的邱长庚笑了："那我得给你问问才行！"他问了彭敏，彭敏说："一起照吧！"

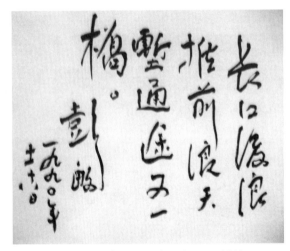

◇1990年11月，武汉长江二桥施工前彭敏题字鼓励。

武汉长江二桥位于武汉长江大桥下游6.8公里，是一座主跨400米双塔双索面预应力混凝土斜拉桥，具有现代化城市风格的公路桥。在武汉长江大桥附近建二桥，必然引起国内外人士的关注。所以二桥的设计必须别具特色，要求实用、美观、先进，要有与50年代迥然不同的风格。1990年11月18日在该桥完成设计要开始施工前，请彭敏就为该桥题词。彭敏写下了"长江后浪推前浪，天堑通途又一桥"的贺词。

1995年6月武汉长江二桥建成。10月30日彭敏再次回武汉，邱长庚通知了在南昌修赣江桥的孙信，孙信赶到武汉，已是傍晚。到凤凰山上见到彭局长，孙信的心很细，觉得天有点凉，老局长穿的衣服单薄，便下山到钟家村百货商场买了一件较厚实的夹克衫。彭敏穿上正合适，很喜欢，问孙信好几遍，是不是用自己的钱买的，意思是你自己花钱可以，千万不能用公家的钱。

第二天彭敏在武汉长江二桥上视察，穿的就是这件衣服。他还兴致勃勃

◇武汉长江二桥建成后彭敏在桥上参观。左起：胡绍友、彭敏、胡栋材（二桥总指挥长）、刘长元（二桥副总指挥、局副总工）、李永平、周璞、邱长庚、王昌骅等。（中铁大桥局提供　任发德拍摄）

◇1995年6月，彭敏（右）与邱长庚在大桥局勘测设计院门口合影。影壁上是彭敏题写的院名。（邱长庚提供）

地再次给建桥职工题词："抓紧二桥总结，为科技兴局打下良好基础，再创辉煌。"彭敏关心的是在长江上还要有更多的桥，一座比一座先进。

彭敏和邱长庚参观了二桥，回大桥局时，彭敏在大桥局勘测设计院门前停下脚步。邱长庚立刻明白，说："老局长，咱们在这里照张相吧。"大桥局勘测设计院从1950年到1995年走了漫长的路，从大桥设计事务所到与大桥勘测设计处合并，1986年更名为大桥局勘测设计院。彭敏对它倾注了多少心血和希望，只有他自己最清楚。如今该院在全国各大水系——长江、黄河、珠江、淮河及松花江等勘测设计了200余座各式各样的桥梁，创造了新的基础类型：管柱基础、双壁钢围堰基础、双承台基础等，在水文地质复杂的大江大河上成功修建了许多深水大型桥梁基础，引起世界瞩目。在桥梁墩台、钢桥、预应力混凝土梁悬索桥、斜拉桥等都有相当发展，许多技术方面取得国内领先地位。

9. 参加铁二院院庆的欣喜

1993年6月，郑州局基建局为签订襄石（襄阳至石门）复线的技术、施工设计合同，李本深领着几位科长赴成都铁二院。昔日在西南铁路建设时还是年轻勘测设计队队员的赵暑生，现已是铁道部第二设计院院长了。赵暑生见到李本深非常高兴说："9月份铁二院建院四十周年要搞个庆典活动，请你参加。"李本深说："我参不参加影响不大，我给你提个建议，铁二院邀请两位老部长：布克副部长，彭敏副部长。他俩来了意义就不一般了。"铁二院的前身西南设计分局是布克一手创建的。坦赞铁路建成后，两个坦赞铁路工作组的组长布克和李轩都陆续升任为铁道部副部长。赵暑生听了，眼睛都睁大了，说："是呀，太好了！"立即将了李本深一军："那邀请彭部长的事就拜托你了！"

彭敏愉快地同意参加。因为西南三线铁路特别是成昆铁路建设，是三线建设的重要部分，是毛主席和国家战略的需要。在这个大形势下，他又是正当年，用的心思和精力最多。在桥梁、隧道、路基和通信四大方面的采用40多项新技术，他都做了很多设想和努力，也都和铁二院的设计人员、铁二局施工干部和工程技术人员、铁道兵指战员，以及全国科研、院校有关研究人员探讨、争论。成昆线的991座桥梁采取各种不同方案，他都仔细推敲过仍清楚记得；全线不算两头车站共设车站122个，由于地形复杂，有42个车站设在桥上或隧道内；隧道有427座，他曾和工程师们反复考虑过每座隧道内的地质构造、洞口的位置；每条线路的利弊都细细比较。事情虽已过去，他仍常常回忆这些事。

◇1993年9月，彭敏重访铁二院。前排：左三黄世昌、左四王文喜、左五牟友民、左六彭敏、左七布克、左八崔文炳（原铁二院院长）、左九陈如品、右三李树茂，后排：右三李永平、右五李本深。（李本深提供）

9月，铁二院院庆大会隆重召开。彭敏、布克都坐在主席台上，受到与会职工热烈的欢迎。因为赵暑生在6月底奉命调铁道部工作，他也作为特邀来宾。会上赵暑生做了感人的发言。他介绍了1990年在纽约联合国总部亲眼看见成昆铁路象牙雕刻模型时的情景。当时"成昆铁路"与"美国的阿波罗登月计划""苏联的人造卫星"共同被联合国誉为"二十世纪人类征服自然的三大奇迹。"赵暑生说："我们参观时，导游对着很多外国人介绍我：'这位先

◇2013年作者彭倍勤和于平生采访赵暑生院长（中），这是在四川成昆线上甘洛的乌丝河大渡河桥前。

生，就是设计了成昆铁路的那个设计院的现任院长'。不少游客对我竖起大拇指，表示钦佩！"

他接着说："在成昆铁路的勘测设计中，全线创造性的采用了7处盘山展线，线路13次跨牛日河，8次跨安宁河，49次跨龙川江。功夫不负有心人，历经重重考验，闯过道道难关，二院人用智能的工程曲线，克服了巨大的地形高差，绕避了重大不良地质地段，确保了成昆铁路的顺利进行。二院人拿出了修建成昆铁路的一组组数据、一份份报告、一张张蓝图，都是在日复一日的艰难勘测设计中产生的。这种不畏艰险、敢为人先的'成昆精神'成为改革后铁二院崛起的动力……20年后，经国家科学技术进步奖评委会确认，成昆铁路新技术的运用有12项达到当时国际先进水平，31项达到国内先进水平。"会场上有人插话说："不是12项，而是17项！"全场都笑起来，热烈鼓起掌来。

李本深从坦赞铁路回来后，调到郑州铁路局基建处工作，但他是二院的老职工，在这里有许多老熟人。他把能找到的老人都设法联系到，把他们请到会场，为彭敏分别组织了三个座谈会。一是原铁二院的党、政、技术领导座

◇彭敏重访铁二院见到参加修筑成昆铁路时的战友。左起：彭敏、陈如品、姚福来、李本深、陶斯咏等。

谈会，有老政委牟友民、老院长崔文炳、陈如品、郝昭骞等；二是铁道部第二工程局的老书记、老局长、老工程师座谈会，有徐宽福、张锡久、谢怀昌、潘明德等。这些老同志有许多从成昆铁路转到坦赞铁路参加建设的；三是西南科研所的老领导、老专家座谈会。这三个座谈会都饱含彭敏的种种情结，大家一起尽情追忆往事、打听战友信息、感叹时代和技术变化。想起设计革命那会儿，勘测设计条例三十条；技术人员扬眉吐气，新设计方案雨后春笋般涌现出来；还有彭敏的几次精彩的报告，61个技术攻关战斗小组，等等。

◇彭敏（中）重访铁二院见到参加修筑坦赞铁路时的战友。左起：刘大椿、徐宽福、布克、彭敏、□□、李本深（右二）、谢怀昌（右一）等。

　　彭敏想起了波涛汹涌、水流湍急的孙水河、牛日河、安宁河、雅砻江、金沙江、龙川江；想起了隧道里震耳欲聋的风枪声；陡峭山谷里变化多样的各式桥墩、桥梁等。

　　李本深突然插上来用四川话说："还有下楼出院，人去楼空让人难忘"，"还有崔院长在'一平浪'请我们吃'烤小猪'，现在想起来还流口水呢！"大家都笑起来。时光一晃快30年了，感慨日子过得太快，战友们都已老了。

　　彭敏听到"我们都老了"这一句，看着一个个昔日年轻的面孔已经变得白发苍苍、老迈的面孔。他从沉思中惊醒过来，连想当年自己给铁二院讲解辩证法和相对论时说："科学、技术的合理性是相对的。事物发展到绝对合理时，这个事物就会停止发展。人最健康的时候，是衰老的开始；月亮最圆的时候，就是月缺的开始；爬山爬至顶峰的时候是下坡的开始；施工到高潮的时候是低潮的开始。"西南铁路大会战时正是大家风华正茂的巅峰年龄，理想崇高，精力充沛，积极向上。多好啊，成昆线的战斗岁月真是回味无穷，眼睛潮湿了。从来不服老的他也跟着说："我们都老了！"

　　李本深还专为彭敏组织了几场桥牌，和西南打桥牌的老战友再过过招也是一种愉快地怀旧。

　　会议结束以后，彭敏、李本深、邱长庚、李永平四人重游了乐山大佛和峨眉山。彭敏在建设成昆铁路的日子里，曾三上峨眉：一次是为唐山铁道学院迁西南选新院址，到峨眉踩点；另两次是西南铁路建设总指挥部召集开会。这

◇1993年彭敏（后排正中）登上大雾弥漫的峨眉顶。（李本深提供）

两次会议彭敏都精心准备，作了重要发言。三次上峨眉都由于时间不允许，只爬到万年寺而未上到金顶。这次有充裕的时间，又有缆车。一行人乘缆车到了金顶，补上了这一课。"嗨！嗨！"李本深大声地清清嗓子说："大家听我说一段我的新作《莲花落》！"接着他连说带表演：

　　　　四登峨眉把愿消，缓行慢上当逍遥。

　　　　不坐滑杆不乘轿，身体力行不自饶。

　　　　　　　　……

　　　　青雾迷漫静寥寥，白云翻腾似海涛。

　　　　胜似神仙天上飘，人间烦愁抛九霄。

　　　　　　　　……

　　　　胆小不敢向下瞟，厌世几人往下跳。

　　　　站在峰顶留个照，尚称好汉几多骄。

　　　　　　　　……

　　字字脆朗，动作协调，声情并茂，妙趣横生。大家鼓起掌来，都说："小李，你真有两下子！"彭敏也很感动，心情好了，话也多了、议论也多了，尽兴而归。

10.西南铁路建设留下的绵绵深情

　　1994年，李本深主动建议彭敏到宝成线阳上段的复线工程参观，即阳平关至上西坝段。因为那里有西安电缆厂的张敬乾。张敬乾原来在西南铁路工地指挥部任通信处处长，是彭敏的部下。他们为西南铁路通信信号系统的技术进步共同战斗过，相互信任、相互支持。

　　李本深和张敬乾"哥俩"将彭敏接到西安南郊招待所。郑州局的鄷长春、吴士允、陈宝林都来看老部长，宴请了彭敏一行。

　　彭敏一行从郑州去西安、宝鸡，参观了西安新客站、宝鸡新客站、宝鸡东站、渭河大桥抬高工程、三线水害治理、铁路复旧工程。在各个工地张敬乾、吴士允给彭敏作了汇报。

　　当时宝鸡正出土秦二世公墓，也顺路进行了参观。沿陇海线的文物，越

◇1994年陇西行的脉脉深情。左起：李本深、彭敏、张敬乾。（李本深提供）

往西越古老，宝鸡地区也有不少春秋战国时的文物。大家都很乐意和彭敏一起参观，因为彭老先生历史知识丰富，他可以把文物和中国历史结合起来讲，比导游介绍的还要详细动人，很长见识。回西安途中参观了法门寺、昭陵、寒窑、兵马俑、华清池、碑林、古城墙等。去昭陵道路不好，游人稀少，彭敏也有兴趣去，还为昭陵博物馆题了字，现在也该成古董了。

　　彭敏脚受过伤，走路不方便。张敬乾还借了一架手推车，推了彭敏一段路。在西安驻了两天后，一行五人乘火车抵达广元。

　　彭敏先视察了阳上监理组，听汇报，还为阳上监理组题词鼓励。打桥牌是一种乐趣，以李本深为对手，彭敏兴致特别好，看着彭敏高兴，又请来广元的桥牌高手做一较量，让彭敏彻底痛快痛快。

　　广元有著名的古迹，如武则天的寺庙，姜维墓、古栈道、剑门关等。过去多是听说，这次大家都身临其境了。有些地方彭敏一高兴竟自己爬上去了，边看边讲历史。剑门关之南为剑阁镇，镇西有一大片树林，古树林里非常幽静。剑阁镇上卖豆腐的很多。吃了顿豆腐宴，所有的汤菜全是豆腐做的，样样都有典故，花钱不多，乡情很浓。彭敏说三国时姜维将军在剑门守关，人多地少，蔬菜缺乏，利用大豆做菜保证了士兵的生活，因而这里做豆腐菜的手艺一直流传到今。

广元离九寨沟较近。张敬乾很想陪彭敏去九寨沟一游，都准备好了，听说路实在不好走，就打了退堂鼓。

11.彭敏的俄罗斯朋友西林

刚开始建设武汉长江大桥时，1954年7月西林带领着一个20多人的专家组来到武汉。大家相传，咱们的局长彭敏与苏联专家组组长西林他俩早就认识，是老朋友，非常惊喜，又觉得奇怪。彭敏不会俄语，也没有去过苏联，地道的中国人，怎么结交了一个俄罗斯的朋友？

1948年西林被苏联派往中国东北参加战后铁路桥梁修复工作。苏联铁路管理是半军事化的，交通部领导都是少将以上军衔。西林生于1913年5月31日，比彭敏大五岁。西林是中校，年轻的桥梁专家。彭敏则是东北军区刚组建的铁道纵队支队长，年轻的指挥员，他是第一次修桥。

西林和彭敏之间的跨国友谊人人羡慕，建桥过程中，许多记者、作家写了不少文章歌颂它，珠影厂有个编剧刘任涛还到大桥局体验生活，准备把彭敏和西林的建桥友谊拍部电影，最终因中苏关系破裂没拍成。在这漫长的近50年中，中苏关系发生了巨大变化，国家的经济建设也相继发生变化，但是他们的友谊没变。这都源于这样的友谊是建立在自身的品质、相互的信任之上，并有共同的爱好、理想，归根结底是对桥梁事业的追求。

在修建汉水铁桥时彭敏曾与苏联专家奥尼斯阔夫发生矛盾，本来是个技术问题，激烈争论不下，使彭敏受了处分。彭敏从小就不容忍帝国主义欺辱中国，才去参加革命。苏联顾问凌驾于中国人之上的态度，显露出的看不起中国技术人员的意识，彭敏就不能接受。

他和西林接触就不一样，西林首先提出与中国的合作是平等的，相互学习、相互尊重。彭敏的心就平和了。他们的友谊，促成了中苏两国技术人员真诚的合作，创造性地采用新结构的大型管柱钻孔法，为武汉长江大桥提前两年建成作出了贡献。彭敏在《送别我们最亲爱的朋友——西林》一文中说"西林同志，我们是这样熟悉，相处的这样融洽，好像我们就会这样一座座地把桥修下去，不会分别似的……"然而国际大环境使他们最终都没能在一起修建桥梁了。

1957年11月大桥通车后，苏联专家陆续回国了，带走了他们认为是自己的且有用的技术图纸和文件，这时一切还都正常，如果永远是这样，这个友谊就平淡而无奇了。

在武汉长江大桥建成后，彭敏趁热打铁。他带领着和苏联专家一起培养出的那支建桥队伍陆续分赴四川、河南、广东、江西、江苏、黑龙江等地，以一个桥处或半个桥处的力量修建一座座大桥，先后修建了宜宾岷江大桥、重庆白沙沱长江大桥，郑州黄河大桥、广州珠江大桥、南昌赣江大桥、南京长江大桥等。特别是南京长江大桥不论是工程的艰巨性还是技术的复杂性均超过了武汉长江大桥。这个建设速度也震撼了苏联，1959年以苏联交通部的名义邀请彭敏一行五人访问苏联。而西林这个以桥梁建设和发展为终身事业的桥梁专家，凭着对建设大型桥梁的偏爱、执着，看着中国的建设规模、建设速度使他摩拳擦掌，很想参加到建设大桥的行列。他多次向中国政府，跟彭敏表达了他的愿望，彭敏也作过努力。但随着中苏两国两党关系发生了转折，这一切已经成为不可能。

1960年西林院士自费到中国考察，先到武汉，由大桥局副总工程师胡世悌，勘测设计处处长王序森负责接待，进行技术交流。在南京，由彭敏亲自陪同西林，到大桥施工现场进行考察。因为彭敏知道，西林作为桥梁专家在南京桥的方案上持不同意见，会直接提出，怕我们的干部技术人员在工地上发生不礼貌的事。果然，西林对1号墩的重型沉井施工方法持有不同看法。2、3号墩的施工，由于水中钻探到约70米深处，才接触到裂隙发育的岩面，岩体内有挤压破碎带存在，遂采用了沉井加管柱的结构。西林对此方案不太赞同。西林指出：管柱下沉必然搅动土体，不是沉井歪斜折断管柱，就是下沉管柱困难。南京桥指挥部很重视这个意见，制定了一系列保证措施，但仍有一根管柱折断。以此可见对技术上的不同意见是应当认真做分析讨论的。西林是个严肃认真的人，回国之前，仍向中国铁道部提出了"钢沉井加管柱基础"的方案不可取，并说明原因。部里请梅旸春总工赴京汇报，召集会议商讨。最后还是做出"钢沉井可以继续施工，不必待命"的决定。结果是南京桥因地质复杂，采用了四种不同的基础方案，比武汉桥单纯的管柱基础有了突出的技术进步。

彭敏是西林多年的朋友，非常理解西林。苏联没有像中国有这么多的大江大河，他们的桥梁技术没有发展的巨大空间，西林多么想再次展开翅膀演练一把，回到中国，和中国朋友一起再修几座桥。他喜欢中国，把中国视为他的第二故乡，因为西林在这里度过了他人生最辉煌的时期，交了这么多中国朋友，尤其是彭敏。

彭敏也没有一帆风顺。在"文化大革命"中，因为和西林的友谊、与苏联的亲密技术合作受到了批判，被污蔑为里通外国、苏修的"走狗"，指责他将技术图纸送给苏修。彭敏受到批判无处去说理，因为在修建武汉桥时，苏联专家确实对我们进行了帮助。彭敏安排苏联专家给中国技术人员和干部讲专业课；因为新施工方法的需要，直接将苏联刚设计出但还没制造的大型震动打桩机图纸拿来制造使用；在彭敏赴苏访问期间，向苏联技术人员索要预应力钢筋混凝土梁的图纸，等等。他们之间的友谊是无私的、真挚的。

从80年代开始，西林又多次以友好使者的身份访华，每次都和彭敏热情见面。其中西林五次专程到中国，都要到武汉。武汉长江大桥凝聚了西林太深的思念和情感。1990年9月西林来到了钱塘江二桥工地，发现预应力钢筋混凝土梁抽拔钢丝的胶管已改成铝制可弯曲的波纹管，不用拔出，很感兴趣。因为懂行的人知道，预应力梁的胶管制孔，成本高，技术要求高。必须在混凝土在初凝时拔出，拔早了梁孔口易坏，拔迟了就易拔断胶管。西林问孙信处长要了一段，说拿回去研究研究，孙信包好给他，西林说："过去我们是你们的老师，现在你们是我们的老师，超过我们了。"

1992年夏天，西林到了武汉长江二桥工地。当西林知道我们在九江长江桥的钢梁是用56毫米高强度厚板焊成，用直径27毫米高强度螺栓，还用了很多先进的方法架梁，十分惊喜，他说："你们在桥梁建设的不少领域已超过我们。"

◇1992年6月，西林（左五）在武汉长江二桥工地上。左三叶启洪（二桥设计负责人）、左四刘长元（二桥施工负责人，局副总工）、左六林荫岳（桥研院负责人）、右二邹立中（翻译、高工）。（中铁大桥局提供　任发德拍摄）

1993年5月西林最后一次访华，率代表团参观了武汉长江二桥工程。这是大桥局在长江上首次建造的第一座特大型预应力混凝土斜拉桥。参观之后，西林走到武汉长江大桥桥头堡下面，凝视着横跨大江的钢梁和屹立的桥墩，感慨地说："36年了，大桥经住了考验，以后也能经得起考验……"

大桥局在武汉为西林庆祝80岁寿辰。回到北京后，彭敏和刘麟祥在北京饭店为西林祝寿。这也是彭敏和西林这两个因建桥而相识相交朋友的最后一次见面。他们的友谊从1948

◇1993年在北京饭店彭敏给西林祝寿时合影。（赵树志提供）

年7月开始,持续了近50年。西林于1996年2月5日逝世,彭敏卒于2000年3月6日。

西林去世后,他的墓碑背面镌刻着中国的武汉长江大桥图像。

二、人生的总结

1.沉甸甸的著作里满载着他的足迹

彭敏一辈子都在忙乎桥梁、铁路,后来又加上港口,总之是在国家基本建设的战线上奔波忙碌。他重视的是把所建设工程的技术经验总结出来,以利后面建设的发展。因此但凡他做过的、经历的那些工程,他都要求认真做技术总结,当然总结不一定都是亲自写的。

下面所列的大部头著作,和他都有密切的关系,详细记载着众多的铁路桥梁大型工程。一座座桥梁、一条条铁路的建设,每一项工程的前因后果,技术的进步和经验教训。每每看到这些书,都能引起他心潮澎湃,久久不息。

《抗美援朝战争中的铁路抢修技术经验总结》,署名中国人民解放军志愿军铁道兵团编写,79万字,1955年3月内部出版。彭敏写的前言,他组织了那些曾参加过抗美援朝铁路抢修的技术人员编写而成。

《武汉长江大桥技术总结》,铁道部大桥工程局编写,彭敏撰写前言和第一章,全书40万字,1958年内部出版。

《南京长江大桥技术总结》,铁道部大桥工程局组织编写,37万字,1983年内部出版。彭敏没有等到南京长江大桥建成,就调离了。1968年大桥建成,历经14年写成技术总结;1982年由时任大桥局副局长张虹村等人将初稿拿到北京彭敏家中,请彭敏撰写序言。

《成昆铁路勘测设计总结》,铁道部第二设计院编写,138万字,没有注明出版时间,印有"内部资料注意保密"字样。全书记载了铁二院关于成昆铁路全部的勘测设计资料,融汇了勘测设计人员的聪明才智,从头至尾贯穿了彭敏主持编写的《西南铁路勘测设计条例》（三十条）的主导思想和"高标准、高质量、高速度、低造价"的西南铁路大会战精神，记载了由工人、干部、技术人员"三结合"组成新技术战斗组，进行现场设计，同时参加施工，集中力量打歼灭战，出色完成勘测设计工作的丰富内容。

《成昆铁路技术总结》共六册，分《综合总结》13万字；《线路、工程地质及路基》56.5万字；《隧道》63.5万字；《桥梁》97.3万字；《站场、运营生产设备及建筑物》48.7万字，《成昆铁路画册》208页，总计280万字（未算画册）。从1975年11月开始，铁道部、铁道兵共同领导下，由铁道部副部级技术顾问兼科技顾问委员会副主任谭葆宪总工程师牵头，在成都组成30多人的成昆铁路技术总结委员会，有58个单位参加了编写，历时五年编成，由人民铁道出版社于1979—1982年陆续出版（内部）。

◇1993年彭敏（左三）与潘明德（左一铁二局隧道工程师）、李本深（左二）、邱长庚（左四）、李永平（左五）等在一起。（李本深提供）

参加主要编写工作的铁二局隧道工程师潘明德说："修建成昆铁路的成绩是很多的，当时铁道部技术处处长张文栋写了篇文章说，成昆铁路的技术进步成果占了全国铁路的70%～80%。铁道部、铁道兵的资料都收集在我这里，有四大纸箱，有近1000多人参加了编写才完成整部巨著，加上图表有600万字。我们参加编写者分文稿费都没有，全是无私奉献。西南铁路总指挥部科技委的秘书长陶斯咏（铁二院）前后看了好几遍。"潘明德说："全书在技术方面我们是以彭敏副部长在西南铁路第一次新技术会议上的报告的精神为主线写的。"

当年彭敏在会议上以"为把成昆线建设成为技术先进的、能力强大的、现代化的新型铁路而奋斗"为题作了报告，并在会议最后作总结发言，约4万字。彭敏在会上奋力推广和采用的40多项新技术，其核心就是要创新、努力赶超世界先进水平，成昆铁路建设上硕果累累。由于"文化大革命"的干扰，彭敏在成昆线没有干到最后通车，也没有参与书编写，而他对我国铁路技术进步所起的作用被永远记录在技术总结里。

《中国铁路桥梁史》110万字，铁道部、原铁道兵集中组织了一批富有理论基础和实践经验的实干家组成编委会及办公室，总计有300余人参加了搜集、整理资料和编纂工作，聘请彭敏为首席顾问。原铁道部长吕正操给本书题写序言。1987年中国铁路出版社正式出版。

彭敏作为首席顾问是当之无愧的，不是简单地挂名而已。翻开书想要从里面圈点一下，哪些是彭敏亲自修建，哪些是他所组建的大桥局建设的，哪些是他参与决策的铁路大干线上的桥梁；那些是他审定的设计方案；那些是他代表国家验收的，结果是数不过来，点不清楚，处处都有他的痕迹。书的编写还有一个特点，把每座桥的勘测设计单位及负责人、施工负责人及主管工程师都注明在上面；以及对于建桥之后的质量也略加说明评价。这是彭敏的特点，对所建工程的质量应负终身的责任，不仅是荣誉。书中还介绍了中国百年来铁路桥梁建筑技术发展和勘测设计技术、技术改造和重大灾害等，这些方面也都是彭敏所关心的。这是我国第一部关于铁路桥梁工程建设的专业著作。1990年9月3日，该书荣获首届全国科技史优秀图书一等奖。

《当代中国的基本建设》分上册54万字、下册56万字，是《当代中国》丛书之一。彭敏任该书主编，但彭敏拿着这部书说："这是他们强加给我的，我对于这本书没有做多少工作。"彭敏一向反对到处挂名这样的事。大家把彭敏写在主编的位置上，主要是因为书中大多所载的国家基本建设与彭敏的工作是分不开的。回顾来看自从彭敏进入国家建委、国家经委、国家计委工作后，尤其是在国务院建港领导小组，用短短几年时光，迅速改变我国沿海港口面貌，并配合港口建设的桥梁、铁路，全面布局地区建设整体规划，促进、带动了华北、华东、华南沿海城市经济的全面发展；在西南山区，西北、东北寒冷地带建设几条难修铁路干线和青藏铁路（西宁至格尔木段）高海拔的铁路线；进出口引进大型设备、引入外资项目，都是国家"六五""七五"中进行的基本建设。在这个大发展中，彭敏殚精竭虑，废寝忘食。该书由中国社会科学出版社1989年出版。

《中国铁路建设》46万字，1990年中国铁道出版社出版。这本书主编庄正、编辑办公室主任李曙明都是铁道部大桥局培养的第二代工程技术人员。庄正到大桥局时，彭敏已离开大桥局，后来提到铁道部工作，又从铁道部调任中国土木建设总公司总经理，并没有和彭敏共同工作过，但是庄正说："我一生最敬重两个人，其中彭敏就是一个，我从心里佩服他，学习他。"李曙明是在武汉长江大桥刚刚开始建设时分配到大桥局的大学生，曾两次被派去苏联参加访问和学习，是彭敏重点培养的青年技术人员。这部书条理分明，重点突出、用词严谨、数据准确，把铁路建设大跨度的曲折历史，庞杂的专业特点，新线建设、旧线改造、重点工程、技术进步、能力增强等都反映出来。

这本书和《中国铁路桥梁史》一样，都是由原铁道部长吕正操题写序言。在书的最后一段吕部长富有感情地说："中国铁路建设所取得的成就，是千百万铁路者前赴后继、艰苦努力的结果。我们看到《铁路建设》一书，自然会同时想起已故的前辈和正在铁路建设战线默默无闻、忘我劳动的人们。鲜艳的花朵，应当献给他们。"这点与彭敏的感受是一样的。

2.他的路是脚踏实地一步步走出来的

鲁迅有一句名言：其实地上本没有路，走的人多了便也成了路。时间对任何人都是公平的。日子在一天一天过去，人们各自走着，走出了千差万别的人生之路。

　　脚踏实地工作，勇于创新和开拓是彭敏突出的特点。有句名言说："既使爬到最高的山上，一次也只能脚踏实地地走一步。"建桥修路是带技术性的苦力活，彭敏一生中修的桥，建的铁路线，修建大工程都不是预先知道的，每一件重大任务放在他面前，他都是亲自和工程技术人员、干部、施工人员在工地解决困难。无论是解放战争、抗美援朝抢修，还是修建武汉长江大桥、南京长江大桥、成昆铁路、坦赞铁路、港口建设等工程，不是作为指挥官坐在防空洞里听听汇报发号施令，或者在办公室里喝着茶看看图纸就能解决的。他总是亲临现场，实实在在，一事一事亲自解决。他的不断创新和开拓也使他的生活充满活力。

　　彭敏的一辈子就是这样，迎接着一个一个看似不可克服的困难，用他坚定不移的勇气和非凡智慧把它一个一个突破，战胜了，他感受到了胜利者的愉快，接着又奔向下一个目标，从不停歇。

　　彭敏喜欢赫胥黎的名言："充满着快乐与战斗精神的人们，永远带着欢乐，欢迎雷霆和阳光。"

　　人终有一死，彭敏最后的日子，出奇的平静。家里的人没有告诉他得的

◇1998年10月，彭敏80大寿的全家福。

是什么病，他也没问，但他是聪明人，从吃的药，看病的科室，做的那些检查，他都会知道的。他只是把他想去的地方，比如武汉长江大桥、南京长江大桥，成都铁二院等重走了一遍；到最后，把他在北京的亲戚，像他的大哥周南、表弟史超、爱人温恩梅的三哥温恩生，老战友刘居英、徐斌、王强、刘麟祥等同志，他让司机兼秘书胡绍友开车亲自去看了一遍。

一直到最后他的头脑都是十分清楚的。他知道老天给他的时间不多了，他的80岁寿辰过了两次，早早提前过了。但让人不明白的是，竟没有做任何嘱托，也不做什么安排。因为他没有把自己看成是什么了不起、做了多大贡献的人。他走得平静且安详，不是他的病不痛苦，他对女儿倍勤说过："确实很难受啊！"但从未听他一声呻吟，因为不诉苦、不抱怨是他的特点。

3.战友的祭文和大桥局的铜像

彭敏于2000年3月6日去世，享年82岁。

彭敏去世几天后，中共河北省委书记兼省长、中共湖北省顾问委员会副主任，被毛泽东誉为"我们的作家和才子"的李尔重获悉后，于11日亲自手书一篇祭文从武汉寄来，饱含他对彭敏的感情，写出他对彭敏的认识和评价。

李尔重同志为悼念彭敏同志逝世而作

彭敏同志我的好战友，人民的好儿子，数十年如一日，为社会主义大业奉献了一生。你淳朴敦厚，不捧上，不压下，不浮夸，不自誉，踏踏实实干事情。你有一颗忠诚老实的心，有一双用科学技术武装了的手，有一对稳如泰山的脚根。西风吹不迷航，浊浪扬保洁白，淡泊自如，平实伟大。赤诚铸红霞，行大道忘年。你是齐彭殇的战士，寿而不亡。安息吧，我的好同志！

李尔重

宋晓菲

庚辰三月十一日

李尔重是彭敏早年的心心相印的老战友。李尔重不仅文章写得好，对书法也深有研究和功力，因此他给彭敏的祭文尤为珍贵。在1948年解放战争刚开始，东北军区成立铁道纵队，李尔重被任命为政治部宣传部长，彭敏被任命为第三支队支队长。后来铁道纵队发展为中国人民解放军铁道兵团，李尔重任政治部宣传部部长，彭敏任工程部部长。新中国成立后，李尔重任武汉市委常委、宣传部部长、书记、中南局常委等职；彭敏任武汉大桥工程局局长，武汉市委委员。他们俩常常在市委见面。有位大桥局老干部说："他们俩在武汉市委一见面总有说不完的话，一谈就是一两个小时，亲热得很。"

在2013年中铁大桥局为庆祝成立60周年的座谈会上，大桥局宣布了几项决定，其中一项就是为大桥局创始人第一位局长彭敏和第一位总工程师汪菊潜设立铜像，树立在中铁大桥局办公楼前。这是一代一代大桥人对彭敏的最好纪念。

◇作者彭倍勤与彭敏铜像制作者余景学（右）。

◀ 后 记

从2012年10月开始打算"写彭敏",到2016年完稿,已近四年时间。

顺着主人公一年年的经历,他丰富多彩的人生展现开来。一件件事都令我震撼,感动不已,时时被泪水模糊了我的眼睛,不断激励我一定坚持写,完成它。我反复看历史资料和思考他的原话,体会当时的环境。每搞清一件事,我都非常愉快,就像完成了一项研究课题,真是苦中有乐。

天高任鸟飞,水阔任鱼跃。主人公就是那条在少年时代想象中的鲲鱼,水有多深,它就有多大。它能给你抛起惊天动地的大浪来,变成大鹏,展开巨大的翅膀,飞向深邃的天空,自由翔翔。

全书完成,夙愿已了,激动的心情久久不能平息。主人公是我的父亲,更是共和国的英雄,我有义务、有责任将他的事迹、精神写出来,一是勉励自己继承父亲的优秀品质;二是以真实的故事告知世人,为后来者留下珍贵的记忆和人生之楷模,为精神文明建设提供正能量。三四年的准备,走访众多知情的老人,但凡听说问及彭敏,无不尽其所知,并表达出对彭敏的怀念和敬佩。还好经过一番努力,找到不少资料,遇到很多热心人,从各方面得到帮助。感谢中铁大桥局档案室、原铁道部档案馆、黑龙江省档案馆、沈阳铁路局档案馆,还有原铁道兵史料办、铁道兵纪念馆、中铁建设总工程档案馆等,感谢那些默默无闻的工作人员,为我们保留下历经了半个多世纪的珍贵档案,感谢那些鼓励我坚持写书的人,感谢所有曾经帮助过我的人, 在这里我向他们致谢并祝福。

但是无论怎样努力, 难免挂一漏万, 虽然我尽量避免错误, 但因自己不善写作, 有许多遗憾和不足之处, 如人名、地名、专业技术方面。全文出自我手, 文责自负, 先行抱歉。

谨以此书缅怀和怀念我的父亲!

彭敏的长女彭倍勤
完稿于2016.7